상처 입은 몸

숙명여자대학교 인문학연구소
HK+사업단 학술연구총서 **07**

상처 입은 몸

노인, 질병, 장애와 혐오 담론들

이지형·강미영·유수정 기획

강미영·공병혜·구자연·박승억·박지선·
예지숙·유수정·이재준·이지형·이행미·
정현규·하홍규 지음

Vulnerable Bodies

Disgust Discourses on the Oldness, Disease, and Disability

한울
아카데미

차례

머리말 ㅣ 이지형 7

제1부 노인 혐오

제1장 **노인과 LGBT로 보는 일본 소설의 소수자성과 혐오** ———————— 13
이지형 1. 혐오와 일본 소설 13 ㅣ 2. 자기혐오를 타자 소외로 전유하는 LGBT 소설: 노인과 개체성
16 ㅣ 3. 할머니와 게이의 조우: 장소와 역사 25 ㅣ 4. 혐오 존재는 대안적 가능성이 될 수
있을까? 디스토피아의 소수자 33 ㅣ 5. 혐오에 대응하는 상이한 방식 42 ㅣ 참고문헌 44

제2장 **시간성 붕괴와 노화 혐오** ————————————————————— 45
박승억 1. 노년의 삶과 노화 혐오 45 ㅣ 2. 비동기(asynchronous) 사회와 시간성(temporality) 붕괴
49 ㅣ 3. 시간성 붕괴의 한 효과: 노화 혐오의 양상 변화 55 ㅣ 4. 항노화(anti-aging)와 양가
감정의 균형 상실 60 ㅣ 참고문헌 62

제3장 **웹툰에 나타난 노년 재현과 나이 듦에 대한 사유**
이행미 : 일상툰 〈웰캄 투 실버라이프〉를 중심으로 ——————————————— 64
1. 웹툰에 재현된 노년의 삶 64 ㅣ 2. 일상툰의 활용과 변주를 통한 노년 재현 69 ㅣ 3. 감
응의 관계 속 노년 자아와 상호 의존의 가치 75 ㅣ 4. 연령주의 비판과 노년에 대한 재인식
83 ㅣ 5. 계속되는 노년의 이야기를 기대하며 89 ㅣ 참고문헌 91

제4장 **치매, 혐오의 대상에서 상처 입은 스토리텔링으로**
정현규 : 아르노 가이거의 『유배중인 늙은 왕』을 중심으로 ————————————— 93
1. 들어가는 말 93 ㅣ 2. 타자와 정체성의 정치학 95 ㅣ 3. 아르노 가이거의 『유배중인
늙은 왕』 98 ㅣ 4. 나가는 말 112 ㅣ 참고문헌 114

제5장 **배제된 죽음, 가치 상실, 노인 혐오** ———————————————— 115
하홍규 1. 글을 시작하며: 버려지는 인간들 115 ㅣ 2. 사회적 삶에서 죽음의 배제 116 ㅣ 3. 가치
상실 126 ㅣ 4. 노인 혐오 131 ㅣ 5. 글을 맺으며 137 ㅣ 참고문헌 138

제2부 질병 혐오

제6장 **혐오와 분노 그리고 연민의 윤리: 코로나19 감염병 상황에서** ——————— 143
공병혜 1. 문제 제기 143 ｜ 2. 혐오란 무엇인가? 145 ｜ 3. 분노란 무엇인가? 152 ｜ 4. 코로나19
시대의 혐오와 분노 155 ｜ 5. 인격 존중과 연민의 윤리 157 ｜ 6. 결론: 코로나19 상황에
서 연민의 윤리 164 ｜ 참고문헌 167

제7장 **전염병 서사에서 나타나는 혐오의 변증법**
강미영 : 그레그 베어의 다윈 시리즈를 중심으로 ——————————————— 168
1. 들어가며 168 ｜ 2. 사회적 현상으로서의 혐오 171 ｜ 3. 진화적 산물로서의 혐오 175 ｜
4. 혐오의 대항 담론으로서의 포스트휴머니즘 179 ｜ 5. 변증법적 미학을 통한 묵시록적 깨
달음 184 ｜ 6. 나가며 188 ｜ 참고문헌 190

제8장 **격리와 절멸의 '기묘한 나라', 한센병 요양소** ———————————— 192
유수정 1. 한센병을 쓰다 192 ｜ 2. 한센병 차별과 '정복'의 역사 194 ｜ 3. 일본 전후 한센인 인권
운동과 시마 히로시 198 ｜ 4. 격리와 절멸의 기묘한 나라 203 ｜ 5. 한센병 요양소를 그린
다는 것 214 ｜ 참고문헌 216

제9장 **일제 시기 부랑자(浮浪者)의 출현과 빈자 혐오** —————————— 218
예지숙 1. 들어가며 218 ｜ 2. 망국의 원흉 부랑자: 병합 초기 부랑자 단속의 특징 220 ｜ 3. 양반
에서 도시 빈민으로: 1920년대 이후 부랑자 성격의 변화 223 ｜ 4. 단속, 조사, 수용: 대책의
변화 227 ｜ 5. 동정과 혐오 231 ｜ 6. 나가며 238 ｜ 참고문헌 240

제3부 장애 혐오

제10장 아픈 몸들의 연결과 방언 발화의 의미

구자연 : 강경애 소설 속 질병과 장애의 재현을 중심으로 ——————— 245

1. 서론 245 ǀ 2. 질병·장애의 전사(前史)로서의 노동하는 몸 251 ǀ 3. 아프거나 미친 여성 인물들 257 ǀ 4. 혐오를 재생산하지 않는 장애 재현과 방언 발화의 의미 267 ǀ 5. 결론 274 ǀ 참고문헌 277

제11장 정신질환자의 범죄에 대한 혐오 ———————————— 280

박지선 1. 서론 280 ǀ 2. 방법 284 ǀ 3. 결과 288 ǀ 4. 논의 및 결론 301 ǀ 참고문헌 306

제12장 포스트휴먼의 장애 ———————————————— 309

이재준 1. 손상된 신체, 그리고 보충 기술 309 ǀ 2. 사이배슬론과 구별되는 패럴림픽의 기계적 도핑 312 ǀ 3. 사이배슬론에서 손상된 신체의 기계적 보충 316 ǀ 4. 재활 담론에서의 자율성 320 ǀ 5. 사이배슬론에서 기계로 보충된 신체의 자율성 323 ǀ 6. 손상된 신체와 변형된 신체 326 ǀ 7. 포스트휴먼의 장애 331 ǀ 8. '어려운 문제' 335 ǀ 참고문헌 337

머리말

취약성은 교차한다. 노화, 질병, 장애에서 그 양상은 뚜렷하다. 누구도 피할 수 없는 나이 듦은 질병, 장애와 연동되기 쉽다. 늙은 몸은 젊은 날 타자의 것이라 여겼던 질병과 장애를 껴안는다. 늙은 몸은 나이 듦이라는 보편 현상이 질병, 장애라는 특수 양상과 만나는 교차로다. 이들을 관통하는 것은 아픔과 고독이다. 취약성이야말로 이 셋을 함께 논할 수 있는, 논해야만 하는 근거다. 무릇 사람은 자신이 아플 때 타자의 고통을 더 잘 헤아릴 수 있게 된다. 늙은 몸으로 인해 우리는 비로소 소수자가 된다.

소수자를 소수자이게끔 하는 것은 취약성이다. 신체적·인종적·젠더적 취약성은 사회 문화 전반에서 소수자가 소외, 배제되는 주요인이다. 설령 수적으로 다수일지라도 권력은 그들의 것이 아니다. 구성비와 무관하게 체제의 무게 중심에서 벗어난 이들이 바로 소수자이기 때문이다. 그런 의미에서 노인은 노화의 보편성과 상승일로의 인구 구성비에도 불구하고 소수자로 볼 수 있다. 근자에 더욱 도드라지게 된 노인 차별과 혐오는 노인의 마이너리티성을 확증한다.

이제 취약성은 정상성의 반대어, 비정상성의 동의어로 간주된다. 결손 혹은 결핍이야말로 취약성의 본질이자 비정상성의 근거다. 건강하고 온전한 몸이 당연시되는 사회에서 아프고 결손된 몸의 자리는 마련되어 있지 않다. 상처 입은 몸을 소외하는 사회는 정상성 중심주의에 매몰되어 있는 사회다. 건강 중심주의, 비장애 중심주의 등 때론 암묵적으로 때론 노골적으로 우리 사회가 지향하는 '정상성'은 '비정상'으로 간주되는 존재들에 대한 배제와 비가시화를 담보로 한다. 나이 듦은 그런 의미에서 정상성을 자임하던 이들이 낯선 비정상성을 자신의 정체성으로 영접하게 되는 만남의 장이다. 정상성과 비정상성, 주체성과 타자성이 한데 뒤섞이고 어우러지는 시간이다.

혐오는 이 뒤섞임의 순간에 안으로부터 촉발된다. 혐오는 기본적으로 이상적인 자아를 위협하는 것들에 대한 거부감이다.[1] 잔주름, 검버섯, 처진 눈매, 아픈 관절 등은 자신의 것으로 믿고 싶지 않은 추한 몰골이다. 노화, 질병, 장애의 뒤편에는 항시 죽음의 그림자가 내비치며 이로써 인간은 자신의 유한성과 동물성을 상기하게 된다. 혐오 감정이 외부의 낯선 형질이 자신을 오염시킬 수 있는 것에 대한 거부라면,[2] 이상적인 자아를 앗아가는 내부의 타자성에 대한 혐오는 자기혐오인 셈이다. 결국 혐오는 본능적 자기 보호를 포함한 자기애와 분리 불가능한 자기혐오를 그 뿌리로 한다. 주체성의 내부로 스멀스멀 침식해 오는 불가해한 낯선 형질과 주체의 경계선이 모호해질 때 불안은 팽배해지고 혐오의 정동이 분출되게 된다. 혐오 정동은 '혐오되게끔 하는 힘인 동시에 혐오하게끔 하는 힘'이기도 하다.

노화, 질병, 장애를 겪는 존재들은 그런 의미에서 신체적·물질적·존재론적으로 서로 얽혀 있다 해도 지나치지 않다. 내부적·외부적 차이에도 불구하고 '상처 입은 몸'이라는 점에서 그들은 연결되어 있다. 차이 나는 상처야말로 실은 공감의 장애물이 아니라 공감의 근거라고 할 수 있다. 물론 갈등과 모순이 뒤범벅된 삶에서 이질적 주체 간의 차이를 넘어서는 공감은 결코

---

1   김종갑, 『혐오, 감정의 정치학』(서울: 은행나무, 2017), 26쪽.
2   마사 누스바움, 『혐오와 수치심』, 조계원 옮김(서울: 민음사, 2015), 185~186쪽.

용이한 일이 아니다. 하지만 그럼에도 불구하고 공감이 결국 내가 쉽사리 교감하고 이해할 수 없는 것, 즉 차이에 대한 인정이자 수용이어야 함은 부정되기 어렵다.[3] 교차성이 단순한 덧셈 모델이 아니라는 것, 현실이 약자와 권력자의 관계마저 교차, 재배치될 수 있는 복잡성과 다양성을 품고 있음을 엄정히 자각하면서,[4] 차이를 바탕으로 한 공감을 지향해야 한다.

노인·질병·장애 분과 총서『상처 입은 몸: 노인, 질병, 장애와 혐오 담론들』은 각각의 주제들의 존재론적·담론적 차이에도 불구하고 그 차이를 통로 삼아 접속을 도모하는 시도이다. 또한 숙명여자대학교 인문학연구소 HK+사업 '혐오 시대, 인문학의 대응' 제2분과로서, 제1분과 인종·젠더 혐오 분과와 제3분과 물질·기계 혐오 분과 사이를 내용적으로 매개하는 통로적 역할의 내실 또한 이번 총서를 통해 확인할 수 있을 것이다.

총서는 전체 3부 구성으로 각각 노인 혐오, 질병 혐오, 장애 혐오를 다룬다. 1부 노인 혐오에서는 노인과 LGBT의 교차성, 시간성과 노화 혐오, 웹툰의 노년 재현, 치매의 스토리텔링, 죽음과 노인 혐오 문제 등이 중점적으로 거론된다. 2부 질병 혐오에서는 코로나19 상황하의 혐오 정동과 윤리, 전염병 서사와 혐오, 혐오의 질병 한센병과 격리, 부랑자와 빈자 혐오 문제 등이 고찰된다. 마지막 3부 장애 혐오에서는 장애·질병 및 혐오의 재현, 정신질환자 범죄 혐오, 포스트휴먼과 장애 등이 문제시된다. 문학, 철학, 사회학, 역사학, 범죄 심리학, 과학기술학, 문화학 등을 거점으로 노인·질병·장애와 혐오의 관계성, 교차성이 횡단적으로 사유된다. 치매, 죽음, 전염병, 격리, 계급, 범죄, 포스트휴먼 등은 그 자체로도 시의성을 담보한 키워드지만 혐오 문제와 결부될 때 더욱 명징하게 주제의 현재성이 부각된다.

---

3   이지형, 「정체성의 섬뜩한 계곡과 혐오의 전유법: 무라타 사야카『편의점 인간』의 윤리」, ≪일본연구≫, 37집(고려대 글로벌일본연구원, 2022), 226쪽.
4   전혜은·루인·도균,『퀴어 페미니스트, 교차성을 사유하다』(서울: 여이연, 2018), 10~11쪽.

이렇듯 노인·질병·장애를 근간으로 주제와 논의 대상이 교차, 접속됨으로써 직조되는 혐오의 다양성과 복잡성에 대한 고찰은 무엇보다도 혐오 담론과 현실을 횡단하며 '혐오' 대응 방안을 사유한 결과물이라는 점에서 그 자그마한 의미를 찾을 수 있겠다. 총서 작업의 실무를 맡아주신 강미영, 유수정 선생님의 노고에 감사드리고, 옥고를 기꺼이 실어주신 공병혜, 구자연 선생님의 후의에도 감사드린다. 마지막으로 분과 총서가 나오기까지 2년 가까이 세미나 안팎으로 고민을 나누고 문제의식을 공유해 주신 제2분과 모든 선생님들께 고개 숙여 인사드리고 싶다. 아직 반환점에도 채 못 미친 여정이지만 이번의 성과가 '혐오'라는 난감한 과제를 사유함에 있어 작지만 의미 있는 마중물이 되길 희망한다.

필자의 한 사람으로서 이지형 씀

제**1**부

노인 혐오

제1장

노인과 LGBT로 보는 일본 소설의 소수자성과 혐오[*]

이지형

1. 혐오와 일본 소설

이번 장은 일본 현대 소설 작가 후시미 노리아키(伏見憲明, 1963~)와 다와다 요코(多和田葉子, 1960~)의 소설을 대상으로 텍스트 속 소수자성과 혐오 문제의 연관성을 고찰하고자 한다. 특히 노인과 LGBT에 주목해 혐오 및 소외 관계의 구조를 살필 것이다.

후시미 노리아키는 게이 비평가이자 소설가로 현대 일본의 대표적 LGBT 문학가이다. 이에 비해 다와다 요코는 독일어와 일본어로 소설을 창작하는 이중 언어 작가로서 언어와 주체, 탈경계적 세계와 낯섦 등의 주제를 문학화하는 세계적 작가로 평가받는다. 인지도와 평가 그리고 젠더 정체성 측면에서 두 작가의 간극은 작지 않다. 그럼에도 불구하고 두 작가를 함께 논하

---

* 이 글은 이지형, 「일본 현대소설의 소수자성과 혐오: 노인과 LGBT」, ≪횡단인문학≫, 7호 (숙명여자대학교 인문학연구소, 2021)를 일부 수정한 것이다.

는 것은 그들의 대표작 속에 소수자 캐릭터가 빈출하는 공통점에 크게 기인한다. 게이 당사자이기도 한 후시미의 소설은 LGBT 외에도 노인, 여성 등이, 다와다 요코의 근미래 소설에는 노인, 아이, 여성 등이 중심 캐릭터로 등장해 현실 사회의 표층과 심부를 두루 포착한다. 후시미 노리아키의 「마녀의 아들(魔女の息子)」(2003), 「단지의 여학생(団地の女学生)」(2010)과 다와다 요코의 「헌등사(献灯使)」(2014) 등이 그러하다. 또한 여전히 문학 내 주변적 위치에 머물고 있는 LGBT 문학과 노벨 문학상 후보로까지 거론되며 문단의 중핵으로 부상한 유력 문학을 아우르는 것은 그 문학 및 문학 담지자의 주변성/중심성을 함께 사유한다는 점에서도 유의미한 작업이 될 것이다. 한편 후시미는 내재적 타자(성 소수자), 다와다는 외재적 내부자(독일의 일본인)라는 점에서 그들은 경계적 존재라는 공통점을 지니기도 한다. 그들의 문학이 작가의 실존성과 유독 밀접하게 연관되는 것도 바로 경계성과 외밀성(extimacy) 때문이다. 일본인이되 이중 언어 작가로서 외부의 시선으로 일본을 상대화할 수 있는 일종의 '이단성'이야말로 다와다와 후시미의 문학을 함께 논해야만 하는 유력한 근거일 수 있겠다.

논의의 편의를 위해 여기서는 소수자성과 혐오를 다음과 같이 정의한다. '소수자성(minority character)'은 소수자로서 감당할 수밖에 없는 차별, 혐오 등의 고충과 소수자로서의 실존을 받아들여 자임하는 자긍심까지를 모두 아우르는 개념으로서 소수자의 정체성, 위치성, 실존성을 포괄하는 의미로 정의한다. '혐오'의 정의는 조금 더 난감하다. 혐오는 싫음, 미움, 증오, 불쾌 등의 감정이 복합된 정서인 동시에 역겨움, 불결함, 넌더리 등의 생리적 감각까지 포괄하는 개념으로서 매우 다양하고 중층적인 의미의 스펙트럼을 지니기 때문이다. 혐오 범죄, 여혐, 헤이트 스피치, 난민 혐오, 혐한(嫌韓), 헬조선 등 혐오 관련 문제들이 분출하고 있는 최근 사례를 보더라도 혐오가 작동하는 자기장은 전방위적이다. 분명한 것은 여성, 노인, 성 소수자, 장애인, 난민, 재일 코리안 등 사회적 약자, 즉 소수자(minority)가 혐오 문제에 휠

씬 더 취약한 입장에 놓여 있다는 사실이다. 그래서 '혐오'를 증오로 표기하든 맥락에 따라 분노나 멸시로 대체하든 중요한 것은 그것이 아니다. 관건은 "나타나는 감정이 혐오인가 증오인가 여부"가 아니라 "실제로 사회에서 '차별'이 발생하는가 여부"(엠케, 2017: 12)라고 하는 주장은 혐오 문제를 사고함에 있어 놓치지 말아야 할 부분이다. '혐오'라는 관념을 오롯이 추출해 내는 것이 목적이 되어서는 안 될 것이다.

법철학자 마사 누스바움(Martha Nussbaum)은 "혐오에 담긴 핵심적인 사고는 자신이 오염될 것이라는 생각이며, 혐오의 감정은 자신을 오염시킬 수 있는 것에 대한 거부를 표현한다"라고 혐오를 정의하며(2015: 185~186), 부당함 또는 위해에 대한 사고가 중심을 이루는 분노와 혐오를 구별한다. 이 글은 누스바움의 입장을 수용해 '혐오'를 다음과 같이 정의한다. 주체와 대상의 분리가 전제되며(누스바움, 2015: 168), 영어의 disgust(혐오, 역겨움)에 기초해 싫음과 미움을 포괄하는 복합적인 감정이자 정동(affect). 물론 이 정의 또한 자명한 것은 아니다. 넓은 의미의 혐오를 뜻하는 영어 어휘는 한둘이 아니기 때문이다. disgust, hate, hatred, misogyny, loathing, detestation, repulsion 등등 중첩되는 부분이 있지만 결코 동질하지 않은 차이를 지닌 이런 단어들을 번역할 때 혐오, 증오 등의 몇 개 어휘로밖에 옮겨지지 않는 부분도 '혐오' 문제를 다룰 때의 곤란함이다. 따라서 축어적인 의미나 개념의 미묘한 차이에 매몰될 것이 아니라 '혐오'가 발생하고 작동하는 현장과 혐오 피해 당사자에 더욱 주목해야 하는 것이다. 혐오가 차별, 소외 등의 현실과 분리되어 사고되어서 안 되는 것은 그 때문이다.

이와 같은 입장에서 이번 장은 현대 일본 소설에 투영된 '혐오' 양상에 주목해 혐오가 소수자와 다수자 사이, 소수자와 소수자 사이의 관계성 구축과 균열에 관여하는 방식을 고찰한다. 이를 통해 혐오의 대상이자 주체로서의 소수자가 현대 일본 소설에 적극적으로 개입되는 현상의 의미를 살피고자 한다.

2. 자기혐오를 타자 소외로 전유하는 LGBT 소설: 노인과 개체성

LGBT, 즉 성적 소수자와 노인 사이에는 일견 접점이 없어 보인다. LGBT
는 통상적으로 매우 예외적인 특수한 존재로 간주되며, 이에 반해 노인은
인간이라면 누구도 피해 갈 수 없는 보편적 존재 양상으로 인식되기 때문이
다. 하지만 사회로부터 성적 소수자와 노인이 감내해야만 하는 소외와 배제
혹은 혐오의 관점에서 보면, 양자 사이에는 차이 못지않게 공통의 접점이
존재하는 것을 부정할 수 없다. 바꿔 말하면, 특수성과 보편성의 경계를 넘
어 양자는 소외와 혐오를 매개로 연계될 수 있는 것이다. 소외와 혐오를 키
워드로 LGBT와 노인이라는 이질적 마이너리티 간 연계성을 일본 현대 소
설을 통해 도출해 내는 작업의 의의를 여기서 찾을 수 있다.

전술했듯 후시미 노리아키는 LGBT 당사자로서 일본 LGBT 문화 비평 및
문학의 대표적 저술가이다. 특히 「마녀의 아들」(2003)은 그 이전 문화 비평
가이자 저술가로서만 활동했던 후시미의 첫 번째 소설로서 제40회 문예상
을 수상할 정도로 작품성을 인정받았다. 흥미로운 것은 중년의 게이 남성이
주인공인 이 소설에서 LGBT 정체성이나 문화 못지않게 나이 든 노년의 '노
인'들이 주목되고 있다는 사실이다.

주인공 가사하라 가즈노리(笠原和紀)의 어머니가 대표적이다. 남편을 여읜
77세의 여성이 동년배 남성과 구가하는 '늙다리' 자유연애를 통해 더 이상
모성이나 노년의 사회적 규율에 얽매이지 않는 새로운 노년 정체성을 소설
은 보여준다. 약해진 무릎과 지방이 붙어난 상반신(伏見憲明, 2003: 10)도 황혼
의 열정 앞에선 걸림돌이 되지 못한다. 남편의 장례식에서도 눈물 한 방울
흘리지 않고 7일제를 마치기도 전에 유품을 정리했던 어머니의 제2의 인생
이다. 게이 연인들의 농밀한 관계가 때론 과도하리만큼 노골적으로 묘사되
는 장면 등을 포함해 소설의 주조음이 남성 동성애자의 사랑법인 것은 분명
하지만, 이렇게 일견 후경화된 노년의 연인을 주목하는 시선 또한 「마녀의

아들」에서 놓칠 수 없는 부분이다. 황혼은 더 이상 이별의 시기가 아니다. '마녀'로 칭해지는 것은 1차적으로 노년의 어머니이지만 이는 동시에 자신의 소수자성을 사회적 통념에 비추어 상대화하는 게이 아들이 자신의 정체성을 자인하는 기호이기도 하다. '마녀'는 중심인물 가즈노리가 단골로 찾는 신주쿠(新宿) 2가 게이 바의 '마마'들이 자신들의 모임을 '마녀회의'로 명명하는 등 스스로를 자칭하는 호칭이다(伏見憲明, 2003: 76). 마녀의 아들 또한 마녀인 셈이다. 늦바람 난 어머니와 게이 아들은 '마녀'라는 기호를 통로 삼아 극복될 것 같지 않던 둘 사이의 장벽을 서서히 허문다. 문제는 이 둘의 소통을 매개하는 무언가에 있다.

> 아버지는 자기 인생의 불만이나 울분을 가족에게 토해냈다. 때로는 폭력도 불사했다. 그것으로 아버지는 찰나의 평안을 얻었을지 모르지만 그 독성은 나와 어머니의 내부에 퇴적되어 점차 그 농도를 더해갔다(伏見憲明, 2003: 14. 이하 번역은 필자).

첫 번째 매개는 아버지의 폭력으로 야기된 공통의 상처와 기억이다. 알코올 중독에다 당뇨까지 앓았던 아버지의 막무가내는 현직 교사인 장남 다케시(タケシ)조차 예외를 두지 않았다. 아버지의 폭력으로 인한 가족의 내상은 역설적으로 소원한 가족을 이어주는 느슨한 끈으로 작동한다. 고교 시절 자신의 성 정체성을 자인하고는 자연스레 마이너리티 문제에 관심을 가지면서 시민운동에도 관여한 가즈노리가 못마땅했던 아버지는 조선인과 부락민(部落民) 출신에게 노골적인 차별 의식을 드러내는 거친 말들을 일부러 아들 들으라는 듯이 내뱉곤 했던 이였다(伏見憲明, 2003: 15). 가족의 예외 없는 상처는 내면화된 기성세대의 평균적 차별 의식을 거리낌 없이 표출했던 가내 독재자의 유산이라면 유산이었다.

하지만 이것만으로 충분할 리 없다. 아버지로 인한 가족 공통의 상처는 아들이 어머니의 늦바람을 용인할 수 있는 나름의 기제일 수 있지만 어머니가 아들의 성 소수자 정체성을 헤아릴 수 있는 조건으로는 미흡하거나 본질에서 동떨어져 있다. 이른바 '모성'이 그 전제 조건일까. 노년의 여성은 게이 남성의 정체성을 어떻게 수용하는가? 이 물음은 결국 LGBT를 바라보는 사회 일반의 혐오를 어떻게 인식하고 수용하는가의 문제에 직결되어 있다. 그만큼 소설 속에는 남성 동성애자 가즈노리를 향하는 혐오의 정동(affect)이 안 팎으로 넘쳐난다. 브라이언 마수미(Brian Massumi)는 감정·정서와는 달리 정동은 "개인적 경험의 친밀성의 문제"가 아니며 "시종일관 힘(power)에 연관된 개념"이라 주장하는데(2018: 6~8), 여기서는 마수미의 주장을 수용해 혐오의 정동을 '혐오되게끔 하는 힘인 동시에 혐오하게끔 하는 힘'으로 정의한다.

혐오는 우선 가족으로부터 확인된다. "너라는 놈도 호모잖아! 다 알고 있단 말이야. 어머니란 인간도 동생이란 놈도 모두 엉망이잖아"(伏見憲明, 2003: 20)라고 게이 동생에 대한 혐오의 속내를 쏟아내는 형 다케시와 노골적이진 않지만 분명히 인지되는 형수의 회피와 외면이 그러하다. 허나 더욱 주목해야 할 것은 다음의 시선이다.

> 하지만 나는 그런 자신의 감정을 솔직히 표현할 수 있는 형을 동경했다. 내게 이 세계는 내 안의 동성애를 자각했을 때부터 흑백텔레비전의 브라운관에 갇힌 정경에 지나지 않았다. 그에 반해 형이 살아가는 일상은 강물에 반사된 햇살이 감싸고 있었다. (중략) 그러나 스스로 나는 어머니에게 손주를 안겨줄 수 없다는 점에서 마음의 빚이 있었고 무엇보다 아버지에게 강탈당한 자유를 돌려받은 어머니를 비난해서는 안 된다는 윤리감으로 인해 어머니를 이해하려는 태도를 취하고 있었다(伏見憲明, 2003: 19).

가즈노리는 어머니에게 소리칠 수 있는 형을 동경하는 한편으로 공동체 재생산이 불가능한 동성애자로서 어머니에 대한 마음의 부채감을 드러낸다. 그는 자신이 갇힌 "흑백"의 세계와 형이 살아가는 "햇살" 어린 세계를 대비시키며 더욱 위축된다. 어머니에 대한 "윤리감"은 실은 자신을 비추는 창이기도 하다. 여기서 확인되는 것은 남성 동성애자의 자기혐오에 가까운 시선이다. 혐오는 "비정상에 대한 불안이라는 관념"에서 비롯되며(누스바움, 2015: 174), 모든 혐오의 기반은 '우리 자신'이기 때문이다. 교제와 만남의 장소를 "욕정만이 교차하는 순수한 공간"(伏見憲明, 2003: 118)이라 칭하고 뒤엉킨 사랑의 감각을 "사랑도 미움도 아픔도 안녕도 허세도 불안도 그리고 쾌락조차도 존재하지 않는" "몸과 마음이 무언인 채 화해"(伏見憲明, 2003: 119~120)하는 순간으로 묘사하고 있지만, 그 기저를 이루는 것이 자기애와 분리 불가능한 자기혐오임을 부정하기는 어렵다.

동성애자여서 여자와 결혼하지 않는다는 삼촌의 고백에 "그거, 멋질 것 같은데!"(伏見憲明, 2003: 132)라고 놀라움으로 반응하는 초등학생 조카딸 다카코(孝子)의 호의는 되레 현실 사회에서 성 소수자가 혐오되는 메커니즘을 반증한다고 봐야 할 것이다. 혐오는 대상이 지닌 감각적 요소라기보다는 그 대상에 대한 주체의 인식이며 주로 관념적 요소에 의해 유발되기 때문이다 (누스바움, 2015: 167). 즉, 혐오는 문화적·사회적·역사적 기원과 배경의 산물이라는 점에서 다카코의 호의는 아직 채 기성 사회의 관습을 내면화하지 않은 어린아이의 즉자적 반응으로 해석하는 편이 타당하다. 설령 그것을 희망의 편린으로 역해석한다고 해도 본질은 뒤집어지지 않는다. 그런 의미에서 가즈노리의 자기혐오 또한 지극히 자연스러운 것이다.

그런데 어머니가 아들의 성 소수자성을 받아들이는 장면은 매우 의외의 상황에서 극적으로 연출된다.

긴코는 말을 잠시 머뭇거린 후 힘차게 외쳤다.
"우리들은 오르가슴으로 서로가 연계되는 그 순간과 그 이후의 평온한 시간을 항상 기억하도록 합시다. 전쟁은 절대로 해서는 안 됩니다. 절대로 있어서는 안

되는 폭력이 전쟁입니다!"

긴코의 눈에는 일말의 광기마저 서려 있었다. 이전보다 더 열정적으로, 붉게 물든 하늘이 그녀의 투지를 한층 돋우고 있었다.

그때, 무슨 생각이었는지, 어머니가 어기적어기적 다키노가와 긴코에게 다가갔다. 그리고 천천히 그녀의 손을 잡았다. 긴코는 기쁜 표정으로 얼굴을 반짝이며

"아주머니, 감사합니다. 응원해 주셔서 감사합니다!"

라고 뜨겁게 어머니의 손을 쥐었다.

그러자 어머니는 긴코의 눈을 지그시 응시하며 이렇게 말했다.

"하지만 이보세요. …… 아무리 그렇다 해도 절대 해서는 안 되는 것이란 없어요. 사람이 살아가다 보면 해서는 안 될 것을 하게도 되고, 절대라고 단언할 수 있는 것은 없는 법이에요……"

긴코는 처음엔 영문을 몰라 그저 멍하니 있다가 금세 어머니의 손을 놓고는 차갑게 응시했다. 시간이 멈춘 것 같았다. 이윽고 어머니는 긴코의 눈동자를 응시한 채 필름의 캡처처럼 천천히 몸을 돌려서 한 걸음 한 걸음 시부야의 언덕을 내려가기 시작했다(伏見憲明, 2003: 162~163).

위의 인용 부분은 소설 「마녀의 아들」에서 가장 논쟁의 대상이어야 마땅한 장면이다. 반전 메시지의 가두연설을 하는 이는 풍속업계 출신의 성공한 사업가로서 반전 운동을 포함한 사회 활동에도 적극적인 시민운동가 다키노가와 긴코(滝ノ川銀子)라는 여성이다. 가즈노리는 평소 이 여성과 그녀의 활동에 대해 냉소적이었다. 학생 운동의 경험도 없고 페미니즘 이론에도 일절 관심 없는 그녀가 하층 계급 출신임을 역으로 활용해 대중의 관심을 얻고 협소한 자기 체험에 기초한 얄팍한 평등론으로 양성, 인종 평등을 외치면서 심지어 반전 운동가로 자리매김했다고 평가하는 가즈노리는 강한 위화감을 그녀에게 지니고 있었다. 마침 그녀는 자신이 체험한 이스라엘·팔레스타인 분쟁에서 희생된 소년 소녀의 이야기를 곁들여 미국 9·11 테러

직후의 도쿄 시부야(東京渋谷) 가두에서 반전의 주장을 펼치고 있었다. 그런 그녀를 가즈노리가 어머니와 동행하던 중 우연히 맞닥뜨린 것이다. 그런데 정작 긴코의 메시지에 반응한 것은 가즈노리가 아니라 어머니였다.

 "절대 해서는 안 되는 것" "절대라고 단언할 수 있는 것"은 없다, 설령 그것이 전쟁이라 할지라도. 반전 운동가를 당혹케 한 노년 여성의 주장은 이랬다. 물론 이를 사회 규범으로서의 절대성에 대한 문제 제기, 당위성에 대한 회의로 해석할 수 있는 여지가 없지는 않으나, 문제는 그리 간단치 않아 보인다. 소설의 맥락으로 볼 때, 어머니가 문제 제기한 반전(反戰)의 당위성은 아들 가즈노리가 통념상 혐오되어 마땅하다 여겨지는 근거, 즉 이성애 규범의 당위성을 비판적으로 사유하기 위한 매개로서 기능하고 있기 때문이다. 하지만 왜 하필 그 매개가 '반전'인가? 왜 하필 그 문제 제기를 노년 여성인 '어머니'가 하는가? 나아가 반전의 당위성과 이성애 규범의 당위성이 같은 차원에서 논의될 수 있는가?

 사회 공동체의 규율이나 규범이 "절대(絶対)", 즉 금기의 이름으로 개인을 억압하는 것에 대한 순수한 저항을 그 누구보다도 자신의 에고에 충실한 존재인 '마녀' 어머니를 통해 체현하는 설정의 방향성이 공감되지 않는 바는 아니다. 이른바 진보 운동을 하는 이들에게서 간혹 발견되는 얄팍한 문제의식과 표리부동의 실체에 대한 이의 제기의 측면도 일면 수긍할 수 있다. 그러나 그 이의 제기의 대상이 하필 '전쟁'이어야만 했을까? 그것이 꼭 전쟁이 아니면 안 되었을 필연성이란 무엇인가? 그 배경(다키노가와 긴코의 과거와 현재의 불연속성)이야 어찌 되었든 굳이 반전의 주장을 어머니라는 노년의 여성을 통해 문제시함으로써 얻어지는 것은 무엇인가?

 노년의 일본 여성이 전쟁을 거론할 때 일본이 수행한 근대 전쟁을 상기하는 것은 자연스러운 연상이다. 고유의 개체성을 지닌 개인으로서 게이든, 노년 여성이든 자신의 신념을 주장하는 것은 그 자체로 비판될 수 있는 사안이 아니다. 문제는 게이 남성 작가가 소설 속 자신의 분신이라 할 수 있는 가즈노리를 통해서가 아니라 노년의 여성인 어머니를 통해서 반전 주장에 대한 문제 제기를 하고 있다는 점이다. 일본의 근대 전쟁과 노년의 여성이 연관될 때 떠올릴 수밖에 없는 존재는 '종군 위안부'이다. 일본과 비일본, 제국과 식민지라는 차이를 제외하면 동일한 전쟁을 체험한 '여성 노인'이라는 점에서 위안부 여성과 가즈노리의 어머니는 결부된다. 하지만 그들이 처했던 위치는 매우 차별적이기에 개체성의 차원에서 전쟁의 역사를 동일화, 탈맥락화, 몰역사화하려는 텍스트의 주장은 폭력적이라 할 만하다. 피해자 여성과 동년배의 어머니가 반전의 주장에 문제 제기하는 장면 설정은 매우 폭력적이고 비윤리적이거나 최소한 몰역사성에 기반하고 있음을 부정하기 어렵다. 소설 속 시간인 2000년대 초엽은 이미 위안부 문제가 한일 양국 간에 정치, 사회적으로 크게 논쟁되기 시작해 일본 내에서도 널리 인지된 저간의 배경을 감안하면 더욱 그렇다.

여전히 현재 진행형인 종군 위안부 문제가 한일 간에 심각한 정치적 갈등 사안으로 부각된 것은 1990년대 후반부터다. 1991년 고 김학순 할머니의 최초 피해 증언 이후, 1993년 고노 요헤이(河野洋平) 당시 관방 장관이 일본군의 위안부 동원 개입과 강제성을 인정한 이른바 '고노 담화'를 발표하고 1996년 일본의 검인정 역사 교과서에 위안부 관련 내용의 기재가 실현된 것에 대한 일본 우파의 위기감이 결집된 양상으로 갈등은 표면화되기 시작했다. 후지오카 노부카쓰(藤岡信勝), 니시오 간지(西尾幹二), 고바야시 요시노리(小林よしのり) 등 일본의 대표적 우파 지식인들이 '새 역사교과서를 만드는 모임(新しい歴史教科書をつくる会)'을 결성해 역사수정주의 관점에서 반박하고 일본 정부와 보수 정치인이 호응하는 양상으로 위안부 문제는 일본 국민들에게도 점차 인지되게 되었다. 따라서 2003년에 발표된 소설 「마녀의 아들」 속 가즈노리 어머니의 '전쟁' 발언은 종군 위안부 문제 등 동시대의 반전 콘텍스트를 다분히 의식한 발언으로 준비되었다고 보는 것도 개연성이 없지 않다.

전쟁을 통해 환기될 수밖에 없는 일본의 역사적 가해자성과 아들(어머니)의 LGBT(노년 여성)로서의 소수자성을 뒤섞음으로써, 중심/주변, 가해자/피해자, 다수자/소수자, 공동체/개인 사이의 경계선을 매우 동의하기 어려운 방식으로 모호하게 해야 할 이유가 무엇인가? 물론 양자 사이의 경계는 서로 넘나들며 각각의 존재들은 상이한 상황에서 위치의 교차성을 띠고 있음에 분명하지만, 그렇다 해도 여전히 일본이 수행한 전쟁의 수많은 피해자들(위안부 여성, 강제징용자)과 그 기억이 엄존하는 상황에서 이러한 설정은 안이한 역사 인식의 소산이라고밖에 볼 수 없다. 소수자의 존재 자체가 아니라 이러한 인식이야말로 부정적 의미에서 참으로 '마녀'적이다.

앗 하고 깨달은 것이 있었다. 아버지가 돌아가셨을 때와 똑같았다. 어머니는 추억을 아쉬워할 새도 없이 남자친구와의 추억이 깃든 물건들을 자신의 눈에 보이지 않도록 모두 처분하고 있는 것이다. 그때서야 비로소 나는 어머니라는 사람에 대해 조금 알 것 같은 생각이 들었다. 이 사람은 과거를 억지로 뿌리치는 것으로 현재를 살아가고 있다. 그리고 그녀는 앞으로도 그렇게 살아갈 것이라고. 아버지가 돌아가셨을 때도 필시 아버지가 미워서 그렇게 한 것은 아닐 것이다. 아마 그것이야말로 엄마라는 여자가 살아가는 방법인 것이다. 살아가는 기술인 것이다.
"가즈노리, 오늘 시간 좀 있니?" 어머니가 돌아보며 말했다
"있는데 왜?"
"그럼 오후에 오랜만에 아버지 산소에 함께 가자꾸나."
"음, 우리가 아버지 산소에 성묘 간 적이 있었던가."
"나는 가끔 갔어. 네가 따라가지 않았을 뿐."
나는 대체 몇 년이나 성묘를 가지 않았는지조차 기억나지 않았다(伏見憲明, 2003: 152).

남겨진 가족의 아름다운 화해 뒤편에서 소외되는 것은 "과거"라는 이름의 '역사'이다. 남자친구의 죽음 이후, 어머니는 아버지 때와 마찬가지로 선뜻 추억을 처분한다. "과거를 억지로 뿌리치는 것", 그것이 엄마라는 여자가 현재를 살아가는 방법이다. 이렇게 텍스트는 여성도 노인도 어머니도 아닌 그저 한 개인의 문제로 모든 것을 수렴시킨다. 각 존재 사이의 관계성도 역사적 맥락도 탈각시킨 채 오로지 현재만을 남긴다. 살아남는 것은, 그 무엇보다도 오롯이 자기 자신을 사랑할 줄 아는 개인이다. 모든 갈등과 가치 들은 개인성, 자율성, 개성의 문제로 단순화된다. 가즈노리의 옛 애인 슈이치(秀一)가 "동성애자는 18세기 말에 사회적으로 탄생한 개념"에 불과하다고 동성애자 차별의 역사성을 역설한들 현실의 혐오와 차별이 쉽사리 불식될 리 없다(伏見憲明, 2003: 71). 하지만 그렇다고 해서 그런 활동 자체를 속물적으로, 대중 영합적으로 치부할 수 있는 권리 또한 없다. 가즈노리는 슈이치가 커밍아웃 이후 인권운동가로 활약하는 모습에 대해서도, 다키노가와 긴코의 반전 활동에 대해서도 시종일관 냉소적이다. 안지나(2020: 74)는 가즈노리가 슈이치의 LGBT 소수자 운동에서 거부감을 느끼는 이유로 공감의 당사자성이 탈각된 "계몽의 언어"를 들기도 한다.

문제는 정작 그런 그는 '아무것도 하지 않는 것'을 행하는 데 그치고 있다는 점이다. 굳이 명명하자면, 그의 스탠스는 소심한 무위(無爲)라 할 만하다. 지켜야 될 것, 침범받아서는 안 되는 유일한 것은 오직 개체성이다. 어머니와 아들이 서로를 허락하게 된 것은, 절대 나눌 수 없는 개체성이 각자에게 나름의 모습으로 존재함을, 그래서 양자가 서로에게 영원히 타자일 수밖에 없음을 받아들인 순간부터다. 아버지라는 이름의 공통의 적은 그럴 때 떠올리는 법이다. 아버지는 끝까지 그저 매개이다.

소설의 끝자락에 마흔 살의 생일을 맞은 가즈노리는 HIV 항체 검사를 받고자 보건소를 방문한다. 죽음의 공포 앞에 내일 없는 오늘만을 살았던 그로선 큰 결심이다. "사람이란 굳이 살아보겠다고 마음먹지만 않는다면 두려움 따위 없을 텐데, 왜 내일을 떠올리는 순간 공포라는 감정이 치미는 것일까"
(伏見憲明, 2003: 164)라는 독백은 가즈노리가 현재에만 빠져 살았던 삶을 청산
하고 내일을 향해 살아갈 각오를 다지는 것으로도 읽힌다. '마녀의 아들'과
'마녀' 또한 서로가 각자 절대 나눌 수 없는 개체성의 소유자라는 공통의 차
이를 되레 소통의 접점으로 받아들인다. 이제 현실에 이어 미래까지 마련하
게 된 소설에서 오로지 결락된 것은 과거뿐이다. 게이 아들과 노인 여성의
소통점이 된 전쟁은 텍스트 내에서 결코 역사를 환기하는 방식으로 기능하
지 않는다. '절대 일어나서는 안 된다고 단언해서는 안 된다'는 이중 부정의
전쟁 담론이 소환하고자 하지 않는 것은, 결코 화석화되어선 안 될 타자들
의 기억과 상처이다. 그건 개체성에 대한 존중이라는 이유로 결코 무화될
수 있는 성질의 것이 아닐 터이다.

　「마녀의 아들」에서 도드라지는 것은 '정치적 무의식'이라는 정치성이다.
자기혐오를 넘어서기 위한 방편으로서의 타자 소외. 거기에 노인이든, 여성
이든, LGBT든, 이질적인 소수자 간 진정한 소통과 연대가 들어설 자리가
있을까. 그렇다면 마녀로까지 호명된 노년의 여성은 결국 무엇이었단 말인
가. 후시미 노리아키의 후속 소설이 더 궁금해지는 이유이다.

3. 할머니와 게이의 조우 － 장소와 역사

　「마녀의 아들」에 이은 후속 소설집 『단지의 여학생』(2010)에서 노년의 삶
과 새로운 정체성을 문제시하는 후시미 노리아키의 시선은 한층 구체화된
다. 소설집에는 두 편의 소설이 수록되어 있다. 표제작 「단지의 여학생」은
더 이상 사회와 가족에게 필요치 않는 존재, 80대 노년 여성과 사회의 주변
부에서 소외되어 살아가는 40대 중반의 게이 남성이 각각 추억 여행과 유기
묘(猫) 위탁을 매개로 접점을 만들어나가는 이야기다. 함께 수록된 소설 「손

톱을 깨무는 여자(爪を嚙む女)」는 1960~1970년대 일본의 고도 경제성장기에 지어진 낡은 대규모 아파트 단지에 거주하는 30대 중반 여성과 80대 노년 여성의 시점을 교차 투사하며 젊은 세대의 불안정한 삶과 노년 세대의 허무한 생을 함께 문제시한다.

흥미로운 것은 「마녀의 아들」에서 보조적 인물이었던 노인이 새로운 소설에서는 중심인물이라는 점이다. 특히 「단지의 여학생」이 그러한데, 전작 「마녀의 아들」에서 게이 남성의 주변적 역할에 머물렀던 노년의 여성이 이번에는 서사를 이끄는 주역이며, 그 대신 게이 남성이 보조적 인물로 등장한다. 역할 비중의 역전에도 불구하고 노년 여성과 게이 남성이라는 핵심 캐릭터가 연속된다는 점에서 전작과 후속작의 흥미로운 자리바꿈으로 눈여겨볼 만하다.

소설의 또 다른 주역은 단지(団地)라는 공간 그 자체이다. 지어진 지 40년을 훌쩍 넘는 아파트 단지는 그곳에 살았던 사람들의 삶과 역사를 대변한다. 단지의 노후화는 아파트의 완공과 더불어 입주해 같은 세월을 함께 늙어간 노인들의 노화와 쌍을 이룬다. 84세의 노년 여성 가와시마 에이코(川嶋英子)는 이웃에 사는 40대 중반의 게이 남성 미노짱(みのちゃん)이 "고작 두 살"이었을 때부터 아파트를 지켜 온 이른바 단지의 산증인이다(伏見憲明, 2010: 128).

에이코가 마음을 진정시키자 멀리서 사이렌 소리가 들려왔다. 옛날에는 이 단지에 구급차가 들어오는 일은 좀처럼 없었으므로 사이렌 소리가 가까워지면 모두들 호기심에 베란다에서 밖을 내다보곤 했다. 허나 최근에는 하루에 한 번은 구급차가 들어온다. 노후화된 단지에는 택시보다 구급차가 훨씬 더 빈번히 드나드는 법이다(伏見憲明, 2010: 139. 이하 번역은 필자).

노후화된 시영 아파트에 사는 거주민의 대부분은 노인들이다. 일상사처럼 단지에 빈번히 드나드는 구급차는 초고령화된 일본 사회의 자화상이다. 그래서 "미노짱"으로 불리는 다카다 미노루(高田稔)는 40대 중반의 나이임에 도 단지에서는 소중한 젊은 일꾼이다. 아파트 자치회 일을 도맡고 있는 그 는 작고한 부모님이 물려준 아파트에서 혼자 산다. 장소와 인간은 함께 늙 어간다. 공진화(共進化)가 아니라 공퇴화(共退化)다.

> 문득 눈에 들어온 현관 거울에 처음 보는 노파의 모습이 비친다. 온통 백발의 파 마머리에 화장기 없는 뺨과 눈꼬리는 거북 등껍질 같은 잔주름이 패여 있다. 눈 동자는 힘없이 오므라들고 입술은 건조하고 거칠다. 도대체 어느새 이토록 추한 몰골이 되어버렸나. 어릴 적에는 "에이코짱은 서양 인형 같아"라는 칭찬을 듣곤 했었는데. 이건 정말 요쓰야(四谷) 괴담이 따로 없다. 에이코는 너무나 변해 버 린 자신의 모습에 마치 요술이라도 보는 듯했다(伏見憲明, 2010: 133).

거울에 비친 자신의 모습은 에이코에게 추하고 혐오스럽기조차 하다. "서양 인형" 같다고 불렸던 젊은 날의 청순한 소녀는 온데간데없고 괴담 속 백발 노파처럼 "추한 몰골"이 되어버렸다. "거북 등껍질 같은 잔주름", "엉 겨 붙은 검버섯"(伏見憲明, 2010: 139), "힘없이 움푹 파인 눈"(伏見憲明, 2010: 180) 은 자신의 것이라 믿고 싶지 않은 낯선 신체다. 혐오가 기본적으로 이상적 인 자아를 위협하는 것들에 대한 거부감이란 점에서 이 장년의 에이코는 분 명 자기혐오에 빠져 있다고 볼 수 있다(김종갑, 2017: 26). 그것은 죽음과 질병 등이 그렇듯 이상적인 자아를 앗아가는 내부의 타자성에 대한 혐오감이기 도 하다. 연락이 잘 닿지 않던 여학교 친구 요시코(淑子)는 치매에 걸렸고 지 인들의 대부분은 몸져누워 있거나 요양 병원 신세다. 이렇게 하루하루가 무 료하고 쓸쓸한 노인 에이코의 유일한 바람은 하나뿐인 딸에게 짐이 되지 않 도록 깔끔하게 스스로 "신변 정리"를 하고 인생을 마무리하는 것이다(伏見憲 明, 2010: 133). 늙는다는 것은 참으로 무상하고 비참하다.

노년의 비참함으로 친다면, 작품집에 수록된 다른 소설「손톱을 깨무는 여자」속 할머니 우치우미 가요(内海香代)의 신세야말로 비참함의 극치라 할 만하다. 정작 당사자는 몸이 성치 않아 개호를 받는 처지임에도 근처에 사는 아들 둘은 어머니에 신경을 쓰고 돌보기는커녕 쥐꼬리만 한 연금마저 갈취하지 못해 안달이다. 심지어는 사고로 인한 병원 입원으로 급전이 필요하다는 사기에 가까운 거짓말로 어머니를 속이는 막내아들의 만행에 할머니를 개호하는 홈 헬퍼 마치다 미야(町田美弥)는 "그녀의 작은 등짝이 현금인출기 코너 안으로 빨려 들어가는 광경을 보며 과연 어디까지 몸을 던져야만 그녀가 해방될 수 있는지, 자신의 인생은 죽을 때까지 돌아볼 것 같지 않은 가요 할머니가 가엾고 안쓰러웠다"라고 안타까움을 감추지 못할 정도이다 (伏見憲明, 2010: 95).

그런데 「단지의 여학생」에서 무상하고 비참한 노년 여성의 일상을 급반전시키는 이가 미노짱이다. 남자인 주제에 남자가 좋다고 아무렇지도 않게 얘기하는 게이 미노짱은 에이코에게 "다른 별에서 온 외계인" 같은 존재다 (伏見憲明, 2010: 162). "일종의 병"일지도 모른다며 내면화된 무의식적 혐오감을 언뜻 내비치며 자신의 아들이 아닌 것을 다행스럽게 여기는 에이코는 텔레비전의 "화면 저 건너편"에서만 있다고 들은 "그런 사람들"이 정말로 자기 주변에도 있다는 사실에 놀라움을 감추지 못한다(伏見憲明, 2010: 158~160). 그래서 그런 미노짱에게 에이코가 오랜만의 고향 방문에 동행을 청했다는 사실이 더 놀랍기도 하지만, 이것이야말로 실은 노년의 삶이 얼마나 고독하고 인간관계가 제한적인지를 방증하는 것으로 해석할 수도 있을 것이다. 심지어 이번 방문은 어릴 적 자신을 연모했던 동네 친구 사토시(聡) 씨를 60년 만에 재회할 목적의 야심찬 귀향이었다. 바꿔 말하면 살아생전 마지막이 될지도 모르는 귀향길에 "완전히 별세계의 우주"에 살고 있는 미노짱을 길동무로 삼은 것이다. 결국 치매기 있는 사토시 씨를 우연찮게 스쳐 지나며 성사된 60년 만의 해후는 노년의 서글픔을 더욱 배가시키는 것으로 귀결되는

데, 정작 에이코의 추억 여행이 환기한 것은 의외의 것이었다.

그렇다. 오늘 나는 쓸데없는 말이 너무 많았다. 타인에게 내 속내를 들려주려 하
다니, 나답지 않다. 하물며 젊은이들에게 옛날이야기를 해서 무엇에 쓴단 말인
가. 전쟁에 대해 계속해서 증언해 가자는 식으로 말하는 무리도 있지만 진정한
전쟁이란 겪어보지 않으면 모르는 법이다. 어떻게 표현하든 그건 머리로 가늠할
수 있는 것이 아니다. 그리고 그건 전쟁뿐만이 아니다. 타인이 살아온 삶이란 모
두 그런 법이다. 받아들일 수 없는 감정 따위는 미소 띤 가면 속에 욱여넣고 타인
의 눈에 띄지 않도록 해야 하는 법이다(伏見憲明, 2010: 164).

자신이 졸업한 고향 여학교(高崎観音女学校)를 찾은 에이코는 학창 시절의
기억 속에서 다름 아닌 아시아태평양전쟁의 전범, 도조 히데키(東条英樹)를
떠올린다. 역 광장에서 열린 군대 열병식에 참석했던 도조 히데키를 직접 본
적이 있던 에이코는 육군 대장으로 한 시대를 풍미했던 전쟁 영웅이 패전 후
전범으로 낙인찍혀 사람들의 기억 속에서 망각되어 버린 것을 안타까워한
다. 미노짱 또한 도조 히데키를 전범 이외의 방식으로 기억하지는 못한다.
그다음에 이어지는 문제적 내용이 위의 인용 부분이다. 전작「마녀의 아들」
에 이어서 다시금 전쟁이 화두로 등장한다. 왜 또 전쟁인가? 심지어 노년의
여성 에이코의 입을 빌려 표출된 '어떤 소신'은 충격적이다. 일견 세대 간의
간극을 애써 수용하려는 노인의 전향적 자세로 오독되기 쉬운 위 글에서 주
목해야 할 부분은 따로 있다.
그것은 "전쟁에 대해 계속해서 증언해 가자는 식으로 말하는 무리"에 대
한 반감과 "진정한 전쟁이란 겪어보지 않으면 모르는 법"이라고 하는 반감
의 동인이다. 모름지기 자신이 겪지 않은 일이란 모르는 법이니 전쟁 등을
포함한 "타인이 살아온 삶"에 감히 왈가왈부하지 말 것, 에이코 내면의 독백
은 이렇게 요약될 수 있다. 모든 체험과 이를 바탕으로 한 기억은 기본적으

로 사적인 것이니 이에 대한 평가 또한 상대적일 수밖에 없다, 따라서 공적 기억, 기억의 계승 운운은 부질없는 일이라는 사상, 이것을 역사수정주의가 아닌 다른 어떤 말로 대체할 수 있을까. 이것이 과연 타자에 대한 존중인가. 노년의 여성을 통해 전쟁을 몰역사적으로 소환하는 상황은 전작 「마녀의 아들」에 이어 「단지의 여학생」에서도 반복될 뿐만 아니라 더욱 명시적으로 재현되고 있는 것이다. 노인 여성의 입을 빌려 게이 남성 작가의 사적 소신을 대리 주장하는 「마녀의 아들」의 의도는 「단지의 여학생」 속 에이코의 도조 히데키 회상을 통해 재차 확인된다.

이것을 서로 다른 정체성을 지닌 소수자 간의 교차 혹은 교섭이라 부를 수 있을까. 문학 서사의 형식을 빌리고 있다고는 할지라도 참으로 비겁한 방식 외 다름 아니다. 노년 여성이 아니라 게이 남성 자신이 소설 속에서 직접 문제 제기했을 경우에 예측 가능한 위화감, 아니 노년 여성이 아닌 노년 남성이 발언했을 경우의 파장만이라도 가정해 본다면, 이러한 대리 주장의 설정이 얼마나 교차성을 가장한 비겁함인지가 더욱 명징해진다. 물론 작가와 작품, 작가와 작품 속 등장인물은 원칙적으로 엄격히 분리해 사고되어야 마땅하다. 하지만 마이너리티 당사자가 쓴 마이너리티 소설이 필연적으로 '당사자 말하기'라는 소수자 인정 운동, 정체성 정치의 성격을 띨 수밖에 없음을 감안한다면, 작가와 작품 사이의 엄정한 구별이라는 원칙은 넘지 못할 신성불가침의 영역은 아닐 것이다.

더욱이 소설 속 주장이 근본적으로 소수자 당사자의 인정 운동마저 부정할 수밖에 없는 논리 구조를 취하고 있다는 점에서 자기모순적이라는 점을 유의할 필요가 있다. 타자를 "받아들일 수 없는 감정", 즉 차이를 "타자의 눈에 띄지 않도록" 자기 안에 욱여넣는 방식이 타자에 대한 진정한 존중일 리 만무하다. 이러한 태도야말로 소수자의 인정 운동을 부정적·회의적으로 바라보는 사회 불특정 다수의 평균적 인식 그 자체라는 점을 상기하면 더욱 문제적이다. 사회 일반이 소수자를 바라보는 시선을 성 소수자 당사자인 작가 스스로가 그대로 내면화하고 있기 때문이다. 구태여 소수자의 존재 자체를 부정하거나 적극적으로 혐오하지는 않지만 "내 눈에서는 안 보였으면 좋겠다", "떠들썩하게 드러내지 않았으면 좋겠다", 즉 '나대지 말라'는 사회적 불가시성(不可視性)의 시선 바로 그것이다(엠케, 2017: 34).

여기서 에이코는 전쟁 체험의 당사자라는 당사자 의식을 바탕으로 전쟁을 경험하지 않은 이들과의 소통 불가능성을 당연시함으로써 차이를 넘어설 수 있는 가능성을 스스로 차단해 버린다. 그리고 그녀의 체념은 그녀가 공감할 수 없는 주장을 하는 타자들에 대한 체념의 요구로 이어진다. "전쟁에 대해 계속해서 증언해 가자는 식으로 말하는 무리"에 대한 반감과 침묵의 요구는 이러한 자기 인식 위에 서 있다. 더욱이 '반전'의 맥락은 일본 '평화 헌법' 제9조 1항, 2항에서 명시한 부전(不戰), 즉 전쟁 포기의 서약과 긴밀히 연동된다는 점에서 특히 논쟁적이다. 전쟁과 선제 무력행사가 가능하도록 헌법을 개정하기 위해 1990년 이후 한층 거세진 신보수주의 강경 우파의 조직적 책동과 이에 맞서 평화 헌법을 수호하려는 일본 내 시민운동 측과의 격렬한 갈등을 시야에 넣는다면, 후시미 노리아키 소설 속 전쟁을 둘러싼 소신의 지향점, 그리고 그 발화자가 노년 여성이라는 점 등은 결코 간과될 수 없는 논쟁점이라고 할 수 있다. 소설은 동시대 일본 내 평화 헌법 수호 운동을 '절대적 반전이란 있을 수 없다'는 논리로 우회 비판하는 것으로 해석될 수 있는 여지가 충분하기 때문이다.

오랜만에 방문한 고향의 모교에서 도조 히데키의 추억을 떠올린 에이코는 부모와 조상을 모신 절을 찾아 합장한다. 사춘기 시절 흠모했던 사토시 노인과의 해후까지, 아마 마지막이 될 터인 귀향길은 노년 여성의 사적 기억을 충실히 복원한 여행이었다. 추억의 장소는 개인의 사적 역사를 소환해 현재의 주체를 변화시킨다. 에이코와 동행하는 와중에도 만남 사이트에 접속해 오롯이 자기 본위의 하룻밤을 보낸 미노짱과도 그 이후 더 친밀한 관계가 된다.

"미노짱, 역시 나 말이야, 고양이 한번 키워볼까 해. 그저께 보내준 사진의 새끼 고양이와 조만간 만나게 해줘도 좋아."

미노짱은 에이코에게 무슨 일이 있었는지 상상도 못 할 터이지만, 늘어진 거구가 소년처럼 공중으로 뛰어올랐다. (중략)

"언제든 좋으니 집으로 데리고 와. 단, 만약 내가 죽는다면 그다음은 미노짱이 책임지고 고양이를 맡아줘."

"네, 네, 그건 맡겨만 주십시오. 책임지고 제가 떠맡겠습니다"(伏見憲明, 2010: 182).

미노짱이 이전에 제의했던 유기묘의 입양을 에이코가 수용한 것이다. 이는 그녀가 앞으로의 여생을 살아갈 삶의 자세를 전환했다는 징후로 읽기에 충분한 변화이다. 그렇다면 여행 이전 전혀 내키지 않았던 유기묘 입양을 결심하게 된 계기로 일컬어지는 "무슨 일"을 어떻게 해석해야 할 것인가. 노년의 독거 여성, 게이 남성, 주인 없는 고양이 사이에서 '소외'라는 공통의 연결 고리를 찾기란 어렵지 않다. 고양이라는 동물, 즉 비인간 존재가 노년 여성과 게이라는 이질적인 타자 간 공감과 연계의 매개로 기능하는 것도 눈에 띈다. 하지만 그럼에도 불편함은 해소되지 않는다. 왜 소설은 세대와 성적 지향을 넘어선 타자 간 공감의 가능성을 서술함에 있어, 유독 전쟁을 공동체의 기억이 아니라 침범 불가능한 개인의 기억이라는 방식으로 소환하는가. 그래서 이를 통해 일본의 전쟁 수행이라는 역사적 행위가 공동체가 아닌 개인 차원의 문제로 왜소화될 수 있는 소지를 남기는가. 더욱이 이런 위험하고 모호한 역사 인식이 다른 작품도 아닌 LGBT 작가의 소설에서 표출된다는 것을 어떻게 평가해야 할 것인가. 이는 단순히 개인의 자유 인식이라는 관점에서 취급해야 할 문제인가? 이러한 불편함과 문제 제기가 좀처럼 쉬 정리되지 않는다.

작가 후시미 노리아키는 과거의 전쟁에 대한 인식은 각각의 개인의 영역이므로, 그것에 대한 평가 또한 공동체의 단일화된 입장이 아닌 개인의 입장에서 개별적으로 수행할 문제로 파악하고 있는 것처럼 보인다. 하지만 그렇다고 해도 '타자 간 공감과 교섭은 기본적으로 각자의 개체성을 바탕으로 한다'는 명제와 '전쟁은 어떠한 이유에서든 억제해야 한다'는 명제를 굳이 대치시키는 길항 구도를 통해, 마이너리티 간(노인과 게이, 여성과 게이)의 공감 문제, 이질적 타자 간의 교섭이라는 주제를 다루는 것이 과연 온당한가라는 강한 의문은 가시지 않는다. 그렇기에 LGBT 당사자인 작가가 작품의 중심 메시지를 노년 여성을 통해서 줄곧 발신하는 전략 또한 그 의도가 노회하고 불순해 보이기까지 하는 것이다.

소설 「단지의 여학생」은 타자 간 소통의 불가능성과 가능성 사이에서 배회하면서도 결국엔 가능성의 편린을 보여주는 텍스트로 해석될 수 있을 것이다. 다만, 그 모색 과정에서 명시적으로 드러나는 '전쟁의 기억'에 대한 사적 전유 방식은 명확히 역사적 무의식과 개인의 공동체성에 대한 몰이해를 의미한다. 이는 일반화는 곤란하되 마이너리티 소설이 소수자성과 타자 간 연대를 다루는 과정에서 자칫 범할 수도 있는 내재된 폭력성을 드러냈다는 점에서 매우 시사적이다. 여기에 이르러 비로소 왜 소설 제목이 '단지의 여학생'일 수밖에 없었는지, 수긍이 된다. 노년의 에이코는 여전히 여학생이었던 과거의 사적 기억에만 머물고 싶어 한다. 그것이 그녀가 살아가는 동력이라 할지라도 자폐적이라는 사실은 부정될 수 없다. 그런 의미에서 에이코가 매몰된 자폐적 공간은 '단지'가 아니라 '여학생'이라는 기표 그 자체이다.

4. 혐오 존재는 대안적 가능성이 될 수 있을까? 디스토피아의 소수자

다와다 요코의 소설 「헌등사」는 미증유의 대재해가 휩쓸고 지나간 이후 어느 시점의 일본 사회를 배경으로 하는 근미래 소설이다. 2011년에 발발해 현재까지 그 극심한 여파가 현재 진행형인 3·11 동일본 대지진이 없었다면 나오지 않았을 소설이었을지도 모른다. 소설 속 근미래 디스토피아 세계의 주역들은 비정상적으로 장수하게 된 노인들과 노인들보다 연약하게 태어난 기형 신체의 아이들이다. 대재해 이후 출생한 아이들보다 더 건강하다는 이유로 사회의 노동력을 전담하게 된 노인들과 그 노인들에게 양육·개호되는 아이들이라는 설정은 소수의 청년들이 다수의 노인들을 경제적으로 지탱해야 하는 현대 초고령화 사회의 역피라미드 구조를 완벽히 전복시키고 있다. 마음대로 죽지도 못하는 노인들은 혐오하기에는 너무나 건실한 사회의 중심추이다. 기형 신체로 태어난 아이들은 태어날 때의 성별이 지속되지 않고 "자연의 책략"으로 경계를 월경해 자연 성전환된다(多和田葉子, 2014: 123). 115세의 요시로(義郎)가 양육하는 증손자 15세 무메이(無名)의 이름은, 그래서 이름이 없다. 현실의 3·11 동일본 대지진 이후를 연상시키는 가설 주택에서 살아가는 그들의 뒤집힌 삶은 노인 혹은 장애 신체라는 이유로 혐오가 작동할 수 있는 사회적 기반마저 소실된 세계 속에 있는 것처럼 보인다.

> 가까운 장래에 젊은 사람은 모두 사무 일을 하고, 몸을 움직이는 일은 노인들이 계속해서 하게 될지도 모른다. (중략) 건강이라는 말이 어울리는 아이들이 없어진 세상에 소아과 의사들은 노동시간이 늘어났고, 부모들의 분노와 슬픔을 일거에 받아들여야 했을 뿐만 아니라, 실정을 신문기자 등에게 말하면 어디선가 압력이 들어왔다. 불면의 시간이 늘어났고 자살자가 늘어나기 시작하자 소아과 의사들은 우선 노동조합을 만들어 노동시간을 당당히 줄였고, 보험 공단으로부터 강제되고 있었던 보고서의 제출을 거부했으며, 거대 제약 회사와 손을 끊었다(多和田葉子, 2014: 32~33. 이하 번역은 필자).

허나 혐오의 기반이 왜 없겠는가. 죽음을 상실한 노인들은 영원히 일을 하고 아이들은 모두 환자가 된 암울한 세상, 각기 자국의 문제는 내부에서 해결하자는 명분으로 근세 에도(江戶) 시대처럼 쇄국 정책을 펴는 세계, 그로 인해 인터넷마저 사라져버리고 일본 국내의 지역별 편차도 더 극심해진 각박한 삶의 환경은 실은 분노와 슬픔의 감정은 물론 혐오의 정동이 사회적으로 팽배해질 절호의 조건에 더 가까울 것이다. 요시로 또한 증손자 무메이의 양육에 얽매인 자신의 처지에 때론 "희망이 아니라 분노"를 절감하기도 한다(多和田葉子, 2014: 178). 그에겐 죽음을 선택할 자유조차 없다. 70대를 "젊은 노인", 90대를 "중년 노인"이라 부르며 100세를 넘긴 이가 "다람쥐"처럼 몸의 움직임이 더 날쌘 「헌등사」의 세계에서 노인은 소외와 혐오의 대상이 아니라 노동의 주역이다(多和田葉子, 2014: 19~21). 그들은 엄밀한 의미에서 늙고 취약한 존재로서의 노인(老人)이 아니다. 대신 그들에게 요구되는 것은 새로운 생존의 조건이다.

"아, 그 포스터 보았습니다. 문어에게 배우는 연체(軟體) 생활."
"1만 년 후는 모두 문어입니까?"
"그래요. 옛날 인간은 분명 인간이 문어가 되는 것은 퇴화라고 생각하고 있었겠지만, 실은 진화인지도 모르지."
"고등학생 때 그리스 조각 같은 신체가 부러웠습니다. 미대를 목표로 하고 있어서요. 언제부터인가 전혀 다른 신체가 좋아졌습니다. 새라든지 문어 같은. 한 번 모든 것을 타자의 눈으로 보고 싶어요."
"타자?"
"아뇨, 문어요. 문어의 눈으로 보고 싶어요"(多和田葉子, 2014: 24).

115세 요시로와 70대의 빵집 주인이 나눈 위의 대화에는 중요한 언급이 있다. 바로 세상을 "타자의 눈"으로 보고 싶다는 바람이다. 과중한 육체노동으로 건초염에 시달린다는 빵집 주인은 연체동물 "문어"처럼 유연한 신체를 가지고 싶어 하고 인조인간처럼 팔을 빼고 잘 수 있었으면 한다. 문어가

지니는 유연성은 매일이 예측 불가능한 불안정한 세계를 살아가야만 하는 인간들이 심신 공히 가장 탐내는 덕목이다. 이때 동물보다 인간이 더 진화된 우월한 존재이고 인간의 확장형 혹은 대체형이 사이보그(cyborg)라는 식의 직선형 진화 모델은 이미 소설 속 근미래 사회의 현실과 멀찌감치 괴리되어 있다. 유연성, 적응력, 그리고 이를 얻기 위한 방편인 '타자의 눈으로 세상을 보는 것'이야말로 디스토피아 세상을 살아가는 이들이 새로이 갖추어야 할 덕목이 된다. 그런 의미에서 상대화와 공감은 선택 사항이 아니라 생존의 필수 조건이다

전술했듯이 「헌등사」 속 노인들은 혐오되지 않는다. 노인에 대한 통념적 이미지는 "신체적·인지적 취약성과 질병" 등이며 이런 네거티브 이미지로 말미암아 "경멸, 무시, 배제" 등이 노인을 대하는 태도로 고착화되기 쉽다(北村英哉·唐沢穣, 2018: 204). 이는 혐오의 조건인 추함, 역겨움, 취약함, 무능력 등과 그대로 부합한다. 하지만 「헌등사」의 노인들에게는 혐오의 조건이 될 만한 요소가 딱히 없다. 100세를 훌쩍 넘긴 소설 속 노인들은 70대의 "젊은 노인"보다 더 건강한 신체에다 더 풍부한 노동력의 소유자다. 가장 병약한 10대의 아이들을 보살피는 것도 그들의 몫이다. 세상은 노인의 존재 없이는 돌아갈 수 없다. 그들은 근미래 사회의 핵심 구성원이다. 따라서 그들은 혐오 대상이 될 이유가 하등 없다.

그렇다면 태어날 때부터 유약한 존재인 아이들은 어떠한가? 그들은 "미열을 반려 삼아"(多和田葉子, 2014: 50) 살아가며 "나이가 어리면 어릴수록 새우등에 머리숱이 적고 안색이 창백"(多和田葉子, 2014: 124)할 뿐만 아니라 주스한 잔 마시는 데도 15분은 족히 걸리기에 어른이 없으면 생존할 수 없는 그야말로 의존적 존재, 민폐덩이 들이다. 심지어 그들의 몸은 "목이 가늘고 긴데 비해 머리가 큰 탓인지" "어딘가 병아리를 연상"(多和田葉子, 2014: 9)시키는 괴이한 신체다. 실로 역겨움마저 자아내게 하는 낯선 돌연변이의 몸으로 그들은 태어난다. 추하고 역겨운 그 신체는 비정상에 대한 불안이라는 혐오의

조건을 완벽히 충족하는 몸이다. 하지만 그들은 적어도 소설 속 세계에서는 혐오되지 않는다. 왜인가? 현실 사회에서 흔히 혐오 대상이 되곤 하는 노인들의 혐오 요소를 두루 갖춘 소설 속 아이들이 왜 혐오되지 않는가? 그 단서를 아래에서 찾을 수 있지 않을까 한다.

자손에게 재산이나 지혜를 넘겨주려는 따위의 짓은 자신의 교만에 불과했다고 요시로는 생각한다. 지금 할 수 있는 건 증손자와 함께 사는 것뿐이다. 그것을 위해서는 부드러운 머리와 신체가 필요하다. 이제까지 100년 이상이나 올바르다고 믿고 있던 것도 의심할 수 있는 용기를 가져야 한다. 자긍심 따위 재킷처럼 가볍게 벗어던지고 가벼운 옷차림이 되어야 한다. 추위가 엄습하면 새로운 재킷을 살 생각을 하지 말고 곰처럼 온몸에 빼곡하게 털이 나게 하려면 어떻게 해야 하는지를 생각하는 편이 낫다. 실은 자신이 '노인'이 아니라 100세의 경계선을 넘은 신인류라고 생각하며 요시로는 몇 번이나 주먹을 고쳐 쥐었다(多和田葉子, 2014: 58~59).

부드러운 머리와 신체, 100년 이상 올바르다 믿었던 고정 관념을 해체할 수 있는 용기, 그래서 스스로를 노인이 아니라 '신인류'라고 정의하는 새로운 정동의 각오, 이것이야말로 혐오의 정동에 선제적으로 대응할 수 있는 실마리이다. 인간의 몸이 새처럼 변이하고(多和田葉子, 2014: 98), 남아 선호 관습에 대한 자연의 분노로 "태어날 때의 성이 지속되지 않고 누구나 생애 반드시 한두 번은 성전환"이 일어나는 세상에 자명한 고정불변의 본질이나 진리란 있을 수 없다(多和田葉子, 2014: 123). 모든 것은 변하고 뒤섞이고 뒤집힌다. 예측 불가능하다. 이런 세상에서 살아남으려면 그간 지켜왔던 몸, 감각, 의식 모두를 바꾸고 끊임없이 새로이 변화해 가지 않으면 안 된다. 유연함과 유동성이야말로 신인류가 갖추어야 할 필수 덕목이다. 낯설고 이질적이고 차이 나는 것들과 뒤섞일 수 있는 전제 조건들이다. 그런 세상이라면 혐오되어 마땅해 보이는 존재들이 혐오되지 않을 수 있다고 「헌등사」는 전하는 것 같다. 그런 의미에서 새와 같은 외양의 괴이한 몸으로 변형된 손자며느리의 시체를 발견한 요시로가 처음엔 경악했다가 점차 그 몸에서 아름다움을 느끼게 되는 다음의 장면은 소설 전체에서 매우 상징적인 부분이다. "며느리의 모습을 한 번 보고는 악 하고 비명을 지르며 요시로는 코와 입을 한 손으로 덮고 주저앉았다. 자신이 본 것을 믿을 수 없어서 주뼛대면서 시선을 되돌리자 첫인상만큼 경악시키는 모습은 아니었다. 오히려 아름답다고 해도 좋은 모습이었다"(多和田葉子, 2014: 97~98).

한편 외양은 디스토피아의 모습을 하고 있으되 그 세계의 본질에 있어 「헌등사」와 명확히 대비되는 현대 소설로 무라타 사야카(村田沙耶香, 1979~)의 「살인출산(殺人出産)」(2014)을 들 수 있다. 「살인출산」의 세계는 열 명을 출산하는 이에게 한 명을 살인할 수 있는 정당한 권리가 부여되는 세상이다. 이른바 살인 출산 시스템이다. 이를 통해 저출산 문제를 해결하고 인류 공동체의 미래를 담보한다는 것이 반윤리적 정책이 지지받는 근거다. 시스템은 남녀 불문 자원자로 유지된다. 남자도 인공 자궁을 장착하면 출산이 가능하다. 목숨을 빼앗고 싶을 정도로 절실히 증오, 혐오하는 대상이 있다면 "출산하는 자(産み人)"로 자원해 얼마간의 세월이 소요되더라도 우선 열 명의 아이를 출산하면 된다. 그다음엔 국가가 책임지고 '출산하는 자'가 선택한 살인 대상을 검거해 마음껏 그 목숨을 앗아갈 수 있는 둘만의 열두 시간을 보장해 준다. 선택된 자에게 죽음을 모면할 선택지는 애당초 없다.

이 엽기적 설정의 세계를 마냥 비웃을 수만은 없는 이유는 그 이면에 인간의 감정을 관리한다는 섬뜩한 발상이 깔려 있기 때문이다. 살인 출산 시스템 운용을 통해 충동적이고 무분별한 살인을 예방함으로써 사회 전체의 피해자 수를 줄일 수 있다는 발상이다. 게다가 사람들은 자신이 선택될 수도 있다는 두려움 때문에 주위 사람들과 보다 우호적인 삶을 살아갈 것이다. 혐오, 증오의 대상을 제거할 수 있는 합법적 수단이 마련되어 있으므로 절망에 빠진 이들이 혹 범할 수 있는 자살도 미연에 방지할 수 있다. 즉, 타자를 혐오하고 증오하는 인간의 감정을 효율적으로 관리하는 시스템을 이용해 역으로 사회 안정화를 도모하고 인류 공동체의 재생산도 담보한다는 것이 「살인출산」의 윤리다. 이 만능의 시스템만 있다면 노령화 사회의 문제도 저출산 문제도 발생하지 않는다. 살인이 출산을 보장하고, 혐오 범죄도 발생하지 않는다. 시스템을 통한 살인은 애당초 범죄가 아니다. 그것은 혐오와 증오를 사회적으로 활용, 관리해 출산으로 이어지는 합법적이고 정당한 과정이기 때문이다. 하지만 그럼에도 불구하고 너무나도 안정적이고 말쑥한 이 세계가 「헌등사」의 세계보다 훨씬 더 혐오스럽다는 것, 그래서 디스토피아에 어울린다는 사실은 자명하다.

그런 의미에서 보더라도 「헌등사」의 내실은 그 외양과 달리 디스토피아보다는 차라리 유토피아에 더 가까울지도 모른다. 그곳에서 혐오는 적어도 관리되는 것이 아니라 서로 껴안는 것이기 때문이다. 혐오를 끌어안는다는 것은 혐오를 포용한다는 의미에 국한되지 않는다. 도리어 혐오의 전제 조건인 주체와 대상의 분리, 몸 안과 밖의 경계 의식 자체가 모호해진 상황 자체를 받아들일 수밖에 없다는 뜻이다. '부드러운 머리와 신체를 가질 것'이라는 요시로의 마음가짐은 인간과 새의 몸이 뒤섞이고 남녀의 성이 넘나드는 혼종과 혼돈의 시대를 살아가기 위한 처절한 생존법에 더 가깝다.

스테이시 앨러이모(Stacy Alaimo)가 신유물론과 포스트휴먼 환경윤리에 입각해 제안한 '횡단-신체성' 개념은 「헌등사」의 변형 신체와 혼종적 몸의 뒤섞임을 분석하는 데 매우 시사적이다. 횡단신체성은 "인간이 언제나 인간을 넘어서는 세계와 맞물리는 지점"으로 정의되는데, 다음의 인용 부분에서 그 문제의식을 명확히 확인할 수 있다(앨러이모, 2018: 18).

특히 횡단-신체적 공간의 생생한 예인 독성물질로 중독된 몸은 … 우리가 안과 밖의 경계가 뚜렷한 개인이라는 탈신체적 가치와 이상에서 벗어나는 물질적·횡단-신체적 윤리를 지향하도록 촉구한다(앨러이모, 2018: 67).

뒤섞임의 양상은 예측 불가능하며 그것이 반드시 긍정적인 양상이 아니라 할지라도 적어도 여기서 하나 긍정적인 것은, 혐오의 전제 조건인 주체와 대상의 분리와 몸 안과 밖의 분리가 뒤섞임을 통해 무화되고 해소되고 있다는 사실이다. 뒤섞임의 세계를 디스토피아, 유토피아 어느 것으로 부르든, 그 이유는 매한가지이다. 경계의 모호함, 즉 불확실성이다. 다만 그 모호함을 어떻게 취할 것인가의 선택에 달려 있는 것이다.

> 무메이의 머리카락이 색을 잃고, 어느 순간 은색으로 빛나기 시작한 것은 3년 정도 전의 일일 것이다. 무메이는 넋을 잃고 거울 속의 자신을 바라보면서
> "우리들은 머리카락의 색이 똑같아 쌍둥이 같아요." (중략)
> "증조할아버지, 우리들 두 사람에서 은색 동맹을 맺어요. 이 머리카락 색이 회원증 대신이에요. 증조할아버지도 50년 이상이나 은발로 건강하게 살아왔으니까, 나도 이제부터 50년 이상 건강할 수 있어요."
> 라고 단언했다. 그러자 요시로의 눈물은 기적처럼 멈추었고 눈가에 은색 미소가 떠올랐다(多和田葉子, 2014: 176).

그래서 「헌등사」의 세계를 이끌어가는 동력은 혐오가 아니라 공감과 월경이 될 수밖에 없다. 남녀의 차이는 해체되고 세대가 시간을 건너 뒤섞인다. 100년의 시간을 넘어 "은발"이라는 공통의 신체성을 획득한 두 사람은 이제 몸과 마음 모두 이어진 존재가 된다. 소설의 마지막은 헌등사(献灯使)로 지목된 무메이가 쇄국의 일본을 벗어나 인도 마드라스(Madras)를 향해 밀항하기 직전 가지는 촛불 의식과 연모하는 소녀 스이렌(睡蓮)과의 신비로운 어울림의 장면으로 맺어진다. 특히 흡사 비장한 죽음의 장면으로도, 황홀한 사랑의 은유로도 읽히는 뒤섞임의 장면은 그 해석의 가능성이 실로 다양할

터인데, 여기서 한 가지 떠오르는 것이 있다. 에드워드 사이드(Edward W. Said)가 "망명의 형식"이라 정의한 '말년성(lateness)'이 바로 그것이다. 사이드는 망명자도 어딘가에 살며, "말년의 양식은 현재 속에 거주하지만 묘하게 현재에서 벗어나 있다"라고 했다. 또한 아도르노(Theodor Adorno)를 빌려 "용인되고 정상적인 것을 넘어 살아남는다는 개념"이라고도 '말년성'을 설명한 바 있다(사이드, 2012: 16). 요시로와 무메이, 재해 이전과 이후, 혐오와 공감 등등, 서로 떨어져 있는 이질적인 것들 사이를 넘나들며 뒤섞인 채 우리가 '살아 있다는 것'에 대한 자각이야말로 소수자성과 혐오를 함께 사유하는 데 분명 필요 불가결한 조건일 것이다.

윤지영(2014: 252)은 이원론에 기초한 기존 연대 개념인 솔리더리티(solidarity)의 대안으로 새로운 연대 개념인 플루이더리티(fluidarity)를 제안한 바 있는데 이는 매우 흥미롭다. 고체성과 동질적 경계 구획성을 기반으로 하는 연대에서 유체성과 액체성을 토대로 탈경계성과 뒤섞임, 혼재성 속에서 탈중심화된 연대의 가능성을 모색하는 플루이더리티의 제시는 「헌등사」의 세계와 관련해서도 시사적이기 때문이다. 김종갑도 스테이시 앨러이모, 『말, 살, 흙: 페미니즘과 환경정의』의 「옮긴이 후기」에서 앨러이모가 주창하는 몸을 고체보다는 액체에 더 가깝고 주체와 타자의 구분이 뚜렷하지 않은 '액체성' 개념으로 풀어내고 있는데, 이는 윤지영의 '플루이더리티'와 크게 상통한다(앨러이모, 2018: 393).

무엇보다도 플루이더리티 개념은 혐오, 소외 존재인 소수자의 소수자성에 대한 새로운 가능성을 개진하고 있다는 점에서 주목할 만하다. 내부와 외부, 안과 바깥이란 경계를 넘어, 각자의 소수자성의 기반이 완전히 동일하지 않더라도 타자의 소수자성과 접속될 수 있음을 「헌등사」는 요시로의 눈물, 문어 같은 신체에 대한 희구, 고정 관념을 의심할 수 있는 용기 등의 공감과 탈각의 언어를 통해 증명한 것이 아닐까. 증손자 무메이와 새로운 시대를 살아가기 위해 요시로가 꿈꾼 "부드러운 머리와 신체"(多和田葉子, 2014:

58)야말로 "미시적이고 일상적 차원에서 새로운 몸과 몸의 친밀성과 재구성이 어떻게 이어지는가를 보여주는 방식"인 플루이더리티의 이상과 제대로 부합되는 예시일 것이다(윤지영, 2014: 252). 이럴 때 혐오 존재는 소수자성에 매몰되는 타자화의 대상이 아니라 소수자 자신을 구성, 재구성, 탈각해 가는 연대의 장의 주체가 될 수 있을 것이다. 다른 사람도 아닌 취약한 변형 신체의 소유자 소년 무메이가 헌등사로 낙점되어 스스로를 세상을 이어줄 존재로 주체화하는 소설의 전개는 그런 의미에서 필연이라 할 수 있다.

5. 혐오에 대응하는 상이한 방식

이상에서 일본 현대 소설의 소수자성과 혐오의 관련 양상을 LGBT와 노인에 특히 주목해 살펴보았다. 후시미 노리아키와 다와다 요코의 소설에서 공히 발견되는 것은 '뒤섞임'이다. 하지만 그 뒤섞임의 본질은 매우 상이하다. 우선 후시미 노리아키의 LGBT 소설에서 확인된 중요 사항은 공동체의 규범, 관습에 얽매이지 않는 개체성 강조를 통해 소수자 정체성 확립과 타자(게이, 여성, 노인, 세대) 간 연대 가능성을 부각시키고 있지만, 정작 그 과정에서 누락되는 의외의 지점이 있다는 사실이었다. 근대 일본의 전쟁을 평가하는 역사 인식이 바로 그것이다. 소설 속 주체(게이, 노년 여성)는 근대 일본의 전쟁을 탈역사화, 탈맥락화해 주체/타자, 가해/피해 관계를 희석, 무화시키는 방식으로 사유한다. 시간과 공간이 이동하면 진리와 상식은 변할 수 있는 것이며 따라서 일본의 과거 역사도 현재의 소수자 혐오도 같은 맥락에서 고정불변의 절대적 평가란 존재할 수 없다는 인식이 매우 위태롭게 읽힌다. 소수자가 보수 우파여서는 안 된다는 법칙이란 없지만, 소수자 인정 운동과 정체성 정치를 위한 개체성 강조의 짝패가 탈역사화라면, 이는 매우 문제적이다. 후시미의 소설을 통해 역설적으로 혐오의 피해자와 가해자가 이분화된 고정불변의 양상으로 존재하지 않으며 교차 가능하다는 것, 그 경계는 넘나들고 뒤섞이는 유동적 전선이라는 사실을 확인할 수 있다. 혐오 문제에 대해 보다 신중히, 자기 성찰적으로 접근해야만 하는 이유이다.

그렇기에 다와다 요코의 「헌등사」를 더욱 주목하게 된다. 대재해 이후의 근미래 일본을 배경으로 하는 이 소설은 근세 일본의 쇄국 정책과 현대 사회의 네오 내셔널리즘을 성찰적으로 동시에 소환하고 있기 때문이다. 3·11 동일본 대지진 이후 실제 야기된 지역[후쿠시마(福島)] 혐오를 소설 속에서 일본 내 지역 차 설정으로 반영한 것에서도 이 작품의 문제의식이 기본적으로 현재에 굳건히 발 딛고 있음을 확인할 수 있다. 노인은 죽고 싶어도 죽을 수 없고 새로운 아이들은 연약한 기형의 몸으로 태어나는 뒤집힌 세상은 외양으로 보면 물론 디스토피아에 가깝다. 하지만 노인, 기형 신체의 병약한 아이 들이 세대를 넘어 서로의 역할을 보완하고 인간과 새의 신체가 하나 되는 포스트휴먼적 신세계는 혐오와 차이를 넘어선다는 의미에서 속성적으로는 유토피아에 더 부합하는 것이 아닐까. 유토피아란 곧 이상향이기에 실현 불가능성을 의미적으로 전제한다. 따라서 유토피아적 세계가 환기하는 것은 미래가 아니라 현재다. 현재의 질곡과 암울함이 미래의 이상적 세계에 대한 욕망과 희구로 투사되는 것이다. 「헌등사」의 세계를 디스토피아의 외양을 한 유토피아라고 규정한다면 그것은 곧 현재가 유토피아의 외양을 한 디스토피아의 세계에 더 가깝다는 자인인 셈이나. 「헌등사」의 세께는 예연한 마음과 신체로 경계를 넘어 뒤섞이는 탈중심화된 연대의 가능성을 보여준다. 그곳에서 혐오는 관리나 극복이 아니라 서로 껴안고 아우르는 것이다. 그렇게 현재의 우리를 돌아보게끔 한다.

참고문헌

그레그(Melissa Gregg)·시그위스(Gregory J. Seigworth) 편저. 2015. 『정동 이론』. 최성희·
　　김지영·박혜정 옮김. 서울: 갈무리.

김은주. 2019. 『여성-되기: 들뢰즈의 행동학과 페미니즘』. 성남: 에디투스.

김종갑. 2017. 『혐오, 감정의 정치학』. 서울: 은행나무.

남상욱. 2018. 「다와다 요코의 「불사의 섬」과 「헌등사」를 중심으로」. ≪비교문화연구≫, 51호.

누스바움, 마사(Martha Nussbaum). 2015. 『혐오와 수치심』. 조계원 옮김. 서울: 민음사.

마수미, 브라이언(Brian Massumi). 2018. 『정동정치』. 조성훈 옮김. 서울: 갈무리.

박권일 외. 2016. 『#혐오_주의』. 서울: 알마.

사이드, 에드워드(Edward W. Said). 2012. 『말년의 양식에 관하여』. 장호연 옮김. 서울: 마티.

안지나. 2020. 「일본 LGBT문학의 감염 공포와 자기혐오의 서사」. ≪횡단인문학≫, 6호.

앨러이모, 스테이시(Stacy Alaimo). 2018. 『말, 살, 흙: 페미니즘과 환경정의』. 윤준·김종갑
　　옮김. 서울: 그린비.

야마구치 도모미(山口智美) 외. 2017. 『바다를 건너간 위안부』. 임명수 옮김. 서울: 어문학사.

엠케, 카롤린(Carolin Emcke). 2017. 『혐오사회』. 정지인 옮김. 파주: 다산지식하우스.

윤지영. 2014. 「새로운 연대의 가능성에 대한 사유 역학 논고: 솔리더리티(solidarity)에서 플
　　루이더리티(fluidarity)로」. ≪서강인문논총≫, 40호.

이지형. 2019. 「일본 LGBT문학의 분절점과 교차성: 미시마 유키오에서 마쓰우라 리에코로」.
　　≪비교일본학≫, 47호.

최윤영. 2015. 「다와다 요코의 탈경계적, 탈민족적, 탈문화적 글쓰기」. ≪일본비평≫, 7호.

多和田葉子. 2014. 『献灯使』. 講談社.

伏見憲明. 2003. 『魔女の息子』. 河出書房新社.

_____. 2010. 『団地の女学生』. 集英社.

北村英哉·唐沢穣. 2018. 『偏見や差別はなぜ起こる』. ちとせプレス.

安西晋二. 2019. 「多和田葉子「献灯使」に描かれた老い: 身体と認識との差異」. ≪国學院雑誌≫, 120(7).

佐々木亜紀子 外 編. 2019. 『ケアを描く: 育児と介護の現代小説』. 七月社.

제2장

시간성 붕괴와 노화 혐오*

박승억

1. 노년의 삶과 노화 혐오

지난 10여 년간 노인 혐오 현상은 우리 사회의 중요한 문제가 되었다. 빠르게 고령화하고 있는 우리 사회의 현실을 생각한다면 이 문제를 해결하는 일의 중요성은 재론의 여지가 없다. 하지만 마땅한 해법을 찾는 일은 쉽지 않은 까게다. 문제 해결의 어려움은 무엇보다 노년의 삶에 대한 부정적인 생각을 떨쳐내기 쉽지 않다는 데 있다. 이런 경향은 세대를 가리지도 않는다. 심지어 혐오의 대상이 될 수도 있는 노년의 사람들마저 '자기혐오'라고 할 만큼 노년의 삶에 대해 부정적인 경우도 적지 않다.

2010년 프랑스의 작가 미셸 우엘벡(Michel Houellebecq)에게 공쿠르(Goncourt) 상을 안긴 작품, 『지도와 영토』의 한 대목에는 병든 몸으로 말년을 견

---

* 이 글은 박승억, 「비동기 사회의 시간성 교란과 노화 혐오」, ≪철학·사상·문화≫, 40호(동서사상연구소, 2022)를 일부 수정한 것이다.

더야 하는 어떤 노인의 결심이 나온다. 주인공 제드 마르탱의 아버지인 그는 요양원으로 자신을 방문한 아들에게 이렇게 말한다. "너한테 미리 알리는 게 좋겠다고 생각했다. 전화로는 도저히 말할 수 없을 것 같아서 오라고 했다. 스위스에 있는 기관에 연락해 두었어. 안락사하기로 결정했다"(우엘벡, 2011: 408). 아버지는 '사는 게 지겹다'는 말로 당혹해하는 아들을 설득한다. 인공 항문에 의지해야 하고 모르핀이 없으면 견딜 수 없는 삶에 저항해서 그는 스스로 죽음을 선택한다.[1] 제드는 한창 젊었을 때 명망 높은 건축가이자 한 기업의 대표를 지낸 활동적인 아버지가 노년의 붕괴된 몸에 좌절해야 했던 심정을 이해할 수밖에 없었다.

마르탱 부자의 이야기가 그저 소설 속 상황만은 아니다. 때때로 현실은 소설보다 더 극단적이다. 질병이 고통스러운 것은 누구에게나 마찬가지지만 노년의 삶은 질병에 대해 더욱 취약하다. 젊은 몸에 찾아든 질병은 일시적인, 그래서 곧 건강을 회복할 것이라는 희망을 가질 수 있지만, 노년의 몸에 찾아든 질병은 회복을 바라기 어려운, 그래서 소멸해 가는 삶의 증거이기 때문이다. 게다가 질병은 노년의 삶을 구성하는 일부일 뿐이다. 함께 대화 나눌 사람 없는 외로움에 경제적으로도 핍박받는 노년의 삶이라면 그 좌절감은 더하다. 실제로 한 조사에 따르면 노년의 삶에 만족한다고 대답한 사람은 응답자의 25%에 불과하다(구은서, 2020).

오늘날 노년의 문제는 차츰 전 지구적인 문제가 되고 있다. 근대 이후 인

---

1 장 아메리(Jean Améry)는 자신의 도발적인 책 『자유 죽음』에서 자살을 선택할 자유에 대해 논한다. 책의 머리말에서 그는 자신이 '자유 죽음'을 고민하게 된 계기가 바로 노년이 된다는 것, 즉 노화의 문제였음을 고백한다(아메리, 2010: 8 참조). 그런 노화의 문제를 다룬 책 『늙어감에 대하여』의 초판 서문에서 그는 노화를 '저항과 체념 사이'의 어떤 것으로 규정하면서 독자에게 '황혼의 지혜' 따위의 '싸구려 위로'를 기대하지 말라고 부탁한다(아메리, 2014: 초판 서문 참조). 우엘벡의 소설 속 제드의 아버지는 아마도 아메리의 그 냉정한 시선으로 자신의 삶을 바라보았을 것이다.

류의 기대 수명이 지속적으로 늘어온 탓에 세계 여러 나라가 빠르게 고령화하고 있기 때문이다. 인구 변동은 사회 변화의 매우 중요한 요인이다. 그래서 폴 어빙(Paul Irving)은 "인구 고령화가 세상을 바꾸고 있"으며, "지금 우리에게 고령화보다 더 중요하고 시급한 문제는 없다"라고 단언하기까지 한다(어빙, 2016: 3). 우리 사회를 비롯한 선진 산업 사회들이 예외 없이 부딪치고 있는 노년 세대의 문제는 인류 문명이 처음 겪게 되는 사회적 문제이자 도전이다. 인류 역사에서 이토록 많은 노년 인구가 살았던 적은 없었다. 게다가 이런 추세가 지속된다면 머지않아 우리나라 인구의 절반에 가까운 사람이 (현재 기준으로) 노년이 될 전망이다(통계청, 2020). 폴 어빙의 말이 과장이 아닌 이유다. 그런 탓에 노년의 삶을 지탱할 수 있는 사회적·경제적 안전망을 구축하는 일은 지금 우리 사회의 뜨거운 화두다.

하지만 다른 사회적 문제들과 마찬가지로 노년 세대 문제를 해결하는 일은 정책적인 노력만으로는 충분하지 않다. 노인 혐오 현상이 보여주듯 노년에 대한 부정적 인식은 그런 사회적 노력을 무력화할 위험이 크기 때문이다. 노인 혐오의 기저에는 노년의 삶을 오로지 사회적 부담과 비용으로만 계산하는 시선들이 존재한다. 그런 시선은 또한 세대 갈등의 동력원이 되기도 한다. 결국 사회적이고 정책적인 노력이 빛을 발하기 위해서는 노년의 문제를 바라보는 시민 개개인의 인식이 무엇보다 중요하다. 게다가 노년의 삶에 대한 문제는 모든 시민 개개인의 실존적 문제기도 하다. 노년의 삶은 특정한 누군가나 특정 세대에게만 할당된 문제가 아니라 누구나 맞이해야 하는 자신의 미래기 때문이다.

노년의 삶을 부정적으로 생각하는 것은 그 자체가 노년의 문제에 대한 올바른 인식을 방해하는 일종의 선입견 역할을 한다(안순태·이하나·정순둘, 2021). 실제로 노년의 삶에 대한 부정적 인식은 실제 노년이 아닌 사람들, 다시 말해 젊은 세대일수록 더 큰 경향이 있다(최샛별, 2019: 231). 그래서 많은 사람이 노년 문제를 해결하기 위한 가장 중요한 과제는 그런 선입견부터 극복하는 것이라고 말하기도 한다. 애플화이트(Ashton Applewhite)에 따르면 "어린 시절부터 미디어와 대중문화를 통해 주입된 '나이 듦'에 관한 편견을 솔직하게 인정하고, 그 편견에서 벗어나"는 것이 무엇보다 중요하다(애플화이트, 2016: 16). 예를 들면, "주름은 흉하다", "노인은 쓸모가 없다", "나이 든다는 건 서글픈 일이다" 같은 표현들에 담긴 일종의 혐오 감정들을 털어내야 한다.

애플화이트는 그런 편견 중에 가장 벗어나기 어려운 편견은 자기 자신에 대한 편견, 나이 든 자신이 젊은 시절의 자신보다 못하다고 생각하는 편견이라고 말한다. 이 '편견'이 말하자면 '나이 부정'의 핵심이다. 자신의 나이보다 젊어 보이기 위해 집착하거나, 나이가 많다는 이유로 스스로 위축되는 경우가 그렇다. 애플화이트의 문제 제기는 노년에 대한 부정적인 생각 중에서 가장 큰 문제가 일종의 자기 부정, 그리고 노화 자체에 대한 혐오라는 것을 보여준다. 나이 많은 자신에 대해 혐오하는 감정이 있는데, 타인으로부터 존중받기를 원하는 것은 모순이다.

분명 노년의 삶에 대한 편견과 선입견을 극복해야 한다는 지적은 의미 있고 또 중요하다. 그래서 활기찬 노년의 삶을 제안하는 책들은 일차적으로 노년에 대한 부정적인 생각에서 벗어나야 한다고 말한다. 그런데 노년에 대한 편견을 극복하기 위한 해법들은 역설적이게도 노화에 대한 혐오를 적나라하게 노출한다. 활기찬 노년의 삶을 살라는 제안, 혹은 젊게 살라는 권유는 노화에 저항하라는 말처럼 들린다. 만족스러운 노년의 삶을 위해서는 늙어감에 대해 저항하라는 것은 노화를 부정적으로 보고 있다는 사실을 고백하는 것이나 마찬가지다. 노화를 부정적으로 보는데 노년의 삶에 대한 '편견'으로부터 벗어날 수 있을까?

물론 이러한 되물음이 노화와 노년의 삶을 기꺼이 환영해야 한다는 식의 낭만적인 환상을 말하려는 것은 아니다. 그 되물음은 단지 노년의 삶과 관련된 다양한 사회적 문제의 기저에 놓여 있는 노화 자체에 대한 우리의 인식을 되묻는 것뿐이다. 우리가 노년의 삶을 부정적으로 보는 까닭은 노화

자체를 두려워하고 꺼리기 때문이다. '건강하기만 하다면 나이는 문제가 아니'라는 세간의 이야기처럼, 애플화이트가 말한 노년의 '자기혐오'는 그저 '나이' 때문이 아니라 그 나이 때 만나게 되는 몸과 정신의 쇠락 때문이다. 결국 노년에 대한 부정적 시선의 근원적인 뿌리에는 '노화' 자체에 대한 혐오가 있다.[2]

인류 역사에서 늙어감을 환영했던 시기가 있었을까? 노화가 생의 쇠락을 의미하는 한 언제나 피하고 싶은 대상은 아니었을까? 하지만 누가 노화를 피할 수 있을까? 노화는 생명인 한 그 숙명으로 받아들여야만 하는 문제였다. 하지만 이제 그런 숙명론은 균열하고 있는 것처럼 보인다. 노화는 더 이상 우리가 어찌할 수 없는 문제가 아닐 수도 있다. 이러한 발칙한 생각은 첨단 기술 발전의 효과이기도 하다. 노화에 대한 관점의 변화는 오늘날 노인 혐오 문제 해결이 쉽지 않은 까닭을 간접적으로 이해할 수 있게 해줄 뿐만 아니라 노인 혐오 양상도 변하리라는 것을 짐작할 수 있게 해준다.

2. 비동기(asynchronous) 사회와 시간성(temporality) 붕괴

첨단 기술이 집약된 장소인 도시 곳곳에는 제한 속도를 알리는 경고판이 붙어 있다. 어떤 곳에는 아동과 노약자를 보호하기 위해 시속 30km 이상의

---

2 혐오 개념의 폭은 넓고 복잡하다. 그래서 개념을 일의적으로 규정해서 논의하기는 쉽지 않다. '혐오'는 질병이나 노화에 대한 혐오(disgust)처럼 싫고 두려워서 기피하는 감정을 가리킬 수도 있고, 사회적 소수자에 대한 증오 범죄처럼 차별적이고 공격적인 감정을 가리킬 수도 있다. 이러한 차이에도 불구하고 공통된 것은 상대와 함께하기를 거부하는 부정적인 감정이라는 점이다. 다만 노화에 대한 혐오는 상대에 대한 공격적인 감정에 가까운 증오보다는 위험하거나 두려워서 피하고픈 감정으로서의 혐오(disgust)에 더 가까운 것은 분명하다.

속도를 내지 말라는 경고판이 붙어 있고, 다른 곳에서는 시속 50km 이상으로 과속하면 벌금을 물리겠다는 감시 카메라가 눈을 깜박인다. 과속 경고 표지는 안전을 위한 조치임이 분명하지만 동시에 우리가 얼마나 과속에 익숙해 있는지를 증언한다. 실제로 우리는 빨라졌다. 한 연구자에 따르면, 18세기로부터 21세기로 이르기까지 공간 이동 수단의 속도는 약 50배 빨라졌다(Seitter, 2010: 204). 이는 물론 열차와 비행기 등 기술의 발전 덕이다. 기술의 발전은 그렇게 우리 삶을 가속화한다.

우리 시대를 특징짓는 개념으로서 디지털 네트워크 사회에서도 우리의 일상은 끊임없이 가속 중이다. 과부하 걸린 네트워크에서 더딘 접속과 통신 장애로 인한 결제 지연은 우리의 신경을 날카롭고 예민하게 만든다. 바쁜데 엉뚱한 데서 시간을 '낭비'하고 있다는 느낌을 주기 때문이다. 사람들은 특별한 일이 없어도 그저 바쁘다. 그래서 5세대를 넘어 6세대 통신망을 이야기하고, 컴퓨터의 연산 속도를 높이기 위해 양자의 성질도 이용하려고 한다. 사람들이 속도에 민감한 까닭은 빠른 것이 효율적이며 그래서 경쟁력 있다고 여기기 때문이다. 물론 그들은 느린 삶을 꿈꾸기도 한다. 해 질 녘 노을을 감상하면서 여유 있게 하루를 정리하고 싶어 한다. 마치 숲의 철학자 소로(Henry David Thoreau)가 매사추세츠(Massachusetts)의 작은 호숫가에서 자연의 속도에 자신의 삶을 동기화(synchronization)했던 것처럼, 속도 경쟁에 짓눌린 삶으로부터의 해방을 꿈꾼다.

이렇게 오늘날 우리는 시간이 서로 다르게 흘러가는 다양한 공간 속에서 거주한다. 어느 곳에서는 자연적인 시간 흐름에 몸을 맡겨야 하고, 또 어느 곳에서는 전기적 속도에 동기화된 시간 흐름에 호흡을 맞추어야 한다. 그래서 자연의 속도에 맞춰 호젓한 산책길을 걸으면서도 수많은 사람, 때로는 지구 반대편에 있는 사람과도 실시간으로 연락하며 일하곤 한다. 이격 거리를 뛰어넘는 동시성과 이격 거리로 인한 지연이 끊임없이 교차하는 현대인의 삶은 그래서 비동기적(asynchronous)이다.

이렇게 비동기화된 삶에서 현대인들은 놀랍도록 잘 적응하고 있는 것처럼 보인다. 물론 그 비용은 치러야 한다. 모종의 불일치들이다. 여기서는 빠르게, 하지만 그곳에서는 느리게, 그렇게 서로 다른 시간 흐름을 자신의 삶 안에서 조화시켜야 한다. 현대 과학이 알려준 것처럼 느리게 걷는 자와 빛의 속도로 달려야 하는 자의 삶(시간)은 다르다. 그런 차이와 불일치의 누적은 일종의 멀미를, 결국에는 자기 분열을 유발한다. 흐름의 속도가 다른 시간의 삶은 서로 다른 삶의 양식을 뜻하고, 나아가 서로 다른 정체성을 낳기 때문이다. 여기서는 이렇게 행동하고, 저기서는 저렇게 행동해야 한다. 그럼에도 우리 사회가 그런 비동기성을 선호하는 까닭은 그것이 좀 더 생산적이라고 믿기 때문이다. 느린 템포로 일이 진행될 때는 그 사이에 빠른 템포로 진행되는 또 다른 일을 할 수 있으며, 또 그렇게 해야만 효율적이고 경쟁에서 이길 수 있다. 포스트모던 사회를 살아가는 사람들의 다중 정체성(multiple identity)과 멀티태스킹을 요구하는 사회적 시스템은 비동기화된 사회의 파열음들을 그렇게 은폐한다. 효율성을 얻기 위한 과도한 경쟁, 사회의 빠른 변화에 적응해야 한다고 믿는 데서 오는 강박적 불안증 등이 그런 파열음들이다.

사회 체제의 비동기성과 그에 적응해야 하는 삶은 자연스레 그 파생 효과들을 낳는다. '시간성의 붕괴'가 그렇다. 시간성(temporality)은 시간을 체험하고 의식하는 우리의 경험 도식을 뜻한다. 그것은 인류가 오랜 시간 동안 자연의 삶에 적응하는 과정에서 자신의 몸에 각인시켜 놓은 생물학적이고 경험적인 유산이다. 따라서 '시간성의 붕괴'라는 과장된 표현은 시간 인식에 관한 우리의 경험이 일관적이지 못하다는 것, 다시 말해 시간에 대한 우리의 판단 기준이 일종의 혼란 상태에 빠져 있다는 것에 대한 은유다.

얼핏 짐작할 수 있듯이 이러한 시간성의 붕괴가 우리 시대에 비로소 발생한 사건은 아니다. 그것은 도리어 근대가 물려준 유산이다. 열차와 자동차 그리고 비행기 같은 근대 기술의 발전은 거리의 한계를 극복하게 해줌으로

써 우리의 시간 경험에 요동을 일으켰다. 한때 서울에서 부산까지 이동하는
데 꼬박 보름이 걸렸다면 기술의 발전은 그 시간을 반나절로 압축해 버렸
다. 디지털 기술의 발전은 이러한 시간 경험에 더욱 극적인 변화를 추가한
다. 지구 반대편에 있는 사람과의 실시간 화상 회의는 거리의 한계를 뛰어
넘는 동시성을 체험하게 한다. 광속에 버금가는 전기의 속도는 아예 거리를
소거해 버린다. 하르트무트 로자(Hartmut Rosa)는 근대 이후 인류는 기술 발
전을 통해 끊임없이 가속화(acceleration)해 왔고, 그에 따라 사회 전체가 영향
받고 있다고 진단한다(로자, 2020). 흥미로운 것은 그렇게 속도를 높여 시간
을 단축했음에도 불구하고 우리는 늘 시간 부족에 시달린다는 것이다(로자,
2020: 26). 이 역설이 우리를 속도에 집착하도록 만들고, 그 강박이 거꾸로 느
린 삶을 꿈꾸게 한다.

시간은 거리와 속도의 함수다. 그것은 단순한 수학적 연산에서만 그런
것이 아니라 시간 경험에서도 마찬가지다. 자동차나 열차를 통해 얻은 속도
의 증가는 보름을 반나절로 압축함으로써 우리의 시간 계획을 바꾸어버린
다. 본래 시간 계획은 삶의 계획이기도 하다. 따라서 속도의 증가는 삶의 템
포를 변화시킨다.

자연의 한 생명체로서 인간은, 지구 위의 다른 생명체들과 마찬가지로,
오랫동안 자연의 템포에 삶의 템포를 동조시켜 왔다. 해가 뜨면 일어나 생
존을 위해 노동하고 해가 지면 휴식을 취한다. 인류가 문명의 길로 접어들
은 뒤에도 한동안은 같은 템포를 유지했다. 근대 이전 농경 사회에서 불리
던 월령가는 계절의 변화에 맞춰서 해야 할 일들의 목록이었다. 삶의 템포
를 자연의 리듬에 동기화하는 것은 한편으로 당연한 일이었다. 생존을 위한
적응이었기 때문이다. 다시 말해 인류가 자연이 제공해 주는 삶의 터전에
의지해서 생을 영위하던 시절에는 인간 삶의 사회문화적 시간을 자연의 시
간에 동기화하려고 애썼다. 그것이 '효율적'이기 때문이다. 그런 의미에서
자연의 템포는 시간성의 기준이었다. 한 개인의 삶 역시 자연의 흐름에 동

기화되어 이해되었다. 태어나서, 때가 되면 결혼하고, 후세를 잇고 나이 들어 죽어가는 과정을 1년의 시간 흐름에 비유하는 예들이 그렇다. 이것이 전통 사회의 시간성이다. 그러나 기술의 발전은 인류가 오랫동안 자연의 템포에 동조시켜 왔던 그 시간성을 교란한다.

전깃불을 통해 밤을 낮처럼 밝힌 채 노동하거나 여가를 즐기고, 계절과 상관없이 식량과 과일을 생산해 낼 수 있게 됨으로써 시간에 대한 관념이 달라진다. 인류는 더 이상 자연의 시간에 자신의 삶을 동기화하지 않아도 되었다. 이러한 비동기성은 그 자체로만 보면 인류 문화의 성취였다. 무엇보다 단위 시간에 더 많은 일들을 할 수 있게 해주었기 때문이다. 말하자면 생산성의 승리였다. 로자는 이러한 현상을 '가속'의 개념으로 설명한다. 그에 따르면, "'가속'은 더 적은 시간 동안 더 많은 일을 함을 뜻하기 때문이다"(로자, 2020: 28). 만일 속도가 생산성과 효율성의 지표라면, 지금 우리가 살고 있는 디지털 사회는 거의 한계에 접근하고 있는 것처럼 보인다. 그것은 동시에 인류가 자연의 (생물학적) 시간으로부터 훨씬 더 멀리 떨어져 있음을 의미한다. 기술의 발전은 인간이 시간을 관리하고 통제할 수 있다는 믿음을 확산시키고 있다.[3]

20세기가 시작할 무렵 프레데릭 테일러(Frederick Taylor)는 생산성 향상을 위한 시간 관리 기법에 '과학적'이라는 이름을 붙인다(테일러, 2010). 테일러는 생산 과정에서 노동자의 작업 시간과 행동을 '과학적'으로 분석하고 생산성을 극대화할 수 있는 방법을 찾아낸다. 그 방법은 생산 과정에서 불필요한 시간이나 동작을 제거하는 것, 즉 낭비되는 시간이 없도록 하는 것이다. 이

---

3 인류 문화에서 시간을 통제할 수 있다는 것은 자연의 질서와 운명을 통제한다는 것을 의미한다. 따라서 그것은 신의 권능이었다. 중세 시대 연금술(Alchemy)은 자연에서 싸구려 금속이 황금으로 바뀌는 데 걸리는 오랜 시간을 단축하는 기술로 이해되었으며, 생명을 연장하는 약을 만들어내는 일 역시 시간을 통제하는 기술이다. 기술은 신의 권능을 인간의 것으로 변화시키는 문화적 상징이다.

러한 시간 관리는 로자의 개념을 빌리면 일종의 가속화 작업이다. 로자의 분석에 따르면(로자, 2007: 27), 사람들은 시간이 희소하다고 생각하고 그에 따라 스트레스를 받는다. 시간은 점점 더 빠르게 흐르는 것처럼 느껴지며 세상의 변화도 점점 가속화하고 있다고 느낀다. 그것은 결국 사람들로 하여금 사회 변화에 뒤처질 것이라는 두려움을 갖게 한다. 이러한 부작용에도 불구하고 사람들은 어떻게든 그에 적응해야 한다. 시간 관리는 무엇보다 근대 사회를 지배한 경쟁 원리의 체화이기 때문이다. 시간 관리로 인해 시간이 모자라는 역설을 비난할 수도 없다. 우리가 누리는 풍요의 대가로 치러야 하는 비용이기 때문이다.

시간은 인간 삶의 근원적인 조건이다. 하나의 생명체로서 인간이 시간적 존재라는 것은 생물학적 사실 이상의 의미를 갖는다. 후설(Edmund Husserl)에 따르면, 시간 의식은 인식 주체가 자신의 의식 작용을 스스로 구성하는 근거이며, 같은 맥락에서 세계를 경험하고 구성하는 주체의 가장 심층에 놓인 근원적 의식이다(후설, 1966: 382). 로자가 근대 이후 지속되어 온 '생활 속도의 가속'이 인간 삶을 근본적으로 변화시킨다고 분석한 것은 후설의 시간 의식과 생활 세계의 선험적(transzendetale) 기능을 사회 분석에 적용한 셈이다. 로자는 한 걸음 더 나아가서 가속이 '영원한 삶'이라는 종교적 약속의 기능적 대체물이라고까지 말한다. 예컨대 서구 근대를 지배해 온 논리에 따르면 삶의 충만함과 질은 삶을 살아가는 과정에서 겪게 되는 경험의 양과 질에 의존한다. 이러한 관점에서 삶을 바라보면 좋은 삶이란 경험이 풍부하고 역량이 계발된 삶이 될 것이다. 그렇다면 종교적 관점에서 사후의 더 '높은 삶'을 상정하지 않고, 현실에서 제공되는 다양한 많은 것들을 최대한 향유하고 실현하고자 하는 욕망이 생기게 된다(로자 2020: 39).

과학과 기술을 통해 시간을 통제할 수 있다는 생각의 가장 극적인 장면은 인간이 죽음을 통제할 수 있다는 것이다. 생명 공학 기술은 이제는 이미 사라진 생명과 그 생명과 함께 사라져간 시간을 되살릴 수 있음을 보여주고 있다. "쥬라기 공원(Jurassic Park)"이라는 SF의 상상력은 시간을 다루려는 인간 욕망의 현주소를 보여준다.[4] 근대 이후, 기술을 통한 시간 통제 가능성과 사회의 비동기성은 전통적인 시간성을 교란해 왔다. 자연의 리듬은 더 이상 시간 이해의 유일한 기준이 아니다. 마침내 광속을 추종하는 디지털 사회는 전통적인 시간성이 더 이상 유효하지 않음을 선언한다. 전통적 시간성의 붕괴는 노화에 대해서도 유사한 효과를 불러일으킨다.

3. 시간성 붕괴의 한 효과: 노화 혐오의 양상 변화

기술 발전으로 인해 시간에 대한 우리의 생각이 바뀜으로써 공간에 대한 생각도 함께 변화한다. 시간 체험은 공간 체험과 유리되지 않기 때문이다. 디지털 기술의 발전은 우리에게 자연적 거리라는 것이 무의미해지는 동시성의 경험을 제공한다. 나아가 버추얼 리얼리티 같은 정교한 감각적 재현(simulation) 기술은 공간이라는 '자연적' 제약 조건 자체를 소거하는 경험마저 제공한다. 이렇게 시간과 공간에 대한 새로운 경험은 우리의 정체성(identity) 이해에도 영향을 미친다.

오토 볼노(Otto Bollnow)는 공간, 특히 추상화된 수학적 공간이 아니라 삶이 펼쳐지는 장소인 체험된 공간(erlebter Raum)은 결코 가치 중립적인 영역이 아니라고 말한다. 체험 공간은 삶과의 연관을 통해 '조장하거나 억제하는' 방식으로 인간과 관계하기 때문이다. 예를 들어 특정 공간에서는 무엇

---

4 최근 미국의 한 연구진의 연구 결과를 보도한 뉴스의 제목은 이렇다. "죽은 돼지의 심장이 다시 뛰었다"(강건택, 2022). 아울러 사후에 냉동 인간이 된 뒤 미래에 부활할 것을 기대하고 서비스를 의뢰하는 사람들이 늘고 있다는 현실은 죽음의 의미를 달리 생각하게 한다(송병기, 2022).

인가를 해야 하고, 또 어떤 공간에서는 할 수 없는 일들이 있다. 더욱이 체험 공간 속 각각의 장소는 체험 당사자에게 고유한 의미를 제공한다(Bollnow, 2004: 17~18). 누구나 특정 장소에 결부된 추억이나 경험이 있기 마련이다. 그리고 그런 추억과 경험은 대개 그 누군가를 '바로 그 사람'이게 하는 구성 부분이기도 하다. 이처럼 한 사람의 삶에 공간(장소)이 미치는 영향력은 결코 적지 않다. 하지만 오늘날 공간, 특히 물리적 공간의 영향력은 과거에 비해 현저하게 약해지고 있다. 무엇보다 디지털 공간이라는 새로운 '장소'가 우리의 삶에 점점 더 큰 영향력을 미치고 있기 때문이다. 메타버스(metaverse)와 같은 디지털 공간은 아예 물리적 공간을 대체할 수 있는 가능성마저 보여주고 있다.

기술 발전이 우리를 공간의 제약에서 벗어날 수 있게 해주었다는 것은 우리가 공간이 부여하는 정체성으로부터 자유로워질 수 있다는 것을 함축한다. 이는 동시에 한 사람이 다양한 정체성을 가질 수 있다는 뜻이기도 하다. 이렇게 물리적인 공간과 디지털 공간의 혼종에서 다중 정체성의 가능성이 생긴다. 그런데 이러한 현상은 앞서 시간의 경우와 마찬가지로 하나의 비동기 현상을 유발한다. 예를 들어 생존을 위한 노동을 하면서도 잠시 틈을 이용해 디지털 공간에 접속함으로써 같은 시간대에 서로 다른 정체성에 기초한 활동이 가능하다.

이때 무엇이 진짜고 무엇이 우선한 것인지를 결정할 수 있는 보편적인 기준은 존재하지 않는다. 다만 시간 체험에서와 마찬가지로 이 비동기성이 매우 효율적인 것으로 느껴질 뿐이다. 주어진 시간에 여러 일을 동시에 진행할 수 있다는 점에서 생산적이기 때문이다. 이러한 경험이 전통적인 정체성 개념에도 균열을 일으킨다(도승연, 2016). 게다가 디지털 공간은 익명성이 가능한 곳이다. 이와 관련해서 오제(Marc Auge)가 제시한 '비장소'라는 개념은 시사적이다. 그에 따르면, "장소가 정체성과 관련되며 관계적이고 역사적인 것으로서 규정될 수 있다면, 정체성과 관련되지 않고 관계적이지도 않으며 역사적인 것으로 정의될 수 없는 공간은 비장소로 규정"(오제, 2021: 97)되어야 한다. 디지털 공간은 이러한 비장소적 특성이 가장 분명하게 드러날 수 있는 공간이며, 그런 한에서 누구든 자신의 선택과 의지에 따라 임의의 정체성을 구성할 수 있는 자유의 공간이기도 하다.

삶의 시간 내에 산입하는 비동기적 시간 흐름, 그리고 증가하는 비장소들은 지속적으로 현대인의 자기 정체성을 교란한다. 그것은 이내 일종의 자기 분열 상태를 심화시킨다. 하나의 몸으로 이질적인 '장소'에서 서로 다른 시간 흐름에 적응해야 하는 현대인이 '온전한 자기 자신'을 유지해 가는 일은 점점 더 힘겨운 과업이 되고 있다. 근대 이후 늘어나고 있는 신경증적 불안의 한 원인은 그런 비동기 사회가 유발하는 긴장감이다. 흥미로운 것은 여기서도, 마치 가속화된 사회에서 시간이 부족한 상황처럼, 하나의 반전이 일어난다는 점이다. 오늘날 우리가 자신의 진정한 모습, 혹은 '온전한 자기 자신'을 찾는 일을 하나의 과제로 생각한다는 것은 정체성 자체가 관리 가능한 문제가 되었다는 것을 함축하기 때문이다.

기술의 발전을 통해 우리가 삶의 시간을 관리하고 통제할 수 있듯이, 또 새로운 공간을 만들어내고 통제할 수 있듯이 우리의 정체성도 관리하고 통제할 수 있는 가능성이 생겼다. 나의 의지에 따라 나는 이런 사람도 될 수 있고, 저런 사람도 될 수 있다. 그중 무엇이 진정으로 내가 원하는 것인지, 또 그런 나의 소망이 내 몸이 거주하는 현실에서도 실현될 수 있는지는 아직 분명치 않지만, 최소한 정체성을 내 의지에 따라 선택하고 결정할 수 있는 가능성만큼은 분명해 보이기 시작했다. 이러한 생각은 노화의 문제에 대해서도 유효하다.

사실 동일한 신체에 여러 정체성이 함께 거주하는 것은 노년의 삶에서는 익숙한 일이다. 제드의 아버지처럼, 또 많은 노년의 삶이 겪을 수 있듯이 몸이 뜻대로 움직이지 않을 때 그 불일치는 '노년의 나'와 '젊은 시절의 나' 사이의 차이를 선명하게 드러낸다. 노년의 삶에서는 과거의 자신과 현재의 자신이 서로를 타자화한다. '나는 이제 더 이상 (그때의) 내가 아니다.' 전통사회에서 이러한 종류의 불일치는 숙명이었다. 자연적 시간에 동기화된 삶, 어린 모습에서 청년으로, 다시 노년의 삶으로 이어지는 정체성의 변화는 계절이 바뀌어 가는 것과 마찬가지로 살아 있는 존재의 피할 수 없는 숙명이었고 그런 한에서 감내해야 하는 것이었다. 그런데 만약 그런 숙명을 거부할 수 있다면 어떨까? 인류가 시간을 통제하고 새로운 공간을 창출해서 마음껏 꾸며내듯이, 인간이 자신의 생물학적 숙명을 통제할 수 있다면 어떨까?

저명한 유전학 연구자이자 항노화(anti-aging) 연구 분야에서 세계적인 영향력을 가진 인물인 데이비드 싱클레어(David Sinclair)는 노화를 인간의 숙명이 아니라 일종의 (치료 가능한) 질병으로 보자고 제안한다. 그는 노화 문제를 인간이 하늘을 날 수 있게 된 사건에 빗대어 인류가 새로운 역사적 전환점에 서 있다고 말한다. 그는 인간이 어떤 존재인지를 다시 생각할 때가 왔으며, 그것은 인간에 대한 새로운 정의를 필요로 한다고 말한다. 나아가 "이러한 변화는 혁명의 출발점일 뿐 아니라 새로운 진화의 출발점"이라는 것이다 (싱클레어, 2020: 38).

다소 과장된 표현이기는 하지만 싱클레어는 노화에 대해 당연하게 여겨온 생각을 버릴 때가 되었다고 주장한다. '나이가 들면 늙어간다'는 것은 이제껏 불변의 진리였다. 영원한 젊음은 오직 신화나 소설의 상상력에서만 가능했을 뿐이다. 살아 있는 존재로서 노화를 피한다는 것은 불가능한 일이었다. 하지만 생명 공학 기술은 신체 장기를 복제할 수 있고 또 교환할 수 있다는 것을 보여주었고, 세포 노화를 지연시키거나 심지어 역분화를 통해 다시 젊어지게 할 수 있는 가능성도 보여주고 있다. 무엇보다 이 놀랍고 새로운 연구 결과들은 지상파 뉴스는 물론이고 인터넷이나 유튜브(YouTube)와 같은 새로운 플랫폼을 통해 광범위하게 확산하고 있다.

노화는 누구라도 피할 수 없는 운명이라는 생각은 서서히 변하고 있는 것처럼 보인다. 물론 영원한 젊음을 향한 생명 공학 기술의 미래가 어떨지는 두고 보아야 할 일이다. 다만 사람들이 그런 도전을 그저 부질없고 무의미한 일로 보지 않기 시작했다. 근대 이후 기술 발전이 전통적인 시간성에 균열을 일으켰듯이, 노화에 관한 우리의 확고했던 믿음에도 균열이 일어나고 있다. 우리의 일상 경험은 이미 노화에 대한 새로운 견해를 말하기 시작하고 있다. 흔히 요즘의 노년이 과거의 노년에 비해 훨씬 젊어 보인다고 말한다. 실제로도 많은 사람이 더 젊어지기(혹은 젊어 보이기) 위해 시간과 비용을 투자하고 있다. 그 덕에 항노화 시장의 규모는 날로 커져가고 있다(나지영, 2020).

노화를 어떤 관점에서 보아야 하는지는 단지 의학이나 생물학의 문제만은 아니다. 그것은 인간의 삶 자체를 바라보는 실존적 관점과 연관이 있다. 싱클레어는 노화 문제에 관심 갖게 된 계기를 할머니에 대한 경험으로 설명한다. 평생을 활기차게 살아오신 할머니가 말년에 겪어야 했던 여러 질병과 고통을 기억하며 싱클레어는 이렇게 회상한다. "할머니의 말년은 차마 지켜보기가 안타까웠다. … 진정으로 할머니다웠던 존재는 돌아가시기 여러 해 전 이미 사망한 상태였다"(싱클레어, 2020: 22).

노화는 한 인간의 정체성에 커다란 변화를, 심지어 무너뜨릴 수도 있다. 누구나 주변에서 노화로 인해 일상이 무너져가는 가족의 이야기를 들을 수 있다. 그런 변화를 스스로 감당해야 하는 노년이나, 그런 노년의 삶을 바라보는 사람들에게 노화는 단적인 두려움, 그래서 피하고픈 혐오의 대상이다. 그런 두려움을 가진 사람에게 싱클레어는 속삭인다. 노화는 분명 자연스러운 문제겠지만, 그렇다고 해서 그저 피할 수 없고 돌이킬 수 없다는 것을 뜻하지는 않으며, 반드시 받아들여야 하는 것은 더더욱 아니라고 말이다(싱클레어, 2020: 161).

차가운 시선으로 노화의 현실을 고백했던 장 아메리는 노화에 저항하려는 사람들의 '부질없는' 노력에 대해 이야기하면서 하나의 모순을 지적해 낸 적이 있다. 우리 사회의 한쪽에서는 '나이에 맞게 살아야 한다'고 강요하는 반면, 다른 쪽에서는 '나이는 숫자에 불과하며 가능한 한 젊게 살라'고 유혹

한다는 것이다. 이러한 사회적 그리고 실존적 모순을 아메리는 "저항과 체념의 모순"이라고 규정한다(아메리, 2014: 120 이하). 아메리의 냉정한 평가로부터 두 세대가 지났다. 그 사이에 인류는 인간의 유전자 지도를 완성했고, 세포를 복제할 수 있게 되었다. 노화에 대한 생각도 변하고 있다. 그래서 '어쩌면 우리는 이제 노화에 저항할 수 있을지도 모르겠다'.

4. 항노화(anti-aging)와 양가감정의 균형 상실

진나라의 시황제가 불로장생의 약을 찾았다는 이야기나 세계 어느 문화권에나 있는 '젊음의 샘'에 관한 설화들이 증언하듯이, 노화 혐오는 인류 문명이 시작된 이래 결코 사라진 적이 없다. 그것은 건강하게 장수하고픈 욕망의 이면이며 그런 점에서 인간의 본성적인 반응이다. 그러나 최근 노화혐오의 양상은 변하고 있다. 과거에는 노화에 저항하는 것이 하루살이 같은 인간이 영원한 삶을 사는 신에게 대드는 것처럼 무의미한 일이었겠지만, 오늘날의 저항은 그 정도까지 무의미해 보이지는 않기 때문이다. 이는 광범위하게 확산되어 있는 안티에이징 문화를 통해 분명해진다. 화장품이나 건강보조 식품은 물론 첨단 의료 기술에 이르기까지 노화에 저항하는 문화는 이미 우리의 일상이다. 이는 노화를 바라보는 관점이 과거와 달라졌다는 것을 함축한다. 노화는 어쩔 수 없이 받아들여야 하는 숙명이 아니다. 그것은 이제 관리 가능한 문제가 되어가고 있다.

전통 사회에서 노화에 대한 인식(감정)은 일종의 양가감정(ambivalence)과도 같았다. 미워하면서도 받아들여야만 하는 상황, 마치 꼴도 보고 싶지 않지만 가족이므로 정을 끊을 수 없는 것과 마찬가지로 누구나 노년의 삶을 혐오했지만 그럼에도 존중하고 공경할 마음이 있었던 것은 그것이 곧 나의 미래였기 때문이다. 하지만 노화에 저항하는 것이 무의미하지 않다는 것,

더 나아가 어쩌면 노화의 시간을 내가 통제할 수 있을지도 모른다는 생각은 양가감정의 균형을 무너뜨린다.

노화는 더 이상 '어쩔 수 없이' 당해야만 하는 일이 아니다. 물론 노화에 저항하는 일의 의미는 이미 쇠락의 시간을 살고 있는 사람과 아직 그 시기가 도래하지 않았다고 믿는 사람에게는 커다란 차이가 있다. 오늘날 젊은 세대가 노화에 대해 더 부정적으로 생각하는 것은 그런 점에서도 이유가 있다. 그들은 자연적인 시간의 흐름에 동기화된 삶이 아니라 비동기화된 시간 속 삶에 익숙하다. 시간은 복종해야만 하는 주인이 아니라 관리해야 하는 대상이다. 그들은 서로 다른 정체성의 공존에도 익숙하다. 어차피 정체성은 언제나 유동적이고, 심지어 어떤 정체성은 아주 일시적이어서 내가 버리고 싶다면 언제든 버릴 수도 있다. 이러한 정체성 쇼핑의 경험은 노화 혐오를 더더욱 부추긴다. 그것은 결코 내가 원하지 않는 모습이기 때문이다. 오늘날의 노화 혐오에는 과거에는 생각할 수 없었던 '희망'이 매개되어 있다. 어쩌면 우리의 선조들이 받아들였던 그런 노화와는 '다른' 노화가 가능할지도 모른다는 기대가 있다. 하지만 아직 '실현되지 못한 희망'은 실제 현실에 더 짙은 그림자를 드리운다. 이 그림자가 노화 혐오를, 나아가 노인 혐오를 부추긴다.

자연의 흐름에 동기화하고 순응하는 삶과 인간의 문화적 시간에 맞추어 더 많은 것을 하고자 하는 삶 중에 어느 것이 더 좋은 삶인지는 알 수 없다. 다만 단위 시간에 더 많은 것을 소비하기를 원하는 오늘날의 시장 경제 시스템이 자연의 속도에 순응하는 삶을 그리 환영하지 않으리라는 것만큼은 분명해 보인다.

참고문헌

강건택. 2022.8.4. "죽은 돼지의 심장이 다시 뛰었다. 미 연구 결과에 죽음의 정의 논쟁". ≪연합뉴스≫. https://www.yna.co.kr/view/AKR20220804005800072?input=1179m.

구은서. 2020.9.28. "노인 4명 중 1명만 '만족스럽다'". ≪한국경제≫. https://www.hankyung.com/economy/article/202009289084i.

나지영. 2020.5.24. "항노화상품, 노화에 대한 인식변화 통해 의약계의 블루오션으로 부상". ≪Biotimes≫. http://www.biotimes.co.kr/news/articleView.html?idxno=3458.

도승연. 2016. 「현대 과학기술에 내재된 다중인격의 강화 가능성과 정보윤리학의 역할」. 한국여성철학회. ≪한국여성철학≫, 제25권.

로자, 하르트무트(Hartmut Rosa). 2020. 『소외와 가속』. 김태희 옮김. 서울: 앨피.

송병기. 2022.5.1. "우리의 현재가 냉동인간의 미래다". ≪시사IN≫. https://www.sisain.co.kr/news/articleView.html?idxno=47301.

싱클레어(D. A. Sinclair)·러플랜트(M. D. Laplante). 2020. 『노화의 종말』. 이한음 옮김. 서울: 부키.

아메리, 장(Jean Améry). 2010. 『자유 죽음』. 김희상 옮김. 서울: 산책자.

_____. 2014. 『늙어감에 대하여』. 김희상 옮김. 파주: 돌베개.

안순태·이하나·정순둘. 2021. 「온라인에서 공유되는 노인에 대한 사회적 인식과 태도: 소셜 빅데이터 분석을 중심으로」. 한국노년학회. ≪한국노년학≫, 41권, 4호.

애플화이트, 애슈턴(Ashton Applewhite). 2016. 『나는 에이지즘에 반대한다』. 이은진 옮김. 서울: 시공사.

어빙, 폴(Paul Irving). 2016. 『글로벌 고령화 위기인가 기회인가』. 김선영 옮김. 서울: 글담.

오제, 마르크(Marc Auge). 2021. 『비장소』. 이상길·이윤영 옮김. 파주: 아카넷.

우엘벡, 미셸(Michel Houellebeck). 2011. 『지도와 영토』. 장소미 옮김. 파주: 문학동네.

최샛별. 2019. 『한국의 세대 연대기』. 서울: 이화여자대학교 출판문화원.

테일러, 프레데릭(Frederick Taylor). 2010. 『과학적 관리법』. 방영호 옮김. 파주: 21세기북스.

통계청. 2020.9.28. "2020 고령자 통계 보도자료".

플라톤(Platon). 1997. 『국가·정체』. 박종현 옮김. 서울: 서광사.

Bollnow, O. 2004. *Mensch und Raum.* Sttuttgart: W. Kohlhammer GmbH.

Husserl, H. 1966. *Zur Phänomenologie des inneren Zeitbewußtseins(1893-1917).* Den Haag: M. Nijhoff.

Seitter, W. 2010. "Technische Raum: Enträumlichung." in *Raum.* Hrsg. S. Günzel, Stuttgart·Weimar: Verlag J. B. Metzler.

제3장

웹툰에 나타난 노년 재현과 나이 듦에 대한 사유[*]

일상툰 〈웰캄 투 실버라이프〉를 중심으로

이행미

1. 웹툰에 재현된 노년의 삶

인간은 누구나 언젠가 노년으로 접어든다. 동서고금을 막론하고 노년의
기록이나 이야기는 적지 않다. 이를테면 고대 로마의 정치가이자 작가인 키
케로(Marcus Tullius Cicero)는 노년 자체는 짐이 되지 않는다고 보았다. 그는
젊었을 때부터 다져놓은 삶의 기반이 탄탄하다면 불행할 리가 없다고 말했
다(키케로, 2005: 17~92). 여기에는 모든 노년이 동일하지 않다는 판단이 전제
되어 있다. 노년은 아름답고 행복할 수 있다. 단, '어떻게 늙을 것인가', 또는
'노년에 들어서기 전까지 어떻게 살 것인가'라는 물음에 적절한 해답을 내놓
을 때만이 그렇다.

키케로가 노년을 비참하게 '보는' 세간의 통념에 대해 상당한 양을 할애

---

* 이 글은 이행미, 「웹툰 〈웰캄 투 실버라이프〉의 노년 재현과 스토리텔링 연구」, 《리터러
시 연구》, 45호(한국 리터러시 학회, 2022)를 일부 수정한 것이다.

해 반박하는 데서도 알 수 있듯, 고대에도 노화와 죽음으로 이어지는 노년을 긍정적으로 수용하지 않으려는 이들은 적지 않았다. 이처럼 노년의 삶은 대체로 괴롭고 비참하다고 여겨져왔는데, 여기에 더해 노년을 타자화하고 혐오하는 현상은 근대화 이후에 본격적으로 나타났다. 산업화 이후 고령 인구가 급격하게 증가하고 사회 전반에 걸쳐 경제적 침체와 돌봄 부담이 심해지면서 노년을 향한 공포와 혐오는 증폭되었다. 노년 전체에 부정적 이미지를 덧씌우고 고착화해 낙인찍는 현상이 나타났다. 이제 노년은 삶의 자연스러운 과정이 아니라 이겨내고 극복해야 할 대상이 되었다(권수현, 2019: 5~9).

최근 한국 사회는 고령 인구 비율의 급증과 맞물려 노인 혐오가 사회 문제로 부상하고 있다. 인터넷 문화가 보편화되고 온라인 중심으로 혐오 발언이 쏟아지면서, 노인 혐오는 더욱 확산하고 있다. 일부 비노년층은 '틀딱', '노인충', '연금충' 등의 혐오 표현으로 노인을 호명한다. 세대 간 갈등이 없던 시기는 존재하지 않지만, 지금의 풍경은 갈등이라는 단어만으로는 충분히 설명하기 어렵다. 이러한 현상은 젊은 세대의 불안정한 경제적 삶, 향후 사회가 걸머져야 할 노인 부양 부담, 세대 간 가치관 차이로 인한 충돌과 몰이해로부터 비롯된다(정순돌 외, 2021: 10~11). 이를 해결하려면 다차원에서의 복합적 접근이 필요하지만, 상대적으로 앞의 두 내용은 정책적 차원과, 나머지는 문화적인 차원과 긴밀히 결부되어 있다. 핵가족 환경에서 성장한 젊은 세대는 노인 세대와 물리적·정서적으로 가까워질 기회가 적다(최샛별, 2018: 208~209). 이들은 현실에 존재하는 다양한 노년의 실제 삶을 마주하기에 앞서 사회문화적으로 구성된 노년 담론을 매개로 노인들에 대한 인식과 태도를 형성할 가능성이 크다. 특히, 미디어에 재현된 노년의 전형적 이미지는 노인에 대한 부정적 인식이 싹트고 자라나는 데 막대한 영향을 미친다.

노인 집단에 대한 차별과 혐오는 이들을 부정적 이미지로만 전달하는 언론에 의해 주도적으로 재생산되었다고 지적되었다(정순돌·안순태·김주현, 2019: 80). 대체로 육체적 쇠약과 노화의 상징, 돌봄과 시혜의 무기력한 대상, 아집과 독선으로 똘똘 뭉친 존재 등과 같이 그려진다. 최근에야 노년의 삶을 제재로 삼으면서도 주체적이고 능동적인 모습을 담아내는 텍스트가 생산되고 있다. TV드라마 〈디어 마이 프렌즈〉(2016)와 〈눈이 부시게〉(2019)가 그 좋은 예다. 이 두 드라마는 노년의 삶을 제재로 다룸으로써 시청자들에게 노년에 대한 새로운 감각과 이해를 불러일으킨다. 물론, 노년의 삶의 긍정적 재현이 우리 주변에서 쉽게 보이는 노년의 현실을 은폐하고 낭만화할 수 있다는 사실은 끊임없이 경계해야 한다. '좋은 늙음'의 이미지를 강화하고 노년의 시간을 낭만적으로 보여줌으로써 역사적 갈등이나 사회문화적 문제를 은폐하기도 한다(박노현, 2017). 하지만 노년의 삶을 입체적으로 재현하는 다양한 서사가 출현하려면 더 많은 노년의 모습이 화면에 포착되어야 한다. 미디어를 통해 쉽게 접하게 되는 노년 재현 사례가 풍부해질수록 고착화된 노년 담론에서 벗어날 가능성이 높아질 수 있다.

그런데 최근 노인에 대한 부정적 인식은 특히 젊은 세대를 중심으로 나타나고 있다. 이들은 텔레비전이라는 기기를 통해 전달되는 콘텐츠보다는 유튜브(YouTube) 등의 동영상 공유 서비스, 넷플릭스(Netflix)와 웨이브(Wavve) 등의 온라인 동영상 서비스(OTT)에 익숙한 세대다. 이는 온라인을 통해 제공되는 콘텐츠에서 노년 재현의 양상과 의미를 살펴볼 필요성을 시사한다. 특히, 이 글에서는 인터넷 대중적 콘텐츠 중 하나인 웹툰(webtoon)에 재현된 노년을 살펴보고자 한다.

웹툰은 일상생활에서 손쉽게 접근할 수 있고, 독자들이 서사 전개와 의미 형성에 개입하는 정도가 비교적 크다. 독자와의 상호 작용이 활발한 만큼, 독자들의 정서적 반응, 공감을 불러일으키는 연출과 스토리텔링, 관심과 흥미를 끌 만한 새로운 소재의 발굴이 중요해진다. 가령, 작가가 일인칭 서술자가 되어 일상적 이야기를 들려주거나 내레이션을 활용하는 방식은 독자의 공감을 불러일으킬 수 있는 한 방법이다(박인하, 2015: 94). 일상툰은 이러한 특성이 극대화된 장르이다. 웹툰의 시원적 형태인 작가가 자기 일상을 재현하는 서사는 일상툰으로 장르화되었고(류철균·이지영, 2013: 118; 박인하, 2015: 89), 독자들에게 사랑받는 장르 중 하나로 정착했다. 일상툰은 일상의 경험을 소재로 연속되지 않은 여러 이야기를 다룬다는 점에서 다른 콘텐츠와 변별되는 한국 웹툰의 특징이기도 하다.

한편, 웹툰은 온라인 공간의 특성상 다른 매체의 콘텐츠보다 제작 단계에서 드는 비용이 적은 편이다. 또한, 기존 출판 만화와 비교했을 때 숙련된 그림을 요구하지 않으며, 작가가 될 수 있는 경로도 비교적 폐쇄적이지 않다. 이러한 환경은 웹툰이 기성 미디어에서는 쉽게 다루기 어렵거나 민감한 소재를 신속하면서도 자유롭게 다루게 하는 여건으로 작용한다. 최근 여성 인물의 재현 방식이 달라지는 경향을 보이거나, 성 소수자 등 소수자의 삶을 다른 각도에서 서사화하는 경우가 그 예이다.

그럼에도 웹툰에서 노년의 삶을 본격적으로 다루는 서사는 그리 많지 않다.[1] 대부분 스토리툰으로, '예외적인 노년 인물'을 중심으로 펼쳐지는 사건을 통해 감동과 재미를 이끌어낸다. 다음(Daum)에서 연재된 〈나빌레라〉(2016~2017, 2021)와 〈노인의 집〉(2018~2020)은 주변에서 볼 수 있을 듯하지만 쉽게 찾기는 어려운, 타인에게 의지하지 않고 자신의 삶을 살아가는 노년 인물의 이야기다. 다음 웹툰 〈할매〉(2019~2022)와 네이버(Naver) 웹툰 〈하이브〉(2014~2018)는 비일상적 상황에서 문제 해결 능력을 지닌 예외적인 노년 인물의 활약상을 그린다. 이러한 형상화는 사회적 약자, 무능력자, 소외된 자로 노년을 이해하는 통념에서 벗어난다는 점에서 흥미롭다. 그러나 예외적이거나

---

1 이 글은 초창기부터 웹툰 플랫폼으로서 큰 역할을 해온 다음과 네이버 웹툰을 중심으로 살펴보았다. 이 글의 원문(논문) 발표 이후 노년의 삶을 제재로 다루는 흥미로운 웹툰이 출현하고 있어 주목된다. 그중 하나로 2022년 4월 15일부터 네이버에 연재되고 있는 〈팬인데 왜요〉는 아이돌 그룹의 팬이 되면서 잃어버렸던 자기 자신을 되찾아가는 할머니의 일상을 그리고 있다. 최근에 발표된 여러 텍스트들을 포함해 웹툰 전반에 나타난 노년 재현을 살펴보는 연구는 추후 과제로 남겨둔다.

비일상화된 상황이 전제된 서사라는 점에서, 노년을 둘러싼 현실의 여러 문제를 심층적으로 다루기는 어렵다. 네이버 연재 〈안식의 밤〉(2019~2022)은 노년의 빈곤, 고독사 등을 다루지만, 이 문제에 깊이 천착하기보다는 배경과 소재로 활용하는 데 그친다. 작중 노년 인물은 빈곤과 고독 속에서 살아가다 소리 없이 죽거나, 운동 능력과 판단력이 뛰어난 전직 형사로 설정되어 주인공의 조력자가 되는 양상으로 양분되어 나타난다.

〈나빌레라〉는 대중적으로 큰 인기를 얻은 동시에 학술 연구의 대상으로 주목받았다. 김경화·고봉만(2019)은 이 웹툰이 노년이 자기실현을 통해 성장하고 정체성을 새로 써나갈 수 있는 시기라는 관점을 제공하고 있다고 평가한다. 주인공은 발레를 배우고 무대에 오른다는 꿈을 실현하기 위해 세간의 통념과 치매 증상 악화라는 어려움을 극복하는 모습을 보여준다. 하지만 정병욱(2019)이 지적했듯, 주인공의 성장 과정이 낭만적으로 그려짐에 따라 마치 소년 만화의 주인공과 다를 바 없다는 비판적 해석에 귀 기울일 필요가 있다. 이와 같은 상반된 평가는 노년 재현의 어려움을 단적으로 보여준다.

스토리툰이 아닌 일상툰으로 노년의 삶을 재현하는 서사는 매우 드물다. 일상툰은 기본적으로 작가가 자기 이야기를 그려야 하는데, 노년 세대가 웹툰을 직접 제작하는 일이 현실적으로 쉽지 않기 때문이다. 일상툰 중에서 노년의 이야기를 전경화하는 것으로 확장해서 살펴보면, 다음에 연재된 〈우두커니〉(2018~2019)와 네이버에 연재된 〈웰캄 투 실버라이프〉(2020~2021)를 들 수 있다. 전자는 작가인 딸이 치매에 걸린 아버지와 함께 살아가는 이야기를 다룬다. 노년의 일상 전체가 아닌 '치매에 걸린 노년'에 초점을 둔 서사로, 작중 노년 남성은 딸의 시선에 의해 관찰된다. 반면 후자의 작가는 조부모의 집에 살게 된 손녀이지만, 일화에 따라 노년의 인물이 주인공이 되어 자신의 목소리를 직접 드러내는 등 노년의 일상이 좀 더 다양한 주제로 그려진다. 게다가 연재분이 진행될수록 조부모의 일상을 넘어 그 주변의 삶을 서사화하는 양상이 두드러지게 나타난다. 한 편의 이야기 속에서 다채로운 노년의 삶을 담아내려는 시도가 이루어지고 있다. 이 글이 〈웰캄 투 실버라이프〉를 대상으로 노년의 삶이 어떻게 재현되는지를 살펴보는 이유가 여기에 있다.

네이버 웹툰 장르 구분에 따르면 〈웰캄 투 실버라이프〉는 '에피소드, 일상'으로 분류된다. 그리고 이 일상의 주인공은 작가인 솔녀(손녀의 경상도 방언)가 아니다. 이는 작가가 주인공이 되어 자기 이야기를 하면서 아이러니를 불러일으키는 일상툰의 전형적인 특성과 거리가 있다(김건형, 2018: 124). 다른 일상툰과 비교할 때 촘촘한 사건 전개 및 극적 구성이 두드러지기도 한다. 이러한 특징은 조부모를 통해 전해 들은 이야기를 서사화하는 과정에서 필연적으로 나타난 것으로 보이지만, 한편으로는 노년의 이야기를 생생하게 전달하기 위한 장치로 기능한다. 이처럼 전형적인 일상툰과 변별되는 형식적 특징들은 내용을 효과적으로 전달하기 위한 서사 전략의 산물이다. 이러한 맥락에서 이 글은 〈웰캄 투 실버라이프〉에 나타난 노년 재현과 스토리텔링 전략을 살펴보려 한다. 여기에 더해 동시대 노년 생애를 풍부하게 그리는 과정에서 제출하게 된 대안적 노년 담론의 의미와 방향성에 대해서도 들여다보고자 한다.

2. 일상툰의 활용과 변주를 통한 노년 재현

〈웰캄 투 실버라이프〉(2020.7.3~2021.10.8)는 출퇴근 문제로 직장 근처 조부모 집에 살게 된 손녀가 보고 듣고 겪은 노년의 일상을 그리고 있다. 일상툰의 소재로 작가의 가족이 활용되는 경우는 빈번하다. 하지만 작가의 실제 현실에 대한 윤리적 논란으로 이어질 수 있는 만큼 비판 대상이 되지 않도록 안전한 방식으로 재현되는 경우가 대다수다(구자준, 2019: 76~81). 〈웰캄 투 실버라이프〉에서도 작가의 가족은 큰 요철 없이 그려지는 경향이 짙다. 하지만 손녀가 직접 만나지 못하고 조부모에게 '들은' 노년의 삶이 소재로 다루어지면서, 전형적인 가족 또는 노인 재현과는 다른 양상을 띤다. 그에 따라 이 웹툰은 일상툰의 전형적인 성격이 변주되거나 약화하는 특징을 보인다.

그런데 이러한 시도는 최근 한국 사회에 나타난 노인을 향한 편견, 차별과 혐오에 대한 문제의식을 전달하려 한 작가의 고민이 반영된 산물이다. 작가는 '세대 간 소통 부재'와 '미디어 재현의 한계와 영향'으로 형성된 노년의 편견을 극복하려는 의도로 이 웹툰을 그리기 시작했다고 밝힌다(후기, 66화). 궁극적으로는 노년 세대 이야기를 통해 자기를 비롯한 젊은 세대의 성장을 보여줌으로써 세대 간 소통의 의미를 전달하고자 한다.

여느 일상툰과 마찬가지로, 〈웰캄 투 실버라이프〉는 귀엽고 친근한 캐릭터로 그려진 인물이 웃음을 불러일으키는 말과 행동을 하는 장면이 빈번하게 연출된다. 게다가 지역색이 묻어나는 구수하면서도 정겨운 말투에 '콤퓨타', '뽀스' 등의 구어를 살려 표기함으로써 생동감과 재미를 더한다.[2] 이러한 특징은 많은 독자가 이 웹툰을 '힐링툰'(힐링+웹툰)이라고 부르는 이유이기도 하다. 첫 에피소드인 '할모닝'(1화)에서부터 이러한 경향은 뚜렷하게 나타난다. 손녀는 아침에 좀 더 잠을 자려고 이사까지 했는데, 할머니의 열정 어린 강권에 어느새 아침밥을 먹게 된다는 내용이 코믹한 분위기로 그려진다. 또한 생활 방식이 달라 아직 익숙하지 않지만, 조부모의 따뜻한 마음을 감사히 받겠다는 손녀의 생각이 직접 제시되면서 조부모의 사랑이 강조된다. 이러한 서사 전개는 독자에게 조부모와의 추억을 떠올리게 하거나, 화목한 가족이라는 이상을 전달한다. 아침밥을 강요하는 인물이 싫다는 내용의 댓

---

2   특히 김갑순(손녀의 할머니)의 말투가 굉장히 정겹게 그려진다. 다음은 그 예이다. "근데 이거 글자 치는 연습 좀 해야 감상평도 자유시럽게 달고 저기 허겠는데? 기역 니은이 어디 가서 백혔는지 잘 뵈지도 않는다야"('웹툰이 뭐야?', 7화, 2020.8.14), "꼭 사람맨치로 누워 잔다니까"("알뜰한 당신", 35화, 2021.2.26).

글이 일부 있지만, 힐링된다는 내용이 주를 이룬다. 그런데 노년 세대가 자신의 생활 방식을 고집스럽게 권하는 일은 다분히 부정적 감정을 불러일으킬 수 있는 요인이다. 이러한 반응이 지배적이지 않은 것은 일상툰의 문법을 살려 노년의 문화와 생활 방식을 독자에게 좀 더 친근하게 전달하기 때문이다. 그러나 한편으로는, 평화롭고 안온한 가족의 일상을 보여주면서 가족 내부에 존재하는 여러 문제가 은폐된다. 가령, 손녀를 향한 조부모의 따뜻한 사랑이라는 의미가 강조됨에 따라 기성의 젠더 규범을 충실히 재현하는 노년 인물을 향한 비판은 상대적으로 약화된다.

일상툰의 전형성에서 벗어나는 특징도 적지 않다. 일상툰은 작가, 서술자, 인물(주인공)이 모두 같다고 여기는 '환영적 동일시'라는 기본 문법 위에 작동된다. 서사 내에서 다층적 역할을 수행하는 '나'는 여러 에피소드를 하나의 이야기로 묶으면서, 일상툰의 서사적 세계를 지탱하는 핵심 기제이자 서사의 구심 원리로 기능한다(김건형, 2018: 128~132). 하지만 이 웹툰의 '나'는 한 인물로만 나타나지 않으며, 작가나 주인공과 같은 인물이 아닐 때도 있다. 작가를 대변하는 인물인 손녀는 노년(주인공들)을 관찰하는 일인칭 서술자로 가장 많이 등장한다. 그러나 어떤 에피소드에는 손녀가 아예 등장하지 않고, 다른 인물이 서술자 역할을 맡기도 한다.

이러한 서술적 특징은 노년의 삶을 통해 전달하려는 주제를 효과적으로 나타내는 만큼 좀 더 구체적으로 들여다볼 필요가 있다. 만화는 글과 그림으로 이루어진 시각적 이미지이므로, 엄밀히 따지자면 문자 텍스트와 같은 형태의 서술자가 있다고 보긴 어렵다. 만화에서는 텍스트를 전달하는 말칸이 중개 역할을 한다. 말칸은 인물의 대사나 내레이션 등을 전달하면서 심리와 감정, 상태나 상황을 알려준다(정규하·윤기헌, 2014: 395). 이 중에서 서술문과 유사한 것은 인물에 속한 말꼬리가 없는 형태의 말칸에 적힌 내용으로, 대개 인물의 감정이나 상황과 관련된 내용을 서술하거나 시공간의 변화나 인물 정보를 소개하는 등의 부가 설명이 필요할 때 활용된다. 이러한 역할은 대체로 각진 형태의 말칸에 제시되거나 여백에 표현되는 경우가 일반적이다(정규하·윤기헌, 2014: 400). 기능에 따라 분류해 보면, 사건을 전개하거나 화자를 대신해 상황과 내용을 설명해 주는 '해설 말칸'과 인물의 상황이나 내면을 표현하는 '독백 말칸'의 일부분에 속한다(김동호, 2019). 말칸은 모양이나 색채 등의 연출 방식 차이로도 다양한 의미를 표현할 수 있다.

〈웰캄 투 실버라이프〉는 인물의 대사를 전달하는 풍선 형태, 인물의 속마음이나 생각을 보여주는 구름 형태, 서술문의 성격을 띤 말꼬리 없는 각진 형태의 말칸이 주로 사용된다. 화자나 인물의 내레이션을 제시할 때 자주 쓰는 여백 말칸은 활용되지 않는다. 그런데 인물의 대사와 생각을 보여주는 말칸이 일반적인 형태와 동일하게 나타나는 반면, 서술문에 해당하는 말칸은 대체로 노란색을 띠나 서술자가 달라지는 등의 이유로 다른 색으로 바뀌기도 한다. 이러한 차이는 노년을 스토리텔링하는 주체의 시선과 관점의 다양성을 드러낸다. 이와 같은 특징을 보다 구체적으로 살펴보기 위해 연재된 65화 전체를 작가인 손녀가 서사 내에 등장하는지를 기준으로 분류해 보고, 그에 따라 달라지는 서술칸의 특성과 의미를 살펴보았다.[3]

작가를 연상시키는 인물인 손녀는 모든 에피소드에 등장하지 않는다. 일부 에피소드에서는 핵심 사건과 관계없는 컷에만 잠깐 나오기도 한다. 손녀가 중심인물 중 한 명으로 등장하는 에피소드는 대개 손녀가 조부모와 시간

---

3   이 글에서는 서술자의 언술이 적혀 있는 말칸을 다른 말칸과 구분하기 위해 '서술칸'이라고 부르기로 한다. 이는 기능적 차원에서 말칸을 분류했던 방식(대화 말칸, 독백 말칸, 감정 말칸, 해설 말칸)으로는 이 웹툰에서 나타나는 '서술칸'이라 할 수 있는 특징을 명확히 설명할 수 없기 때문이다. 이 웹툰에는 서술자의 해설에 가까운 텍스트뿐 아니라, 등장인물이 '나'로 지칭되면서 자신의 감정이나 생각을 드러내는 독백적 성격이 짙은 텍스트 또한 동일한 말칸을 통해 전달된다. 이는 말칸에 적힌 텍스트의 내용뿐 아니라 서술자의 위치로부터 발생하는 의미를 중요하게 살펴볼 필요성을 시사한다. 이러한 이유에서 이 글은 분석 텍스트의 성격을 좀 더 세밀히 들여다보기 위해 '서술칸'이라는 용어를 활용하고자 한다.

을 보내면서 느끼고 깨닫게 된 바를 일인칭 서술자의 위치에서 전달한다. 이러한 방식은 작가, 서술자이며 등장인물인 손녀('나')가 조부모의 삶을 관찰하고, 그들과 대화함으로써 젊은 세대와 노년 세대가 소통하는 모습을 보여준다. 이를 잘 보여주는 대표적인 에피소드가 '시장나들이'(5화)와 '토탈 뷰티살롱'(8화)이다.

5화에서 손녀는 조부모가 장 보러 가는 길에 동행한다. 손녀는 할머니와 함께 장을 보면서 20년 단골의 동네 시장에서 서로를 배려하고 위해주는 훈훈한 인심과 온정을 느낀다. 갑순은 정육점에서 방금 산 소고기를 최근 무릎 수술을 한 건어물 가게 주인에게 나눠 주고, 채소 사러 갔다가 떡과 참기름을 받기도 한다. 갑순은 오랫동안 만난 시장 사람들과 끈끈한 유대 관계를 형성하고 있고, 대부분의 가게 주인이 질병과 죽음에 가까운 노년이기에 가게 문이 닫힌 것을 볼 때마다 걱정한다. 5화의 마지막 부분에서 손녀는 서술칸을 통해 할머니와 함께 장을 다 보고 난 후의 생각을 일인칭 서술자이자 초점자(focalizer)로서 직접 드러낸다. 손녀는 할머니, 시장 사람들의 인심을 느끼게 하는 장바구니 안 물건들, 주인이 세상을 떠나 폐업하게 된 가게, 장을 보면서 만난 사람들을 응시하면서 이들이 지금 이 자리에 그대로 머물러주길 간절히 바란다. 독자들은 세로 스크롤을 내리면서 손녀의 시선을 따라 읽게 되고, 변화된 세태 속에서도 변하지 않는 삶의 진실, 공동체의 의미에 대해 생각해 보게 된다.

8화에서도 같은 구성으로 유사한 주제 의식을 드러낸다. 손녀는 할머니가 추천한 단골 미용실에 가게 된다. 그런데 이 미용실에 온 사람들은 머리만 손질하는 게 아니라 국수를 만들어 나누어 먹고, 의자에 앉아 콩을 까기도 하며, 마주 앉아 매니큐어를 칠하기도 한다. 손녀는 이 모습을 보며 "볼수록 훈훈하고 신기한 미용실"이라 생각한다. 사장님은 "낡고 불편해도 찾아주고 챙겨주는 우리 이모들 덕분에" 미용실이 유지된다고 말하고, '나'(손녀)는 학창 시절로 돌아간 듯한 노년 여성들의 표정을 보면서 그와 같은 웃음과 설렘이 앞으로도 지속되길 바란다. 이와 같은 서사는 편리함과 효율성을 좇다 보니 사라져버린 지난 세계의 가치가 지금의 세계를 돌아보게 하는 미덕이 될 수 있다는 의미를 환기한다. 이처럼 손녀는 노년의 삶을 바라보면서 자기 자신과 자신이 속한 세대가 주축이 된 세계를 성찰한다. 하지만 작가의 반성적 목소리가 뚜렷해질수록 독자에게 그 메시지는 강하게 전달되지만, 노년의 현실적인 고난과 쟁점은 되레 그 문제성이 옅어진다. 다시 말해, 젊은 세대의 관점으로 해석되고 번역된 노년 세대의 모습은 노년의 현실을 단일한 의미로 환원시킬 우려가 있다.

이 웹툰의 흥미로운 점은 이러한 전형성이 일정 부분 있으면서도, 거기서 이탈하는 지점들이 공존한다는 사실이다. 그리고 그 양상은 작가인 손녀가 인물로 등장하지 않은 에피소드에서 나타난다. 손녀가 등장하지 않은 에피소드는 전체 서사의 3분의 1이 넘는데, 이 경우의 서술 상황은 다음과 같은 네 유형으로 나뉜다. ① 삼인칭 서술자의 주관적 해석이 개입된 진술, ② 삼인칭 서술자가 시공간의 변화와 인물 소개 등 객관적인 정보만 진술, ③ 서사 내 등장인물이 일인칭 서술자가 되어 상황과 감정을 진술, ④ 서술칸이 아예 없는 경우가 있다. ①을 제외한 나머지는 정도는 다르지만, 작가 또는 서술자의 개입이 축소된 형태라는 점에서 공통적이다. ②는 서사 전개를 위한 필수적인 정보를 전달하기 위해 적은 수의 서술칸을 활용하는 경우가 많다. 그런 점에서 ④와 비슷한 성격을 지닌다. 가장 특징적인 것은 ③의 유형으로, 대개 노년 인물이 '나'로 등장한다.

그런데 흥미롭게도 작가로 대변되는 서술자의 개입이 적은 에피소드는 노년의 삶을 둘러싼 현실 문제를 다루는 경우가 적지 않다. 이러한 형식은 노년의 목소리를 직접 표출하거나 서술자의 해석적 개입이 오히려 주제를 약화시키는 내용을 다룰 때 나타나는 경향이 있다. 이를테면, 손녀가 직접 만나지 못한 노년들의 이야기, 가족의 테두리를 넘어서야만 접근할 수 있는 노년의 삶을 다룰 때 이러한 형식이 필요해진다. 이어지는 장에서는 손녀가 등장인물로 나타나지 않은 에피소드 중에서 특징적인 서술 상황을 보이는 두 유형을 중심으로 노년의 재현 양상과 의미를 살펴보고자 한다. 구체적으로는 노년의 주인공이 일인칭 서술자가 되거나, 서술칸이 없거나 굉장히 적어 서술자의 역할이 크지 않은 경우를 중심으로 분석하려 한다.[4]

3. 감응의 관계 속 노년 자아와 상호 의존의 가치

보부아르(Simone de Beauvoir)에 따르면, 노년은 자신이 생각하는 '나'와 타인의 시선에 비치는 '나'의 간극으로 인해 자기 동일성의 위기가 찾아오는 시기이다(1994: 405). 흔히 노년은 새로운 무언가를 시작할 수 없고, 중요한 문제를 스스로 결정할 수 없으며, 조건에 구애받지 않고 마음 가는 대로 행동해서는 안 되는 시기로 여겨진다. 그렇다면 노년에 나타나는 자아의 위기는 타인의 시선을 통해 규정되는 자기를 받아들여야 한다는 암묵적 명령에 순응하거나 저항하는 길 중 하나를 택함으로써 극복될 수 있을까. 자신이 생각하는 '나'를 고수하려고 할 때 아집과 독선에 빠졌다는 비난을 피할 수 있을까. 〈웰캄 투 실버라이프〉는 '노년의 자아란 무엇인가'라는 질문을 둘러싼 이와 같은 여러 쟁점에 응답하는 텍스트이다.

서사 내에서 '나'로 지칭되어 나타나는 일인칭 서술은 삼인칭 서술사의 매개를 거치지 않고 자신의 상황과 내면을 직접 이야기한다는 점에서 자아의 내면을 좀 더 또렷하게 나타낸다. '나, 한양순'(11화), '나, 박복희'(13화), '나, 오현숙'(25화)은 노년 인물이 주인공 '나'로 등장하면서 자신의 목소리를 주체적으로 드러내는 에피소드이다. 이 에피소드는 모두 각기 다른 이야기

---

4   이와 같은 두 유형을 중심으로 살펴보지만, 공통된 의미, 주제 의식을 전달하는 에피소드 가 있을 경우 함께 다루면서 분석을 진행하고자 한다.

를 담고 있지만, 소제목에서 나타나듯 인물의 주체성과 고유성을 뚜렷하게 드러낸다.

'나, 오현숙'(25화)은 '할머니 엄마'(24화)와 연결되는 내용이다. 제목에서도 나타나듯, 오현숙은 24화에서 익명의 인물로 등장했다가 25화에서 자신의 이름으로 불린다. 두 화에 걸쳐 전개되는 '할머니 엄마'가 아닌 '오현숙의 인생'을 찾는 여정은 가족을 위해 희생하거나 가족과 단절한다는 양극단의 길이 아닌 '제3의 길'을 보여준다. 25화에서 현숙은 친구들과의 모임에서 '내 인생'의 중요성을 깨닫지만, 다른 사람에게 돌봄을 부탁하고 온 손자가 알레르기 반응으로 병원에 있다는 사실을 듣고는 죄책감에 빠진다. 여기서 눈에 띄는 것은 직장에 다니는 딸이 자신의 욕심 탓에 자식을 돌보지 못했다고 자책하는 말을 들은 후 현숙의 반응이다. 그녀는 여성의 책임으로 돌리는 현실이 문제라는 사실을 직감하면서 울음을 멈추고, 지금까지 '모두' 잘해왔으니 조금만 더 힘내자고 말한다. 육아를 비롯한 가족의 돌봄을 여성의 일로 여기는 현실이 문제라는 사실을 분명하게 깨달은 것이다.

이러한 인물의 생각은 결말을 통해 다시금 강조된다. 이제 현숙은 이틀 동안 손자를 돌보고, 나머지 시간은 온전히 자기 자신을 위해 쓴다. 사위가 선물한 학원 수강증은 가족을 위해 헌신하며 포기해야 했던 공부를 시작해나갈 현숙의 앞으로의 삶을 보여준다. 서술칸을 통해 드러나는 "어쩌면 이제 시작일지 모르는 나의 인생/지금부터 우리는 함께 성장 중입니다"라는 현숙의 생각과 같이, 그녀의 새로운 인생은 '나' 개인의 성장을 위한 시간일 뿐 아니라, "함께 성장 중"인 '우리' 속에서 펼쳐진다. 이때 '우리'는 해당 서술칸이 있는 그림에서 나타나듯, 현숙과 그의 딸 민정의 부부, 그리고 손자이다. 이는 현숙이 '나'이기 위해서 '(딸의) 엄마'이자 '(손자의) 할머니'라는 정체성을 버릴 필요가 없다는 의미를 전달한다.

오현숙의 서사는 노년의 자아가 자기 동일적 정체성을 확인하는 방식이 아니라, 주변과의 '관계' 속에서 형성되고 있는 모습을 보여준다. 그 의미는 서술 상황의 변화를 통해 보다 효과적으로 전달된다. 24화에서 서술칸은 인물의 상황 설명을 위해 단 한 번 나타난다면, 25화에서는 인물이 스스로 자기 생각을 드러내기 위해 활용되기도 한다. 25화에서 인물의 생각은 중간 부분에서는 구름 형태의 말칸으로, 마지막에서는 서술칸을 통해 제시된다. 그런데 다른 방식으로 나타난 인물의 생각은 각기 다른 이상적인 자아상을 보여준다. 전자는 가족과 분리된 '나'만의 인생을 되찾고 싶다는 생각을, 후자는 가족이라는 틀 속에서 '나'의 인생을 새롭게 시작하겠다는 의지를 드러낸다. 언뜻 이와 같은 변화는 가족의 가치를 공고화하는 것처럼 보인다. 하지만 가족의 소중함을 중요하게 생각하는 노년 세대가 많다는 사실은 이를 다른 각도에서 살펴보게 한다(최샛별, 2018: 220). 현숙은 가족이라는 테두리를 완전히 벗어나지 않으면서도, 여성의 희생으로 유지되는 가족이 아닌 구성원들 서로가 도우면서 모두가 성장하는 가족을 바란다. 게다가 '모두가 성장하면서 형성되는 자아'라는 인물의 생각이 서술자의 위치에서 발화되면서 이 에피소드의 주제로 선명히 제시된다. 사회문화적으로 가족을 중시하며 살아온 노년이 그 가치를 온전히 버리지 않으면서도 새롭게 자기 삶을 살아갈 수 있다는 의미를 전하고 있다.

이처럼 이 웹툰은 노년을 '나'로 호명하면서 단지 이들의 주체성을 강조하는 데 그치지 않고, 노년의 자아를 다른 각도에서 살펴본다. 김갑순의 중학교 동창인 한양순, 박복희의 이야기는 노년의 질병을 제재로 같은 문제의식을 담아낸다. 한양순을 통해서는 혼자 사는 노년이 치매에 걸린 상황을, 박복희는 가족이 있음에도 의지할 데 없는 병든 노년의 모습을 보여준다. 이들은 '소원을 비는 토끼풀'(6화)에 처음 등장한다. 김갑순과 한양순은 대장암에 걸린 박복희의 문병을 간다. 박복희의 아들은 나이와 체력 문제가 있으니 수술과 항암 치료를 받지 않는 게 낫지 않냐고 묻는다. 노년은 죽음의 불가피성을 떠올리게 하면서 인간의 유한성을 강하게 연상시키는 존재다. 죽음을 상상하게 함으로써 공포를 불러일으키는 동시에, 생명을 유지하려는 본능을 가져서는 안 되는 시기로 여겨진다. 이런 이유로 죽음은 노인에 대한 부정적 인식을 심화시킨다. 6화의 서사는 정확히 이 지점에서 질문을 던진다. 이는 서술자의 목소리를 통해 할머니의 생각을 중개하는 방식으로 나타난다.

서술자는 "생명은 누구에게나 존귀하다 했는데/ 할머니와 같은 노인들에게는 아닌 걸까?/ 할머니는 한참을 자신에게 물었다고 했다./ 그들이 生을 원하는 것이 이기심인지를"라고, 네 개의 서술칸을 이용해 갑순의 복잡한 심리를 전달한다. 이 장면은 서술자와 초점자가 구분되어 나타난다. 그림을 통해 나타나듯, 하늘을 바라보며 노년의 죽음과 삶에 대해 질문하는 이는 김갑순이다. 하지만 "할머니"라는 지칭에서 알 수 있듯, 서술자는 해당 에피소드에 등장하지 않은 손녀-작가이다. 삼인칭 서술자는 생각에 잠긴 갑순의 모습을 보여주는 그림과 함께 그녀의 생각을 중개해 전달함으로써 노년의 생각에 공감하는 젊은 세대의 목소리를 중첩한다. 이러한 형식적 특징은 비노년층이 대다수인 웹툰 독자들을 향해 '노년의 삶과 죽음'의 문제에 대한 이해와 공감을 촉구한다.

6화에서 출발한 이 질문은 박복희, 한양순의 이야기를 통해 구체화된다. 우선, '나, 박복희'(13화)를 살펴보겠다. 박복희는 수술 후 항암 치료를 받고 싶다. 하지만 자식들은 살고 싶은 그녀의 욕망을 외면하고, 쇠약한 신체와 병원비만 이야기한다. 이 에피소드는 생명을 유지하고 싶은 욕망을 강하게 주장하지만, 이를 이해하고 받아들이지 못하는 가족에 의해 스스로 삶의 능동성을 포기하게 되는 노년의 비극을 그린다. 돌봄의 역할을 떠안지 않으려는 자식들의 모습을 부조하면서 노년의 돌봄 문제가 가족에 의해 해결될 수 없다는 사실을 보여준다.

노년의 돌봄에 대한 문제의식은 한양순의 이야기를 다룬 에피소드를 통해서 더욱 전면적으로 그려진다. 한양순의 이야기는 노년의 정체성과 관련된 질문을 세 편의 에피소드에 걸쳐 다룬다. 6화에서 양순의 기억력 감퇴는 노년이면 쉽게 나타나는 노화 정도로 이야기되지만, '나, 한양순'(11화), '나 그리고 한양순'(22화), '어디에도 없지만 어디에나 있는'(43~46화)에 걸쳐 연재 되면서 치매에 걸린 노년의 삶을 구체적으로 그려낸다.[5] 치매는 기억력과 인지 능력 등의 쇠퇴를 동반한다는 점에서 인간의 실존적 자아를 지속하는 문제와 긴밀히 결부되어 있다. 게다가 치매에 걸리면 스스로 자신의 생각이 나 느낌을 표현하는 데 한계를 지니므로, 대부분의 이야기는 치매 환자를 돌보는 이가 주된 서술자이자 초점자로 나타난다(엄미옥, 2018: 294). 이러한 맥락에서 이 에피소드는 상당 부분 치매에 걸린 한양순의 목소리를 전경화 한다는 점에서도 흥미롭다.

'나, 한양순'(11화)은 수첩에 메모를 남기며 애써 유지하려 노력했던 일상 에 균열이 생기기 시작하는 상황을 보여준다. 여기서 서술자는 손녀의 정체 성이 소거된 삼인칭 서술자로, 작중 인물의 상황과 내면을 파악할 수 있는 전지적인 위치에 있다. 서술자는 기억력과 인지력이 예전과 다른 양순에 대 해 "더 이상 자신이 예전의 한양순이 아닐 수도 있음을 받아들여야 했다"라 고 말한다. 개인의 생애를 지속의 관점, 긍정적 자아 이미지의 유지와 회복 을 강조하는 관점에서 볼 때, 치매 상태는 인지 능력과 행위자의 주체성이 약화 또는 말소된 상태라는 점에서 '비-자아'와 같다(김영옥, 2021: 97~98). 11 화는 '예전과 다른 지금의 '나'는 누구인가'라는 물음을 던지면서 마무리된 다. 따라서 소제목 '나, 한양순'은 '치매 환자는 '나'로 살아갈 수 있는 것인 가', 또는 ''나'를 어떻게 이해해야 할 것인가'라는 실존적인 질문을 함축한

---

5 '알츠하이머'라고 명명하는 것이 온당하지만, 이 글에서는 에피소드 내 주로 언급되는 표 현을 살려 '치매'라고 표현하기로 한다. 한편, 이 에피소드는 독자들의 마음을 울리는 만큼 실제 있었던 이야기인지에 대한 의문 또한 더욱 커졌던 것으로 보인다. 연재 소식을 전하 고 독자들과 소통하는 창구인 인스타그램(Instagram) 계정에서 독자는 이 에피소드가 실 화인지 묻는다. 이에 대해 작가는 '실제 있었던 이야기를 바탕으로 극적 구성을 가미한 이 야기'로, "일기 같은 만화"라고 이야기한다(2020년 9월 11일 게시글의 댓글).

다. 이 질문에 대한 응답은 다음 에피소드로 이어진다.

'나 그리고 한양순'(22화)에서는 치매 환자인 양순에 대한 주변 인물의 반응을 구체적으로 그린다. 11화에서 주변 인물의 속마음이 가시적으로 드러나지 않은 것과 달리, 22화에서는 이들의 내면이 좀 더 상세하게 나타난다. 또한 11화는 삼인칭 서술자가 서사 전개를 이끌었다면, 22화는 등장인물이 자기를 '나'로 지칭하면서 자신의 상황과 감정을 직접 말한다. 특히, 한 회의 이야기에서 일인칭 서술자 '나'가 한양순, 슈퍼 점원, 빵집 점원, 갑순으로 바뀌면서 전개되고 있는 대목은 자못 흥미롭다. 서술자가 초점자인 인물의 심리를 대신 진술했던 에피소드와 비교할 때, 일인칭 서술자가 계속 바뀌는 방식은 여러 인물의 목소리를 중개 없이 직접 드러내어야 한다는 강한 요청과 맞물려 있기 때문이다. '나'로 지칭하는 서술자-인물이 변화할 때마다 서술칸의 색이 바뀌는 양상을 띠는 것은 각기 다른 상황과 처지에 놓인 인물이 노년의 모습을 대하는 태도를 생생하게 드러낸다.

서술자는 양순이 장소를 이동함에 따라 바뀐다. 처음 등장하는 '나'는 양순이다. 그녀는 메모로 빼곡해진 수첩을 보면서 알츠하이머 진단을 받고서 6개월 동안 자신을 도와준 사람들의 따뜻함을 떠올린다. 그러고는 "나에겐 피를 나눈 가족은 없지만, 마음을 나누는 친구와 따뜻한 이웃들이 있다"라고 생각한다. 이후 서사는 양순의 '친구'와 '따뜻한 이웃'을 만나는 내용으로 전개된다. 양순이 가장 먼저 들른 장소는 슈퍼이다. 계산대에 있는 점원은 11화에서 치매 환자는 언제 사고를 일으킬지 모르는 "온전치 못한 사람"이라고 생각했던 인물이다. 그런데 22화에서는 그와는 다른 태도로 양순을 대한다. 그녀는 곧 환갑이 되는 자기 나이를 떠올리며, 치매가 더 이상 남의 일이 아니라고 생각한다. '나'도 치매에 걸릴 수 있다는 감각은 양순에게 다가가 꼬인 가방끈을 풀어주는 행동으로 이어진다. 그런데 이 인물의 생각은 구름 모양의 말칸과 서술칸이 동시에 활용되면서 제시된다. 양순을 바라보면서 드는 즉각적인 생각이 구름 모양의 말칸으로 제시된다면, 그 생각에 의미를 부여하는 내용이 서술칸을 채운다. 이때 특기할 것은 다른 역할을 하는 두 말칸이 교차해 나타나면서, 내용적으로 연결되고 있다는 점이다. 이를 통해 서술칸은 사건과 상황을 사후적으로 정리하는 작가의 목소리가 개입되지 않은, 실시간으로 경험한 바를 표현하는 주체의 목소리를 담아낸다. 이와 같은 말칸 활용을 통한 서사 전개는 인물의 내면을 생생하게 전달하는 동시에 작가-서술자의 개입을 최소화한다.

양순의 그다음 목적지는 빵집이다. 11화에서 양순을 걱정하고 배려하던 젊은 점원의 속마음이 자세히 나타난다. 점원은 양순을 보며 치매를 앓던 자신의 할머니를 떠올리면서 양순의 상황이 악화되지 않기를 간절히 바란다. 이처럼 양순의 '따뜻한 이웃'의 모습은 돌봄 관계가 일방적이지만은 않다는 사실을 보여준다. 같은 문제를 겪을지 모른다는 생각, 동일시와 감정이입의 태도는 치매 환자를 돌보야 한다는 당위가 아닌, 치매 환자를 이해하고 감응하는 돌봄의 모습을 떠올리게 한다(이지은, 2020: 237~244).

마지막으로 양순이 만난 사람은 갑순이다. 11화에서 갑순은 양순이 치매에 걸렸다는 사실을 알고 오열한다. 하지만 22화에서 갑순은 양순이 잘 헤쳐 나가는 모습을 보면서 무섭고 걱정했던 마음을 조금은 떨쳐냈다고 말한다. 이야기는 갑순이 서술자의 위치에서, "그리고 앞으로도 양순이는 잘 헤쳐 나갈 거예요. 나, 그리고/ 그대들이 있으니까요"라는 말을 전하며 끝이 난다. 노란색 서술칸에 쓰인 이 진술은 작가(손녀)가 생각하는 이 에피소드의 주제를 드러낸다.

이처럼 '나, 한양순'(11화)은 치매에 걸린 이후의 '나'를 어떻게 받아들여야 할지 묻는다면, 그 응답으로 '나 그리고 한양순'(22화)에서는 주변 사람들과의 관계 속에서 구성되는 자아의 모습을 보여준다. 22화에 등장하는 네 명의 '나'는 한양순의 이웃과 친구이다. 이 '나'는 한양순이라는 자아를 설명하고 구성하는 데 필수 불가결한 존재이다. 그런 점에서 '나 그리고 한양순'이라는 소제목에는 수많은 '나'와의 관계 속에서 형성되고 있는 노년 자아라는 의미가 담겨 있다. 치매 환자인 한양순은 그 이전까지와는 다른 삶, 다른 자아가 되었지만, 그 모습은 '비-자아'가 아니라 "관계 속의 자아(self-inrelation)"인 것이다(김영옥, 2021: 103~104).

'어디에도 없지만 어디에나 있는'(43~46화)에서 양순은 더 이상 혼자 생활하기 어려울 정도로 병증이 악화해, 요양 병원에 들어갈 때가 되었다고 생각한다. 떠나기 전 양순은 아파트의 같은 동 주민들에게 감사의 마음을 담은 편지를 보낸다. 양순은 지금까지 일상을 유지할 수 있었던 것은 "어디에도 없지만, 어디에나 있는 나의 가족이 되어"준 이웃들의 관심과 보살핌 덕분이라고 말한다. '나'와 관계 맺은 이웃들을 '가족'으로 호명하면서 '관계 속의 자아'로서의 노년 자아의 모습을 강조한다. 또한 노년의 돌봄이 그가 살아가는 공동체 속에서 수행되고 있는 모습을 보여준다. 일상툰의 특성상 현실적인 제도적 마련이나 복지 정책에 관한 이야기를 구체적으로 다루지는 않지만, 혼자 살아가는 노년의 삶이 공동체의 돌봄 속에서 행복할 수 있다는 의미를 전달한다.

하지만 서사는 여기에서 끝나지 않는다. 요양 병원에서 양순은 처음으로 친구 갑순을 알아보지 못하고, 갑순은 양순을 보며 눈물을 흘린다. 이와 같은 마지막 장면은 양순의 미래를 낙관하기 어렵게 한다. 이야기는 여기에서 멈추고, 이 상황에 대해 서술자는 그 어떤 진술도 하지 않는다. 그림을 통해 상황만을 보여주면서 서술자의 해석과 논평이 개입될 여지를 차단한다. 공동체 속에서 살아가는 노년 자아는 상호 의존하며 일상을 이어갈 수 있지만, 시설 안에서의 삶은 그와 같은 양상을 띠기 어렵다. 양순의 에피소드는 가족 개념의 확장을 통해 상호 의존하고 배려하는 공동체의 이상과 노년 자아의 주체적 면모를 강조하면서도, 질병과 죽음에 가까워지는 노년의 비극을 짧지만 강렬하게 전달한다.

4. 연령주의 비판과 노년에 대한 재인식

노년을 '문제'로 가득 찬 시기로 보는 관점은 한 개인의 감정과 행위 맥락에서 발생하는 차이를 살펴보지 않고, 모든 문제의 원인을 '나이가 많다'로 환원해 이해하도록 한다(정진웅, 2012: 49~52). 어떤 문제가 발생하면 이를 해결하거나, 적어도 그 문제가 커지지 않도록 노력하기 마련이다. 그러나 나이 듦은 해결할 수도, 늦출 수도 없는 자연적인 현상이다. '연령주의(ageism)'는 "노인, 노년, 그리고 나이 드는 것 자체를 대하는 편견에 찬 태도들의 조합"을 의미한다. 젊음을 숭배하면서 나이 드는 것과 나이 든 타인을 혐오하고, 이는 언젠가 늙게 될 자신에 대한 혐오로 이어진다(애플화이트, 2016: 29~35).[6] 〈웰캄 투 실버라이프〉는 젊은 세대와 노년 세대와의 대화를 시도하는 만큼, 노인 혐오를 서사화하는 문제에 깊은 관심을 보인다. 이 장에서는 노인 혐오를 작동시키는 연령주의적 사고에 대한 비판을 보여주는 에피소드를 중심으로 살펴보고자 한다.

이러한 문제의식을 가장 직접적으로 다루고 있는 에피소드는 '할머니라고 하지 마세요'(39~40화)이다. 노년에 대한 부정적 인식을 내면화해 노인으로 호명되는 사실을 인정하고 싶지 않은 익명의 여성 인물이 주인공으로 등장한다. 그녀는 갑순이 다니는 도서관 영어 강좌의 같은 반 수강생으로, 높은 구두를 신고 밝은색으로 머리카락을 염색하며 쌀쌀한 날씨에도 얇은 원피스를 입고 외출한다. 이처럼 겉모습에 유난히 신경을 쓰는 것은 "노인네"처럼 보이지 않기 위한 필사적인 노력이다. 그녀는 "나 스스로 내가 할머니 같지 않은데 세상은 겉모습, 나이만으로 나를 노인 취급하는 게 너무 억울"하다. 자신의 '나이'에 불만은 없지만, '노인'으로 호명되는 것은 인정할 수

---

6 이 책에서 'ageism'은 '연령차별'로 번역되고 있다. 이 용어는 '에이지즘', '연령주의', '연령차별주의'로 쓰이는 경우가 많다. 이 글에서는 '연령주의'라는 용어를 사용했다.

없다고 생각한다. 이는 한국 사회에서 '노인', '할머니', '할아버지'라는 용어가 나이가 들었다는 객관적 사실뿐 아니라 초라하고 무능력한 익명의 노년을 범주화해 지칭하기 때문이다(정진웅, 2012: 88). 요컨대, 그녀가 받아들일 수 없는 것은 나이가 든 노년의 자연스러운 상태가 아니라, 사회적으로 굳어진 부정적 이미지의 노인이다.

한편, 이 에피소드의 주인공은 노년 여성이지만, 그녀를 이해하고 받아들이려는 딸과의 관계도 비중 있게 그려진다. 딸은 노인으로서의 자기를 받아들이지 못하는 엄마의 심리를 이해하면서도, "하지만 사람은 다 늙는걸?"이라고 생각한다. 이와 같은 딸의 생각은 서사 전반을 장악하는 노란색 서술칸을 통해 나타난다. 그런데 바로 이어지는 장면에서는 구름 모양의 말칸을 활용해 딸의 개인적인 견해가 드러난다. 여기서 딸은 어머니가 다른 사람들처럼 무난하게 나이 들었으면 좋겠다고 생각한다. 이 장면은 상이한 말칸과 동시에 '나이 든다는 것'의 의미를 대조적으로 보여준다. 서술칸에서는 사람이면 누구나 나이가 든다는 자연적 순리를 전달한다면, 연이은 말칸에는 다른 사람들처럼 무난하게 늙기 위해서는 개별화된 삶의 방식과 태도를 포기해야 하지 않느냐는 의문을 내포한다. 이러한 대비는 서사가 전개됨에 따라 '모든 사람은 늙지만, 그 모습은 같을 수 없다'는 주제를 드러내면서 재차 강조된다.

딸은 요실금 증상이 있는 어머니를 위해 성인 기저귀를 사는 한편 어머니가 좋아하는 젊은 세대가 많이 사용하는 색의 립스틱을 선물로 산다. 딸이 산 두 물건은 각각 '늙어가는 신체라는 노년의 공통성'과 '타인과 동일하지 않은 개별적 존재로서의 노년'을 상징한다. 갑순의 대사를 통해서도 이러한 의미는 직접적으로 나타난다. 갑순은 자연의 섭리라 해도 나이 드는 것을 선택할 수 없는 상황이 싫을 수 있지만, "곱고 깨끗하게 늙는 건 우리가 선택할 수 있으니 그걸로 위안 삼아봐요"라고 말한다. 이 말을 들은 이 에피소드의 주인공은 무언가 깨달았는지 활짝 웃으며, "곱고 깨끗하게 늙는 건 우리가 선택할 수 있다!"라고 말한다. 그런데 여기서 '곱고 깨끗하게'의 의미는 단순히 '젊음의 숭배'나 '좋은 늙음'으로 수렴되지 않는다. 개별적인 존재들의 취향과 욕망을 기준으로 선택이 이루어져야 한다는 서사 전체를 관통하는 주제 의식과 연동되어 해석된다. 이처럼 이 에피소드는 연령주의적 사고의 극복은 노년의 삶을 이상화하거나 평균적으로 바라보는 데 있지 않으며, 평범한 노년의 삶의 개별성을 인정하는 데서 비롯된다는 의미를 강조한다.

'봄은 가까이'(36화)는 서술칸 없이, 노년 인물의 대화를 중심으로 서사가 전개되는 에피소드로, 설이 지난 지 얼마 되지 않은 어느 날, 수선집에서 있었던 일을 그린다. 갑순은 옷을 수선하러 갔다가, 그곳에 있던 다른 노년 여성들과 함께 이야기꽃을 피운다. 갑순, 수선집 사장, 놀러 온 익명의 노년 여성들은 꼬리에 꼬리를 물 듯 대화를 이어간다. 요즘은 군고구마 파는 곳을 찾기 어렵다고 말하다가, 세상이 많이 변했다는 이야기로 이어지고, 명절 음식의 간소화, 고부 갈등, 시집살이, 가사 분담 등에 대한 경험과 생각을 나눈다. 그런데 수다의 내용만을 떼놓고 보면 논쟁적인 주제들이 적지 않은데, 자연스럽게 오가는 대화 속에서 그 누구도 언성을 높이거나 얼굴을 붉히지 않는다. 특히, 익명의 노년 여성 중 한 명은 이야기의 주제 전반에 걸쳐 보수적인 견해를 드러낸다. 변화한 현실을 과거를 기준으로 이해하는 모습을 보인다. 예를 들어, 젊은 세대는 과거와 비교할 때 시집살이를 겪는다고 할 수 있을까 반문하면서 오히려 간섭한다고 생각할까 봐 말 한마디 못 하는 시어머니의 처지를 동정한다. 하지만 오고 가는 대화 속에서 그녀의 생각은 점차 바뀌어간다. 다른 것은 다 괜찮지만 명절이 간소화되면서 아쉬운 점은 같이 나누어 먹을 음식이 부족한 것이라고 말한다. 하지만 다른 인물이 명절이 아니더라도 배추전을 부쳐 오겠다고 말하니 화색이 돈다.

이러한 장면은 명절에 음식을 하는 행위를 둘러싼 한국 사회의 여러 갈등 문제를 상기하게 한다. 명절에 나타나는 고부 갈등 및 기성의 젠더 관념에 따른 편향된 역할에 대해 문제를 제기한다. 아울러 그 갈등의 한 축에 있는,

과거만을 좇는 퇴행적 사고를 지녔다고 여기는 노년에 대한 재인식을 요구한다. 노년 세대들도 지금보다 나은 미래의 새로운 세상을 기대하며, 그에 어울리는 가치관으로 변화해 나가는 모습을 보여준다. 아울러 서술자의 별다른 개입 없이 계속 이어지는 인물의 발화만을 보여주면서 독자들은 마치 수다를 옆에서 듣는 것만 같은 생생한 느낌을 받게 된다. 이는 서사 내에 나타난 노년 인물들이 우리 주변에도 있을 것 같다는 감각을 불러일으킨다.

한편 이 에피소드는 세상이 점점 좋아지더라도, 지나간 것을 모두 버려서는 안 된다는 의미도 전달한다. 이는 갑순이 20년이 다 된 옷을 새 옷을 사서 입어도 될 만큼의 수선비를 들여서 고쳐 입으려는 모습을 통해 비유적으로 나타난다. 새로 사 입는 편이 나을 수 있다는 주변의 권유에도, 헌 옷을 수선해 입겠다는 갑순의 생각은 변함없다. 아직 옷감이 멀쩡하고 자신의 취향에 맞춰 디자인해서 입을 수 있으므로 새 옷을 사는 것과 마찬가지라고 말한다. 갑순은 가사 노동을 공동의 일이라 생각하는 등 보수적인 가치관과 거리가 먼 인물이다. 그런 그가 굳이 20년이나 옷장 속에 묵혀 있던 옷에 이렇게 애착을 보이는 이유는 무엇일까. 이는 앞서 연재된 '알뜰한 당신'(35화)과 연속해서 읽을 때 그 의미를 간취할 수 있다. 갑순은 외투를 열심히 고쳐서 거울 앞에서 입어보고, 엉성하게 바느질된 외투를 입은 조금은 우스꽝스러운 자기 모습을 보면서 웃는다. 그런데 길표가 이 옷을 그만 버리라는 말을 듣자마자 바로 눈물을 쏟아낸다. 이 장면은 외투를 수선하는 일이 단지 옷이 필요해서가 아니라는 사실을 단적으로 보여준다. 갑순의 눈물은 새것보다 가치가 없다면서 버려지는 오래된 물건이 마치 노년의 삶과 같다고 느껴지는 데서 비롯된다.

이를 염두에 두고 36화의 이야기를 다시 살펴보자. 수선집에 있던 익명의 여성 인물은 보수적인 가치관을 따르고 있지만, 변화된 세상의 가치관을 수용하는 데 큰 거부감을 느끼지 않는다. 갑순은 수선된 옷이 새 옷과 다를 바가 없고, 맞춤 디자인이어서 더 좋다고 말한다. 길표는 새 구두를 사지 않고 굽을 매번 갈면서, 자기 마음에 드는 편안한 구두를 버리지 않는다. 이러한 노년 인물의 모습은 지금까지 살아온 삶의 방식을 버리지 않으면서도, 조금씩 변화해 가는 모습을 보여준다. 즉, 이들은 서로 다른 방식으로 새것을 지향해 나간다. 이들은 나이 듦을 인정하고 껴안으면서 외부와의 소통 속에서 성장한다. 이처럼 이 에피소드는 노년의 성장이 평범한 일상에서 소소하게 나타날 수 있다는 사실을 상기하게 한다.

이러한 서사는 노년의 모습을 그대로 수용해야 한다는 의미를 전달하지만, 한편으로는 과거에 대한 비판을 상쇄하는 측면이 있다는 사실을 부정하기 어렵다. 그러나 과거를 비판하는 다른 에피소드가 있다는 점에 좀 더 주의를 기울일 필요가 있다. 이 웹툰은 일상툰의 옴니버스 구성을 적극적으로 활용해 노년을 한 방향에서 이해하거나 수용하는 태도를 경계한다. 특히, 중점적으로 비판되는 것은 가부장적 가족제도의 모순과 억압이다. 앞서 다룬 36화에서도 노년 여성들의 대화는 가부장적 가족 제도와 그로부터 생겨난 문화를 문제시하는 방향으로 모인다. 그런데 이러한 주제를 담고 있는 에피소드는 대체로 작가-서술자에 의해 해석되지 않은 노년의 직접적인 목소리가 전면에 부조되면서 그 문제 상황과 쟁점이 드러난다.

대표적인 예가 마지막 에피소드인 '졸혼'(60~64화)이다. 다른 에피소드와 달리 손녀의 조부모와 관련이 크게 없는 동네 이웃의 사건을 제재로 다룬다는 점에서도 작가의 의도가 다분히 개입된 일화임을 짐작할 수 있다. 작가는 SNS 개인 계정을 통해 완결을 앞두고 행복하고 따뜻한 이야기를 하는 게 나을까 고민했지만, 이러한 주제를 한번 다뤄보고 싶어 시기가 적절치 않다고 생각하면서도 도전하게 되었다고 말한다. '졸혼'이 연재될 때, 어떤 독자는 댓글을 통해 이 에피소드의 주인공 부부가 한국 사회에서 다수를 차지하는 노년의 삶이라고 말하면서, 갑순과 길표의 모습이 환상에 가깝다는 의견을 남긴다. 이를 바꾸어 말하면, '노년의 모범적 사례'처럼 보이는 갑순과 길표의 모습은 진짜 현실을 그대로 옮긴 것이라 하더라도, 텍스트로 재현되었을 때 대다수 노년의 현실적 문제를 은폐할 여지가 생긴다. 이렇게 볼 때, '졸혼'은 현실적인 노년 문제를 다각도로 재현함으로써 노년 재현의 스펙트럼을 넓히려는 작가의 의지가 선명히 드러나는 에피소드이다.

'졸혼'은 가부장적 가족 속에서 인격적 대우를 받지 못했던 노년 여성이 잃어버린 자신의 인생을 되찾기 위해 졸혼을 선언하는 내용을 골자로 한다. 다른 에피소드보다 성차에 따라 달라지는 노년의 상황을 뚜렷하게 보여준다. 한국 사회에서 여성의 생애 목표는 오랫동안 가족의 돌봄으로 규정되어 왔고, 이러한 사회문화적 배경 속에서 대다수 여성은 경제적 능력이 약화해 빈곤한 노년을 맞이하게 된다(소준철, 2020: 11~12). 이 에피소드의 주인공 이정님은 경제권이 없어 돈 한 푼도 자유롭게 쓸 수 없고, 자식들에게는 혼자 살 능력이 없는 무능력한 존재로 여겨진다. 돌봄 노동의 가치가 경제적·사회적으로 인정되지 않는 상황에서, 가족을 부양하기 위해 노력한 정님의 행위는 의미 있는 것으로 간주되지 않는다. 그뿐 아니라 정님은 마치 지배자처럼 군림하는 남편 옆에서 숨죽이며 살아간다. 정님의 졸혼 선언은 50년이라는 지나온 과거의 문제를 정면으로 인식함으로써 가능해진다. 가장으로서 남편의 노력을 부정하지 않지만, 그것이 곧 자신을 하대하는 이유가 될 수 없다고 주장한다. 이는 노년 남성의 행동을 과거의 사회 문화에 따른 불가피한 것으로서 구시대의 피해자, 가족 부양을 위한 헌신으로 수용하려는 태도에 균열을 일으킨다. 이 에피소드는 60화에서 정님이 '나'로 지칭되면서 서술칸을 통해 그의 내적 고민을 전경화한 후, 시간과 장소의 변화를 설명하는 용도 외에는 서술칸을 활용하지 않는다. 이후로는 정님이라는 인물의 목소리와 행위만이 서사 전면에 부조된다. 그럼으로써 서술자에 의해 사후적으로 해석되고 논평되지 않는 인물의 행동과 목소리의 현장감을 강조한다. 이렇듯 이 에피소드는 노년 세대가 살아온 사회문화적 자양분을 전면적으로 비판한다. 동시에, 그 비판의 주체를 사회적으로 비가시화된 노년 여성 인물로 삼음으로써 노년 세대의 변화 가능성과 행위 주체성을 보여준다.

5. 계속되는 노년의 이야기를 기대하며

이 글은 네이버에 연재된 일상툰 〈웰캄 투 실버라이프〉를 대상으로 한국 사회에 만연한 노년에 대한 부정적 인식을 비판하고, 노년의 삶을 재조명하는 지점들을 살펴보았다. 그 과정에서 일상툰의 장르적 문법을 활용하거나 변주하고, 내용과 주제에 따라 말칸이 달리 활용되는 양상을 분석했다. 이러한 서사적 형식은 노년의 삶을 효과적으로 이야기하기 위한 장치로 활용되었다. 특히, 이 글에서는 노년의 자아 및 노년의 나이 듦에 대해 재사유할 수 있는 에피소드들을 중심으로 살펴보았다. 이 일화들은 노년의 자아가 상호 의존과 타인과의 감응 속에서 정체성을 형성하고, 나이 듦에 대한 사회적 편견과는 다른 모습을 띨 수 있다는 의미를 드러낸다.

한편, 〈웰캄 투 실버라이프〉는 일상의 이야기를 소재로 한다는 일상툰의 광범위한 개념에 부합하면서도, 그 내부에는 단일한 성격으로 수렴되지 않은 이질성이 자리한다. 이 웹툰은 다수의 일상툰과 마찬가지로 손녀의 시선으로 포착된 조부모의 일상을 친근하면서도 따뜻한 분위기로 그려내면서 교훈적 메시지를 전달한다. 이러한 에피소드들은 독자들에게 '닮고 싶은 노년의 삶'을 보여주면서 노년의 현실을 낭만화한다. 하지만 이 웹툰에는 그와는 변별되는 지점들도 존재한다. 이를테면 노년의 질병과 돌봄 등 사회적으로 첨예한 노년 문제를 서사화하거나 가부장적 가족 제도로 인해 이중으로 소외된 노년 여성의 서사를 다룬다. 이러한 문제의식을 보여주는 에피소드에서는 의도적으로 작가-서술자의 목소리는 축소하고 노년의 목소리를 전경화한다. 이러한 맥락에서 이 웹툰은 노년의 실제 현실을 풍부하게 담을 수 있는 방식으로 일상툰이라는 장르를 적절히 활용했다고 볼 수 있다. 노년과 관련된 사회적 문제부터 노년의 이상적 모습까지, 한 텍스트 안에서 노년의 다양한 스펙트럼을 폭넓게 재현하고 있기 때문이다. 이는 실제 존재하는 이야기라는 점에서 독자들에게 더욱 큰 울림을 준다.

이와 같은 노년 재현과 스토리텔링 방식에는 노년의 삶을 재인식하는 대안적 성격의 콘텐츠를 만들려는 의도가 다분히 함축되어 있다. 기실 작가는 연재 초기부터 노인 혐오 문제에 대한 비판적 인식을 드러낸다. 이는 '만화 괜히 그렸나'(33화)에서 잘 나타난다. 이 에피소드는 '베스트도전'에 연재될 당시 댓글란에 있는 노인 혐오 댓글을 본 조부모와 손녀의 반응을 중심으로 전개된다. 손녀-작가는 처음으로 조부모의 이야기를 웹툰으로 만든 사실을 후회한다. 그러나 조부모의 격려와 지지에 다시 힘을 내어 만화를 그리게 된다. 흥미로운 것은 독자들이 다른 에피소드와 비교할 때 압도적으로 많은 댓글을 남겼다는 사실이다.[7] 대개는 혐오 댓글에 할머니 할아버지가 상처 입을까 걱정되는 마음에 글을 남겼다는 내용이다. 평소에 댓글을 잘 쓰지 않지만 처음으로 글을 남긴다면서, 계속 노년의 이야기를 듣고 싶다는 뜻을 밝히고 있는 내용도 적지 않다. 이는 무분별한 노인 혐오에 대한 경각심이 독자들에게 전달되었다는 점에서 유의미한 현상이다. 또한 독자가 쉽게 접근할 수 있는 노년의 이야기가 더 많아질 필요가 있다는 사실을 시사한다.

이처럼 〈웰캄 투 실버라이프〉는 노년의 다채로운 재현을 보여줌으로써 노년을 다른 방식에서 사유할 수 있는 지평을 열어주는 텍스트이다. 아서 프랭크(Arthur Frank)는 스토리텔링(storytelling)의 시대는 "자기 목소리를 지니지 못했던 수많은 주체가 자신의 이야기를 말하는 능력을 되찾는 시대"(박진, 2021: 40에서 재인용)라고 말했다. 이러한 맥락에서 〈웰캄 투 실버라이프〉는 그간 가시화되지 못했던 노년의 목소리를 세상 밖으로 꺼낸 한 사례라 할 수 있다.

---

7 이 회차의 댓글은 총 2546개 달렸다(2022년 2월 2일 기준). 후기 포함 66화 연재 동안 댓글이 1000개 이상으로 달린 경우는 총 7개이며, 2000개 이상은 1화와 33화뿐이다. 1화는 새로운 웹툰이 시작될 때 기대감을 표출하는 경우가 많다는 점을 고려할 때, 33화의 댓글 수는 독보적이다.

참고문헌

솔녀. 2020~2021. 〈웰캄 투 실버라이프〉. 네이버.

구자준. 2019. 「변화하는 일상툰의 비판적 가족 재현: 웹툰 〈단지〉와 〈며느라기〉를 중심으로」. ≪한국극예술연구≫, 65집, 71~98쪽.

권수현. 2019. 「노년의 삶과 정체성」. ≪철학연구≫, 149집, 1~28쪽.

김건형. 2018. 「일상툰의 서사 문법과 자기 재현이라는 전략: 여성 일상툰의 정치미학을 중심으로」. ≪대중서사연구≫, 48호, 121~160쪽.

김영옥. 2021. 『흰머리 휘날리며, 예순 이후 페미니즘』. 서울: 교양인.

류철균·이지영. 2013. 「자기 재현적 웹툰의 주제 의식 연구」. ≪대중서사연구≫, 30호, 117~147쪽.

박노현. 2017. 「시적 노인, 번역된 노년과 낭만적 노화: tvN 미니시리즈 〈디어 마이 프렌즈〉를 중심으로」. ≪어문론총≫, 72호, 239~262쪽.

박인하. 2015. 「한국 웹툰의 변별적 특성 연구」. ≪애니메이션연구≫, 11권, 3호, 82~97쪽.

박진. 2021. 「서사와 삶: 이야기하기의 실존적 의미」. 김상환 엮음. 『이야기의 끈』. 서울: 이학사.

보부아르, 시몬 드(Simone de Beauvoir). 2002. 『노년』. 홍상희 옮김. 서울: 책세상.

소준철. 2020. 『가난의 문법』. 파주: 푸른숲.

애플화이트, 애슈턴(Ashton Applewhite). 2016. 『나는 에이지즘에 반대한다』. 이은진 옮김. 서울: 시공사.

엄미옥. 2018. 「고령화사회의 문학: ‘치매’를 다룬 소설을 중심으로」. ≪대중서사연구≫, 45호, 285~321쪽.

이지은. 2020. 「치매, 어떻게 준비하고 있습니까?」. 메이 엮음. 『새벽 세시의 몸들에게』. 서울: 봄날의 책.

정병욱. 2019. 「나비의 꿈: 중력을 거스르는 낭만의 날개짓」. ≪지금, 만화≫, 5호, 180~187쪽.

정순돌 외. 2021. 「노인혐오표현을 접한 경험 수준이 노인낙인에 미치는 영향: 노인과의 교류경험의 조절효과」. ≪노인복지연구≫, 76권, 3호, 9~36쪽.

정순돌·안순태·김주현. 2019. 「노인혐오차별 실태조사」. 아셈노인인권정책센터.

정진웅. 2012. 『노년의 문화인류학(개정판)』. 파주: 한울.

최샛별. 2018. 『문화사회학으로 바라본 한국의 세대 연대기』. 서울: 이화여자대학교출판문화원.

키케로, 마르쿠스 툴리우스(Marcus Tullius Cicero). 2005. 『노년에 관하여 우정에 관하여』. 천병희 옮김. 고양: 숲.

제**4**장

치매, 혐오의 대상에서 상처 입은 스토리텔링으로*

아르노 가이거의 『유배중인 늙은 왕』을 중심으로

정현규

1. 들어가는 말

혐오가 문제다. 대상은 다양하다. 외국인 혐오에서부터 노인 혐오까지, 기계 혐오에서부터 여성 혐오까지. 혐오의 메커니즘 역시 다양하다. 생리적 반응으로서의 혐오에서부터 문화적 혐오에 이르기까지. 하지만 이렇게 나누는 것이 언제나 그렇게 선명한 경계를 이루는 것은 아니다. 생리적으로 혐오감을 주는 배설물이나 콧물, 침, 고름, 냄새 등은 그것들에 결부된 사회적이고 문화적 역사가 동반되고, 그에 대한 해석은 "정교한 사회적·문화적 의미 체계에 깊이 착근"(밀러, 2022: 34)되어 있기 때문이다. 이러한 강력한 감정 체험의 본질은 대상을 부정적으로 평가하고, "그 대상의 천박함과 열등함을 선언"(밀러, 2022: 34)하는 것이다. 그런데 아이러니하게도 '우월성의 주

---

* 이 글은 정현규, 「치매, 혐오의 대상에서 상처 입은 스토리텔링으로」, ≪독일현대문학≫, 59집(한국독일현대문학회, 2022)을 수정·보완한 것이다.

장'인 혐오감이, "동시에 낮은 자들의 더럽히는 힘에 대해서는 그 우월성이 취약"(밀러, 2022: 35)하다는 점이 드러난다. 그렇기 때문에 혐오감의 이면에는 오염될까 봐 두려워하는 감정이 동시에 존재하는 것이다.

개인의 일생에서도 이러한 메커니즘을 확인할 수 있다. 나고, 자라고, 늙어가는 피할 수 없는 인생의 진행 곡선에서 유독 우리는 노화 혹은 노인에 대한 혐오가 점점 확산되고 있는 상황을 맞이하고 있다. 보부아르(Simone de Beauvoir)는 노화와 노인 문제를 다룬 자신의 책 『노년』에서, 현대에 점점 커져가는 노화 경시 풍조에 대처하는 자신의 견해를 다음과 같이 표명하고 있다. "노년은 죽음 자체보다 더 큰 혐오감을 불러일으킨다"(보부아르, 2020: 755). 그리고 이를 극복하기 위한 해결책은 "우리의 삶에 의미를 주는 목표들을 계속하여 추구하는 것"(보부아르, 2020: 757)밖에 없다고 말한다.

이러한 주장의 예로 보부아르가 들고 있는 것은 빅토르 위고(Victor Hugo)나 미켈란젤로(Michelangelo Buonarroti)와 같은 천재 예술가들이다. 하지만 예시되고 있는 인물들의 면면에서 알 수 있듯이, 그리고 보부아르 자신도 인정하고 있듯이 이처럼 적극적이고 생산적인 활동은 소수의 예술가나 철학자 들에게만 주어진 가능성이다.

그런데 최근에 이러한 제한된 가능성을 넘어선 더 희망적이고 본질적인 변화가 기다리고 있다. 노화 자체를 막는, 혹은 되돌리는 의학적 방법이 발견되었다는 소식이 그것이다. 하버드 의대(Harvard Medical School) 교수인 데이비드 싱클레어(David Sinclair)는 『노화의 종말』이란 책에서 우리가 역사의 거대한 전환점에 와 있다며 다음과 같이 희망적인 진단을 내린다.

> 필연이라고 여기던 것을 끝장낼 때다. 사실 인간이란 말이 의미하는 바를 재정의할 시점이기도 하다. 이 변화는 혁명의 출발점일 뿐 아니라 새로운 진화의 출발점이기 때문이다(싱클레어, 2020: 38).

마치 세상을 구할 초영웅이 할 법한 말투다. 책 제목에서 유추할 수 있듯이 '필연이라고 여기던 것'은 '노화'를 의미한다. 하지만 노화가 여타의 많은 병의 원인, 곧 "노화 자체가 질병"(싱클레어, 2020: 140)이라는 그의 생각은 어딘가 마뜩찮은 구석이 있다. 이런 논리라면, 노화 혹은 노인은 비정상성의 범주에 속하며 결국은 정복이나 제거의 대상일 뿐이기 때문이다. 노화 혹은 노인 그 자체에 대한 인정은 더 이상 가능하지 않거나 부적절한 것이 되는 셈이다. 그리고 설령 노화를 막거나 되돌리는 기술이 성공한다 하더라도, 그것이 새로운 차별과 혐오를 만들어내지 말라는 법은 없다.

아래에서는 혐오와 두려움의 대상을 타자로 인식하고 이를 추방하려는 현 세태를 먼저 고찰하고, 이어서 아르노 가이거(Arno Geiger)의 소설 『유배 중인 늙은 왕(Der alte König in seinem Exil)』에서 다루고 있는 치매의 문제와 이의 새로운 인식 가능성에 대해 살펴보고자 한다.

2. 타자와 정체성의 정치학

당대의 문화적 사안들에 대해 냉철한 비판을 이어가고 있는 한병철은, 이 시대를 타자가 추방된 시대라고 주장하며 그 원인이 "수수께끼 혹은 비밀로서의 타자에 대한 경험을 잃어버렸"(한병철, 2017: 106)기 때문이라고 짚고 있다. 그에 따르면 타자는 유용성의 목적론, 즉 경제적 계산과 가치 평가의 목적론에 완전히 예속되어 버린 것이다. 그리고 이러한 목적론으로부터 벗어나는 존재들에 대해서 우리가 쉽게 빠지는 감정은 혐오이다. 청년 세대가 노년 세대를 바라보며 쉽게 내뱉는 '틀딱'이라는 표현에는 이러한 종류의 혐오가 짙게 배어 있다. 여기에 벌레라는 뜻의 '충'이 붙으면 그 강도는 더욱 강해진다. 맘충, 급식충 등과 같은 혐오 표현들 역시 그러한 일례들이다. 여기엔 그들이 이미 벌레들이므로 같은 층위나 범주에 존재할 수 없으며 제거되어야 마땅하다는 의식이 깔려 있다. 하지만 설령 벌레라 할지라도, 아니 바이러스라 할지라도, 무균실과 같은 환경에서 우리는 살아갈 수 있을까? 존재론적 무차별성이 지배하고 있으며 그 어느 것도 자신의 내재성의 차원을 스스로 보지 못하게 하는 오늘날, 이 차원의 접촉은 영원히 차단되며 그 결과 "같은 것이 영구히 계속"(한병철, 2017: 51)되는 위험성이 도사리고 있다.

이러한 시대 진단은 그가 시종 일관되게 지적하고 있듯이, 표면적 동일성이 지배하는 시대, 모두가 '좋아요'를 선망하며 결국 그 싸구려 동의가 지배하는 시대에 대한 비판이다. 부정성이 없는 세상은 오로지 자유로운, 나 자신을 실현하는 세상일까? 그렇지 않다. "부정성이 없기 때문에 자기소외는 의식되지도 않은 채 진행된다"(한병철, 2017: 63). 이런 진단이 현실화된 사회가 '진통사회(Palliativgesellschaft)'이다. 고통에 대한 전반적인 두려움이 지배하는 사회, 따라서 고통이 회피되는 사회, 그리하여 결국은 고통에 대한 내성이 사라지는 사회를 한병철은 그렇게 지칭하고 있다. 양상은 다양하다. 정치적으로는 막연한 '중도'가 '대안의 부재'를 주장하며 체제의 강제에 투항하도록 만드는 "진통적인 민주주의"(한병철, 2021: 10)가 그 구체적인 모습이다. 심리학에서는 '고통의 심리학'을 벗어나 "평안과 행복, 낙관주의를 다루는 '긍정심리학'으로 넘어간다"(한병철, 2021: 11). 이 긍정 심리학의 '행복 임무'는 "약품으로 만들어낼 수 있는 지속적인 안락함의 오아시스와 자매관계"(한병철, 2021: 11)를 맺고 있다. 예술이라고 예외는 아니다. 장식성만을 과시하는 제프 쿤스(Jeff Koons) 유의 예술 작품은, 낯설게 하고 당혹하게 만드는 대신 '와우'라는 감탄사를 내뱉게 하는 것을 목표로 삼는 "긍정사회를 체현"(한병철, 2016: 9)한다.

그렇다면 이러한 동일성의 쳇바퀴를 벗어나는 길은 무엇인가? 두려움이나 혐오의 대상인 타자와 타자성을 극복하거나 제거함으로써 긍정성을 유일한 삶의 지표로 만드는 방식을 포기하고, 사유를 통해 타자의 부정성에 자신을 내맡기고 자신이 이제껏 알지 못하던 영역으로 나아가는 수밖에 없다. 이러한 주장과 맥을 같이하면서도 수행적 차원의 현장성을 강조하는 주디스 버틀러(Judith Butler)는, 현 시대를 신자유주의적 자립과 개인의 책임이 무자비하게 강조되는 시대로 보고, 이로 인해 취약성과 불안정성이 무한정 재생산되는 시대라는 점을 역설하고 있다. 이 취약성과 불안정성을 온몸으로 견뎌야 하는 존재들에는 당연히 그리고 여전히 여성, 성 소수자, 이주 노동자, 장애인 들이 있다. 버틀러는 이러한 취약성과 불안정성의 시대에, "취약성과 상호의존성의 극복이 아니라, 그것들이 살 만한 것이 되는 조건들을 만드는"(버틀러, 2020: 307) 가능성에는 어떤 것이 있는지 살펴보고자 한다. 특별히 거리의 집회를 통한 신체들의 수행성과 연대 가능성을 살피면서 우리가 영위해야 할 올바른 삶이란 그들이 없는 삶이 아니라 다른 이들과 함께 살아낸 삶, 그들이 없다면 우리의 삶도 가능하지 않은 삶이라고 주장한다. 가령 우리가 거리로 나갈 때는, 추상적 권리를 담지한 주체로서가 아니라, 거기서 걷고 움직일 필요가 있어서 그렇게 하는데, 장애인의 경우 보행할 수 있고, 또 보행을 가능케 해줄 포장도로와 기계를 가질 수 있는 권리를 수행적으로 노출하기 때문이다. 따라서 삶을 살아가는 데 공적인 지지대의 형태들이 필요한 이러한 '신체'들이 의미화하는 양상을 살피는 것은, 동시에 이러한 의미화를 거부하거나 외면하는 권력관계를 밝히고, 이미 주어진 경계를 흐트러뜨리고 재고하도록 만들 수 있다.

이는 '정체성의 정치학'의 가능성이라고도 할 수 있다. 이해할 수 없고 비밀스러우며, 때로는 두렵고 혐오스러운 어떤 존재의 정체성은, 마치 철저히 극복되어야 할 것으로 여겨지거나 숨겨져서는 안 되며 끝없이 호명되어야 한다. '정체성의 정치학'에서 개인에게 가장 중요한 어떤 경험들은 그것이 아니면 안 될 특정한 지식을 전달하는 잠재력을 가지기 때문이다. 예를 들면 장애인 권리 운동이 가진 특정한 지식 형태가 전문 지식에 사용 가능하게 된다거나, 소수자나 이민자의 증언과 경험이 정치적인 의사 결정에 포함되는 계기가 마련된다고 보는 것이다.

그런데 가령 같은 장애이면서도 '기억의 장애'가 있는 소수자들은 자신의 겪고 있는 상황을 제대로 표현할 수 없다는 어려움이 존재한다. 그렇다면 이렇게 체현된 경험은 어떻게 공론화될 수 있을까? 기억이 사라져가듯이 그들의 존재 자체가 지각의 영역에서 사라져버리지 않도록 하기 위해서는 말이다.

3. 아르노 가이거의『유배중인 늙은 왕』

오스트리아 작가인 아르노 가이거가 '치매'라는 주제를 다룬 것은『유배중인 늙은 왕』에서 처음은 아니다. 2005년에 출판된『우리는 잘 지내(Es geht uns gut)』에 이미 이 주제가 등장한 바 있다. 하지만 이 소설에서 치매를 다루는 방식은, "나치의 유대인 박해로 인한 이익을 챙기는 데"(신지영, 2019: 97) 주저함이 없던 등장인물 리하르트가 겪는 치매를 '역사의 망각'에 대한 은유로 보면서, 이러한 과거의 오류를 적극적으로 파고들지 않으며 '그저 잘 지내는' "손자 세대의 도피"(신지영, 2019: 106)를 비판하는 시각이 주를 이룬다.

반면 2011년 출판된『유배중인 늙은 왕』은 병리학적 시각에서 치매를 본격적으로 다루고 있다. 작가 자신의 아버지가 앓고 있는 알츠하이머를 자전적인 시각에서 다루고 있는 소설로서, 아르노 가이거가 제목으로 삼고 있는 아버지의 상황은 작품 속에 구체적으로 다음과 같이 표현되고 있다.

> 왜냐하면 어두움과 함께 두려움이 찾아오기 때문이다. 그때 아버지는 유배당한 늙은 왕처럼 안절부절못하며 쉼 없이 서성인다. … 그리고 아무것도 집에 있는 느낌을 주지 않는다(12).[1]

이 인용에는 이 소설을 이끌고 가는 중요한 두 개의 모티프가 이미 제시되어 있다. 하나는 '유배당한 늙은 왕'이고 다른 하나는 '집'이다. 물론 이 모두는 '치매'와 연결된다는 공통점이 있다. 치매가 항상 노화와 직접적으로 연관되는 것은 아니지만 대부분 노년에 발생한다는 점에서 그렇고, '집'의 상실이 문제가 된다는 점에서 그렇다.

치매 증상은 그 어디서도 "집에 없다는 고통스러운 인상"(13)으로 요약된다. 하지만 가장 가까이 있는 가족들조차도 이러한 치매 환자의 태도를 이해할 수 없다. 그가 스스로 건축했고 평생을 지내온 집이 그에게 낯설어졌다는 사실이 도무지 납득되지 않는 것이다. 이렇게 이해되지 않는 상황은 처음부터 줄곧 이 질환을 따라다닌다. 치매를 앓는 가족을 지닌 대부분의 사람들은 먼저 부정하는 단계를 거친다. '그럴 리가 없다'며 애써 부인하는 것이다. 그런 탓에 대개는 적당한 치료 시기를 놓칠 뿐 아니라, 환자와 가족 간의 거리는 점점 멀어진다. 소설 속의 서술자 역시 그런 점에서 예외가 아니다. 아버지가 치매를 앓고 있다는 것을 어렴풋이 인식한 아들에게 아버지의 삶은 어떻게 보이는가? 그는 주변을 배려할 줄 모르며, "그 무렵 직업적으로 자리를 잡기 위해 애쓰던 내게 그의 삶은 공허한 무관심의 냄새"(22)를 풍긴다. 게다가 "지금은 점점 아버지가 **얼간이**처럼 여겨"(23)진다.

아들이 이러한 생각을 가지게 된 데에는 개인적인 차원뿐만 아니라 다분히 시대적인 분위기가 반영되고 있다. 이들이 살고 있는 세계는 "소비하고 내다 버리는 세계"(37)로 자본주의의 극단적인 형태가 지배하고 있는 사회이다. 아버지가 유배 중인 것은, 아버지의 삶이 "수많은 굳건한 기둥(가족, 종교, 권력 구조, 이데올로기, 남녀의 역할, 조국)이 존재했던 시대에 시작해서, 이미 서구 사회가 **그런 버팀목들의 폐허**로 변했을 즈음 병에 이르렀"(58)기 때문이

---

1 이하에서 작품 인용 말미에는 원서의 쪽수만 표기한다. 번역은 필자.

다. 아버지는 이 사회에, 그리고 가족에게 더 이상 쓸모없는 존재로 전락한 것이다. 게다가 그의 존재는 노화와 치매라는 병의 이중적 질곡에 빠져 있다.

가족도 가족이지만, 병과 환자를 대하는 의료 체계는 그 무엇보다 그 시대를 함축적으로 재현한다. 합리성과 유용성만을 추구하는 세계에서 병든 존재는 대개 '폐기'의 대상으로 간주된다. 물론 그러한 존재가 그 시선에 유용한 것으로 포착될 때가 있다. 그것은 그 존재가 의학적 연구 대상이나 치료 대상으로서 온전히 연구자, 치료자의 손에 내맡겨질 때이다. 모더니즘의 서사에서, 무엇보다 의학적 전문 지식과 그 서사에서 질병 혹은 노화를 어떤 시각으로 바라보며 서술하고 있는가를 살펴보는 것은 그래서 의미가 있다.

과학적 의학이 자리 잡기 전 질병을 바라보는 시각은 대개 종교적 해석이나 철학적 해석이 주류를 이루었다. 중세 시대와 그 이후 오랫동안 사람들은 "유행병을 신의 분노 탓"(지거리스트, 2018: 241)이라고 생각했고, 정신 질환자들은 악마에 들렸다고 여겨 기도나 주문으로 악마를 쫓아내려 했다. 역병 서사의 경우 이 병을 특징짓는 중요한 태도는 이 병이 어딘가 알지 못하는 '바깥'에서 찾아오는 질병이라는 점이다. 따라서 여기에는 외부의 존재나 이질적 존재, 낯선 존재에 대한 경계와 혐오, 차별의 양태가 본질적인 특성이라고 할 수 있다. 따라서 대개 "건강은 미덕의 증거"이며, "질병은 타락의 증거"(손택, 2002: 190)처럼 여겨지는 것이다. 철학적 해석의 주류를 이룬 것은 4체액설로, "소우주와 대우주는 끊임없이 교류하고 소통"(지거리스트, 2018: 253)한다는 전제를 가지고, 체액의 균형이 깨지는 것을 질병의 원인으로 파악했다.

생리학과 해부학에 바탕을 둔 근대의 과학적 의학은, 이전의 종교적·철학적 의학을 넘어서 현대에까지 이르는 의학적 방향을 선취했다. 여기서 확인되는 태도는 계몽주의의 자연 정복과 일치한다. 특징적인 서사는 '정복'이나 '격퇴', '공략'처럼 질병을 정복 대상이나 '적'으로 삼고 질병의 퇴치라는 의학의 궁극적 목표를 설정한다는 점이다. 물론 이러한 모더니티의 분명한 성취가 있다. 그것은 문제를 바로잡는 것에 대한 강조이다. 하지만 여기엔 대가가 있다. 그것은 바로, 문제가 너무 복잡하기 때문에 "의학적으로나 사회적으로 바로잡는 것이 불가능한 사람들을 위한 자리가 없다"(프랭크, 2016: 225)는 것이다.

서술자인 아들의 치매에 대한 인식은 일단은 사회의 그것과 비슷한 단계를 거친다. 처음에 병은 제거되어야 할 어떤 것, 혹은 적어도 자신의 삶에 들어와서는 안 되는 어떤 것으로 인식된다. 그리고 이어서 아버지의 치매 진행은, "할아버지에게서 아버지에게로 이어진 가족력"으로 인해 "아버지의 운명이 언젠가는 작가 자신을 덮칠지도 모른다는 불안감과 두려움"(김인순, 2016: 157)으로 이어진다. 아버지의 운명은 나와 다른 것이 아니라 나의 일부가 되는 것이다. 이러한 두려움이 저 존재를 자꾸 밀어내려는 시도의 밑바탕이 된다. 서술자는 이것이 아버지의 병을 대하는 잘못된 태도였다는 것을, "내가 완강히 버팀으로써 아버지가 현실과 맺는 관계를 생생하게 유지할 수 있다는 믿음을 포기하고 싶지 않았기 때문"(58)이었다는 것을 나중에야 깨닫는다. 하지만 그것이 삶의 일부라는 것을 인식하는 단계가 오고, 그 단계에서 절대적 타자로만 보였던 치매라는 병 혹은 환자가 서술자의 영역으로 틈입하는 순간이 온다. 그리고 그때 비로소 아들은 이 병의 실체는 무엇인지, 병을 앓고 있는 환자와의 관계는 어떻게 설정해야 하는지 깨닫게 된다. 그리고 마침내 그는 치매와 관련된 새로운 인식에 도달하는 지점에 이르게 된다.

1) 사회 비판과 혼돈의 서사

소설 속 서술자는 치매를 앓고 있는 아버지와 그 병의 의미에 대해 어느 정도 이해하게 된 후 다음과 같이 고백한다.

아버지가 더 이상 다리를 건너 내 세계에 도달할 수 없으니 내가 아버지에게로 건너가야 한다. 저 너머에서, 아버지의 정신 상태의 한계 내에서, 객관적이고 목표 지향적인 우리 사회 저편에서, 그는 여전히 주목할 만한 사람이다. 일반적인 기준에서 보자면 언제나 아주 이성적이라고 할 수는 없지만 어떤 식으로든 반짝인다(11).

이러한 서술자의 고백에서 우리는, 노화로 인해 아버지와 같은 질병을 앓고 있는 사람들이 제외, 혹은 제거되는 사회에 대한 비판을 읽을 수 있다. 그 사회란 바로 "객관적이고 목표 지향적"인 사회이며, "마음대로 소비하고 마음대로 내다 버리는 세계"(43)이다. 이러한 사회 속에서 병자는 '고장' 난 존재로 보일 수밖에 없으며, 수리가 불가능하다고 판단될 때 '폐기' 혹은 '유폐'될 수밖에 없는 운명에 처하게 되는 것이다. 이러한 현실 인식을 통해 이 병은 감춰져 있는 사회의 진면목을 드러내준다. 다시 보부아르의 표현을 빌리자면 "노년은 우리 문명의 모든 실패를 고발"(보부아르, 2020: 760)하는 것이다. 그런데 사실 이러한 문제는 노년에만 한정된 것은 아니다.

모든 의미 있는 것이 그렇듯, 알츠하이머는 자기 자신뿐만 아니라 다른 것에 대한 진술이기도 하다. 확대경이 그렇듯, 이 병에는 인간적인 특성과 사회적인 상태가 반영된다. 우리 모두에게 세상은 혼란스러우며, 냉정하게 보면 건강한 사람과 병든 사람의 차이는 무엇보다 표면의 혼란을 숨길 수 있는 능력의 차이에 있다. 표면 아래서는 혼돈이 요동치는 것이다(57).

서술자가 깨닫게 된 세상의 본질은, 그것이 건강한 자에게나 병든 자에게나 같다는 것이다. 다만 감춤의 기술을 얼마나 세련되고 일관적으로 구사하는지가 그 둘을 가를 뿐이다. "어느 정도 건강한 사람의 경우에도 머릿속 질서는 이성의 허구일 뿐"(58)이기 때문이다. 우리가 살고 있는 현대 사회는, 사실상 정상적으로 보이는 사람조차 견뎌내기 힘든 강도와 속도로 움직이고 있다. "승리하는 것, 이겨내는 것"(18)을 목표로 전진하는 세계, 그 속에서 변화의 속도에 적응하는 것은 점점 벅찬 일이 되어가고 있는 것이다. 하물며 노인, 그것도 치매를 앓고 있는 노인은 그 속도를 좇아갈 수도 없으며, 자기 일에 바쁜 가족 구성원조차 그러한 상황에 신경 쓸 겨를이 없다. 적자생존의 냉엄한 논리가 극단화된 상태에서, 이에 가장 취약한 존재가 가장 큰 고통을 당하는 구조인 셈이다. 그러한 시대의 속성을 깨닫게 된 아들은 시간의 흐름에 대해 어떻게 생각하느냐고 묻는다. 아버지는 이렇게 대답한다. "시간의 흐름? 시간이 빠르게 흐르든 느리게 흐르든 사실 개의치 않아. 나는 그런 것에 대해서 까다롭지 않아"(17). 이러한 문답을 통해 이제 사회가 강제하는 시간의 흐름을 벗어난 존재로서 아버지는, 거꾸로 여전히 그 흐름에 좇기는 아들의 상황을 깨닫게 하고 있다.

동시에 알츠하이머는 우리 사회의 상태를 알려주는 상징이기도 하다. 전체를 조망하는 것은 더 이상 불가능하고, 사용 가능한 지식은 더 이상 한눈에 알아볼 수 없고, 쉼 없는 혁신으로 인해 방향 감각에 문제가 생기고 미래에 대한 불안감이 조성된다. 알츠하이머에 대해 이야기하는 것은 곧 세기의 질병에 대해 이야기하는 것이다(58).

이러한 깨달음을 통해 서술자는 아버지가 앓고 있는 질병의 원인과 의미에 대한 통찰에 이르게 되고, 파국에 이르렀던 관계는 다시 회복되기에 이른다. "우리 사이에 세상을 향해 내 마음을 더 활짝 열게 만든 뭔가가 있다. 말하자면 그것은 보통 알츠하이머병의 단점이라고들 하는 것, 즉 그 병이 관계를 단절시킨다고 하는 것의 반대다. 때로는 관계가 맺어지기도 한다"(179). 이러한 결론에 도달할 수 있었던 바탕은, 도저히 납득되지 않는 치매 환자의 이야기를 존중하는 법을 서술자가 배웠기 때문이다. 그건 어떻게 가능했는가?

'몸의 사회학'에 관심을 기울이고 있는 사회학자 아서 프랭크(Arthur Frank)는, 상처 입은 환자와 연관된 '혼돈의 서사'라는 개념을 제안한다. 혼돈의 서사란 "순서가 없는 시간, 매개가 없는 말하기, 자기 자신에 대한 충분한 성찰을 할 수 없는 상태로 자신에 대해 말하기라는 반(反)-서사(anti-narrative)"(프랭크, 2016: 198)를 의미한다. 이 서사에는 상처 입은 환자의 내면에서 흘러나오는 이야기들에 애써 시간 순서대로 질서를 부여하는 주체도 없고, 그 고통에 의미를 부여하는 전지자도 없다. 소설 속 치매에 걸린 아버지의 이야기는 이런 식으로 어떤 목적 연관도 없는, 그 자체로 의미를 지닌 목소리가 되는 것이다. 고통당하는 환자의 이야기는 몸을 통해, 또 목소리를 통해 표현되며, 이렇게 전해지는 이야기는 스토리텔링의 또 다른 가능성을 보여준다. "질병 이야기의 미스터리는 그 이야기들 속에서 몸이 표현되는 방식"(프랭크, 2016: 28)에 있는 것이다.

이런 시각에서 보면 아버지가 노래 부르는 것을 좋아하는 데에는 나름의 이유가 있는 셈이다. 치매 환자는 즐겨 노래를 부른다. "노래는 어떤 정서적인 것이며, 손에 쥘 수 있는 세계 밖의 집"(14)이 되기 때문이다. 이때 음악은 말로는 도달할 수 없는, "그의 몸과의 직접적인 연결"(프랭크, 2016: 216)을 가능하게 해준다. 그리고 이때 그것은 단순히 자신의 몸과만 연결되는 것이 아니라 타자와도 연결된다. 소설의 서술자가 여동생이 아버지를 위해 준비해 둔 민요 CD를 틀 때 아버지는 흥겹게 노래를 흥얼거리다가는 열창하는 지경에 이르고, 서술자는 이를 보며 웃음을 터뜨리는데, 그 웃음에 "아버지도 전염"(14)된다. 아버지와 아들의 몸이 웃음을 통해 서로 소통하는 것이다. 그런데 몸이 소통할 때 이는 필연적으로 자아와 타자를 필요로 하기 때문에, 자아의 이야기는 단지 자아의 이야기가 자아의 이야기인 동시에 타자의 이야기가 된다. 결국 서술자가 도달한 결론은 "치매 환자의 삶을 위해서는 새로운 척도들이 필요하다는 점"(11)을 배워야 한다는 것이다. 여기서 강조점은 '배우기'에 있다. 아버지의 존재에 도통 관심이 없던 화자는, 아버지의 치매를 통해 아버지의 참모습을 알아가게 될 뿐 아니라, "나 자신에 대해 뭔가를 경험하는 중"(60)이라는 것을 깨닫는다. 그리하여 아들은 이 "병이 우리 모두와 더불어 무엇인가를 하고 있다"(60)고 생각하는 데까지 도달하게 되는 것이다.

물론 현재의 의학적 수준에서 치매 환자의 회복은 기대할 수 없다. 따라서 서술자의 아버지에게 "치매 밖의 세계는 존재하지 않는다"(11)라고 할 수 있다. 그런 탓에 아서 프랭크가 말하고 있는 '회복 서사'를 이 소설에서 기대할 수는 없다. 바로 그 점이 알츠하이머가 다른 병과 다른 점이라고 할 수 있다. 소설에서도 그 점을 다음과 같이 밝히고 있다. "집에 있다는 느낌을 아버지가 되찾길 얼마나 간절히 빌었는지 모른다. 하지만 그것은 어떤 의미에서는 병이 아버지에게서 떨어져 나가는 걸 뜻했을 것이다. 암이라면 가능했겠지만 알츠하이머의 경우는 그렇지 않았다"(56).

따라서 모더니즘적 의학 담론에서 상정하는 "의료적 형식의 해방"(프랭크, 2016: 221), 즉 치료 계획을 세우고 재활을 거쳐 기능의 정상성을 회복하는 방향으로 나아가는 치료 방식이, 치매를 앓고 있는 아버지에게서는 기대할 수 없는 것이거나 폭력적인 것이 된다. **치매 환자가 처한 상태**를 고려하지 않고 통용되는 규범에 따라 객관적으로 옳은 답을 하는 것은, 그에게 자신의 세상이 아닌 세상을 강요"(118)하는 것이나 다름없기 때문이다. 다만 함께 겪고 있는 가족의 관점 변화와 이를 담고 있는 서사가 최대치라고 할 수 있다. 마침내 서술자는 아버지의 병이 "수리 가능한 것"(프랭크, 2016: 222)이기를 더 이상 요구하지 않고 그의 '혼돈의 서사'를 인정하기에 이른다.

이 이야기를 증명할 길은 없다. 완결된 이야기도 아니다. 아버지의 형제자매들도 전혀 모르는 일이고, 내가 아버지에게 직접 물어볼 수도 없다. 그래서 사실이라고 고집하지 않고 그냥 언급할 뿐이다(79).

"혼돈은 복원의 반대"(프랭크, 2016: 196)이다. 혼돈의 플롯에서는 삶이 절대 나아지지 않을 것이라는 점이 전제된다. 여기에는 서사적 질서가 부재하기 때문에 이야기들은 혼돈 상태이다. 이러한 혼돈의 서사가 갖는 특징은 일차적으로 "일관적인 연속성의 결여"(프랭크, 2016: 196)라고 할 수 있다. 두 번째로, 혼돈의 이야기는 위협적이어서 이 이야기들이 불러일으키는 불안은 "듣기를 제약"(프랭크, 2016: 197)한다. 그리고 화자는 자기 자신이 하고 있는 말을 스스로도 확인할 수 없는 상태에서 자기 이야기를 한다. 하지만 혼돈의 이야기가 말해질 수 없음에도 불구하고, 그것이 혼돈의 목소리라는 사실은 확인될 수 있고 그 이야기는 재구성될 수 있다. 소설의 서술자 역시 같은 맥락에서 다음과 같이 말하고 있다. "객관적인 진실은 자주 무너졌지만 나는 신경 쓰지 않았다. 그건 무가치했기 때문이다. 동시에 내 설명이 허구의 영역으로 빠져 들어가는 것이 허용될 때 나는 차츰 기쁨을 맛보았다"(118). 같은 질문에 매번 같은 결과를 도출해 낼 것을 요구하는 사회과학적 정치성이나 의과학적 질병 극복의 서사는 여기서 발붙일 데가 없는 것이다.

2) 짓기의 가능성과 비존재의 집

일반적으로 치매는 '기억 상실'이나 '능력 상실'이라는 시각에서 접근된다. 하지만 이 소설에서는 이 병이 가진 '새로운 능력'에 대한 고찰도 돋보인다. 서술자는 "오랫동안 아버지의 건망증과 능력 상실이라는 문제를 겪어왔는데, 이제 병이 새로운 능력을 드러내기 시작"(51)하는 것이다. 그것은 글쓰는 것을 업으로 삼고 있는 서술자에게 "창의적"(51)으로 보이기까지 한다. '핑계를 끌어대는 데 탁월한 재능'은 "전에 없던 즉흥적인 우아함"을 보이고, 새로운 단어를 조합하는 고차원적 수준의 예술적 감각까지도 선보인다. '미래의'라는 뜻을 가진 독일어 단어 zukünftig는 '젖소 조합에 가입한'이라는 뜻 정도로 해석될 수 있는 kuhzünftig란 새로운 단어로 재탄생하고, 아들이 선언한 '라틴어의 종말(Ende des Lateins)'이라는 표현에는, 자신은 '존재의 종말(Ende des Daseins)'에 처해 있다고 맞받아친다.

이런 표현 방식은 나에게 깊은 인상을 주었다. 나는 낱말들에 담긴 마법적인 잠재력과 관계하고 있는 느낌이 들었다. 제임스 조이스는 자신에겐 상상력이 없으며, 단순히 언어가 제공하는 것에 자신을 내맡긴다고 말했다. 아버지의 경우에도 그렇다는 생각이 들었다(101).

제임스 조이스(James Joyce)와의 비교는 다소 과장스러운 점이 없진 않지만, 서술자가 겪고 있는 창작의 어려움을 간단히 뛰어넘는 것처럼 보이는 그 능력 앞에서 아들은 감탄을 내뱉는다. "아버지의 입에서는 낱말들이 어려움 없이 척척 나왔다. 아버지는 편안했다. 생각나는 대로 말했고, 그렇게 생각나는 것은 종종 독창적일 뿐만 아니라 깊이가 있었다"(101). 작가적 능력이라고까지 할 수 없긴 해도, 사회의 구속력에 더 이상 지배받지 않는 인식의 자유로움이 아버지의 언어 세계를 독창적으로 보이게 한다고 할 수 있다. 하지만 아버지의 치매 증상에서 비롯된 이러한 단편적인 능력 발휘를 넘어서서 서술자는 더 큰 형태의 가능성을 엿본다.

소설을 이끌어가고 있는 주도 동기 중 하나인 아버지의 사진은, 60여 년 전 2차 세계대전 당시 "열여덟 살의 나이에 면허증도 없이 운전병으로 동부전선에 배치"(42)되었던 아버지가, 러시아 군 진영에 포로로 잡혔다가 귀향하던 도중 속성으로 찍은 사진이다. 그런데 아버지 지갑에 언제나 있을 것 같았던 그 사진이 감쪽같이 사라진다. 그리고 그와 더불어 "아버지가 자신의 과거에 대해 가지고 있던 지식까지도 모조리 쓰레기 더미에 버려졌다"(28)는 사실을 서술자는 깨닫게 된다. 그런 탓에 서술자는 이 사진을 복사해 놓지 않은 스스로를 질책하며 이를 되찾으려 애쓰지만 그 어디서도 아버지의 과거는 모습을 드러내지 않는다. 이처럼 사라지는 것 중에 가장 큰 의미를 지닌 것은 또 하나의 주도 동기라 할 수 있는 '집'이다. 치매를 앓는 아버지가 서술자를 가장 혼란스럽게 만드는 것은 아버지가 본인의 집에 있으면서도 자꾸 집에 간다고 나서기 때문이다. 아들은 아버지를 이해시키려고 노력한다. "아버지는 집에 있는데 집에 가려고 하시잖아요. 하지만 이미 집에 있는 사람이 집으로 갈 수는 없어요"(47). 이에 대해 아버지는 "이치에는 맞는 말"이라고 응수한다. 하지만 그렇게 이치에 맞는 말이 자신에게는 해당되지 않는다는 듯, 아버지는 거듭 이 행동을 되풀이한다.

아버지가 집에 간다고 말할 때, 그 본뜻은 그가 떠나고 싶은 장소를 가리킨 것이 아니라 낯설고 불행하게 느껴지는 상황을 가리킨 것이었다. 그러니까 장소가 아니라 병을 의미했던 것이다. 아버지는 병을 사방팔방으로 끌고 다녔고, 부모님의 집까지도 끌고 갔다. 부모님의 집은 엎어지면 코 닿을 데 있었지만 그 집조차 결코 도달할 수 없는 곳이었다(55 이하).

"집에 없다는 고통스러운 느낌"(13)을 주요한 증상으로 갖고 있는 이 병을 바라보는 시선을 반전시키기 위해 작가는 형식적 장치를 사용한다.

작가는 각 장의 말미에 이탤릭체로 아버지와 아들의 대화를 따로 떼어 배치하고 있다. 이러한 형식적 특성 때문에, 본문의 소란스러운 혼란과 떨어져 진행되는 이 대화는 마치 어딘가 낙원에서 벌어지고 있는 차분한 인상을 준다. 거기에는 아버지의 주변인들이 아버지의 병으로 인해 겪는 소란이나 감정의 혼돈도 없고, 의료적 판단이나 치료도 없다. "독자는 아우구스트가 이거의 지속된 인식을 아들의 해석 없이 직접 목격"(Zimmermann, 2017: 66)하게 되는 것이다. 거기에는 단지 호의가 담긴 질문과 편안한 대답, 그리고 조용한 경청만이 있다. "경청은 타자가 자유롭게 말하는 공명의 공간이다. 그래서 경청은 치유할 수 있다"(한병철, 2017: 109). 그 대화를 통해 밝혀지는 것은, 치매라는 병에는 관계의 단절만 있는 것이 아니라 '새로운 관계가 맺어지기도 한다'는 사실이다. 아버지가 잃어버리고 계속 찾고 있는 공간, 돌아가고 싶어 하는 공간을 대신해 작가는 아버지에게 이 공간을 배려하고 있는 것처럼 보인다. "마르셀 프루스트의 말을 빌리자면, 진정한 낙원은 잃어버린 낙원"(13f.)이라는 서술자의 말처럼, 이 공간은 아들이 살고 있는 세상에서는 더 이상 찾을 수 없는 곳이면서 아버지가 가고자 하는 곳을 대체하는 서사적 공간이다. 이 공간과 현실적 사건들이 일어나는 공간은 접점이 없이 단절되어 있는 것처럼 보인다. 하지만 현실에 없다고 해서 그 존재 자체가 부정되어서는 안 되는 그런 공간이 존재한다. 삶으로부터 모든 부정성을 추방하고자 하는 현실 속에서 노화와 질병과 그 끝에 있는 죽음은 단지 "탈생산"(한병철, 2017: 48), 즉 더 이상 생산이 이루어질 수 없는 상태이지만, 저 공간의 존재에 대한 인식을 통해 비로소 타자가 인정되는 경험이 가능해진다.

이처럼 딴 세상에서 벌어지는 듯한 대화가 마치 하나의 공간처럼 인식되는 것은, 첫 번째 장이 끝나는 부분과 이탤릭체로 된 아버지와 아들의 대화가 연결되는 대목을 살펴보면 더 분명해진다. 첫 번째 장은 침대에 든 아버지가, 아들에겐 보이지 않고 아버지에게만 존재하는 누군가에게 손을 들어 인사한 후 하는 다음과 같은 대사로 끝난다. "여긴 그럭저럭 지낼 만해. 사실은 아주 괜찮아"(15). 그리고 이어지는 이탤릭체 대화에서 아들은 묻는다. "아버지, 요즘 어때요?/ 글쎄, 잘 지낸다고 해야겠지"(17). 이때 아버지가 말하는 '여기'는 이미 현실을 벗어난 어떤 공간을 지칭하고 있는 것처럼 보인다. 그곳에서 "아버지가 죽은 사람들을 조금씩 살려내면서 스스로 죽음에 한 발짝 더 다가선다는 사실을 받아들이면서, 나는 아버지의 고통에 더 깊숙이 진입하는데 성공"(59)하게 되는 것이다.

이처럼 죽음과 관련된 공간은 정상성에 대한 새로운 고찰이자, 다름에 대한 사유를 자극하고 있는 대목이라고 할 수 있다. 그곳은 이 세상에 없는 낙원이기도 하며, 죽음에 가까울 정도까지 현실과 다른 곳이기도 하다. "도달만 한다면 안도감을 느낄 수 있는 장소를, 아버지는 끔찍하고 수수께끼 같은 삶에 대한 치료제"(56)로 여기는데, 그 위로의 장소를 아버지는 '집'이라 불렀던 것이다. 아마도 "신앙인들은 하늘나라라고 부"(56)를 것이다. 철학자 라면 어떻게 부를 것인가? 하이데거(Martin Heidegger)식으로 표현하자면 그 곳은 '아직 미답의 공간'이다. 하이데거의 이러한 표현을 해석하고 있는 한 병철은, 그의 존재론을 고찰하며 이 미답의 공간에 들어가려면 우리의 사유 로서는 헤아릴 수 없는 "존재자 없는 존재를 견뎌내야"(한병철, 2017: 50) 한다 고 말한다. 그러면 존재자에 선행하는 존재는 개별 존재자로 하여금 특정한 목소리를 내게 한다.

이때 '존재자 없는 존재'는, 같은 것에 사로잡힌 동일성의 존재자를 위협 하는 타자, 아직 존재자가 되지 못한 존재로 보아도 무방하다. 따라서 이 존 재에 노출될 때 필수 불가결하게 경악과 두려움이 동반된다. 하지만 역설적 으로 이 경악과 두려움은 우리의 사유가 존재자에 사로잡히는 것을 막아줄 뿐 아니라, 사유를 "같은 것에 사로잡힘으로부터 해방"(한병철, 2017: 51)시킨다.

이러한 타자와 맞닥뜨리는 것은 위험한 일이긴 하지만, 동일성의 무한한 반복이나 "긍정성의 지옥"(한병철, 2017: 49)에 빠지는 것과는 비교할 수 없는 '다름'의 매혹을 선사한다.

이때 극단적인 타자의 형상을 띠는 것이 바로 '죽음'이다. 타자를 추방해 버리려는 사회에서 '죽음'과 그것에 버금가는 부정성으로서의 '늙음'을 소환 하는 것은 그래서 의미가 있다. 서술자는 아버지의 치매에 대한 사유를 통 해 그 미답의 공간에 들어선다. 아버지가 찾는 집은 아들로서는 도저히 도 달할 수 없는 곳이지만, 그 보이지 않는 공간에 대한 아들의 인정과 비존재 자의 집에 대한 감각을 통해 새로운 짓기가 가능해지는 것이다.

이러한 감각은 서술자에게 '무능력의 능력'이라는 역설적인 가르침을 준 다. 이전에 서술자는 아버지와 진지한 대화를 나눈 적이 없다. "아버지는 나 를 **심히 나무란** 적도, 내게 조언을 해준 적도 없었다. 교육적으로 중요한 내 용이 담긴 훈계를 아버지에게서 들은 기억이 나지 않는다"(99). 그런데 아버지가 치매를 통해 가르칠 수 없는 무능력의 상태에 이르렀을 때 그는 이 '무능력'을 달리 바라볼 수 있는 가능성을 알게 된다.

아버지에게 알츠하이머병은 분명 이득이 아니었다. 하지만 아버지의 자식들과 손자들에게는 그래도 여러 가지 교훈이 있다. 그렇다, 자식들에게 뭐라도 기여하는 것 역시 부모의 의무인 것이다.
인생의 마지막 단계인 노년은, 끊임없이 변해서 늘 다시 새롭게 배워야 하는 일종의 문화 양식이다. 그러니 언젠가 아버지가 자식들에게 더는 줄 게 없는 상황이어도, 최소한 늙고 아픈 것이 어떤 것인지는 알려줄 수 있다(136).

비록 아버지가 자신을 "아무것도 아니"(114)라고 말하며 스스로의 무능력을 말할 때조차도, 그것은 레비나스(Emmanuel Levinas)식의 '할 수 있을 수 없음(Nicht-können-Können)'(한병철, 2017: 103)으로, 죽음의 근본적인 수동성으로 나타난다. 노년은 아직 죽음까지는 아니지만, 이러한 수동성으로 나아가는 전 단계이다. 그것은 점차 내 몸을 내 마음대로 할 수 없다는 불가능성으로의 접근, '할 수 있다'만이 지배하는 사회에서 '어찌할 수 없는 수동성'을 알게 할 수 있는 필요 불가결한 요소이다. 그리고 이 무력함은 "타자의 시간이 시작되게"(한병철, 2017: 105) 하는 것이다.
그뿐만이 아니다. 작품 말미에 가면 아버지는 단순히 수동적으로 규정되는 존재가 아니라 '서사적 짓기 행위'를 통해 '무능력의 능력'을 한껏 보여주는 존재가 된다. 소설의 마지막 장에서는 이제까지 분리되어 있던 서술자의 서술과 아버지와 아들의 대화가 형식적인 변화를 보인다. 서술자의 서사가 갑자기 아포리즘적 형태를 띠며 경구적 형태로 변하는 것이다. 이는 앞서 나뉘어 있던 소설의 형식이 한데 합쳐지고 있다는 것을 암시한다. 그리고 그것은 이 글쓰기에 아버지의 영향력이 미치고 있다는 점을 보여준다. 이는 영영 사라진 줄 알았던 아버지의 사진이 다시 돌아오는 사건 이후 소설 후반부의 변화와 맞물려 있다. 그리고 작품 초반에 "아버지가 더 이상 다리를 건너 내 세계에 도달할 수 없으니 내가 아버지에게로 건너가야 한다"고 말하던 서술자는, 이제 다음과 같이 말할 수 있게 된다. "내가 드리는 것을 아버지는 붙잡을 수 없다. 아버지가 주는 것을 나는 온 힘을 다해 붙잡는다"(178). 무슨 말인가 하면, 무능력한 것처럼 보이는 아버지가 무언가를 이쪽으로 건네고 있다는 말이며, 경계 밖의 도달할 수 없을 것 같던 세계가 안으로 들어왔다는 뜻이다. 그리고 그것은 경계가 완전히 사라질 수는 없지만 저 세계의 존재 가능성이 견고한 이쪽 세계에 틈을 낼 수 있다는 뜻이다.

이러한 일을 가능하게 하는 것은 '이야기'이다. "이야기는 사라지는 것에 스스로를 바침으로써 사라지는 것들을 다시 불러"(175)오기 때문이다. 서술자는 셰익스피어(William Shakespeare)의 『리처드 2세』에 나오는 대사를 소환하며 이를 '유배 중인 늙은 왕' 아버지와 동일한 선상에 놓는다. "우리 땅에 앉아서 왕의 죽음에 관한 슬픈 이야기를 하자"(176). 그럼으로써 서술자는 "상대와 타인과 타자를 향해 지각을 여는"(한병철, 2017: 99) 문학의 과제를 다시 한 번 상기시킨다. 그리고 아버지는 이야기의 소재로서, 그리고 이야기를 짓는 존재로서 다른 세계의 가능성을 열어놓는다.

4. 나가는 말

주디스 버틀러는 최근 저작인 『전쟁의 프레임』에서, 우리가 비록 전쟁과 무관한 안전한 곳에 있다 할지라도 타인의 생명과 그들의 삶이 전쟁으로 인해 파괴된다면 "내 삶의 무언가도 파괴되는 것"(버틀러, 2020: 65)이라고 주장한다. 이 언술이 함의하는 바는 이렇게도 뒤집어 이야기할 수 있을 것이다. 치매를 앓고 있는 아버지의 삶의 과정이 파괴되도록 내버려두지 않을 때 나의 삶도 파괴되지 않는다고 말이다.

영영 잃어버린 것만 같았던 아버지의 젊은 시절 사진은 결국 돌아온다. 다시는 회복될 수 없는 아버지의 기억에 대한 은유인 그 사진은 유용성의 범주에서 보면 도대체 쓸모없는 것이다. 하지만 과연 그럴까? 보부아르는 '노년'을 다룬 책에서 지난 역사를 되돌아보며 유용성의 범주에 포함되지 않은 존재들이 겪어왔던 부당함을 비판하는 가운데, 사회가 '비활동 인구'에게 어떤 운명을 정해 주느냐에 따라 그 사회의 진면목이 드러난다고 말한다. 19세기에 지배 계층이 무산 계급을 '야만과 무지'와 동일시했던 태도는, 거꾸로 지배 계층의 야만을 보여주는 행태에 불과할 뿐이다. 노동자들의 투쟁은 스스로를 인류에 포함시키는 데에 성공함으로써 이를 증명해 보였다.

이는 남성만, 백인만, 문명적 세계만, 합리성만이 보편적 가치를 지니는 정상성으로 여겨지던 시대에 대한 비판이기도 하다. 물론 지금도 어딘가에서는 그러한 역사가 반복되고 있을 것이다. 하지만 남성적 시각에 편향된 예술론을 벗어나려는 여성주의적 시각은, 이제까지 경험할 수 없었던 풍성한 성취를 이루어냈다. 탈식민주의적 시각은 식민주의적 시각에 편향된 작품이 은폐하고 있던 진실을 밝혀냈다. 비이성의 시각에서 이성 편향의 시각을 흔드는 담론은 말할 나위도 없다.

이런 의미에서, 위와 같은 논의들을 조금 더 일반화해 비존재의 의미를 남겨두는 것이 결국 우리의 존재 가능성을 보장한다고 말하는 것은 과장일까? 쓸모 있다고 판단되는 것만이 살아남는 유용성의 시대에, 생산 가능하고 건강한 것만이 유일한 척도가 되는 '긍정성의 지옥'이 지배적인 시대에, 경계 너머 두려움의 영역을 인정하는 것이 결국 우리의 삶을 지탱하는 본질적인 것이 되는 것은 아닐까?

참고문헌

Geiger, Arno. 2011. *Der alte König in seinem Exil*. München: Hanser.

가이거, 아르노(Arno Geiger). 2015. 『유배중인 나의 왕』. 김인순 옮김. 파주: 문학동네.

김인순. 2016. 「정서적 치유의 매체로서 체험문학: 아르노 가이거의 『유배중인 늙은 왕』을 중심으로」. ≪헤세연구≫, 36호, 147~168쪽.

밀러, 윌리엄 이언(William Ian Miller). 2022. 『혐오의 해부』. 하홍규 옮김. 파주: 한울.

버틀러, 주디스(Judith Butler). 2020. 『연대하는 신체들과 거리의 정치』. 김응산·양효실 옮김. 파주: 창비.

보부아르, 시몬 드(Simone de Beauvoir). 2020. 『노년』. 홍상희·박혜영 옮김. 서울: 책세상.

손택, 수전(Susan Sontag). 2002. 『은유로서의 질병』. 이재원 옮김. 서울: 이후.

신지영. 2019. 「오스트리아의 기억문화: 아르노 가이거의 『우리는 잘 지내요』를 예로 들어」. ≪독일문학≫, 60호, 89~110쪽.

싱클레어(David Sinclair)·러플랜트(Matthew Laplante). 2020. 『노화의 종말』. 이한음 옮김. 서울: 부키.

지거리스트, 헨리(Henry Sigerist). 2018. 『문명과 질병』. 황상익 옮김. 파주: 한길사.

프랭크, 아서(Arthur Frank). 2016. 『몸의 증언』. 최은경 옮김. 서울: 갈무리.

한병철. 2016. 『아름다움의 구원』. 이재영 옮김. 서울: 문학과지성사.

_____. 2017. 『타자의 추방』. 이재영 옮김. 서울: 문학과지성사.

_____. 2021. 『고통 없는 사회』. 이재영 옮김. 파주: 김영사.

Zimmermann, Martina. 2017. *The Poetics and Politics of Alzheimer's Disease Life-Writing*. Switzerland: Saint Philip Street Press.

제**5**장

배제된 죽음, 가치 상실, 노인 혐오*

1. 글을 시작하며: 버려지는 인간들

프랑스의 아나키스트 에밀 앙리(Émile Henry)는 1894년 아나키스트 폭탄
의 물결이 고조되던 때 카페 테미뉘(Café Terminus)에 폭탄을 던졌고, 이 폭탄
으로 인해 한 명이 죽고 열두 명이 부상을 입었다. 그는 혁명의 촉매가 되기
위한 정치적 직접 행동을 의미하는 '행동을 통한 선전(propaganda of the deed)'
을 실천했다. 그는 곧 잡혔고, 재판정에서 왜 죄 없는 사람을 그렇게 많이
죽였느냐는 질문에 "죄 없는 사람이란 없다"라고 말한다. 그리고 선포하듯
이어서 말을 하는데, 그 가운데 단번에 눈길을 끄는 문장이 있었다. "너희들
이 평생 생산을 위한 기계로 만들어놓았다가, 힘이 고갈되면 쓰레기장과 구
빈원에 버리는 저 노인들은 어떤가?"(앤더슨, 2009: 183) 앙리는 자신의 행위를

---

*   이 글은 하홍규, 「배제된 죽음, 가치 상실, 노인 혐오」, ≪사회이론≫, 62호(한국사회이론
    학회, 2022)를 수정·보완한 것이다.

제5장 배제된 죽음, 가치 상실, 노인 혐오 **115**

정당화하며 죄 없이 빈혈로 죽어가는 아이들, 죄 없이 창녀가 되지 않으면 다행인 여자들, 그리고 죄가 없을 뿐만 아니라 평생 생산 기계로 살다가 버려지는 노인들을 언급한다. 나는 이 글에서 오늘날 어두운 노인 혐오의 문제를 조명하고자 한다. 이 작업을 위해 128년 전 한 아나키스트의 최후의 변론 가운데 한 구절을 떠올리는 것은 지나친 일일까? 이러한 나의 연결 지음이 얼마나 지지를 받을 수 있을지는 잘 모르겠지만, 나는 베네딕트 앤더슨(Benedict Anderson)의 『세 깃발 아래에서: 아나키즘과 반식민주의적 상상력』을 읽으면서, 바로 이 부분에서 오늘날 노인 혐오의 문제를 빗대어 보게 되었다. 자본주의가 지배적인 경제 체계가 되어감에 따라 인간이 생산 기계로서의 가치만을 가질 때 그는 유(類)적 존재인 인간으로서의 가치는 상실하게 되며, 그가 생산 능력을 상실하게 될 때는 버려질 뿐만 아니라 혐오의 대상이 된다고 하는 것이 내가 이 글에서 말하고자 하는 이야기이다.

이 이야기를 하기 위해 나는 혐오 주제에 대한 가장 선구적인 철학적 논의를 펼쳤던 아우렐 콜나이(Aurel Kolnai)를 따라 감정이 가치를 이해하게 해 주는 수단이라는 방법론적 원칙을 세운다. 인간의 가치는 당연히 그 인간이 살아 있을 때 관찰될 수 있을 것이나, 나는 사회가 죽음을 다루는 방식에서도 그 인간의 가치는 드러난다고 생각한다. 그래서 살아 있는 자의 인간 가치와 혐오를 조명하기 위해 우선 죽음을 다루는 방식이 드러내는 인간 가치의 문제로부터 시작하는 것이 그리 나쁜 전략은 아니라고 믿는다.

2. 사회적 삶에서 죽음의 배제

사회 안에서 언제나 사람은 죽었다. 그러나 그 죽음은 어떤 개인의 생명의 종말만을 의미하는 것이 아니었다. 죽음은 단지 생리적인 현상으로만 정의될 수 없다는 것이다. 로베르 에르츠(Robert Hertz)가 말하듯이, "죽음이라는 유기체적 사건에 믿음, 정서, 행위의 복합체가 덧붙여져 죽음의 고유한 성격을 만들어낸다"(에르츠, 2021: 9). 사람은 언제나 공동체의 일원으로서 살다가 죽었기 때문에 역사적으로 죽음은 사회적 중요성을 가진 사건으로 여겨져왔다. 그래서 대부분의 문화에는 죽음을 정의하고 죽음과 그로 인한 결과를 다루는 규칙, 규범, 의례가 있다. 죽은 사람의 몸은 특정한 문화에서 정해진 방식대로 돌보아져야 하며 그 문화에서 올바르다고 여겨지는 대로 매장되거나 보관되어나 처리되어어 한다. 죽음과 그 죽음을 다루는 방식은 진실로 집합적 성격을 갖고 있었다. 죽음은 숨을 쉬며 살아 있던 인간의 눈에 보이는 육체적 생명의 멈춤 또는 파괴에 불과한 것이 아니다. 물질적 존재로서의 개인에게는 언제나 집합 의식이 권위와 존엄성을 부여했던 사회적 존재가 덧입혀 있었다. 그러기에 죽음은 개인 육체의 파괴만이 아니라 사회적 존재의 파괴인 것이다. 하지만 함께 사회적 삶을 살았던 동료들이 치르는 죽음 의례는 비록 개인 육체의 부활은 불가능하겠지만, 그 사회적 존재는 회복시킬 수 있는 기제가 된다. 죽음에 관한 탁월한 글을 쓴 에르츠의 말처럼, "사람들은 죽은 이의 사회적 가치에 걸맞은 에너지를 투입해 일종의 참된 성화(聖化) 의식을 치름으로써 고인의 파괴된 사회적 존재를 회복시킨다"(에르츠, 2021: 60).

그러나 만약 생물학적 죽음으로 인해 파괴된 사회적 존재를 회복시키지 않는다면 그것은 신성 모독에 해당한다. 왜냐하면 사회적 존재의 파괴 자체가 신성 모독이었기 때문이다. 사회적 존재를 회복시키는 작업을 거부하는 것은 그러한 신성 모독을 지속하는 일이다. 그에 앞서 사회적 존재의 파괴가 신성 모독인 이유는 에르츠의 선생이었던 뒤르켐(Émile Durkheim)이 말하듯이, "죽은 자의 영혼은 성스러운 존재"이며, 죽음을 맞이한 그 개인에게 신성(神性)을 부여했던 것이 바로 사회였기 때문이다(뒤르켐, 2020: 625). 따라서 사회마다 가지고 있는 죽음 의례는 그 방식이 어떠하든 유기체적 죽음으로 비롯되는 사회 구성원의 이탈이 가져오는 사회의 훼손을 회복하려는 시도이다. 사회의 구성원이 떠난 후 남은 자들은 이 죽음 의례를 통해 손상된 집합 감정을 재활시켜야 한다. 에밀 뒤르켐은 마지막 저서 『종교생활의 원초적 형태』에서 다음과 같이 말한다. "어떤 사람이 죽으면 그가 속한 가족 집단은 축소되는 것을 느끼며, 이러한 손실에 대응하기 위해 모인다"(뒤르켐, 2020: 751). 이 모임을 통해 남은 가족은 무엇을 얻는가? 행복한 사건이 발생하면 그 가족이 모여 기뻐하고 서로 연대감을 느끼게 되듯이, 함께 살아왔던 구성원의 죽음이라는 공동의 불행도 동일한 효과를 가져온다. "집합 감정은 새로워지고, 그것은 개인들로 하여금 서로 모이고 서로를 찾게 만든다"(뒤르켐, 2020: 751). 죽음 의례는 기쁨 의례와 마찬가지로 의례에 참여하는 자들을 한데 모으고, 서로 껴안게 하고, 가장 가깝게 밀착하게 한다. 그런데 "사회에 강한 영향을 주고 사회를 약화시키는 타격에 무관심하도록 놔두는 것은 사회가 그 구성원들이 마음속에 마땅한 위치를 확보하지 못했다는 것을 공인하는 것이나 다름없다"(뒤르켐, 2020: 751). 사회 구성원의 죽음이 공동의 불행으로 여겨지지 않는다면, 사회를 약화시키는 타격으로 여겨지지 않는다면, 그것은 죽은 자의 부재가 아니라 산 자들의 마음속에 사회의 부재를 증명하는 것일 뿐이다.

오늘날의 죽음은 공동체와는 전혀 관계없는 사건이 되었다. 사람들은 별다른 의미 없이 죽어간다. 우리의 사회적 삶에서 동료 구성원의 죽음은 그 집합적 의미를 상실했다. 한 사회 구성원이 죽음으로써 집단에 불러일으키는 감정은 오히려 차갑다. 사회에 뚜렷한 족적을 남긴 인물이라 하더라도 죽은 후 미디어를 통해 칭송되기는 하나 뜨거운 집합 감정을 불러일으키지는 못한다. 스테판 메스트로비치(Stjepan Meštrović)가 말하듯, "죽음은 빠르게 무감각한 사실이 되고 있다. 모든 인간의 죽음이 너무나도 자주 마치 동물의 죽음인 것처럼 취급되고 있다"(메스트로비치, 2014: 246). 우리는 너무나 서둘러 애도하고 죽음 의례를 마무리하려고 한다. 서둘러 애도하는 것은 사회적 눈물이 말랐다는 것을 의미할 뿐이다.

죽음의 가치는 하락했다. 죽음의 가치 하락은 죽음에 수반된 관례가 집합적 효력을 상실한 오늘의 상황에서 가장 분명하게 확인할 수 있다. 미셸 푸코(Michel Foucault)는 죽음이 사적인 것이 되는 과정을 권력의 성격 변화와 함께 논의한다. 이전의 권력은 죽음에 대한 공포를 불러일으킴으로써 지배할 수 있었다. 곧, 생사 여탈권이 권력의 핵심이었다는 것이다. "죽음은 한 세상에서 다른 세상으로 통과하는 것이면서 동시에, 현세의 지배력보다 훨씬 더 강력한 다른 지배력이 현세의 지배력을 대체하는 현상이었고, 죽음을 둘러싸는 호사(豪奢)는 정치적 의례의 영역에 속했다"(푸코, 2005: 157). 죽음에 대한 지배, 곧 죽음에 대한 공포로 복종하게 하는 것이 권력의 핵심이었기에, 호사스러운 죽음 의례는 곧 정치적 의례일 수 있었다. 그러나 이러한 권력의 성격이 변화했다. 죽음에 대한 공포로 지배하던 것에서 이제는 생명을 관리하는 권력으로 변화된 것이다. 생명에 대해, 생명이 진행되는 과정을 따라 권력이 그 지배의 발판을 마련하기에, 죽음은 권력의 지배 영역인 생명의 한계를 벗어나는 사건이 된다. 그래서 죽음은 이제 공적인 의례로 기념할 수 있는 사건이 아니라 인간 삶의 가장 내밀한 지점에 속하는, 푸코의 말로 하자면, 가장 사적인 지점이 된다.

생명을 탈취해 소멸시키는 데서 절정을 이루었던 권력은 생명을 관리하고 이용하고 통제하고 조절하는 권력으로 변화되었다. 이제 권력이 "생명에 대해, 생명의 전개를 따라" 행사되면서 죽음은 어떠한 집합적 의미를 갖지 못하고 지극히 사적인 사건이 된다. 권력은 더 이상 사회 구성원의 죽음에 개입하지 않는다. 다만 권력은 전체 인구의 문제로서 사망률에 관심을 둘 뿐이다. 죽음은 이제 사적인 영역에서 일어나는 사건에 불과하다(진태원, 2006). 푸코의 죽음에 대한 생각을 정리하며, 천선영은 다음과 같이 적실하게 말한다. "삶을 여탈하던 통치권력이 사라진 자리에 들어선 – 삶의 최적상태 구현을 그 목적으로 하는 – 근대적 삶의 권력은 죽음을 배제함으로써, 그를 개인들에게 되돌려 주지만, 이미 개인들은 죽음으로부터 더 이상 아무것도 배울 수

〈표 5-1〉 사망 장소별 사망자 수 비중(1998~2008)

연도	1998	1999	2000	2001	2002	2003	2004	2005	2006	2007	2008
계	100.0	100.0	100.0	100.0	100.0	100.0	100.0	100.0	100.0	100.0	100.0
의료 기관	28.5	32.1	35.9	39.8	43.4	45.0	46.6	49.8	54.7	60.0	63.7
주택	60.5	57.8	53.3	49.2	45.4	42.7	38.8	35.3	30.5	26.0	22.4
기타	11.0	10.1	10.9	11.0	11.2	12.3	14.7	15.0	14.9	14.1	13.9

주: 기타는 사망 장소 미상 포함.
자료: 통계청.

없게 되어 버렸다"(천선영, 2012: 40).

사람들은 이제 자신들의 사회적 삶이 이루어지던 공간에서 벗어나서 죽음을 맞이한다. 죽음은 개인화되어 병원에서 일어나며, 이로써 사회적 삶에서 배제된다. 오랜 투병 끝에 죽게 된다면 당연히 병원에서 죽음을 맞이하게 될 것이요, 집에서 죽게 되더라도 죽어가는 사람을 병원으로 옮기는 것은 오늘날 일반화된 관례이다. 우에노 지즈코(上野千鶴子)의 말을 빌리자면 이것은 '죽음의 병원화'(우에노 지즈코, 2016: 32)이다. '죽음의 병원화'는 사사화(私事化)된 죽음의 징후이다. 오늘날의 사람들은 생애의 말기를 주로 병원에서 보내게 되면서 죽음도 병원에서 맞는 경우가 주를 이룬다. 병원은 많은 사람들로 북적거리나 자신이 사회적 삶을 살던 공간으로부터 분리된 낯선 공간이다. 죽음의 병원화가 얼마나 빨리 진행되어 왔는가는 사망 통계가 잘 보여준다. 우리나라는 1982년에 사망 신고 자료를 기초로 해 1980년의 사망 원인 통계 연보부터 작성되기 시작했다. 〈표 5-1〉을 보면 1998년에는 의료 기관에서 사망한 비중이 28.5%에 불과했는데, 해를 거듭하며 주택에서 사망하는 비중과 정확하게 반비례해 의료 기관 사망 비중이 급격하게 증가하고 있는 것을 알 수 있다. 의료 기관에서 사망하는 비중은 2003년에는 45%, 2008년에는 63.7%에 달하게 된다.

의료 기관 사망 비중 증가 추세는 2010년대에도 비록 그 기울기가 원만

〈표 5-2〉 사망 장소별 사망자 수 비중(2011~2021)

연도	2011	2012	2013	2014	2015	2016	2017	2018	2019	2020	2021
계	100.0	100.0	100.0	100.0	100.0	100.0	100.0	100.0	100.0	100.0	100.0
의료 기관	68.5	70.1	71.5	73.1	74.6	74.9	76.2	76.2	77.1	75.6	74.8
주택	19.8	18.8	17.7	16.5	15.6	15.3	14.3	14.3	13.8	15.6	16.5
기타	11.7	11.1	10.8	10.3	9.7	9.8	9.5	9.5	9.1	8.8	8.7

주: 기타는 사망 장소 미상 포함.
자료: 통계청.

해지기는 하지만 2019년까지 지속적으로 증가한다. 〈표 5-2〉를 보면, 2011
년에는 의료 기관 사망 비중이 68.5%였으나, 2019년에는 77.1%로 정점에
이르게 된다. 2020년과 2021년에는 증가세가 역전되기는 하지만, 감소 폭
이 그리 크지는 않을뿐더러 현재의 관례를 통해 볼 때 그것이 감소세로 이
어지지는 않을 것이라 예상된다.

노년의 건강 및 질병 관리의 과정이 '의료화'되어 가면서, 죽음 역시도 의
료 과정의 한 부분이 된다. 질병의 관리와 치료는 전문직 의료인의 통제 아
래 종속되고, 질병 또는 노화의 과정 자체가 의료 담론에 의해 지배된다(럽
턴, 2009). 이로 인해 죽음에 이르는 과정도 의료 과정의 연속선 안에 자리 잡
게 된다. 노르베르트 엘리아스(Norbert Elias)가 말하듯, "현대적 병원이 제공
하는 특별한 배려 속에서 죽어가는 사람은 최신의 생물·물리적 전문지식에
따라 간호를 받지만, 거기에는 어떠한 감정적 몰입도 존재하지 않는다. 환
자는 철저한 고립상태에서 죽을 수도 있다"(엘리아스, 2012: 95). 철학자 블라
디미르 장켈레비치(Vladimir Jankélévitch)는 이것을 '3인칭 죽음'이라고 부른
다.[1] 의료화된 죽음의 과정은 결국 당사자가 누려왔던 정상적인 사회적 삶

---

1   의료 종사자들에게 죽음은 매일 일어나는 일상의 사건이다. 병원에서 당시 입원해 계셨던
     내 아버지의 바로 건너편 침상에 입원해 있었던 환자가 갑자기 보이지 않게 되었고, 곧 그

으로부터 격리되는 과정이라고 할 수 있겠다. 이렇게 사사화된 죽음은 철저히 개인으로서의 죽음이며, 죽음에 결부되어 있었던 집합적 의미는 소실되고 죽음이 촉발했던 집합 감정은 차가워졌다. 이제 "죽음은 일상적인 것, 평범한 것, 다시 말해 그것을 신성하게 유지하기 위해 사용하곤 했던 의례와 집합적 흥분을 필요로 하지 않는 일상적 경험의 재료가 되었다"(메스트로비치, 2014: 242~243). 사랑하는 사람이 죽고 난 후 남겨진 가족들은 여전히 운다. 하지만 그것은 철저히 사적인 울음이다. 뒤르켐은 장례식에서 "사람들은 단지 슬퍼서가 아니라 그렇게 하도록 강요당하기 때문에 우는" 것이라고 했지만(뒤르켐, 2020: 747), 사실 먼저 떠난 가족 성원의 죽음이 그리 슬프지 않다면 이제 울지 않아도 된다. 개인들은 울어야 하는 사회적 의무로부터 해방되었다. 만약 그 성원이 오랜 연명 치료 끝에 죽음을 맞이했다면, 더욱 울어야 하는 사회적 의무는 산 자에게 효력을 미치지 못한다.

고독사는 사사화된 죽음의 극단적 사례이다. "고독사는 말 그대로 사회적 관계가 단절됨으로써 아무도 돌봐주지 않는 외로운 상태에서 임종을 맞이하고 그 이후의 사망처리 과정을 겪는 것을 의미한다"(권오헌, 2022: 318). 고독사는 사회적인 것이 정상적인 것이라는 의미에서 정상적인 죽음이 불가능해졌음을 보여주는 사례이다. 권오헌이 말하듯이, "그렇기에 고독사의 충격은 직접 관계없는 이들에게도 때로 공포로 다가"오며 "그런 의미에서 고독사는 곧 죽음의 위기이다"(권오헌, 2022: 307). 사회적으로 완전히 고립되고 단절된 죽음에 대해 어느 누구도 슬퍼해야 할 의무를 느낄 수 없다. 지방

분은 세상을 떠났다는 것을 알게 되었다. 그리고 얼마 시간이 지나지 않아 다른 환자가 그 자리에 입원하는 것을 보았다.

죽은 사람은 금세 다른 환자로 대체되고, 삶은 죽음의 공백을 바로 메웁니다. 이것이 바로 3인칭 죽음, 즉 혈전증으로 갑자기 쓰러지는 행인의 경우처럼 그 누군가의 죽음입니다. (장켈레비치, 2016: 16).

자치 단체가 그저 시신을 미리 정의된 방식대로 형식적으로 처리할 뿐이다.

집합 흥분을 일으켰던 죽음과 관련된 의례적 장치들은 오늘날 매우 빠르게 상업화되었다. 조지 리처(George Ritzer)가 죽음과 죽음 이후의 과정을 '맥도날드화'되었다고 표현한 것은 결코 지나친 일이 아니었다. 건강과 질병의 관리가 의료 전문인에게 맡겨지듯이, 죽은 사람의 몸도 전문가에게 맡겨져서 전문가의 무대 뒷면에서 기계적으로 형식적 절차에 따라 처리된다. 인간의 유기적 생명이 죽은 후 곧바로 시작되는 부패의 과정에서 풍길 수밖에 없는 – 따라서 혐오를 유발할 수밖에 없는 – 악취는 완벽하게 제거된다. 자아와 타자 사이의 경계가 혐오와 공포에 연루되어 있듯이, 삶과 죽음의 경계도 혐오와 공포에 연루되어 있다. "왜냐하면 그 분리를 명확한 형태로 유지하지 못하는 것은 온전한 자아 감각을 위협하기 때문이다"(Miller, 2004: 174~175). 따라서 시신을 처리하는 과정은 죽음 자체를 위생화해 혐오를 방지하는 과정이라 할 수 있다. 나는 여기서 부패한 시신이 유발할 수 있는 혐오는 완벽하게 방지되지만, 이제 '죽어가는 과정'에 있는 사람, 즉 노인에 대해 혐오하는 아이러니를 본다.

죽은 자의 가족들은 그 전문가에 의해 화장(化粧)된 시신을 잠시 보고 작별 인사를 한다. 그리고 죽은 자는 관 속에 넣어지고, 산 자에게 죽은 자의 몸을 볼 수 있는 기회는 다시는 주어지지 않는다. 3일장이 보편화된 오늘날 이러한 과정과 애도의 과정이 모두 2박 3일 동안 진행된다. 그 과정은 매우 빠르고 효과적이고 합리적이다. "현대 장례식은 속도 면에서는 점점 빨라지고 기간 면에서는 점점 짧아지고 있다. 죽음이 일으키는 사회적 반응은 점점 더 약해지고, 장례식은 실제로 '순간적인' 것이 되고 있다. (누군가는 이러한 과정을 인스턴트커피에서 인스턴트 장례식으로의 문화적 확장으로 특징지을지도 모른다.) 사회의 죽은 성원들은 오늘날 빠르게 그리고 슬퍼하는 사람들에게 최소한의 심적 고통만을 주고 배제된다"(메스트로비치, 2014: 246). 어떻게 장례식장에서 조문객들에게 대접하는 음식들의 메뉴와 맛도 그렇게 같을 수가 있을까? 맥도날드 햄버거의 맛이 어느 지점에서나 똑같듯이 말이다. 리처가 말하듯이, "현대 사회에서 우리는 죽음과 임종의 소비자가 되었으며, 사망 과정 또한 합리화되어 최소한 그 과정을 통제할 수 있다는 환상을 갖게 만든다". 그러나 나는 나의 죽음을 통제할 수 없다. "사전 의료 지시서나 생전 유언에 '연명치료 포기' 또는 '극단적 조치 금지'가 명시되어 의사가 이를 따르는 경우가 아닌 한, 사람들은 자신이 죽음에 이르는 과정에 대한 통제권을 잃는다" (리처, 2017: 179). 사랑하는 가족에게도 이 통제권이 없음은 말할 나위 없다. 이 모든 과정은 "패스트푸드점의 원리를 적용한 병원이나 호스피스 체인의 성장"이 "죽음이 관료제화, 합리화, 심지어는 맥도날드화되고 있음을 시사한다"(리처, 2017: 180).

장례식은 막스 베버(Max Weber)가 은유로 사용했던 '강철 껍데기(steel-hard casing)'처럼 그 형식만 남아 있다. 죽어가는 과정과 죽음, 그리고 죽음 의례, 이 모든 일련의 연속 과정 가운데 죽은 자는 사회적으로 비가시화된다. 합리화된 세계에서 삶을 사는 현대인들이 "대개 직업 수행이 지니는 의미의 해석을 완전히 포기"하듯이(베버, 2010: 366), 우리는 죽음의 이유를 찾는 공동의 노력을 전혀 하지 않는다. 죽음의 원인은 통계청이 해마다 잘 정리해 모든 국민에게 제공하고 있다. 앞에서 권력은 전체 인구의 문제로서 사망률에 관심을 두고 있다고 한 것을 상기하자. 오늘날 죽음은 관청에 보고해야 하는 사건이다. 사망 진단서(시체 검안서)는 의사가 사람의 사망을 의학적으로 증명할 때에 작성하는 문서를 말한다. 호적법 87조 91조에 따르면, 사망 신고를 할 때 부득이한 경우를 제외하고 이 사망 진단서를 첨부해야 한다. 죽음의 판단은 전문가(의사)에게 맡겨져 있으며, 전문가는 사망 진단서의 사망 원인란에 질병이나, 외인사, 기타 및 부상을 정확하게 기록해야 한다. 죽음의 원인의 문제는 전문가(의사)에게 남겨져 있는 문제이지만, 죽음의 이유에 대한 물음은 타인의 죽음을 애도하는 사람들이 적극적으로 뛰어들어 탐구하는 여정에서 답해져야 하는 종류의 것이다. 그러나 우리는 이제 아무도 죽음의 이유를 묻지 않는다. 죽음의 의미에 대한 해석이 적극적으로 시도되지 않기에 나는 현대 사회는 죽음을 부정한다고 말하고 싶다. 현대 사회는 죽음을 부정한다. 죽음은 현대인의 삶의 과정에서 배제된다. 의학의 발달과 함께 죽음은 (의학적으로) 설명됨으로써 그 의미를 상실한다. 죽어가는 개인은 죽음의 의미도 스스로 찾아야 하는 부담을 지고 살 수밖에 없다.

흥미로운 것은 죽음 이후에 대한 믿음이 몰락한 대신 발전된 과학의 도움으로 '건강'에 대한 관심이 더 증대했으며, 사람들은 죽음을 예전보다 더 두려워하게 되었다는 것이다. 사람들은 죽음이 두려운 만큼 살아 있는 삶에 대해 더 애착을 갖는다. 인간의 건강과 복지가 존재 목적인 생명 공학의 대중적 인기가 증가하는 것이 이러한 죽음에 대한 두려움과 삶에 대한 애착을 설명해 준다. 인간 복제 및 줄기세포 연구로 대표되는 생명 공학 자체가 생로병사 같은, 인간이면 아무도 피할 수 없는 실존적 문제에 대한 '대체 종교' 또는 '신종교'로서 기능한다(김성건, 2015: 195, 198). 삶에 집착하는 이러한 종교는 삶의 연장에 대한 믿음을 제공할 뿐 죽음에 대해서는 어떠한 희망도 제공하지 않는다. "죽음이 미래의 부재, 모든 미래의 파괴, 어떤 종류의 장래든 아무리 희박한 가능성을 가진 것이든 장래 일체의 파괴인 이상, 죽음은 절망적인 것"이다(장켈레비치, 2016: 29). '죽음의 비즈니스(the death business)' 였던 종교가 죽음에 관심을 두지 않는 기이한 현상이 벌어지고 있다.

의료 기술의 발전으로 죽어가는 과정이 길어진 데 반항해 존엄하게 죽고 싶다는 사람들이 늘어가는 것은 오히려 그만큼 현재의 죽음 방식이 비인간적이라는 것을 반영한다. 존엄한 죽음을 욕망하는 이들에게 누구나 갖고 있다고 여겨져왔던 영원불멸의 욕망은 사치에 불과할 것이다. "인간이 평화와 존엄성을 지키며 죽어갈 길은 없을까?"라고 물음을 던지는 박충구는 인간으로서 존엄을 지키는 죽음이 곧 인간의 마지막 권리 행사라고 말한다(박충구, 2019). 죽음의 권리, 그러나 죽음이 사회적으로 부정될 때, 죽음이 사회 성원들에게 어떠한 도덕적 의무도 부과하지 못할 때, 죽음이 사회로부터 추방될 때(홍은영, 2013: 100~102), 아무리 주체화된 개인이라 할지라도 과연 자신의 죽음에 대해 의연하게 권리를 행사할 수 있을까?

3. 가치 상실

나는 이 글에서 결국에는 이 글이 목표로 하는 바 노인 혐오에 대해 이야기하기 위해 앞에서 죽음에 대한 이야기를 먼저 했다. 노인 혐오를 말하기 위해 오늘날의 죽음에 대해 먼저 성찰한 이유는 죽음의 관념이 삶의 관념과 필수적으로 연결되어 있다고 믿기 때문이다. 피터 윈치(Peter Winch)가 말하듯이, "삶의 관념을 가진다는 것은 곧 죽음의 관념을 가지는 것이다. 그런데 여기서 문제 되는 '삶'이 생명을 가진 존재와 동일하지 않은 것과 마찬가지로 이때 문제 되는 '죽음' 역시 생명체의 종말과는 동일하지 않다"(윈치, 2011: 301). 우리의 죽음은 단지 생명체의 종말로 취급될 수 없다. 따라서 우리는 인간으로서 죽음의 관념과 함께 인간으로서 삶의 관념을 갖고 어떠한 삶이 올바른지, 삶의 중요성은 어디에 있는지, 삶은 어떠한 의미를 가지는지 등등의 질문을 할 수 있다. 죽음에 대한 이야기를 한다는 것은 곧 삶에 대해 이야기한다는 것이다. 나아가 나는 우리의 삶에 대한 관점이 오히려 죽음을 삶의 구성적 특징으로 포함해 적극적으로 사유할 때 더욱 깊어질 수 있다는 믿음을 갖고 있다. 게오르크 지멜(Georg Simmel)이 삶의 형식을 규정하는 죽음의 기능에 대해 말하면서 권고하듯이, "죽음은 삶의 외부에 있는 것처럼 나타나지만, 진실로 삶의 '내부'에 있으며, 우리만이 아는 이 '내부'의 모든 요소를 형성한다"(Simmel, 2010: 68). 삶은 애초부터 죽음과 긴밀히 연관되어 있다.

나는 앞에서 사회적 삶으로부터 죽음의 배제, 죽음의 의미 상실, 죽음의 가치 하락에 대해 이야기했다. 죽음의 가치가 하락했다는 것은 결국 삶의 가치가 하락했음을 보여주는 것이다. 반대로 말하면, 삶이 가치가 없는데 죽음이 어떻게 어떠한 가치를 가질 수 있겠는가. 오늘날 특별히 노인의 삶의 가치는 더욱 하락했다. 발전된 의료 기술로 인해 수명은 전례 없이 길어졌지만, 그 길어진 삶이 어떠한 사회적 가치를 갖기 힘든 시대가 되었다. 동서고금을 막론하고 노인은 지혜의 상징이었다고 하나, 오늘날 노인을 지혜의 근원으로 대하기는 어렵다. 모든 이와 마찬가지로 '갑작스레 쓸모없어짐 (unplanned obsolescence)'을 마주해야 했던 페미니스트 철학자 샌드라 바트키 (Sandra Lee Bartky)는 나이 든 사람들이 더 이상 현명한 존재도 아니요, 적절한 행동의 중재자도 아니요, 더구나 도덕적 권위의 소유자도 아님을 지적한다. 늙은이들은 "종종 퇴화되고, 시대에 맞지 않으며, 절망적으로 구식인 것처럼 보인다"(Bartky, 2002: 100).[2] 세대를 건너 가치를 보존하는 문화가 사라지면서, 노인의 가치도 사라졌다. 노인들의 생산 지식은 정말로 쓸모없다. 쓸모가 다한 그들의 생산 지식에서는 결코 지혜라는 것을 찾아볼 수 없다. 노인들은 빠르게 발전하는 정보 기술을 젊은이들로부터 배우지 않으면 변화된 시대에 적절한 삶을 살 수 없다. 지혜는 이제 젊은이들의 손에 있다. 더구나 오래 살았다는 것이 자동적으로 노인의 사회적·도덕적 권위를 보장해 주지 않는다.

오늘날 노인 호명(呼名)은 주변화된 존재로서의 특수한 의미를 가지고 있다. 노인은 단순히 나이 든 사람을 가리키는 생물학적 현상 지칭어가 아니라 이 사회에서 '쓸모없어진' 사회적 위상을 가리키는 용어이다. 노인으로서의 지위는 나이 듦에 따라 스스로 획득한 것이 아니라 '부여된' 것이다. 인

---

2   지식인의 경우 쓸모없어짐은 더욱 감당하기 어려운 일일 수 있다. 바트키는 대학원생들이 위기를 겪거나 조언이 필요할 때 주로 더 젊은 교수에게 찾아가는 경향이 있다는 것을 발견했을 때 꽤 씁쓸했을 것이다(Bartky, 2002: 108). 우리는 나이 든 교수를 웬만해선 (학문적으로 또는 인격적으로) 존경하기가 쉽지 않은 시대에 살고 있다. 나는 석사 논문 지도 교수와 박사 논문 지도 교수를 참마음으로 존경할 수 있는 행운을 누리고 있지만 말이다.

류학자 정진웅이 "노인 호명의 정치학"에서 지적하듯이, "현 한국 사회에서 '노인'은 '나이 든 사람'을 통틀어 지시하는 지칭어가 아니다. 오늘날 지칭어로서의 노인, 혹은 할아버지, 할머니 같은 용어는 이제 '별 볼 일 없어진' 익명의 노년을 지칭할 때만 사용되는 용어가 되었다"(정진웅, 2012: 88). 이른바 젊은 '우리'에게 부정적으로 타자화된 존재로서 초라함과 촌스러움, 부족한 판단력, 모자라는 지식, 비매너 등이 투사된 그들 '노인'의 호명은 노인 혐오 표현을 아주 쉬운 언어 관행으로 만든다. 누구든지 분명 나이가 많이 든 사람임에도 불구하고 노인으로 불리는 것은 불쾌한 일이다.

늙은 인간, 노인을 젊은이와 경계 짓는 작업은 그 사람의 생산 가능성에 근거한다. 즉, 노인의 경계는 생산 가능 인구라는 측면이다. 우리 사회는 "15세부터 64세를 생산 가능 인구로, 65세 이상을 생산 활동에 참여하지 않은 채 부양되는 존재로 분류하는 기준선"(조은주, 2018: 6)을 가지고 있다. 착취당하는 노동자의 생산에 의해 작동하는 자본주의 체제는 언제나 '일할 수 있는 몸'과 '일할 수 없는 몸'을 구별한다. 노동하는 존재만이 이 체제에서 생산자로서의 삶의 가치를 가진다. 곧, 생산성이 인간의 가치를 결정하는 척도가 된다는 것이다. "어떤 특정 지배 체제가 인간이라는 개념을 경제성장이라는 특정 이념에 종속시켜 오로지 노동하는 존재로만 항상 동일하게 규정하는 경우, 인간이라는 개념은 이념적인 공구로 기능하게 된다. 인간의 개념이 경제성장이라는 이념을 실현시키기 위한 공구로 되는 것이다"(문병호, 2021: 195). 인간이 경제 성장의 도구가 될 때, 개별 존재가 가지는 신비스러움은 소멸할 수밖에 없다. 그래서 생산성을 잃은 인간은 부양되는 인구이거나 스스로 벌어야 하는 경우 불쌍한 노인이 된다. 생명 권력은 생산하게 하는 권력이지만, 생산할 수 없는 노인을 그저 죽게 내버려두는 권력이기도 한 것이다.

인간이 경제적 관계에 들어간다는 것은 당사자들이 서로를 단순한 수단으로 전락시킨다는 것을 의미한다. 수단의 경제에만 몰입할 때, 인간은 화폐 등가물로 표현되며 인간 품위는 진정으로 타락한다. 노동자는 돈을 벌기 위한 생산관계에만 국한해 참여하기 때문에, 자신의 노동에 질적 색채를 입힐 수 없으며, 자신의 고유한 정신적 능력이나 인격적 특성을 발전시키거나 촉진할 기회를 갖기 어렵다. 사회적 행위가 경제적 역할 및 기능 수행과 동일한 것이 될 때, "주체의 세련화, 독특성 및 내면화"(지멜, 2013: 827)는 성취하기 힘든 것이 된다. 지멜이 "인간 존엄성의 극단적인 타락"이라고 표현했던 매춘은 인격과 감정이 배제되는 경제적 관계의 가장 현저한 사례일 뿐이다(지멜, 2013: 651). 순수한 경제적 관계에서 '인간 존재의 가치', '인격', '질적 개체성'은 사치에 불과한 것이 된다.

현재 세계에서 가장 빠른 속도로 고령화된 우리 사회에서 노인은 이제 생산력을 상실해, 곧 경제적 가치를 잃어버려서 오로지 경제적 '비용'의 측면에서만 그 존재가 파악된다. 통계청의 2020년 고령자 통계에 따르면, 생산가능 인구(15~64세) 100명이 부양해야 하는 65세 이상 고령 인구는 2000년에 10.1명이었던 것이, 2010년에는 14.8명, 2020년에는 21.7명으로 늘었으며, 2030년에는 38.2명, 2040년에는 60.1명으로 늘어날 것으로 예상된다. 심지어 2060년에는 91.4명이 될 것으로 예상된다. 젊은이들에게 이 수치들은 공포 영화보다 더 공포스러운 이야기이다. 이 수치들이 공포 이야기가 되는 것은 바로 노인을 경제적 가치로만 판단하기 때문이다. "노인차별 경험과 자기연령주의(self-ageism)"에서 글쓴이들이 밝히듯이 "오늘날 우리 사회는 고령화 쇼크로 인한 복지재정의 위기 속에서 노인 집단의 잠재성보다는 경제적 비용이라는 잣대에 의해 부정적인 측면을 부각하여 조명하는 경우가 많다"(김주현·오혜인·주경희, 2020: 669). 비용이 지불되면 그로 인한 수익도 기대할 수 있어야 하는데, 노인들의 경우에는 그들에 대한 비용 지불을 기대 수익의 관점에서는 도저히 정당화하기가 어렵다. 아이와 청년에 대한 지원은 투자가 되겠지만, 노인에 대한 사회적 노력은 그저 낭비일 뿐이다(유범상·이현숙, 2021: 37).

시몬 드 보부아르(Simone de Beauvoir)는 자신 또한 늙어가면서, 노인에 대한 처우는 사실상 청장년기에 인간을 어떻게 대우하는가와 관련 있음을 관찰해 낸다. 사회가 노인을 취급하는 방식은 그 사회의 이면의 베일을 벗겨내어 그 이면에 무엇이 있는지 낱낱이 드러내 보여준다. 사회는 일하는 사람들, 노동하는 사람들을 인격 가치로 대하는 것이 아니라 항상 상품 가치만을 가진 존재로 취급한다. 이윤만이 중요한 사회에서 '휴머니즘'은 상품 가치만을 가진 존재들을 치장하는 장식품에 지나지 않는다. 지배 계층은 특히 노동하는 비지배 계층을 생산의 기여에도 불구하고 야만, 무지와 동일시한다. 그럼에도 불구하고 일하는 존재들은 끊임없이 자신들이 인간임을 호소하는 투쟁을 지속해 왔다. 이로써 일하는 사람들, 노동자들이 당당히 인류 속에 포함되는 데 성공했다고 할 수 있을까? 인간이 생산자로서만 가치를 가질 수 있다면, 그 생산력을 상실했을 때 어떤 일이 벌어지는가? 일하는 사람들, 노동자들은 "생산력이 있을 때에만 인류 속에 포함되는 것이다. **노동자들이 늙으면, 사회는 마치 낯선 인간을 보듯 고개를 돌려버린다**"(보부아르, 2001: 760. 강조는 필자). 다시 말해, "소외되고 착취당한 사람들은 기력이 사라지면 숙명적으로 '폐품'과 '쓰레기'가 되는 것이다"(보부아르, 2001: 759).

쓸모가 다한 노인에게 시선을 돌릴 자는 없다. 생산 현장에서 임무를 다한 남겨진 몸은 낯설어지고 '혐오'스럽기만 한 몸이다. 늙어감을 통해 발견하는 쇠약한 몸이 느끼는 아픔은, 노인으로 하여금 "사회를 위한 것이어야 마땅할 몸이 다른 누구와도 나눌 수 없는 자신의 것임을 자각하게" 만든다. 생산 현장에서 쓸모가 다한 노인은 이제 그 "세계로부터 빠져나왔다"(아메리, 2014: 86). 사회로부터 누구와도 관계할 힘을 잃은 소외된 노인은 노화된(병든) 몸이 자신에게 남겨진 유일한 것임을 뼈저리게 느끼며 살 수밖에 없다. 늙어감에 대한 깊은 성찰을 제공하는 장 아메리(Jean Améry)는 우리에게 생물학적 연령이 아니라 사회적 연령을 생각해 보자고 권유한다. "사회적 연령이란 타인의 시선이 우리에게 측정해주는" 것으로, 우리의 인생에서 우리 자신의 "현재 상태가 어떤 것인지 발견하게 해주는 일종의 점과 같은 시간"
이다(아메리, 2014: 99~100). 문제는 오늘날 사람들이 소유에 따라 사회적 연령
을 규정받는다는 데 있다. "가진 게 없다면, 사회적 나이 먹음이라는 과정은
주어지지 않는다"(아메리, 2014: 108). 소유가 없다면, 아무리 나이가 많아도
존경을 받을 수 있는 사회적 연령이 인정되지 않는다는 것이다. "소유는 …
소유를 키울 경제 수단 혹은 사회가 요구하며 시장 가치로 보상을 받는 능
력, 곧 '노하우'를 수집하지 않은 개인에게 사회의 빈자리나 지키라고 심판
한다"(아메리, 2014: 109). 사회 안에서 의미 있는 자신의 자리를 잡지 못한 그
는 새로운 자신의 삶을 기획할 수 있는 출발점을 찾을 수 없다. 모두 죽음이
라는 평등한 현상을 겪게 되겠지만, 소유가 없는 자에게 죽어가는 과정은
자신이 아무것도 아님을 늘 확인하며 결국 죽어가는 심히 불평등한 고통의
과정이다.

4. 노인 혐오

- 중간에 걔네들 자기들끼리 막 뭐라 하며 웃던데, 뭐라 그러는거니?
  지금까지 잠자코 있던 아이 입가에 천진한 흥미랄까. 아는 체랄까 묘한 기운이
  어린다.
- 틀딱(김애란, 2017)

김애란의 『바깥은 여름』에 수록된 단편 소설 「가리는 손」에서, 자동차
블랙박스에 찍힌 폐지 수집 노인 폭행 동영상 가운데 10대 아이들이 웃고
떠들며 했던 말은 '틀딱'이었다. 소설에서 이 사건의 뉴스에 달린 댓글은
"익숙한 비난과 욕설"로 가득 차 있다. '급식충들 암 유발', '인성 쓰레기', '이
래서 삼청교육대 부활시켜야 함' 그리고 '노인네는 노답', '나는 쟤들 심정

이해됨'. 작가 김애란은 온라인에서 놀이되고 있는 혐오 언어 게임에 매우 익숙해 보인다. 실제로 온라인상에서는 '노슬아치'(노인+벼슬아치), '무임충', '노인충', '할매미', '할아배미', '개돼지' 등과 같은 노인을 혐오하는 표현들이 일상적으로 사용된다.

온라인상에서 공유되는 노인에 대한 사회적 인식과 태도를 조사한, 안순태와 동료들의 연구에 따르면, 가장 많이 언급되는 노인 지칭어, 특히 혐오 표현은 '노인네'가 가장 많았고, '틀딱', '할머니', '꼰대', '늙은이', '할배', '개돼지' 등이다. 연구자들은 "이 중, '틀딱', '꼰대'는 주로 노인을 부정적으로 평가하거나 비난하는 댓글에서 확인되었으며, 이러한 표현에는 청년들에게 짐만 되는 무능력함에도 불구하고 뻔뻔하게 권위적인 사고를 가진 노인들을 향한 혐오와 차별의 의미가 담겨 있었다"라고 밝힌다. 또한 "'늙은이', '할배', '할매' 등의 지칭어는 복지·사건·사고·연예 스포츠 관련 뉴스에서 자주 발견되었으며, 해당 단어는 빈곤한 노인층에 대한 부정적 태도를 표현하기 위해 주로 사용되었다"(안순태 외, 2021: 512, 519).

청년들은 공공장소에서 큰 소리로 수다를 떠는 할머니를 '시끄러운 매미'를 붙여 '할매미'라고 비하하기도 한다. … 민망해진 옆 승객 둘이 자리를 피하며 "야이구 틀딱 냄새야"(배이제, 2019).

젊은이들은 식당에서 옆에 노인이 앉았다는 사실만으로도 불쾌감을 느낀다. 지하철에서 노인이 경로석에 앉지 않고 '젊은이'들이 당당하게 앉아야 하는 자리를 점령했을 때 심한 거부감을 느낀다. 공짜로 지하철을 이용하는 데서 나아가 자리까지 독점하려고 하는 노인들에게 혐오를 느끼는 것이다. 젊은이들은 노인들이 그들을 위해 따로 마련해둔 경로석에 머물러 있으면서 젊은이들을 위한 자리로 침범하지 않기를 바란다. 나이의 많고 적음의 문제와 전혀 상관없어야 하는 동등한 시민의 규칙에 익숙지 않은 그들이 싫다. 한국노인인력개발원의 『우리나라 연령주의 실태에 관한 조사연구: 노동시장을 중심으로』에 따르면, "노인 회피·거부에 대한 인식을 보면, '젊은 사람들은 노인이 자주 가는 곳에 가는 것을 좋아하지 않는다'의 질문에 68.3%, '젊은 사람들은 노인과 이야기하는 것을 좋아하지 않는다'의 질문에 66.4%가, '젊은 사람들은 노인과 친해지는 것을 좋아하지 않는다'에 66.3%, '노인이 되면 비슷한 연령대의 사람들끼리 같은 지역에 사는 것이 낫다'에 63.7%로 동의하는 것으로 나타났다"(한국노인인력개발원, 2018: 42~43). 이것은 노인의 몸에 대한 낙인의 힘이 얼마나 강력한가 하는 것을 보여준다. '공포 관리 이론(terror management theory)'이 주장하듯이, 노인의 쇠퇴한 몸은 사람들에게 자신의 동물성을 상기시키기 때문에 그로부터 회피하려는 반응을 유발할 수 있다(Greenberg et al., 2017). 어쨌든 혐오는 기본적으로 회피하는 감정(aversive emotion)이다.

누구나 나이가 든다. 나이 듦을 거부할 수 있는 존재는 없다. "주류 집단에 속한 사람들(즉, 젊은 사람들) 모두가 언젠가 (일찍 사망하지 않는 한) 비주류 집단으로 이동해야 하는 경우는 노인 집단이 유일하다"(누스바움·레브모어, 2018: 121). 그래서 노인 혐오는 어쩌면 젊은이 자신의 미래에 대한 혐오일 수 있다. 즉, "나이 듦에 대한 낙인은 일찍 죽지 않는 한 우리 모두가 그 안으로 들어가야 하는 유일한 '혐오 낙인'이다"(누스바움·레브모어, 2018: 112). 그런데 자신의 미래임에도 불구하고 어떻게 노인에 대한 타자화가 젊은이들에게서 그렇게도 쉽게 가능한가? 혐오에 대해 가장 먼저 세밀하게 철학적 논의를 펼쳤던 아우렐 콜나이는 정서적 반응이 "인간 정신이 세계의 특정한 성질, 더 중요하게는 대상의 가치나 부정적 가치에 관련되는 성질을 이해할 수 있게 해주는 수단"이라고 가정한다(Korsmeyer and Smith, 2004: 5). 특별히 혐오는 우리 삶에 중요한 가치를 드러내는 감정이며, "우리가 가치의 위계를 파악하고, 도덕적으로 민감한 상황에 대처하며, 문화적 질서를 분별하고 유지하는 데 도움"을 줌으로써 시각적 관찰의 대상이 될 수 없는 '가치'라는 실체를 알게 해주는 방식을 제공한다(Korsmeyer and Smith, 2004: 1). 가치와 함께 혐오를 이야기하는 콜나이에 기대어 특별히 노인 혐오에 대해 고민할 때, 눈에 띄었던 문장은 다음과 같다. "다양한 삶의 가치들과 특별히 특정한 종류의 고귀한 가치들이 마치 기본 금속으로 녹아내리는 것같이 금전적 가치의 수준으로 내려갈 때, 인간의 의식은 '더러운' 어떤 것을 혐오스럽다고 간주한다"(Kolnai, 2004: 69). 인간에게서 다른 가치들의 뿌리는 뽑아 제거해 버리고, 그 자리에 경제적 가치만이 견고하게 자리 잡을 때, 인간은 혐오의 대상이 된다. 더구나 그 경제적 가치를 상실한 인간에게 혐오는 그에게 남겨진 유일한 것이 아닐까 싶다.

노인의 정체성은 쓸모를 다한 '죽음을 앞둔 존재'로서 정의되고, 경제적 가치를 상실한 노인은 사회적 삶의 과정에서 서둘러 배제된다. 혐오를 유발하는 노인은 살아오면서 경제적 가치 이외의 어떠한 가치도 드러낸 바 없다. 그래서 그 경제적 가치마저 상실되었을 때, 그는 단지 젊은이들의 등골을 파먹는 '연금충'에 불과한 존재가 된다. 더 이상 생산 경쟁에 참여할 수 없는 주체들은 "마치 시장에서 기업이 도산하며 퇴출되듯 가차 없이 사회 바깥으로 내쳐진다"(김도현, 2019: 151). 여기서 『장애학의 도전』의 저자의 말을 인용한 이유는 나이 든 사람들이 장애인의 범주에 함께 속하게 되는 경우가 자주 있기 때문이다. 나이가 들면서 수반되는 신체적 쇠퇴는 필연적으로 장애를 포함할 수 있다. 더 이상 생산할 수 없기 때문에, 노인은 실패한 몸이요, 합리적 행동과 자기 통제력을 결여한 존재로 간주될 수밖에 없다(립턴, 2015: 34). 보부아르의 말대로, "소외되고 착취당한 사람들은 기력이 사라지면 숙명적으로 '폐품'과 '쓰레기'가" 되며, "노년은 죽음 자체보다 더 큰 혐오감을 불러일으킨다"(보부아르, 2002: 759, 755). "늙어감이라는 미의 거대한 파괴자는"(칸트, 2019: 76) 인간이 뿜어낼 수 있는 모든 매력을 위협하고 파괴한다.

그렇다면 노인 문제를 노인 일자리 확충으로 해결할 수 있는가? 노인이 돈을 벌기 시작하면 갑자기 쓸모가 생겨나는 것인가? 오히려 늙어서도 어쩔 수 없이 고된 일을 해야 하는 노인들은 더 큰 혐오의 대상이 된다. 김애란의 소설에서 '틀딱'이라는 조롱과 함께 폭행당한 이가 폐지 수집 노인이었다는 것에 주목하자. 빈곤 노인이 주로 하는 일이 바로 폐지 수집이다.[3] 빈곤 자체는 궁극적인 가치 또는 자족적인 삶의 목적이 될 수도 있다. "영혼의 구원이 최종 목적으로 간주되는 경우, 많은 교리에서는 빈곤이 그것을 위한 아주 적극적이고 필수 불가결한 수단으로 받아들여지는데, 그러고 나면 이 수단은 수단으로서의 지위를 넘어서 그 자체로 의미 있고 타당한 가치의 품위로 고양된다"(지멜, 2013: 419). 하지만 빈곤 노인에게는 빈곤이 절대적 가치로 고양되는 일은 절대로 일어나지 않는다. 빈곤 노인에게 사회는 부정적인 방식으로만 반응할 뿐이다.

2021년 7월 21일에 보건복지부가 발표한 노인 실태 조사에서도 "취업 중인 경우 미취업에 비해 사회에서의 노인 차별을 경험한 비율이 높게 나타났"으며 "특히 일터에서의 노인 차별 경험"이 높게 나타났다는 점은 여전히 생산력을 증명하는 노인들에게 오히려 혐오와 차별이 가해지고 있는 역설을 보여준다(보건복지부, 2021: 610). 왜냐하면 노인임에도 불구하고 일을 해야 한다는 것은 노인의 인간으로서의 자아실현과는 무관하게 그만큼 경제력의 부재를 드러내는 것에 불과하기 때문이다. 일을 해야 하는 노인은 자신의 중년기에 충분한 노후 자금을 마련해 놓지 않은 무능력으로 오히려 비난받기 쉽다. 따라서 일을 한다는 것이 곧 '성공적 노화(successful aging)'를 의미하지 않는다.[4] 어떤 경우에는, 노인이 일을 하는 것이 젊은이들에게 오히려 박탈감을 야기하기도 한다.

---

3   폐지 수집 빈곤 노인의 경험에 대해서는 임승자(2020)를 참조하라. 폐지 수집 노인은 빈곤 노인의 상징이다.
4   '성공적 노화' 담론에 대한 비판으로는 Liang and Luo(2012)와 유범상·이현숙(2021)을 참조하라.

1년 넘게 취업 준비에 매달리는 취준생 정윤상(27, 가명)씨는 지하철을 탈 때마다 불편한 마음이 든다. 지하철 노인 일자리에서 근무하는 노인을 보면서 '일자리를 빼앗겼다'는 생각이 들어서다(이정윤, 2019).

박탈감은 쉽게 혐오로 변한다. 왜냐하면 그들의 노동마저도 나의 것을 빼앗은 것이기에 정당하지 않다고 여기기 때문이다. 노인은 이제 젊은이의 기회를 앗아간 약탈자가 된 것이다. 정부의 '노인 일자리 예산 삭감'을 발표에 이어 나온 "노인들 '뒤통수'를 친 대통령"이라는 제목의 한 기사에 달린 댓글들은 노인에 대한 조롱, 경멸, 혐오로 가득 차 있다. 그 가운데 하나만 인용해 보자.

> 현정부가 너무 잘하고 있어요... 참 뿌듯합니다...현정부를 탄생시킨 많은 늙은 이들이 어서 빨리 자살하는 기쁜 소식을 기다려봅니다...(조하준, 2022)

이제는 벼락부자의 교양 없음을 경멸하고 혐오하는 일은 잘 벌어지지 않는다. 오히려 돈 있는 자들이 아무런 수치와 부끄러움 없이 돈 없는 자를 경멸하고 혐오한다. 신분 사회에서는 불가능했던 '상향 경멸'을 해방시킨 민주주의는 가난한 노인에게는 높은 사람을 경멸함으로써 위에서 쏟아지는 하향 경멸을 보복할 기회를 허용하지 않는다(밀러, 2022: 397).

노인 혐오는 경제적 가치 이외에는 어떠한 가치도 갖지 못했던 주체들이 그들이 가졌던 유일한 (생산하는 주체로서의) 가치마저 상실되었을 때 직면할 수밖에 없는 현실이다. 생산 현장에서 소외된 노동을 했던 이들이 그 현장을 떠났을 때 그들에게 남겨진 것은 고된 노동의 열매가 아니라 혐오이다. 생산할 힘을 잃은 노인들은 '노화'라는 돌이킬 수 없을 뿐만 아니라 점증적으로 악화되어 가는 과정 가운데 들어서 있기 때문에 혐오의 사슬로부터 벗어나기란 너무나 어렵다. 경제적으로도, 노인은 일을 통해 생계만을 유지할 뿐 부를 축적할 가능성은 거의 없다.

5. 글을 맺으며

오늘날이라면 테러리스트라고 불렀을 앙리의 수사적 질문, "너희들이 평생 생산을 위한 기계로 만들어놓았다가, 힘이 고갈되면 쓰레기장과 구빈원에 버리는 저 노인들은 어떤가?"는 노인들을 혐오하는 오늘날 우리 사회가 반드시 답해야 할 가치가 있는 질문이다. 지멜에 따르면, 자본주의화되어 금전적 가치가 지배하는 사회에서 돈은 외화(外化)된 모든 것의 상징이자 원인이다. 하지만 돈은 개인의 독립성 및 인격 형성의 자율성을 보존하고 개인의 가장 내면적인 것을 지키는 수문장이 되기도 한다. "그렇다면 이것이 주체의 세련화, 독특성 및 내면화를 가져올 것인가 아니면 역으로 주체에게 예속된 객체들을 바로 그 용이한 획득 가능성을 통해 인간에 대한 지배자로 만들 것인가." 지멜은 자신이 던진 질문에 대해 "이 문제는 더 이상 돈이 아니라 인간 자신에게 달려 있다"(지멜, 2013: 827)라고 답한다. 나는 노인 문제, 특히 노인 혐오의 문제는 경제적 해결책만으로 해소될 수 없다고 여긴다. 우리 스스로 인간의 가치, 인간 삶(생명)의 가치, 노동의 가치를 돌아볼 때이다. 노인은 곧 우리이다. 그러므로 노인 혐오에 대해 생각하는 것은 곧 우리에 대해 생각하는 것이다.

참고문헌

권오헌. 2022. 「고독사, 한국사회의 위기와 죽음의 탈사회화」. 『탈사회의 사회학』. 파주: 한울.

김성건. 2015. 『글로벌 사회와 종교』. 서울: 서울대학교출판문화원.

김애란. 2017. 「가리는 손」. 『바깥은 여름』. 파주: 문학동네.

김주현·오혜인·주경희. 2020. 「노인차별 경험과 자기연령주의(self-ageism)」. ≪한국노년학≫, 40권, 4호, 659~689쪽.

누스바움(Martha Nussbaum)·레브모어(Sol Levmore). 2018. 『지혜롭게 나이든다는 것』. 안진이 옮김. 서울: 어크로스.

뒤르켐, 에밀(Emile Durkheim). 2020. 『종교생활의 원초적 형태』. 민혜숙·노치준 옮김. 파주: 한길사.

럽턴, 데버러(Deborah Lupton). 2009. 『의료문화의 사회학』. 김정선 옮김. 파주: 한울.

_____. 2015. 『음식과 먹기의 사회학: 음식, 몸, 자아』. 박형신 옮김. 파주: 한울.

리처, 조지(George Ritzer). 2017. 『맥도날드 그리고 맥도날드화』. 김종덕·김보영·허남혁 옮김. 서울: 풀빛.

메스트로비치, 스테판 G.(Stjepan Gabriel Meštrović). 2014. 『탈감정사회』. 박형신 옮김. 파주: 한울.

밀러, 윌리엄 이언(William Ian Miller). 2022. 『혐오의 해부』. 하홍규 옮김. 파주: 한울.

박충구. 2019. 『인간의 마지막 권리: 죽음을 이해하고 준비하기 위한 13가지 물음』. 파주: 동녘.

배이제. 2019.7.16. "대구 지하철은 경로(敬老)가 아니라 혐로(嫌老)로 달린다". ≪뉴스타운≫. https://www.newstown.co.kr/news/articleView.html?idxno=419241.

베버, 막스(Max Weber). 2010. 『프로테스탄티즘의 윤리와 자본주의 정신』. 김덕영 옮김. 서울: 길.

보건복지부. 2020. 『2020년도 노인실태조사』.

보부아르, 시몬 드(Simone de Beauvoir). 2002. 『노년: 나이듦의 의미와 그 위대함』. 홍상희·박혜영 옮김. 서울: 책세상.

손택, 수전(Susan Sontag). 2002. 『은유로서의 질병』. 이재원 옮김. 서울: 이후.

아메리, 장(Jean Améry). 2014. 『늙어감에 대하여』. 김희상 옮김. 파주: 돌베개.

안순태·이하나·정순둘. 2021. 「온라인상에서 공유되는 노인에 대한 사회적 인식과 태도: 소셜 빅데이터 분석을 중심으로」. ≪한국노년학≫, 41권, 4호, 505~525쪽.

앤더슨, 베네딕트(Benedict Anderson). 2009. 『세 깃발 아래에서: 아나키즘과 반식민주의적 상상력』. 서지원 옮김. 서울: 길.

에르츠, 로베르(Robert Hertz). 2021. 『죽음과 오른손』. 박정호 옮김. 파주: 문학동네.

엘리아스, 노르베르트(Norbert Elias). 2012. 『죽어가는 자의 고독』. 김수정 옮김. 파주: 문학동네.

우에노 지즈코(上野千鶴子). 2016. 『누구나 혼자인 시대의 죽음』. 송경원 옮김. 서울: 어른의 시간.

윈치, 피터(Peter Winch). 「원시 사회의 이해」. 『사회과학의 빈곤』. 박동천 엮고 옮김. 서울: 모티브북.

유범상·이현숙. 2021. 「노인담론에 대한 비판적 연구: 늙은이, 어르신, 액티브 시니어에서 선배시민으로」. ≪생명연구≫, 61집, 27~53쪽.

이정윤. 2019.12.10. "'노인이 일자리 강탈' 청년실업에 빗나간 '혐로(嫌老)'". ≪아시아경제≫. https://www.asiae.co.kr/article/2019121011380370888.

임승자. 2020. 「폐지수집 빈곤 노인의 갈등 경험에 관한 탐색적 연구」. ≪인문사회21≫, 11권, 2호, 417~432쪽.

장켈레비치, 블라디미르(Vladimir Jankélévitch). 2016. 『죽음에 대하여: 철학자 장켈레비치와의 대화』. 변진경 옮김. 파주: 돌베개.

정진웅. 2012. 『노년의 문화인류학』. 파주: 한울.

조은주. 2018. 『가족과 통치: 인구는 어떻게 정치의 문제가 되었나』. 서울: 창비.

조하준. 2022.9.17. "[청년광장] 노인들 '뒤통수'를 친 대통령". ≪굿모닝충청≫. https://www.goodmorningcc.com/news/articleView.html?idxno=276218.

지멜, 게오르크(Georg Simmel). 2013. 『돈의 철학』. 김덕영 옮김. 서울: 길.

진태원. 2006. 「생명정치의 탄생: 미셸 푸코와 생명권력의 문제」. ≪문학과사회≫, 19권, 3호, 216~237쪽.

천선영. 2012. 『죽음을 살다: 우리 시대 죽음의 의미와 담론』. 파주: 나남.

칸트, 이마누엘(Immanuel Kant). 2019. 『아름다움과 숭고함의 감정에 관한 고찰』. 이재준 옮김. 서울: 책세상.

푸코, 미셸(Michel Foucault). 2004. 『성의 역사 I』. 이규현 옮김. 파주: 나남.

한국노인인력개발원. 2018. 『우리나라 연령주의 실태에 관한 조사연구: 노동시장을 중심으로』.

홍은영. 2013. 「우리시대의 죽음담론에 대한 시론: 푸코의 담론이론과 아리에스의 죽음의 역사를 통하여」. ≪의철학연구≫, 16집, 87~114쪽.

Bartky, Sandra Lee. 2002. *Sympathy and Solidarity and Other Essays*. New York and Oxford: Rowman and Littlefield Publishers, INC..

Greenberg, Jeff, Peter Helm, Molly Maxfield and Jeff Schimel. 2017. "How Our Mortal Fate Contributes to Ageism: A Terror Management Perspective." in Todd Nelson (ed.). *Ageism: Stereotyping and Prejudice against Older Persons*. Cambridge, MA & London: The MIT Press.

Kolnai, Aurel. 2004. *On Disgust*. edited and translated by Barry Smith and Carolyn Korsmeyer. Chicago and La Salle, Illinois: Open Court.

Korsmeyer, Carolyn and Barry Smith. 2004. "Visceral Values: Aurel Kolnai on Disgust." Aurel Kolnai. *On Disgust*. edited and translated by Barry Smith and Carolyn Korsmeyer. Chicago and La Salle, Illinois: Open Court.

Miller, Susan B. 2004. *Disgust: The Gatekeeper Emotion*. New York and London: Routledge.

Simmel, Georg. 2015. *The View of Life: Four Metaphysical Essays with Journal Aphorisms*. translated by John A. Y. Andrews and Donald Levine. Chicago and London: The University of Chicago Press.

제**2**부

질병 혐오

제6장

혐오와 분노 그리고 연민의 윤리*

코로나19 감염병 상황에서

공병혜

1. 문제 제기

누구나 감염될 수 있다는 코로나바이러스감염증-19(코로나19) 팬데믹 상황에 대한 인식은 확진자의 정보 공개와 접촉자의 자가 격리 등을 국가의 공중 보건 차원에서 정당화시켰다. 특히 각종 매체를 통해 전달되는 과학적 정보들과 실시간 공개되는 확진자의 정보는 사람들에게 감염 가능성을 회피하게 하는 혐오를 준비하게 하며, 개인과 공동체의 안전을 위한 경고 역할을 했다. 또한 사람들은 확진자의 거짓 진술이나 국가의 방역 수칙을 어긴 개인이나 집단에 대해 일종의 분노를 표출하며 도덕적인 비난을 했다. 그러나 확진 환자가 많이 나온 특정 집단이나 직업 혹은 지역에 대해서 의심과 상상만으로 혐오의 감정을 갖게 되면, 이것은 사회적 편견이나 사회문

---

* 이 글은 공병혜, 「혐오와 분노 그리고 연민의 윤리」, ≪의철학연구≫, 32집(한국의철학회, 2021)을 수정·보완한 것이다.

화적인 관념으로 고착시키는 혐오주의를 일으키며, 사회적 배제나 차별을 더욱 강화할 수 있다.

또한 사람들은 공중 보건 차원에서 공동체의 안전에 대한 위험이나 부당한 피해를 주는 개인이나 집단의 행위를 향해 분노의 감정을 표출하기도 한다. 이러한 분노는 공공선을 위한 공적 제도 마련과 개선을 위한 적절한 의사소통의 역할을 할 수 있다. 그러나 자신에 대한 피해 가능성에 대한 의심과 상상만으로 타인이나 집단에 대해 분노를 표출하게 되면, 이는 타인의 인격을 폄하하거나 집단에 대한 공격으로 나아갈 수 있다. 이럴 때 분노의 감정은 집단이나 개인에게 투사된 혐오나 증오의 감정과 구분되기 어려워진다. 이러한 양상의 혐오나 분노는 무엇보다도 존중되고 보호되어야 하는 자유로운 인격에 대한 훼손이나 폭력을 가져올 수 있는 것이다.

이렇듯 코로나19 팬데믹 상황은 감염 가능성에 대한 회피 반응으로서의 혐오뿐만이 아니라, 사회문화적으로 은폐되어 온 다양한 양상의 혐오와 분노의 감정을 광범위하게 노출하게 했다. 그러나 특정 집단이나 개인에게 투사된 혐오나 이와 유사한 분노의 감정은 인간 사이의 고립과 배제 그리고 차별로 이어져 인격의 훼손이나 폭력으로 표출될 수 있는 위험을 지닌다. 그렇다면 이러한 인격 훼손이나 폭력으로 표출될 수 있는 혐오나 분노에 대항해 인격 존중과 인간 사이의 연대감으로 나아가게 하는 감정의 윤리란 무엇인가? 인간은 누구나 전염 가능성을 지닌 인간 생명체로서 취약성과 사멸성을 지닌다. 연민의 감정은 바로 이러한 인간 생명체의 취약성과 유한성을 인정하고, 이에 대한 공감적 인식을 기반으로 한 판단과 행위의 동기로 작용하는 도덕적 감정이라고 여겨진다. 그래서 연민의 감정을 기반으로 한 윤리가 과연 어떻게 혐오와 이와 유사한 분노에 대항해 인격 존중과 인간 사이의 소통과 연대를 위한 윤리적 대안이 될 수 있는지 고찰해 보고자 한다.

이 글은 우선 혐오와 분노에 대한 다양한 이론적 관점을 검토해 보고자 한다. 먼저 진화심리학적 관점과 칸트(Immanuel Kant)와 누스바움(Martha Nuss-baum)의 혐오에 대한 입장을 기술해 보고, 혐오와 구분되는 분노의 감정이 표현되는 다양한 차원을 고찰해 보도록 하겠다. 위의 이론적 입장에 근거해 코로나19 팬데믹 시대에 우리 사회에서 표출되고 있는 다양한 유형의 혐오와 분노 현상과 그 특징을 분석해 기술해 보도록 하겠다. 마지막으로 누스바움의 감정 이론에 근거한 인간의 취약성과 고통에 대한 연민의 윤리가 인격 존중과 보호를 위한 윤리적 대안이 될 수 있는지 탐구해 보도록 하겠다.

2. 혐오란 무엇인가?

1) 자연적 본능과 진화심리학적 혐오

진화심리학적 입장에서 혐오를 살펴보기 전에 혐오에 대한 철학적 입장을 살펴본다. 근대 철학자들은 혐오의 감정을 일종의 자기 생존을 위한 본능적 반응이라고 이해한다(김용환 외, 2019: 22~23). 홉스(Thomas Hobbes)에게 혐오는 미움이나 공격적인 괴롭힘처럼 대상에서 멀어지는 감정의 운동이다. 어떤 혐오는 사람이 본능적으로 느낄 수도 있지만, 우리에게 해를 끼친 것을 알고 있는 대상뿐만이 아니라, 우리를 해치지 않을 수도 있는 대상에 대해서도 느낄 수 있는 감정인 것이다.[1] 데카르트(René Descartes)에 따르면, "혐오는 나쁜 것에서 도피하려는 경향을 지닌 욕망이며, 영혼에게 갑작스럽고 예상하지 못한 죽음을 나타내기 위해 자연에 의해 세워진 정념이며, 이는 모든 힘을 전적으로 현재하는 나쁜 것을 피하는 데 사용하도록 자극하여

---

1   혐오는 영어로 disgust, hatred, abhorrence, aversion, repulsion 등 다양한 표현들로 번역되고 있다.

(영혼의) 흔들림을 만든다"(2013: 91). 홉스나 데카르트에게 혐오 감정은 생득적인 것으로서 현존하거나 또는 미래의 위험에 대처해 그 위험에서 벗어나 생존을 지속시킬 수 있도록 하는 신체적 반응이다. 이러한 생득적인 자연적 본능으로서 혐오 감정에 대한 입장은 진화심리학에서 행동 면역 체계로서의 혐오라는 입장에서도 발견할 수 있다.

오랜 옛날부터 인류는 바이러스와의 적대적 공생 관계 끝에 현재의 면역 체계를 갖추었고, 이것은 선천 면역과 후천 면역으로 구분되지만 모두 일단 감염된 이후 작동한다(이원우, 2020: 46). 그런데 진화심리학에서는 이러한 감염 자체를 미리 효과적으로 회피할 수 있는 면역 체계를 갖춘 개체가 진화에 유리해 왔으며, 바로 혐오의 감정이 이러한 진화적 기능에 작용해 왔다고 주장한다. 진화심리학자인 샬러(Mark Schaller)는 인간을 포함한 동물들이 지닌 진화적 기능을 "행동면역계"(Behavioral Immune System: BIS)라고 불렀다. 혐오의 감정은 감염 가능성에 대한 인간의 자연적 반응으로서 회피라는 행동의 양상으로 나타나게 한다(박한선, 2020: 74). 행동면역계는 병원균의 존재 가능성을 알리는 지각 신호를 보내며, 그 신호가 지각되었을 때 자극은 행동 회피에 도움이 되는 "적응적 심리 반응"을 유발하는 것이다. 그리고 이러한 "적응적 심리 반응"의 대표적인 예가 혐오이다. 이것은 마치 배설물에서의 불쾌한 냄새처럼 전염성 병원균이 가까이 있다는 것을 분명히 알려주는 '감각적 신호'인 것이다. 혐오는 개인위생과 성관계 등 "질병 전염과 관련된 행동 영역에서 발생하는 규범적 기대를 위반하는 행동"에 대해서도 촉발된다(조태구, 2020: 14에서 재인용). 혐오는 감염 가능성이 높은 대상과 행위에 대한 일종의 회피 반응이다. 이것은 감염을 유발할 수 있는 대상과 접촉하거나 감염 가능성을 높이는 행동을 하는 것을 사전에 막는 예방 역할을 함으로써 개체를 보호하는 것이다.

이러한 진화심리학적 관점에서 혐오란 결국 인류가 진화 과정을 통해 획득한 일종의 행동 면역 체계의 반응이다. 이 관점에 따르면, 오늘날 코로나

19 팬데믹 상황에서 사람들이 아직 면역이 형성되어 있지 않은 감염에 취약한 예외적 상태에 놓여 있음을 인식하고 있고, 그래서 이 위험을 회피하는 반응으로서 혐오를 느끼는 것은 자연스러운 것이다.

2) 칸트의 신체적 감정과 도덕적 혐오

칸트 철학에서 혐오의 감정은 우선 인간학적 차원에서 신체적 기관의 감각과 결합된 매우 강한 불쾌감이다. 특히 혐오는 근원적으로 가장 주관적이며 불분명한 감각들인 미각, 후각 그리고 촉각에 의해 대상과의 거리가 파괴된 직접적인 접촉에 의한 "매우 강한 생명감각"이다. 왜냐하면 우리가 "먹은 것을 식도의 최단거리를 통해 밖으로 토하는 자극이 매우 강한 생명감각"으로 주어지는 것처럼, 혐오는 생명의 위험을 강한 불쾌감을 통해 알리기 때문인 것이다(칸트, 1998: 157). 그러나 칸트 철학에서는 또한 어떤 대상에서 경험하는 강한 불쾌감으로서 혐오가 부정적 방식으로서 도덕적 경고 역할을 하는 것을 발견할 수 있다. 칸트는 『도덕 형이상학』에서 일종의 혐오란 "도덕법칙을 강요하는 힘을 수반하는 감정들"이며, 일종의 도덕적 거부감을 감성적으로 표현하는 "도덕의 감성론"에 속한다고 말한다(칸트, 2019: 406). 즉, 혐오는 매우 강한 생명 감각으로 저급한 내적 감관에 의해 감지되지만, 또한 인간성과 도덕 법칙에 반하는 어떤 대상에 대해서는 자신의 내면에 도덕 법칙이 작동하고 있음을 강한 불쾌감을 통해 알리는 역할을 한다. 그러면 이러한 혐오를 과연 우리 안에서 작동하는 일종의 "도덕적 추동력"으로 볼 수 있는가?

칸트는 도덕적 혐오를 제시하면서 구토(Ekel) 대신에 혐오(Abscheu)라는 용어를 사용한다. '피하다'라는 뜻의 scheu에서 파생된 단어인 Abscheu는 강한 싫증을 의미하며, 인지적인 반감으로 해석된다. 칸트는 악을 그 필연적 대상으로 삼는 능력이 '혐오 능력'이라고 말한다. 여기서 칸트는 선과 악이 모두 "이성의 원리"에 따른다는 점을 강조한다. 그래서 실천 이성이 규정하는 도덕 법칙에 따라 반드시 의욕하는 것이 선이고, 실천 이성이 규정하는 의지가 반드시 거부해야 하는 것이 악인 것이다. 따라서 악행에 대한 반감으로서의 역할을 담당하는 혐오를 감각하는 자만이 도덕 감정을 지닌다는 것이다. 마치 자선이라는 불완전한 의무를 이행하기 위해 도덕 감정의 소질로서 언제, 누구에게 자선을 해야 하는지에 대한 연민의 감정이 필요하듯이, 어떤 행위를 악으로 인지하고 그것을 거부하기 위해서 혐오를 느낄 수 있는 감수성이 요구되는 것이다.

칸트는 혐오가 잘못된 교육이나 관습, 편견에 의해 형성되어 편향적일 수 있으므로 실천 이성에 의해 교육되고 학습될 때, 비로소 도덕적 감정으로 나아갈 수 있다고 말한다(칸트, 2001: 465~466).[2] 그래서 도덕적 혐오란 실천 이성의 계발에 의해 스스로 부여한 도덕 법칙에 거스르는 일종의 악에 대한 "정지 신호" 혹은 경보 신호로서 해석될 수 있다. 도덕적 행위의 동기는 객관적으로 도덕 법칙이라는 이성의 사실에 의해 부여되지만, 악에 대한 감수성으로서 혐오는 악행을 멈추게 하는 주관적 동기를 제공할 수 있는 것이다. 즉, 자신의 내면에서 도덕 법칙이 작동함을 부정적 방식으로 인지하게 해주는 "도덕의 감성론"의 요소인 것이다(칸트, 2019: 406).

종합해서 정리해 보면 칸트 철학에서 혐오 감정은 인간학에서 기본적으로 생명의 위험에 반응하는 '매우 강한 생명 감각'이다. 또한 이것은 도덕철학에서 악을 거부하고 저항하는 나의 내면의 도덕 법칙의 현존을 부정적인 방식으로 인지하게 해주는 "도덕의 감성론"의 요소이다. 거기서 혐오 감정

---

2   칸트는 교육학에서 어린아이들은 인간에게 전혀 해악을 끼치지 않는 거미와 두꺼비에 대해 공포심과 혐오감을 갖는 이유에 대해 다음과 같이 설명한다. "… 유모들은 거미를 보자마자 그들이 거미를 매우 무서워하고 싫어한다는 것을 그들의 얼굴 표정을 통해서 아이들 앞에서 표현하기 때문에 어린아이들은 그들이 지니고 있는 공감의 능력을 통하여 … 공포와 혐오의 반응을 그대로 배운다"(칸트, 2001: 466).

은 일종의 악에 대한 감수성이며, 악행에 대해 정지 신호 역할을 하는 주관적 동기로서 작용하는 것이다.

3) 누스바움의 혐오

누스바움에 있어서 모든 감정은 대상에 대한 사실과 평가에 대한 믿음을 포함하고 있으며, 인간은 이러한 믿음을 매개로 그 대상의 타당성 여부를 판단할 수 있다. 누스바움(2020: 116)은 자신의 혐오 이론을 로진(Paul Rozin)의 이론에 의존해 설명하고 있다. 로진에게 혐오의 대상은 무엇보다도 미각과 관련해서 음식의 섭취를 통한 오염과 이에 대한 거부와 관련되어 있다. 실제로 내 안에 음식물이 있을 때는 그 어떤 혐오감도 일으키지 않지만, 내 밖으로 나온 것은 나와 다른 것이 됨으로써 혐오의 대상이 된다는 것이다. 혐오의 감정에는 내 몸의 경계 밖에 있는 이물질이 내 몸 안으로 들어왔을 때, 나를 내가 아닌 다른 것으로 변화시킬 것이라는 우려가 포함되어 있다. 결국 혐오란 무엇보다 인간성과 동물성의 경계에 대한 염려와 관계하며, 내가 아닌 동물성에 의한 오염 가능성이 인간에게 강한 거부감을 불러일으킨 것이다. 누스바움은 이러한 인간성과 동물성의 경계에 대한 로진의 미각에 의한 혐오감을 촉각과 후각으로 확장해 보완한다. 누스바움(2020: 174~175)은 원초적인 혐오의 대상을 인간이 동물과 공유하고 있는 취약성과 퇴화되어 가는 죽음과 관련된 것으로 보고 있다. 즉, 인간이 상처를 입고 피를 흘리고 몸속의 내장을 밖으로 드러낼 때, 그 피와 상처가 보여주는 것은 바로 인간이 동물과 공유하고 있는 취약성인 것이다. 신체 손상과 죽음이 혐오스럽다면, 이는 그것들이 우리의 동물적 취약성을 상기시키는 불쾌한 것이기 때문이다.

여기서 인간의 취약성과 유약성이라는 동물성은 인간 자신 안에 항상 내재되어 있으므로 자신의 동물성을 거부하는 혐오의 감정은 모순된 감정일 수밖에 없다. 혐오의 감정은 '인간은 동물보다 우월하며, 따라서 동물과 같아진다는 것은 저열한 일이다'라는 평가적 믿음을 내포한다. 이처럼 혐오란 인간에게 내재된 동물성을 거부하는 평가적 믿음을 지닌 감정적 표현이기 때문에 전적으로 본능적인 것이 아니라, 인간적 가치가 반영된 사회문화적인 산물인 것이다. 그래서 인간의 동물성과 사멸성을 일깨우는 배설물과 체액, 시체와 같은 "원초적 대상"에 대한 혐오는 사회적 학습에 의해 평가적 믿음이 반영된 감정인 것이다. 이러한 원초적 대상에 대한 혐오는 모든 문화권에 공통적으로 존재한다.

그러나 누스바움(2020: 239~240)은 원초적인 대상에 대한 혐오가 특정한 집단이나 개인에게 확장된 "투사적 혐오"에 대해 논의한다. 투사적 혐오는 원초적 대상에 대한 혐오와는 달리 어떠한 위험과도 실제적으로 연결되지 않으며, 오염 가능성에 대한 관념은 사회적·문화적 맥락 안에서 형성된 상상으로만 존재할 뿐이다. 사람들은 자신 안에 있는 동물성에서 회피하고 싶어서 원초적 대상이 가진 속성을 특정 집단이나 개인에게 투사한다. 투사적 혐오의 대상이 된 인간은 이제 인간이기보다는 일종의 "유사 동물"이다. 그래서 사람들은 이것을 회피하게 되면 자기 자신이 동물이 지닌 유한성에서 한층 더 멀어지게 된다는 믿음을 갖는 것이다. 이것이 바로 인간 자신 안에 내재된 동물성을 회피하기 위한 효과적인 방식인 것이다. 투사적 혐오는 동물의 취약성과 유한성을 상기시키는 원초적 혐오의 대상을 사회적 대상으로 확장시키는 것이다. 그래서 원초적 혐오의 대상을 주변화된 사람들이나 취약 집단, 소수자 집단 혹은 특정 행위, 예를 들어 흑인, 유대인, 동성애자 등에 투사하게 되는 것이다. 그래서 사람들은 특정 집단과 행위 들에 원초적 혐오를 투사함으로써 문화적으로 동물성에 빠져들 수 있는 자신의 본성에서 멀어질 수 있다는 믿음을 갖게 된다. 이것은 사회적·문화적 경험과 관습의 습득과 결합된 대상에 대한 편견으로 시작해 희생양을 만들며 확대 재생산되는 과정을 거친다. 그래서 특정 집단에 대한 투사적 혐오가 사회적 낙인이나 차별로 이어지게 되면, 이들의 생존 자체가 공동체에서 어렵게 될 수 있다. 투사적 혐오가 사회적으로 구성되는 것이라면, 한 사회는 얼마든지 혐오의 대상을 인위적으로 조작함으로써 사회적 위계를 만들어낼 수 있고 공고히 할 수 있다.

　누스바움의 투사적 혐오에는 항상 '저 사람은 나보다 열등하다'라는 평가적 믿음이 반영되어 있다. 이러한 믿음은 실제 사실에 기반을 두지 않은 문화적 맥락에서 형성되어 온 관념이나 망상에 근거한다. 그래서 투사적 혐오란 특정 집단을 열등한 존재로 격하시키고 배제하는 경향이 있으므로 인간의 평등한 가치와 존엄이라는 도덕성의 가치를 담지 못할 뿐만이 아니라 위협이 될 수 있다. 인간 존엄성의 실현을 위해서는 모든 인류가 공유하는 동물로서의 취약성을 인정하고 이에 대한 공감이 이루어져야 한다. 그러나 투사적 혐오는 타인과의 상호 공감하는 힘을 약화시키고 타인의 고통에 무감각하게 하면서 그 혐오 대상에 대해 공격적이 될 수 있다. 예를 들어 우리는 장례식장, 화장 시설, 장애인 시설, 노인 요양 시설, 쓰레기 소각장, 노숙자 쉼터에 대한 사회적·문화적 경험에 의해 습득된 혐오 시설이라는 편견을 지녀왔다. 이러한 편견이 특정 단체, 이념, 인종, 성, 지역, 세대, 문화, 종교로 투사되면, 이는 혐오주의(xenophobia)로 나아가게 한다. 역사적으로 히틀러(Adolf Hitler)에게 유대인은 원초적 혐오감을 불러일으키는 곪고 있는 종기 속의 구더기로 비유되며 남성 동성연애자들에 대한 혐오의 시선은 오염과 더러움의 은유와 상징을 만들어낸다(김용환 외, 2019: 635). 이러한 혐오는 인간의 고통에 대한 무감각과 더불어 인격에 대한 훼손과 폭력을 가져온다.

3. 분노란 무엇인가?

1) 분노의 유형

분노는 어떤 대상을 향해 지향성을 지니며, 사람, 상황, 어떤 행위, 어떤 태도 등에 대한 반응뿐만이 아니라, 그 대상에 대해 인지적 판단을 내포한다. 그래서 분노는 인간관계나 사회적 제도 내에서 일종의 의사소통 기능을 할 수 있다. 적절하며 공감할 수 있는 분노의 표현은 합리적인 반응을 이끌어내며 건강한 인간관계와 공적 제도의 개선을 위한 도구가 될 수 있지만, 과도한 분노의 표출은 인간관계를 파멸시킬 수 있다(김대근, 2014: 204~205). 아리스토텔레스(Aristoteles)는 덕 윤리 관점에서 바람직한 분노를 실천할 수 있는 품성을 요청한다. 마땅히 분노해야 할 일에 분노하지 않는 것은 도덕적 결함을 지닌 것이다. 또한 분노의 대상이나 방식이 적절해야 하는 것이다. 고통과 부정의에 대한 소시민적 분노는 개인의 도덕뿐만이 아니라 사회 윤리의 발전에 기여한다. 그러나 세네카(Seneca)를 포함한 스토아(Stoa)학파는 일관되게 분노를 제거해야 한다고 본다. 왜냐하면 분노의 표출이 그 인격에 대한 폭력이 되면 행위에 대한 판단은 모두 분노 속에 매몰되기 때문이다. 그래서 분노는 타인에 대한 잘못된 믿음이나 판단으로 타인을 향한 공격성을 띠는 경우가 많기 때문에 슬픔, 두려움, 외로움 등의 감정보다도 타인에게 오히려 상처를 주고 공동체를 파괴하는 부정적 감정일 수 있으며, 자칫 인류애와 타인에 대한 존중과 배려를 감소시킬 수 있다는 것이다.

분노란 주체가 인생에서 무엇을 중요하게 여기는지에 대한 평가 기준과 확신을 내포한다(누스바움, 2016: 58~59). 무엇보다도 분노의 초점은 부당한 가해로 인해 부당한 피해를 주었다고 여겨지는 타자의 행위에 놓여 있다. 그래서 분노에서 느끼는 고통은 타자의 행위로 인해 경험하는 피해로 인한 고통인 것이다. 누스바움은 행복주의 관점에 따라 주체가 중요하다고 여기는 것에 대한 피해를 입었을 때 분노의 감정이 타인의 행위를 향해 일어난다고 말한다. 그래서 분노는 행위 자체의 부당성에 초점을 맞추기 때문에, 자기가 당한 것과 비슷한 부당 행위가 다른 사람 일반에게도 일어날 수 있다는 관심을 보편적으로 확장시킬 수 있다. 이럴 때 분노가 피해 혹은 악에 대한 현재의 반응이라기보다는 자기가 받은 부당한 피해에 대한 관심을 타자에게로 확장시켜 공동선에 대한 상상이나 소망을 내포할 수 있다. 그래서 사람들은 보통 분노가 선을 지향하는 미래 지향적 목표를 감정 자체의 일부로 내포하고 있다고 여기는 것이다.

그러나 많은 경우 분노는 지위-피해 때문에 일어난다. 그 경우 분노는 행위 자체의 부당성에 초점을 맞추는 대신 자기 자신, 그리고 타인과의 관계에 비추어서 피해 본 자신의 지위에만 강박적으로 초점을 맞출 때 발생한다. 이러한 타인과의 관계에서의 자기 지위나 자존심의 피해의 속성은 개인이 느끼는 불안감 및 취약성과 관련되어 있다. 인간은 타인에 대해 통제력을 행사하고 싶은 욕망에서 자신의 잃어버린 지위의 복구를 목표로 삼는 경우가 많다. 이 경우 인간은 타인을 향해 분노를 표출함으로써 자신의 지위를 회복했다는 환상을 갖게 된다. 이러한 유형의 분노는 다양한 상황의 구성원들이 모욕감이나 지위 격하에 취약하다고 느끼도록 조장하는 문화일수록 쉽게 흔들릴 수 있다(누스바움, 2016: 61).

2) 분노와 혐오

누스바움은 분노를 타인에게 초점을 맞추는 다른 네 가지 부정적인 감정인 혐오, 증오, 경멸, 시기와 구분을 한다. 왜냐하면 분노는 사람을 표적으로 삼지만, 분노의 초점은 부당 행위에 맞추어져 있기 때문이다. 그래서 분노에는 특정한 가해자의 부당 행위로부터 실제로 중요한 피해가 발생했다는 근거가 있다. 그러나 혐오는 나쁜 행위가 아닌 사람에게 초점을 맞추므로, 그 행위에 초점을 맞추는 분노와 다르다. 혐오는 그 사람의 '동물성을 떠올리게 만드는 것들과 접촉을 피하면, 나 자신의 동물성으로부터 나를 지켜낼 수 있을 거야. 나 자신이 동물이 되는 것을 막을 수 있을 것'이라는 거짓된 믿음이나 공상에 기인할 수 있다. 그래서 혐오를 당하는 사람은 가해 행위에 대한 보복이나 응징의 대상이 되기보다는 격리나 회피와 고립의 대상이 되어 인격적 훼손을 당한다. 분노는 사람보다는 행위에 초점을 맞추기 때문에 그 행위를 한 사람에 대해 책임을 묻고, 그 행위에 대해 보복과 응징을 할 수 있도록 한다.

그러면 혐오와 분노의 공통점은 무엇인가? 분노가 부당한 행위나 악행에 초점을 비추어 공공선의 증진을 위한 합리적 의사소통의 수단으로 이행해 간다면, 그 분노는 잘못을 시정하는 방향으로 나갈 수 있다. 반면에 사람과의 관계에서 자기 지위에 초점을 두는 분노는 자아가 입은 피해에 반응해 가해자라고 생각되는 사람들의 지위를 격하시킨다. 이러한 분노는 매우 흔한 것으로 혐오와 가까운 곳에 있다. 분노는 가해한 타인을 열등한 동물로 보기보다는 악한, 즉 부도덕한 사람으로 본다는 점에서 혐오와 차이가 있다. 그러나 타인의 지위를 격하시키고자 자기 지위에 초점을 두는 분노는 결국 상대의 인격을 폄하하고 저열한 존재로 표상하게 된다. 이처럼 분노의 초점이 점차 행위에서 사람(인격)으로 옮겨 가는 지위-피해에 의한 분노는 투사적 혐오와 서로 구분하기 어려워진다. 물론 부당하다고 간주되는 사람의 행동 때문에 촉발되는 경우의 혐오도 많다. 예를 들어 성적 비행을 구실로 게이들을 혐오하거나 또 다른 한편 타인의 지위 격하를 추구하는 분노는 그 부당 행위를 근거 삼아 그 개인을 일방적으로 폄하하는 데까지 나아갈 수 있다. 즉, 범죄자들은 부당한 행위로 인해 경멸당하는 하위 집단이며, 혐오의 표적인 것이다. 이처럼 분노가 지위-피해에 초점을 맞춘다면, 혐오와 분노의 구분은 애매하게 되는 것이다(누스바움, 2016: 118~119).

4. 코로나19 시대의 혐오와 분노

지금까지 혐오와 분노에 대한 다양한 이론적 관점을 고찰해 보았다. 그러면 코로나19 팬데믹 상황에서 우리 삶 곳곳에 편재하는 혐오와 분노의 감정이 어떠한 다양한 양태로 드러나고 있는지 살펴보고자 한다.

우선 코로나19 팬데믹 상황에서 감염에 대한 예방책인 백신이 모든 사람에게 접종되지 않아 누구나 감염에 취약하다고 느낄수록 사람들은 병원균의 존재 가능성을 알리는 신호에 민감하게 반응할 수밖에 없다. 진화심리학자들이 말하는 행동 면역 체계는 감염 가능성이 유령처럼 존재하는 팬데믹상황에서 회피 반응으로서 혐오가 강하고 광범위하게 발생할 수밖에 없는이유를 설명해 준다. 그래서 국가의 공중 보건 차원에서 정당화되는 확진자의 정보 공개와 접촉자의 자가 격리 등은 이들을 회피하게 하는 혐오를 야기한다. 즉, 마스크를 쓰지 않은 자나 확진자가 많이 발생한 집단에 대한 혐오감은 과학적 사실에 대한 믿음에 근거한 생존 위협으로부터의 회피 반응일 수 있다. 그래서 대규모의 감염 위협에 대한 회피 반응으로서의 혐오감은공동체 생명의 안전을 위한 예방책으로 작동할 수 있음을 보여주는 것이다.

그러나 문제는 국가 방역 지침에 따른 확진자의 정보 공개와 격리 등이오히려 누스바움이 말한 투사적 혐오를 강화해 자유롭고 평등한 인격에 대한 훼손을 일어나게 할 수 있다는 점이다. 특히 코로나19 확진 판정이 많이나온 집단에 대한 객관적인 정보 공개는 투사적 혐오가 가정하고 있는 상상적 위험을 실제적 위험으로 만들어준다. 특히 '노인 요양 시설, 동성연애 유흥 주점, 정신과 폐쇄 병동 등에서 코로나바이러스에 감염될 가능성이 높다'가 사실로 확인되면, 그 특정 집단에 대한 편견은 감염 가능성에 대한 회피 반응과 결합해 더욱 강화된 투사적 혐오의 형태가 된다. 이것은 사회문화적으로 형성되었다가 억압된 투사적 혐오가 이 집단을 향해 전염 가능성에 대한 의심과 상상만으로 분출되고 강화될 수 있기 때문이다. 우리 사회에서 코로나19 확진자가 발생한 집단이나 개인, 시설 혹은 장소에 대한 투사적 혐오가 점차 사회적 낙인이나 차별을 향해 진행될 수 있는 것이다. 이러한 투사적 혐오는 인격에 대한 훼손뿐만이 아니라, 또한 인격을 전염원이라고 여겨서 아예 인격 자체가 고려되지 않는 상황을 발생하게 할 수도 있는 것이다(조태구, 2020: 31).

또한 사람들은 전염 가능성이 높은 개인이나 집단과의 접촉 가능성에 대한 상상과 의심만으로 그리고 자기 지위에 의존된 피해 의식을 지닌다. 이러한 자기 피해 의식은 그 개인이나 집단을 가해자로 생각해 자기 피해에 대한 분노를 표출하게 하며 더 나아가 그 인격을 전염원으로 저하시키거나, 혹은 그들에 대한 보복적인 행위로 이어지게 한다. 이러한 분노는 흔히 누스바움이 지적한 투사적 혐오와 유사하며, 그 집단에 속한 사람들을 그들이 속한 공동체에서 배제하거나 인격적 차별로 이행할 수 있게 하는 것이다. 예를 들어 확진자가 많이 나온 정신 병원이나 노인 요양 시설 등이 있는 지역에 사는 사람들에 대해 전염 가능성에 대한 의심만으로 이들의 인격을 폄하하며 이들을 고립시키며 자기 피해에 대한 상상만으로 분노를 표출하는 경우가 있는 것이다.

그렇다면 또한 코로나19 상황에서 도덕적 혐오나 정당한 분노는 어떠한 현상으로 드러나고 있는가? 자신이나 타인에게 전염 가능성을 높이는 고의적인 부당한 행위나 부주의에 대한 혐오 혹은 코로나19 상황에서의 경제 혹은 교육의 기회의 차별이나 격차에 대한 분노의 표현은 도덕적 경고의 역할을 할 수 있다. 예를 들어 자가 격리에서 이탈한 자, 방역 수칙을 어긴 집단에 대한 도덕적 혐오, 그리고 사회적 약자에게 더욱 가중되는 경제적·심리적 고통이나 교육의 기회의 불균형에 대한 도덕적 분노 등이 우리 사회에서 다양한 양상으로 드러나고 있다.

특히 코로나19 팬데믹 상황에서 개인의 편익을 위해 국가의 방역 지침을 어기어 타인에게 피해를 주는 악행에 대한 칸트식의 도덕적 혐오는 그러한 행위에 대한 정지 신호의 역할을 한다. 또한 전염 가능성에 취약한 환경에 처해 있을 뿐만이 아니라, 이로 인해 사회 경제적·심리적 손실이 큰 사회적 계층이 겪는 피해와 고통에 대한 분노의 감정은 공공선을 위한 정책이나 제도 개선을 위한 사회적 소통의 계기가 될 수 있다. 이러한 분노의 적절한 표현은 자기에게 가해한 행위에 대한 보복으로 나아가는 것이 아니라, 사회 구조나 제도로 인해 부당한 피해를 입은 것에 대한 사회적 공감을 끌어낼 수 있다. 왜냐하면 코로나19 상황에서 특별히 사회적 약자나 취약 계층에게 쏠린 피해에 대한 시민들의 분노는 일종의 정의로운 사회로 나아가기 위한 의사소통 수단이 될 수 있기 때문이다. 또한 노인 요양 병원 등 가족의 면회가 제한된 상황에서 환자들의 상태가 나빠지고 우울감이 심해지면서, 환자들은 '가족이 자신을 버렸다'라는 분노의 감정을 의료진에게 표출하기도 한다. 그래서 코로나19 상황에서 감염에 취약한 사람들이 경험하는 고통에 대한 분노의 감정은 또한 동시에 이들의 고통을 함께 공감할 수 있는 연민의 감정을 불러일으킬 수 있는 것이다.

5. 인격 존중과 연민의 윤리

누스바움(2016: 178)은 적절한 분노나 연민은 신뢰할 수 있는 도덕 감정이지만 혐오는 그 자체로 신뢰할 수 없는 모순된 감정이라고 말한다. 그 이유는 적절한 분노나 연민은 도덕적으로 그리고 공적으로 판단할 수 있는 핵심적인 인지적 요소를 갖고 있지만, 혐오는 그 인지적인 내용을 결여하고 있기 때문인 것이다. 그래서 누스바움은 적절한 도덕 판단을 할 수 있는 감정의 목록에서 혐오를 제외시킨다. 왜냐하면 혐오는 인간이 지니는 동물성과 유한성을 기피하고자 하는 '정상'에 대한 집착을 보이기 때문에, 인간성을 존중하는 도덕의 가치를 위협하기 때문이라는 것이다. 그렇다면 코로나19

와 같은 감염병 유행 상황에서 누구나가 감염에 취약한 고통받은 인간에 대한 연민의 감정을 바탕으로 각자의 인격을 존중해 줄 수 있는 윤리란 무엇인가?

우선 인간은 이성적 존재 이전에, 누구나 전염병에 감염될 수 있고 동시에 이로 인해 죽을 수 있는 취약한 생명체이다. 그래서 인간의 취약성과 사멸성은 숨기고 회피할 수 있는 것이 아니라, 오히려 누구나 고통받는 인간에 대한 연민의 윤리의 기반이 되는 것이다. 누스바움은 칸트의 연민이나 동정심이 지닌 도덕적 감정으로서의 한계에 대한 비판적 성찰을 바탕으로 연민의 윤리를 공적 삶의 차원으로 확대시킨다. 그렇다면 우선 누스바움의 연민의 윤리를 다루기 전에 칸트의 윤리학에서 전개된 연민의 역할과 특성에 대해 살펴보기로 한다.

1) 칸트 윤리에서 동정심과 연민

칸트에 있어서 윤리적 의무는 자연적 경향심(傾向心)에 의해 좌우되는 동정심이나 연민 혹은 호의에 의한 것이 아니라, 도덕 법칙에 따라야만 하는 당위성을 지닌다. 즉, 칸트에 따르면 도덕 법칙의 제1 정식은 "마치 너의 행위의 준칙이 보편적 자연법칙이 되어야 하듯이 그렇게 행위하라"이며, 제2 정식은 "너는 너 자신의 인격과 다른 모든 사람의 인격에 있어서 인간성을 언제나 동시에 목적으로 간주하여야 하며, 결코 단순한 수단으로 간주해서는 안 된다"이다(칸트, 2005: 2015~2019). 그래서 칸트에게서 곤경에 처한 고통받는 사람을 도와주는 행위는 윤리적 의무이다. 그 이유는 곤경에 처한 사람을 돕는다는 행위의 원칙은 이성적 숙고에 따라 누구에게나 보편적으로 적용될 수 있기 때문이다. 만약 이것을 윤리적 의무로 삼지 않는다면, 내가 곤경에 빠졌을 때에도, 어느 누구로부터 도움을 받지 못하는 경우가 발생하기 때문인 것이다. 그리고 또한 인격의 존엄성의 위협을 느끼는 고통받는 상황에 처한 타인을 돕는 행위는 바로 "나 자신이나 모든 사람의 인격 안에 있는 인간성을 목적으로 대우해야 한다"라는 도덕적 명령에 따른 행위이다.

이처럼 칸트에게서 고통받는 타자를 돕는 행위는 바로 타인의 고통에 대한 동정심이나 연민에 의해서가 아니라, 오로지 실천 이성에 의해 정립된 도덕 법칙에 대한 존경심이 동기가 되어 그것을 나의 행위의 준칙으로 기꺼이 받아들일 때 실제로 실현될 수 있다. 이 존경심은 우리의 이성이 우리의 감성 속에서의 감각적 욕구와 경향심에 대한 저항을 거친 도덕적 심성에서 나온 것이다. 칸트에게서 타자의 고통에 대해 연민을 갖는 것이 도덕의 기초가 될 수 없다. 왜냐하면 우리가 느끼는 연민의 크기는 원칙적으로 고통스러운 자극의 크기에 비례해 눈앞에 보이는 연민의 대상에 집착하도록 하고, 그것이 강렬해지면 격정이 되며, 그 격정은 이성의 제어를 벗어나게 되기 때문이다(칸트, 1998: 251).[3] 그래서 칸트는 원칙과 규범을 상실한 동정과 연민은 맹목적이며, 맹목적인 동정과 연민은 그 때문에 바로 사람을 악덕에 빠뜨리게 한다고 경고한다.

그래서 칸트가 비판하는 동정과 연민은 수동적이고 순응적인 정념으로서 현재에 처한 감각과 마음의 경험적 상태에 의존하기 때문에, 어떠한 고유의 원칙도 없는 맹목적 정념에 머무를 수 있다. 어떤 사람에게 연민을 느끼는 정도는 우연적인 조건들에 따라 결정된다. 즉, 고통이 나의 감각을 얼마나 강렬하게 자극하는가에 따라 연민의 크기 역시 달라질 수 있다. 그래서 연민이나 동정심이 그 자체로는 다른 사람의 운명에 대한 호의에 찬 관심을 드러내지만, 칸트는 그것이 '입양된 덕'에 불과하다고 말한다. 그래서 동정심이 덕의 가문에 입양되어서 참된 덕으로 고양되기 위해서는 도덕 법칙에 종속되는 이성의 도야가 필요함을 강조한다. 칸트는 "인류에 대한 보편적

---

3   칸트는 천성적으로 타인에 대해 연민을 느끼지 않는 냉담한 기질도 도덕적 의무를 다할 수 있다고 여긴다.

호의가 사람들 속에서 원칙이 되고, 사람들이 그들의 행위를 언제나 그 원칙에 종속시킬 때, 그때도 곤경에 처한 사람들에 대한 사랑은 여전히 남아 있겠지만, 그 사랑은 이제 보다 높은 관점에서 사람들의 전체적 의무와의 참된 관계 속에 놓이게 된다"라고 말한다(칸트, 2005: 30). 그래서 칸트에게서 결국 고통받는 사람을 도와주어야 한다는 윤리적 의무는 동정심이나 연민이 아니라, 바로 보편적 인류애라는 관점에서 도덕 법칙에 따라야만 하는 실천 이성의 필연적인 자기 구속력에서 나온 것이다. 그 의무는 고통받는 사람의 인격 안의 인간성을 목적 그 자체로 대하고 인간성의 위협으로부터 보호하라는 도덕적 요청인 것이다.

2) 누스바움의 연민의 윤리

누스바움은 칸트가 지적한 연민이라는 감정이 지닐 수 있는 맹목적성과 편파성에 대한 약점을 인식하고, 그것을 극복할 수 있는 도덕적 감정이 지닌 가치 평가적 기능을 탐구한다. 혐오 감정이 인간의 취약함을 부정하는 생각에 기반하고 있는 반면에, 연민의 감정은 바로 타인의 고통과 역경을 경험하는 인간의 실존적 취약성에 대한 이해를 전제로 한다. 즉, 인간의 취약함과 유한성에 대한 인정은 다른 사람들의 고통을 느껴서 도덕적 판단과 행위를 함에 있어서 중요한 의미를 지닌다. 누스바움(2015: 731)은 아리스토텔레스부터 루소(Jean-Jacques Rousseau)로, 그리고 스미스(Adam Smith)로 이어지는 도덕적 감정의 전통 속에서 연민을 이해하면서, 특히 인간성 함양을 위한 연민에 대한 통찰이 정의로운 제도 속에 구현될 수 있다고 말한다. 예를 들어, 식량이나 건강과 같은 인간의 기본재의 필요에 대한 연민을 지닌 상상은 사회의 기본재의 분배 원리를 선택하는 것에 기여할 수 있는 것이다. 그래서 인간의 고통에 대한 연민적 상상은 다양한 수준에서 인간 불평등에 대한 민주적 토의를 통해 정의로운 사회 제도를 구현하는 데 기여할 수 있다. 또한 이러한 정의로운 제도는 개인에게 연민의 감정의 계발에 영향을 미칠 수 있는 것이다. 이렇듯 누스바움은 연민과 정의로운 사회 제도는 서로 쌍방 통행로와 같은 관계에 있음을 주장한다. 그러면 정의로운 제도가 연민에 기초한 상상에서 나온 통찰을 적절하게 구현하고 있다면, 과연 누스바움은 연민을 어떻게 이해하고 있는 것일까?

연민(compassion, Mitleid), 혹은 동정심(sympathy)이란 우리가 타자에게 닥친 고통이나 슬픔에 대해 느끼는 고통의 감정이다. 다른 사람에게 닥친 불행에 대해 느끼는 연민의 감정은 다음과 같은 인지적 구조를 지닌다. ① 그 고통이 사소하기보다는 심각한 것이라는 믿음 또는 평가이다. ② 해당하는 사람이 부당한 고통을 당해서는 안 된다는 믿음이다. ③ 고통을 겪는 사람과 "나도 비슷하게 될 가능성에 대한 판단이다"(누스바움, 2015: 571). 연민의 감정은 나의 약함과 취약성에 대한 인식을 통해 나 자신과 다른 사람 사이의 유사성을 볼 수 있는 능력에서 나온다. 이러한 연민은 또한 반드시 다른 사람의 고통이 자신의 삶의 목표와 계획에 영향을 미치는 공동선을 위한 행복에 대한 판단을 함축해야 한다. 그래서 연민은 고통받는 사람의 운명을 가능하면 최대한 좋게 만들기 위해 그들을 도우려는 동기로 작용하게 된다.

누스바움은 연민을 감정 이입(empathy)의 감정과 구분한다. 감정 이입이란 다른 사람의 경험을 상상해서 재구성하는 것이다. 이것은 고통받는 사람의 상황에 참여하지만, 항상 나는 고통받는 사람이 아니라는 인식과 결합되어 있다. 즉, 감정 이입은 고통받는 사람의 위치를 상상하지만, 나는 그러한 위치에 있지 않다고 의식하기 때문에 행복주의적 판단도 결여되어 있다. 그럼에도 감정 이입은 예를 들어 이야기 속의 사람의 경험과 느낌을 상상해 봄으로서 연민을 촉구하는 도구로 간주될 수 있다. 왜냐하면 그의 고통의 경험에 대한 의미를 상상해 보는 것은 이와 유사한 나의 고통을 볼 수 있도록 하기 때문이다. 연민을 느끼는 사람은 스스로 자초하지 않은 다른 사람의 불행과 고통이 심각하고 그것이 자신의 삶의 목표에 영향을 미친다고 믿는다면, 그는 타자를 그 고통에서 벗어나도록 도와주는 태도를 지니게 된다 (누스바움, 2015: 257).

누스바움은 연민에 대한 논쟁에서 정치 공동체 안에서 훌륭한 시민을 판단하기 위한 두 가지 비전을 소개한다. ① 인간은 무엇을 필요로 하는 취약한 존재이며 불확실한 존재이다. ② 그러나 또한 인간은 이성을 지닌 인간 존엄성이라는 파괴될 수 없는 가치를 지닌 존재이다. 인간의 존엄성이라는 입장에서 공동체의 구성원은 자유롭고 책임 있는 이성적 존재로서 서로를 존중한다. 여기서 공동체의 구성원은 인간을 취약한 존재로 여기고 위험에 처한 사람들을 돕기 위한 도덕적 감정을 지녀야 한다. 이것이 전제되었을 때 정치 공동체 안에서 시민들은 인간 존엄성을 지닌 가치 있는 존재로서 서로 존중할 수 있다는 것이다. 그래서 타자의 고통에 대한 상상과 관심이 연민의 감정으로 점차 확장이 되면, 공동체의 시민들은 각자의 이기심을 물리치고 인간의 취약성에 대해 서로의 연대감을 형성하게 된다는 것이다.

3) 연민과 공적인 삶

누스바움은 자유 민주주의 제도 속에서 연민이 어떠한 역할을 할 수 있는지 질문을 한다. 그녀는 인문학적 감수성과 공적 상상력을 통해 정치적 정의를 구현해야 한다고 주장하면서 정의로운 제도와 연민을 서로 연결시킨다. 그러면 정의로운 제도와 연민은 서로 어떻게 연결되는가? 누스바움(2015: 725)에 따르면 연민적 상상력은 다양한 수준과 다양한 방식으로 법과 제도 속에서 구현될 수 있다. 이를테면 이것은 인간의 기본재의 필요와 관련된 사회의 기본 구조를 설계하거나 분배하는 원리를 선택하는 것, 즉 복지 시스템 등에 적용될 수 있는 것이다.

누스바움(2015: 750)은 특히 자유주의 사회에서는 기초적인 복지 후생은 모든 시민들에게 보장해야 한다는 생각을 지닌다. 이를테면 그녀는 인간다운 삶의 조건으로서 생명, 신체적 건강, 신체적 통합성, 감각, 상상, 사유 등을 포함한 핵심 역량 열 가지를 제시하면서, 이 역량이 발휘할 수 있는 기본적인 기회가 모든 시민에게 부여되어야 한다고 주장한다.[4] 왜냐하면 인간 존엄을 누리기 위해서 핵심 역량이 성취되어야 하며, 이를 위한 기본적 기회가 누구에게나 보장되기 위해서는 복지 시스템이 필요한 것이다. 복지 시스템을 구축하기 위해서는 연민의 인지적 세 가지 요소, 즉 고통의 심각성에 대한 판단과 그 고통이 부당함에 대한 인식과 더불어 다른 사람의 고통이 나의 행복주의 판단에 영향을 준다는 인식이 작동해야 한다. 그래서 이러한 기본적 기회의 결핍으로 인한 고통의 심각함이나 그 고통의 부당함에 대한 인식, 그리고 공공선을 위한 행복주의의 판단이 사회 제도와 법의 방식의 구현에 영향을 주는 것이다. 또한 그러한 제도가 연민적 상상을 공동체 내에서 부추길 수 있는 것이다.

혐오감은 타당한 연민의 감정을 가로막는 강력한 장애물이 될 수 있다. 누스바움은 또한 공공 정책이 혐오감을 부추길 수 있음도 지적한다. 예를 들어 아직 동성 결혼이 불법이란 이유로 동성애에 대한 혐오 반응을 끌어낼 수 있기 때문에 사회는 공공 정책을 통해서 투사적 혐오감을 막을 수 있어야 하는 것이다. 즉, 정의에 헌신하는 사회가 소수자들이 공적 신뢰를 받은 위치에 있을 수 있도록 보장해 준다면, 그를 배설물이나 끈적끈적한 벌레로 보려는 성향을 적어도 약화시킬 수 있다는 것이다. 그래서 원초적 혐오와 관련된 인간의 취약함과 유한함에 대해 연민을 갖게 하는 사회적 정책은 오히려 그 대상을 존경심과 우정을 갖고 바라보도록 촉구할 수 있다. 즉, 사회가 늙음, 나약함, 질병을 지닌 인간의 몸이 열등한 것이 아니라 보호받고 존

---

4 누스바움은 그 이외에도 "감정, 실천이성, 귀속, 인간 이외의 다른 종, 놀이, 자신의 환경에 대한 통제"라는 열 가지의 핵심적인 인간 역량을 제시하고 있다.

중받아야 하는 인격체라는 생각을 전달한다면, 이에 대한 혐오를 줄일 수 있다. 특히 지적 장애 아동과 신체 장애인의 존엄성을 지원하기 위한 제도적 노력으로서 장애 아동과 특수 아동의 차별 교육 철폐 등은 인간의 유약함과 연약함을 혐오감 없이 바라볼 것을 요구하는 것이다. 또한 병자와 노약자의 돌봄을 지원하는 사회 복지 사업은 돌봄을 필요로 하는 사람과 돌봄을 제공하는 사람들에게 인간으로서의 존엄성을 부여해 준다. 그래서 연민의 감정을 담고 있는 복지 정책은 인간 모두는 존엄하지만, 취약하고 연약한 존재로서 서로 의존한 상태에서 삶을 시작하고, 그러한 상태에서 삶을 마감한다는 보편적 인식을 지니고 있다(누스바움, 2015: 698 참조).

보편적인 인간의 취약성에 대한 통찰을 담은 연민에 대한 교육은 인간 존엄성의 파괴로 인한 고통에 대한 공감적 인식을 향상시킨다. 연민의 감정은 자신과 타자의 관계를 인간의 취약성과 사멸성에 대한 인식을 통해 우정의 관계로 변화시키며 또한 전 인류를 향해 연민적 상상이 확장되는 과정을 거친다. 이러한 인간의 연민에 대한 교육은 자아로부터 세계 시민적 관점으로 향한 자기반성의 기회를 제공해 줄 수 있다. 그래서 칸트나 루소가 지적한 연민이 지닌 편파성이나 맹목적성을 넘어선 세계 시민 사회의 보편적인 도덕적 감정이 되기 위해서는 연민에 대한 인식론적·가치론적인 차원이 담긴 교육이 이루어져야 하는 것이다. 이러한 교육은 특히 고통받는 사람들의 이야기나 비극 작품을 통해서 보편적 연민을 구성하는 판단을 촉진시킬 수 있는 것이다.

6. 결론: 코로나19 상황에서 연민의 윤리

코로나19 팬데믹 상황은 사회문화적으로 형성되었다가 은폐되어 온 다양한 유형의 혐오와 이와 유사한 분노의 감정이 광범위하게 표출될 수 있는 유리한 조건을 형성하고 있다. 물론 팬데믹 상황에서 과학적 정보에 근거한 전염 가능성에 대한 회피 반응으로서 혐오는 사회적 거리 두기 등의 국가의 방역 지침의 근거로 작용할 수도 있다. 또한 공중 보건을 위협해 개인이나 집단에게 피해와 고통을 준 부당한 행위나 제도에 대한 적절한 분노는 일종의 사회적 공감을 불러일으키며 고통받는 사람에 대한 연민의 감정과 동시에 일어날 수 있는 감정이기도 하다.

그러나 현재 우리 사회에서 우려하고 있는 것은 이러한 전염 가능성에 대한 회피 반응으로서의 혐오도 아니며, 타인에게 피해를 준 부당한 행위에 대한 분노도 아니다. 특히 우리 사회가 진정으로 우려하는 것은 코로나19 확진 환자가 실제로 많이 나온 특정 집단이나 직업 등에 대한 혐오가 사회적·문화적으로 취약한 특정 집단을 향한 투사적 혐오와 결합하게 된 경우이다. 유럽이나 전 세계 곳곳에서 실제로 감염원이 되었던 집단을 중심으로 인격에 대한 훼손뿐만이 아니라 사회적 차별 혹은 인종주의와 결합된 투사적 혐오가 강화되었다. 또한 우려되는 것은 분노가 부당한 피해를 준 행위에 초점을 맞추는 것이 아니라, 자기 지위에 피해를 주는 가해자에 대한 의심과 상상만으로 그 사람의 인격을 폄하하거나 그들이 속한 집단을 고립시키고 배제하는 현상인 것이다. 누구나 감염될 수 있는 팬데믹 상황에서 확진자가 많이 나온 감염에 취약한 계층에 속한 사람들과의 접촉으로 인한 자기 피해에 대한 의심과 상상만으로 이들에 대한 분노의 감정을 표출하는 경우가 있었다. 이때 자기 피해에 대한 의심과 상상만으로 이들의 인격을 훼손하고 공격하는 분노의 감정은 개인이나 집단에 대한 투사적 혐오와 구별하기 어려워지면서 그 개인이나 그가 속한 집단에 대한 인격적 차별과 배제를 가져올 수 있는 것이다. 따라서 이러한 양상의 투사적 혐오나 자기 지위에 의존된 분노의 감정은 코로나19 상황이나 그 이후에도 무엇보다도 존중되어야 할 자유로운 인격에 대한 훼손이나 폭력을 가져올 수 있는 것이다.

이러한 인격 훼손이나 폭력의 위험을 가져다줄 수 있는 혐오나 이와 유사한 분노에 대항하기 위해서 우선 인간의 취약성과 사멸성에 대한 보편적인 인식을 바탕으로 한 인격 존중을 위한 연민의 윤리가 요청된다. 연민의 윤리는 인간은 누구나 전염병에 취약한 생명체이며 동시에 유한한 인격체라는 인식을 전제로 한다. 이러한 인간의 보편적인 취약성과 사멸성에 대한 공감적 인식을 내포하는 연민은 인간 사이의 고립과 배제가 아닌 공동체의 연대감을 형성하게 하는 누구나가 인격체로서 존중받기 위한 보호의 윤리를 함축한다. 왜냐하면 인간의 취약성에서 비롯된 타자의 고통에 대한 연민과 공감의 능력이야말로 공동선을 향한 공동체의 연대감을 형성할 수 있기 때문이다. 그래서 합리적인 연민의 구현은 도덕 교육과 공적인 민주 시민 교육을 통해 가능하다. 연민의 구현시키는 도덕 교육으로는 특히 코로나19 시대의 인간 고통의 경험에 대한 이야기 만들기와 인간 삶의 서사가 담긴 다양한 예술에 대한 경험이 중요하다. 이는 고통과 상실의 깊이와 의미를 이해할 수 있는 상상력을 넓혀줄 것이다. 이러한 상상력을 넓힐 수 있는 공적 시민 교육의 제도적 마련은 다른 사람의 고통을 상상할 수 있고 거기에 참여할 수 있는 훌륭한 시민으로서 소통과 연대 의식을 계발하게끔 한다. 그래서 인간 모두의 취약성에 대한 공감에 바탕을 둔 연민의 교육은 시민의 덕성과 연대 의식을 향상시키며, 정의로운 사회를 위한 공적 제도의 개선에 기여할 수 있는 것이다.

참고문헌

고현범. 2016. 「누스바움의 혐오 회의론」. ≪철학탐구≫, 43집, 131~160쪽.

김대근. 2016. 「분노 윤리학에 대한 연구」. ≪윤리연구≫, 1권, 96호, 83~114쪽.

김용환 외. 2019. 『혐오를 넘어 관용으로』. 서울: 서광사.

누스바움, 마사(Martha Nussbaum). 2015. 『감정의 격동 2 연민』. 조형준 옮김. 서울: 새물결.

_____. 2016. 『분노와 용서』. 강동혁 옮김. 서울: 뿌리와이파리.

_____. 2020. 『혐오와 수치심』. 조계원 옮김. 서울: 민음사.

데카르트, 르네(René Decartes). 2013. 『정념론』. 김선영 옮김. 서울: 문예출판사.

박한선. 2020. 「전염병은 왜 혐오를 일으키는가?」. ≪SKEPTIC Korea≫, 21권, 75~85쪽.

이원우. 2020. 「바이러스, 우리에게는 면역계가 있다」. ≪SKEPTIC Korea≫, 21권, 42~53쪽.

조태구. 2020. 「코로나19와 혐오의 시대」, ≪인문학연구≫, 60집, 7~36쪽.

칸트, 이마누엘(Immanuel Kant). 1998. 『실용적 관점에서의 인간학』. 이남원 옮김. 울산: 울산대출판부.

_____. 2005. 『아름다움과 숭고함에 대한 고찰』. 이재준 옮김. 서울: 책세상

_____. 2005. 『윤리형이상학 정초』. 백종현 옮김. 서울: 아카넷.

_____. 2019. 『도덕형이상학』. 이충진·김수배 옮김. 파주: 한길사.

제7장

전염병 서사에서 나타나는 혐오의 변증법*

그레그 베어의 다윈 시리즈를 중심으로

강미영

1. 들어가며

코로나19이라는 전대미문의 전염병을 경험해야 했던 우리가 전염병 서사를 바라보는 시선은 양가적이다. 전염병의 발발과 확산을 다루는 서사가 더 이상 흥미롭게 느껴지지 않을 만큼 우리는 이미 많은 이의 죽음과 관계의 단절을 목격해야 하지만, 동시에 전염병 서사가 우리에게 주는 감흥과 여운이 그 어느 때보다 큰 것도 사실이다. 이는 절체절명의 위기 앞에서 존재론적 사유를 활성화하는 인간으로서 우리는 전염병이 야기한 혼란과 공포에 대한 해답을 전염병 서사로부터 구하기 때문이다. 그런 의미에서, 전 세계를 덮친 전염병 쉐바(SHEVA: Scattered Human Endogenous Retro Virus Activation)에 의해 인류 종말의 위협을 느껴야 하는 상황을 재현하고 있는 그레그

---

* 이 글은 강미영, 「전염병 서사에서 나타난 혐오의 변증법」, ≪신영어영문학≫, 83호(신영어영문학회, 2022)를 일부 수정한 것이다.

베어(Greg Bear)의 다윈 시리즈(Darwin's series)는 우리에게 깊은 공명을 준다. 다윈 시리즈는 1999년에 출판된『다윈의 라디오(Darwin's Radio)』와 2003년에 출판된『다윈의 아이들(Darwin's Children)』로 구성되어 있으며, 시간의 비약 없이 사건을 연대기적으로 그리고 있다. 쉐바 바이러스가 발생 초기에는 임신한 여성의 유산을 유발하다가, 두 번째 임신의 경우에는 심각한 기형을 동반한 사산을 일으키는 것으로 나타나면서, 인류는 커다란 공포와 혼란에 빠지게 된다. 소설 속에서 쉐바는 바이러스에 의한 전염병으로 알려지다가 시간이 지나면서 긴 세월을 거친 인간 진화 과정의 산물이라는 사실이 드러나는데 이 과정에서 다윈 시리즈는 본질적으로 혐오의 감정이 작동하는 방식을 변증법적으로 재현한다. 이 글은 전염병이 야기한 혐오의 감정을 인간의 존재론적 불안과 공포와 연관시키며 동시에 타자에 대한 차별과 배제의 감정에 대응하는 포스트휴머니즘적 사유의 가능성을 모색한다.

혐오는 전염병 서사의 중심적 징후이자 정동이다. 전염병 서사는 전염병 자체에 대한 내러티브 형식이 아니라 전염병이 야기하는 인간 사회의 혼란과 갈등에 관한 양식이기 때문이다. 전염병의 확산이 인간과 사회, 인간과 자연, 인간과 인간 등 인간이 맺고 있는 다양한 관계들을 폭력적 방식으로 재정립하는 가운데, 신뢰, 공감, 연대보다는 불신, 혐오, 단절이 지배적인 정동으로 나타난다. 이 과정에서 권력관계는 심화되고 인간의 부정적 본능은 고발현하면서 전염병 서사는 또 다른 형식의 재난을 파생시킨다. 따라서, 전염병 서사로서의 다윈 시리즈가 전경화하는 팬데믹 상황은 혐오의 작동 원리와 구조 및 근원을 이해할 수 있는 계기를 제공한다. 전염병의 발발이 공포를 야기하고, 그 공포가 자연에 대한 인간 지배와 근대적 인간성의 상실에 대한 불안으로 이어지는 가운데, 혐오의 감정은 도덕과 정치의 일부로서 작동한다. 혐오는 특정 정치, 경제적 이데올로기에 의해 촉발되는 판단이나 감정이지만, 인간의 오랜 진화 과정에서 본성처럼 내재된 자기 보호의 본능과 관련하므로, 혐오는 개인적이면서도 집단적이고, 사회적이면서도 생리적인 감정으로 사회적 이데올로기의 구성물이자 인간의 본능과 진화의 잔재로 나타난다. 이 글은 그러한 혐오의 변증법적 작동 원리에 초점을 맞추면서 다윈 시리즈가 제시하는 대안적 사유를 탐색하고자 한다.

다윈 시리즈에서의 전염병은 표면적으로는 기독교적 알레고리를 통해 전통적이고 종교적인 질병 서사의 전형을 답습함으로써 질병을 둘러싼 인간의 혐오가 작동하는 방식을 재현한다. 다윈 시리즈는 창세기(Genesis)로 시작해 묵시록(Apocalypse)으로 종결되는 성경의 구조를 차용함으로써 체계적인 일관성과 논리성을 창출하는 가운데,[1] 질병을 인간의 죄악에 대한 신의 개입이나 처벌로 이해하는 헤브라이즘(Hebraism) 전통을 답습함으로써, 사회적 불안감을 묵시록적 위협으로 바꾸어놓는다. 알 수 없는 전염병으로 인류가 종말의 위기에 처한 가운데, 기적적으로 미치(Mitch Rafelson)와 케이(Kaye Lang)는 새로운 인류를 출산하고, 갖은 고초를 겪다가 묵시록적 분위기 속에서 케이가 죽음을 맞이하는 것으로써 끝나는 그 여정은 인류의 시작과 묵시록의 비전이라는 성경의 서사를 상기시킨다. 그 과정에서 미치와 케이는 최초의 초인류를 생산하는 아담과 이브의 알레고리적 인물로 나타나며, 그들의 딸인 스텔라(Stella)는 혐오의 대상이 된다. 이때, 원죄(the original sin)는 혐오의 원리가 되고, 케이의 죽음과 미치의 비전은 새로운 세계의 도래에 대한 묵시록적 서사를 대체한다. 다윈 시리즈는 이러한 기독교적 알레고리를

---

1 많은 비평가들은 서구 사회의 집단적 신화와 무의식으로서의 기독교가 작품 전체에 기여하는 일관성과 체계성에 관심을 가져왔다. 구조주의 철학가 레비스트로스(Claude Lévi-Strauss)가 일찍이 "기독교 신화와 과학의 공통분모는 특정 질서를 도입하려는 충동"(Lévi-Strauss, 1995: 12~13)으로 규정한 이후, 많은 비평가들은 "그 둘은 모두 체계적이고, 논리적인 일관성을 추구하는 특성이 있다"(Chalker, 2006: 30)라는 사실에 주목해 왔다. 이러한 맥락에서, 존 호트(John Haught) 역시 "종교가 약속과 질서로 충만한 우주를 상징"(Haught, 1995: 22)하는 만큼 "과학적 지식을 추구하려는 움직임과 보조적으로 잘 융합한다"(Haught, 1995: 21)라고 주장함으로써 과학 소설에서의 기독교적 알레고리 연구가 조화와 통일에 초점이 맞추어지는 근거를 제공해 왔다.

통해 인간의 도덕적 타락에 대한 응징으로서의 질병이라는 틀을 차용함으로써 혐오를 도덕적 차원과 연결하지만, 동시에 진화주의를 표방하는 과학주의와의 변증법적 관계를 통해 혐오의 생리적 차원을 부각시킨다. 즉, 전염병을 발생시킨 바이러스가 인간의 진화 과정의 일부였음이 드러나면서, 사람들이 타자화하고 비체화시켜 온 질병에 대한 혐오가 기실 자기 자신의 불안과 공포였음을 받아들여야 하는 상황에 직면하게 된다. 결국 다윈 시리즈가 극화하는 팬데믹의 상황은 우리가 가지고 있는 혐오의 대상과 감정을 변증법적으로 이해하도록 만들면서, 혐오를 뛰어넘는 사유의 가능성을 제시한다.

2. 사회적 현상으로서의 혐오

전염병 서사에서 질병에 대한 공포와 혐오는 국가, 정부, 공동체 등의 다양한 차원에서 인간의 내재된 본성과 도덕적 타락을 드러내주는 역할을 한다. 마찬가지로, 다윈 시리즈에서 질병에 대한 혐오는 쉐바를 일으키는 바이러스의 대상화를 거쳐 대규모 시위와 폭동으로 이어지고, 인간 사회 전체에 대한 혐오로 확장된다. 팬데믹의 상황에서 사람들은 불안과 공포를 갖는 정신 쇠약적 주체들로서 특정 질병이나 이질적 집단에 대한 정보를 단순화하고 의인화하는 등 자신과의 경계와 질서를 강화하고자 한다. 이 과정에서 질병과 관련이 있는 사람들에 대한 혐오와 멸시를 통해 자신의 동일성과 안정성을 확보하고자 하는 욕망이 작동한다. 임신한 여성에게만 선택적으로 영향을 미치는 쉐바 바이러스에 대해서 질병관리센터(CDC: Center for Disease Control) 사무관인 크리스토퍼 디킨(Christopher Dicken)이 쉐바의 전염 기전을 설명한 후, 사람들은 "어떻게 질병 따위가 여자가 누군가와 잤는지 안 잤는지를 알 수 있단 말입니까?"(DR 130)[2]라고 반발하며 질병을 혐오적으로 대상화하고, 그러한 혐오감은 "악마의 바이러스(devil's virus)", "악마의 질병(devil's disease)"(318) 등의 표현으로 나타나면서, 정부의 적극적인 대처와 바이러스와 관련이 있는 사람들의 철저한 격리를 요구하는 대규모 시위와 폭동으로도 이어진다. 케이의 상사인 마지 크로스(Marge Cross)가 쉐바에 감염된 산모뿐 아니라 감염되지 않은 산모의 낙태마저 급증하는 상황에 대한 우려를 표명하자, 케이는 "이 외에도 또 다른 가능성을 염두에 두셔야 한다"(DR 279)라고 말하면서 1990년대에 코카서스(Caucasus)에서 자행된 대량 학살을 언급함으로써, 사람들 사이에 퍼진 질병에 대한 공포와 혐오감이 극에 달하면 대량 학살로 이어질 수 있음을 암시한다. 결국, 다윈 시리즈는 전염병의 발발이 촉발한 불안과 공포에서 시작해, 자신을 보호하려는 욕망에서 비롯되는 상상적 경계 짓기로 나아가고, 궁극적으로는 상상이 아닌 현실 속에서 타인을 공격적으로 배제하려는 움직임으로 이어진다는 사실을 보여준다.

작가 베어는 이러한 상상적 경계 짓기의 이면에는 동일성의 권력과 사회적 이데올로기가 작동하고 있다는 사실을 보여주기 위해 기독교적 알레고리를 차용한다. 이는 작가 베어가 작품의 첫 장의 제목을 "헤롯의 겨울(Herod's winter)"로 명명하고, 쉐바 바이러스의 출현으로 인한 불안과 공포가 대규모의 태아 살해와 주변의 권력적 암투로 이어진다는 사실을 암시하는 것으로 시작된다. 미국 질병관리센터가 수년간 추적해 온 전염병의 이름을 헤롯의 감기(Herod's flu)로 명명하는 것은 그 질병의 성격과 파괴력을 암시한다. 성경에서 헤롯은 세 명의 동방 박사들이 예수의 탄생을 예견하는 것을 듣고 위협을 느낀 후, 베들레헴에서 태어난 모든 남자아이들을 살해한 인물이다. 베어는 쉐바 바이러스의 등장 이후 질병에 대한 공포가 감염된 사람뿐 아니라 전체 사회로 확산되면서 국가 주도의 태아 살인으로 이어진다는 것을 기

---

2   이하의 다윈 시리즈 인용은 『다윈의 라디오』는 DR로, 『다윈의 아이들』은 DC로 표기하며, 필자의 번역과 함께 괄호 안에 쪽수를 표기한다.

독교적 알레고리를 통해 재현하고 있으며, 그 결과 인간의 불안이 혐오가 되고 그 혐오가 사회적 이데올로기와 맞물려 대량 학살로 이어지는 과정을 우의적으로 재현한다.

결국, 기독교적 알레고리가 작동하는 다윈 시리즈는 "질병은 인간이 신에게 감행한 도전에 대한 응답"(정과리, 2014: 14)이라는 사실을 재현하는데, 인류학자 미치와 그의 동료들이 알프스에서 선사 시대의 유물을 찾아나서는 첫 장에서부터 선악과를 따 먹는 인간의 원죄를 상징하는 장면을 통해 타락과 응징이라는 서사적 구조를 독자에게 각인시킨다. 틸드(Tilde)와 프랑코(Franco)는 고대 인류 태아의 유해를 발굴한 후, "돈이 많은 사람에게 팔자"(DR 29)는 생각으로 공공의 목적이 아닌 사적 욕심을 위해 유해를 훔치게 된다. 갑작스런 기상 악화로 프랑코가 산 위에서 죽음을 맞이했을 때, 틸드는 "신이 노하셨다"(DR 33)라는 말로써, 인간의 도덕적 타락과 신의 응징이라는 서사를 만들어간다. 이후 쉐바 바이러스가 확산되면서, 인간의 물질적 야욕과 배타주의를 통해 그 서사적 틀은 더욱 강화된다. 유명한 기독교 설교자 팻 로버트슨(Pat Robertson)은 각종 미디어를 통해 "우리의 디엔에이(DNA)는 심판의 날 이전에 우리의 모든 죗값을 치르게 하기 위해 우리의 모든 죄들을 차곡차곡 쌓아두고 있다"(DR 433)라는 말로써 전염병의 확산을 인간의 원죄와 신의 응징이라는 기독교적 알레고리를 통해 재현하고, 도덕적 차원에서 질병과 인간에 대한 혐오를 정당화한다.

팬데믹 상황에서 묵시록적 분위기가 극단의 불안과 공포를 부채질하는 가운데, 혐오의 감정은 전체주의적 작동 원리와 맞물리며 나타난다. 푸코(Michel Foucault)는 "인구를 주요 목표로 설정"하고 "정치경제학을 주된 지식의 형태"로 삼고, "안전장치를 주된 기술적 도구로 이용"해 "권력을 행사케 해주는 제도·절차·분석·고찰·계측·전술의 총체"(162)를 '통치성'이라고 명명했다. 다윈 시리즈는 팬데믹의 상황에서 통치성이 절대적 생명 권력으로 작동함으로써 인간의 존엄을 선별하고, 안전과 복지를 제도화함으로써 국가의 억압과 통제가 일상화되는 가운데 소외와 타자화가 가속화되는 상황을 재현한다. 대통령과 각 각료들, 나아가 각종 정부 기관의 사람들은 팬데믹에 맞서기 위한 정책을 수립하는 과정에서, 무자비한 격리와 낙태를 추진한다. 어린아이들이 부모와 떨어져서 격리되거나 확실한 양성 반응을 보이지 않은 산모마저도 수용 시설에 격리시키기도 한다. 그 가운데, 아픈 아이들이나 출산을 앞둔 산모에게도 의사가 가지 못하도록 함으로써 최소한의 인간의 존엄마저도 외면한다.

그런가 하면, 팬데믹 상황 속에서 권력과 정치는 물질주의와 패권주의를 앞세우며 혐오를 조장한다. 미국 질병관리센터와 대책 위원회의 수장인 마크 어거스틴(Mark Augustine)은 전염병이 창궐하는 위기 속에서 인류의 안위가 아닌 자신의 권력욕과 물욕을 앞세운다. 그는 전염병이 질병관리센터가 재정 확보를 하는 데 있어 도움이 될 것으로 기대하며, 사무관인 크리스토퍼 디킨에게 "더 확실하게 재정 확보가 이루어질 수 있도록 더 끔찍하고 더 자극적인 무언가"(DR 58~59)를 찾아오도록 지시한다. 급기야 쉐바 바이러스가 미국 전역에서 확인되기 시작하자, 어거스틴은 "이것은 하늘이 주신 기회이며, 우리는 이것을 적절한 시기에 드라마처럼 전달해야 한다"(DR 68)라고 말하고, 쉐바가 치명적 레트로바이러스를 일으키는 한 원인임이 밝혀지자, 우려보다는 "승리감에 젖은"(DR 452) 모습을 보인다. 그런가 하면, 미국의 바이오기술 회사인 아메리콜(Americol)의 수장인 마지 크로스는 정부와의 연결 고리를 통해 사업에 이용할 목적으로 저명 의생물학자인 케이를 고용하고, 그녀를 통해 쉐바 바이러스가 오랜 세월 동안 진화를 통해 형성되어 온 결과물일 수 있다는 사실을 깨닫지만, "그것이 사업에 도움이 되지 못한다"(DR 283)는 판단 때문에 그 사실을 숨김으로써 사회적 혐오를 자신의 야망을 위해 방조하고 조장한다. 권력과 정부를 상징하는 이들 남성 인물들은 리베카 솔닛(Rebecca Solnit)이 "엘리트 패닉"이라는 용어를 통해 설명한 재난 상황에서 나타나는 혼란과 혐오의 원천으로, 9·11 사태나 카트리나와 같은 국가적 재난 상황에서 소비주의와 애국주의로 무장한 남성적 엘리트 권력은 불안과 복종을 증강시키면서 온갖 폭력과 혐오와 차별을 재생산하는 일에 몰두(2012: 331~335)했던 것을 재현한다. 결국, 팬데믹의 상황에서 사회적 혐오 현상과 같은 부정의를 양산하는 것은 재난 그 자체가 아니라 인간의 도덕과 정치의 영역인 것이다. 전염병이 혐오를 생산한다면, 인간의 욕망과 이기심은 혐오를 정당화하고 확산시킨다. 이렇듯 다윈 시리즈는 "혐오의 정치는 권력 내부의 폭력을 외부의 대상으로 투사하는 권력의 기제"(김종갑, 2017: 76)라는 사실을 상기시키며, 팬데믹의 상황에서 권력이 사회악으로서 혐오의 대상을 만들어내는 과정을 보여준다.

3. 진화적 산물로서의 혐오

다수의 과학자들에 의해 쉐바가 인간 진화 과정의 산물이라는 사실이 밝혀지면서 쉐바에 대한 혐오는 새로운 국면을 맞이한다. 디킨은 "소비에트 시대의 방사능 재앙과 같은 사건들이 내생적 레트로바이러스(endogenous retrovirus)를 활성화시키면서 헤롯의 전염병이 생겨났을 수 있다"(DR 61)라는 주장을 하면서 인간의 환경 오염이 전염병 발생에 중심적 역할을 했다는 이론을 제기하며, 인간이 초래한 기후 변화와 생태 위기가 인간 갈등과 멸종을 초래하는 상황을 야기했음을 보여준다. 환경 오염으로 인한 바이러스의 출현이 돌연변이를 만들어냈다는 과학적 결론은 자연에 대한 인간의 지배를 당연시해 왔던 인류를 향한 자연의 반격이자 인간 중심적 사고에 대한 중요한 전환점이 된다. 결과적으로, 동물, 자연, 환경에 대한 인간의 승리가 실제로는 패배였음을 드러내주고, 나아가 그들에 대한 인간의 패배가 인간이 승리할 수 있는 길임을 역설적으로 암시한다. 이러한 암시는 인간의 혐오가 자기 안의 것을 타자화시킴으로써 시작되었고, 따라서 그 혐오는 인간이 자신의 전유물이라고 믿었던 것들을 사물 및 객체에게 내어줄 때 사라진다는 것을 상기시켜 준다.

마찬가지로, 의생물학자인 케이 역시 조지아 공화국의 대학살 유적지에서 쉐바 바이러스에 감염된 흔적이 있는 유해를 발견하고, "이 바이러스는 인류의 디엔에이 안에서 오랜 세월 함께"(DR 76)해왔고, "쉐바 바이러스는 하나의 메신저"(DR 275)일 뿐이라고 주장한다. 이러한 주장은 인류학자인 미치가 한 스위스 동굴에서 네안데르탈(Neanderthal)인과 호모 사피엔스(Homo Sapiens)의 유해에서 쉐바에 의해 감염되었던 흔적을 발견하면서 "쉐바는 다윈의 라디오 위에서 적절한 순간을 찾아 움직이는 하나의 진화 신호"(DR 275)라는 결론에 이르게 된다. 전염병을 발생시킨 바이러스가 인간의 진화 과정의 일부임이 드러나고, 질병에 관한 종교적이고 전통적인 사유가 과학주의에 의해 부정되고 재고되면서, 사람들은 자신들이 타자화하고 비체화시켜 온 질병에 대한 혐오가 기실 자기 자신의 일부였음을 받아들여야 하는 상황에 직면하게 된다. 이러한 상황에서 과학 기술의 개입 없이 진화를 통해서만 생겨난 존재인 쉐바이츠(Shevites)는 우리가 가장 혐오하는 질병과 바이러스의 형태로 우리에게 나타났으며, 우리가 혐오하는 대상이 바로 우리 자신의 일부였음을 존재론적으로 증명한다.

이러한 과정은 인간의 도덕적 타락과 신의 응징이라는 기독교적 알레고리가 환경 오염으로 인한 유전자의 진화 및 변화라는 이론과 교차되어 나타나면서 변증법적 서사 구조를 형성한다. 도덕적 가치 판단으로서의 혐오는 기독교적 우의가 하나의 이데올로기가 되는 과정을 거쳐 신화가 되어 현대의 과학주의에 의해 도전받는 과정을 거치면서 그 도덕적 가치가 재고되듯이 보다 근원적인 의미의 정동으로서의 혐오가 만연하는 사회를 조명한다. 쉐바이츠가 혐오의 대상이 되면서, 그들은 격리된 채로 집단 거주하게 되고, 이들 존재에 대한 공포 이면에는 이질적 존재에 대한 혐오가 자리한다. 실제로 의사인 레오니드 슈가스빌리(Leonid Sugashvili)가 작성한 보고서는 과거 어느 시기에 1만 3000명가량의 사람들이 조지아, 아르메니아 등지에서 학살을 당했는데, "온 얼굴이 반점으로 뒤덮이고, 이상한 눈을 하며 태어나자마자 말을 할 수 있었던 아이들이, 어떤 지역에서 경찰들에 의해 학살을 당했으며, 그들에 관한 미신이 돌며 그들은 악마와 내통하는 자들로 비난받았다"(DR 193)라는 기록을 남겼다. 이와 같은 역사적 사료는 인류가 자신의 생명을 위협하는 상황이 아님에도 이질적 존재에 대해 극도의 혐오감을 가지고 그들을 악마화하며 대량 학살했음을 보여준다. 쉐바 바이러스에 감염된 산모에게서 유사한 특징을 지닌 아이들이 태어나는 것을 목격하게 된 로버트 잭슨(Robert Jackson) 역시 "그 아이들이 계속 태어나도록 놔둔다면, 그들은 자라서 금발의 머리를 한 초능력의 거만한 초인류로 성장해, 우리 모두를 죽이고 지구를 차지하게 될 것"(DR 281)이라며 공포심을 키운다.

쉐바 바이러스를 향한 이와 같은 혐오는 경계 내부에 고착된 자아가 이질적 대상에게 느끼는 상상적 반응이라는 사실을 보여준다. 진화심리학적 관점에서 볼 때, 인류는 생존의 위협이 되는 물질과 대상에 대한 경계심을 키워나가는 방향으로 진화해 왔으며, 그 과정에서 이질적이고 비위생적인 것, 즉, 세균, 바이러스, 이주민, 벌레 등에 적대적 감정을 본능적으로 지니게 되었음에 주목한다. 이에 대해 밸러리 커티스(Valerie Curtis)는 이렇게 혐오감을 일으키는 요인이 곧바로 바이러스나 세균과 같은 병원체를 옮기는 것들과 겹친다는 사실을 발견하고, 진화 과정에서 병원체에 오염되었을 가능성이 큰 것을 피하는 적응의 과정으로서 혐오 감정이 우리의 몸 안에 새겨지게 되었다는 주장을 했다(2019: 86~88). 마사 누스바움(Martha Nussbaum) 역시 유사한 방식으로 혐오의 감정을 설명한다. 시체, 구토, 오물, 벌레, 피 등에 인간이라면 누구나 본능적으로 혐오의 감정을 가지는데, 이러한 생리적 혐오를 이질적인 대상에게 전이시키는 경우를 투사적 혐오로 분류하면서, 혐오를 "인간에게 자신의 동물성과 유한성을 상기시키는 것에 대한 거부"(2020: 85)라고 주장한다. 다윈 시리즈가 극화하는 혐오는 바로 이와 같은 동물성과 유한성을 상기시키는 것에 대한 상상적 경계 짓기이다. 이데올로기의 상상적 기제는 흔히 경계선의 부근이나 바깥에 혐오 대상을 설정하며, 혐오 대상으로부터 분리되려는 감성적 작용에 의해 우리는 상상적 동일성쪽에 고착된다. 혐오가 그처럼 상상적 동일성을 유지하려는 환상 기제와 연관된다는 점은 보다 현실적인 감정인 분노와의 차이를 통해 분명해진다. 분노는 누구로부터 침해와 손상을 당했을 때 생기는 현실적인 감정적 대응인반면 혐오는 그럼 침해가 없더라도 생겨난다. 즉, 분노가 나를 위해한 대상에 대응하는 현실적인 정동이라면 혐오는 경계 내부에 고착된 자아가 인종및 성과 같은 범주를 통해 작동하는 이질적 대상에게 느끼는 상상적 반응이다. 그러므로, 다윈 시리즈 내에서 쉐바이츠를 향한 사람들의 혐오는 현대사회의 성 소수자나, 노인, 장애인을 향한 우리의 상상적 혐오를 상기시킨다. 그들이 당장 우리에게 어떤 해악을 끼치거나 생명에 위협을 가해서가아니라, 그들을 타자화하고 그들로부터의 분리 감각이 우리에게 안정적이고 우월적인 정체감을 주는 심리적 기전을 통해 우리는 그들을 혐오적으로대상화하는 것이다.

결국, 전염병이 타인의 전염력을 혐오하게 만드는 것이 아니라, 타인을혐오하는 마음이 그들을 전염병 환자로 인식하게 한다는 점에서, 전염병 서사에서의 혐오는 이중적이다. 누스바움은 "혐오 속에 담긴 핵심적인 관념은전염"이라고 주장하면서, 혐오하는 자는 혐오의 대상을 전염성이 있는 오염물로 간주하며, "특정 대상 집단이 자신을 오염시킬 수 있다고 믿는 순간에혐오는 그 집단에 대한 배제와 폭력으로 나아간다"(2010: 159)라고 말한 바있다. 실제로, 쉐바이츠를 향한 혐오는 전염병 자체가 가져오는 질병과 전염병에 대한 공포를 통해 혐오 대상이 된 감염된 산모들이 오염물로서의 배제와 폭력을 경험하면서 이중으로 기피 대상이 되는 가운데, 전염성, 여성성, 이질성으로 인해 인간의 본능적 혐오와 사회적 혐오를 중층적으로 감내해야 하는 존재가 된다. 정부가 일괄적으로 지급하는 낙태약을 먹고 아이를 사산시켜야 하는 여성들은 자기 몸에 대한 주체성을 잃고 사회에서 배제되어야 하는 존재가 되는 것에서 나아가 질병 혐오와 여성 혐오의 중층적 혐오를 표상하는 존재가 된다.

4. 혐오의 대항 담론으로서의 포스트휴머니즘

다윈 시리즈가 상징적 경계 짓기로서의 혐오를 조명하는 가운데, 인간과 비인간의 경계를 허무는 포스트휴먼적 존재는 새로운 사유를 여는 단초가 된다. 질병에 대한 기독교적 해석은 질병과 바이러스를 혐오의 대상으로 타자화하는 것을 넘어 그 혐오의 감정에 기대어 인간 중심주의를 공고히 하는 사유로 이어진다. 국민의 공포를 달래기 위해 정부의 전방위적인 쉐바이츠 격리 조치가 시행되고, 그 와중에도 각종 연구소 및 기업 들은 앞다투어 공포 마케팅을 통한 수익 창출에 열을 올린다. 사람들의 우려를 잠재우기 위해 정부는 임신한 여성들에게 낙태를 유발하는 약을 보급하면서, 그들의 노력이 "인간적(humanitarian)인 선택"(DR 278)임을 강조한다. 바이러스에 감염된 태아는 더 이상 인간이 아니며, 그저 인류의 종말을 가져올 수 있는 위협적 존재일 뿐이다. 따라서, 전염병이 환기시키는 '인간적 특징'은 기독교적 이데올로기 속에서 배태된 자연에 대해 우위적 지위를 점하고 있다는 인간 중심주의 그리고 노아의 방주의 일화 속에 내재하는 인간 본질주의와 중첩되어 나타난다. 이러한 기독교적 알레고리가 작동하는 가운데 질병 혐오는 인간의 자기중심주의를 대체하고, 혐오가 사회 전체로 확장된다.

다윈 시리즈는 인간 중심주의와 인간 본질주의가 만연한 사회에서 혐오의 대안을 포스트휴머니즘을 통해 제시한다. 이는 스텔라와 같이 바이러스에 노출된 채 태어난 쉐바이츠들이 대변하는 포스트휴머니즘이 기존의 인간 중심주의를 대체할 대안적 가치들을 담보하고 있다는 사실을 통해 분명해진다. 다윈 시리즈의 기독교적 알레고리는 케이의 딸 스텔라의 탄생을 통해 메시아적 포스트휴먼의 등장을 암시한다. 각각 요셉과 마리아를 알레고리적으로 재현하는 미치와 케이로부터 태어난 스텔라는 최초로 유산이나 사산되지 않고 태어난 초인류이다. 비슷한 시기에 그녀와 같이 쉐바 바이러스에 감염된 아이들의 탄생이 잇따르고 사람들은 그들을 쉐바이츠로 부르기 시작한다. 그들은 인류가 가지지 못한 지적·감정적 초능력을 가진 것으로 나타나는데, 태어나자마자 몇 달 지나지 않아 여러 언어를 자유자재로 구사하고, 말하지 않아도 상대의 생각을 읽는 능력을 바탕으로 처음 만나는 사람과도 쉽게 소통하며, 말이 없는 대화를 통해 환희를 나눌 뿐 아니라 차별과 차이에 관대한 모습을 보인다. 이러한 모습에서 미래 초인류의 사회가 혐오와 갈등이 없는 조화와 소통의 시대가 될 수 있고, 스텔라는 그 사회를 주도하는 인물이 될 수 있음을 내포한다. 이는 "초월적 존재가 매개가 되어 인류에게 전해지는 깨달음이 초월적 비전으로 나타나는"(Collins, 1979: 9) 기독교적 묵시록 문학의 특징을 보여주며, 인간의 본질론적 사유를 초월하는 존재의 탄생을 암시한다. 인간임에도 불구하고 인간 범주 바깥에 존재하는 쉐바이츠는 인간성과 비인간성, 나아가 정상성과 비정상성을 가로지르는 혼종적 존재로서 인간의 사유를 지배해 온 인간 중심주의 혹은 본질주의에 대한 재고를 요청하는 물질적 존재이자 증거가 된다. 따라서, 쉐바이츠는 인간에 대한 전통적 이해의 틀을 깨는 존재에 대한 전유로서, 이들의 혼종성은 그 자체로 혐오에 대한 해독제가 된다. 혐오가 이질성에 대한 타자화이고 그것과 자신을 분리하려는 경계 짓기에서 비롯된 만큼, 쉐바이츠의 혼종성은 인간의 단일한 자기중심적 자아에 대한 불안을 희석시키는 대안이 되기 때문이다.

쉐바이츠들은 고도로 발달된 언어 능력과 감각 능력을 통해 성차, 국가, 인종에 대한 차이를 무색케 하는 친화력을 보여준다. 쉐바이츠 분리법을 피해 부모와 함께 도피 생활을 하는 중에 스텔라는 한 라티노 소년을 만났을 때, 그들은 달콤한 머스크 향으로 서로 대화를 나누며, 이웃 주민이 그들의 존재를 신고하기 전까지 소통이 주는 엄청난 환희를 느낀다(DR 518). 그들은 "두 개의 혀로 두 가지를 동시에 말하는"(DC 24) 능력을 지녔으며, 그들을 혐오하고 두려워하는 인간들에게 "우리는 함께해야 합니다/ 우리는 함께할 때 더 건강해져요. 우리는 서로를 사랑합니다/ 우리는 함께일 때 행복해져요"(DC 260)라는 동시 발화로 설득하려 하지만, 그들의 언어는 한 가지 발화에만 길들여져 있는 인간에게는 이해될 수 없는 어떤 것일 뿐이다. 결국, 부모와 분리되어 격리되어 다른 쉐바이츠들과 함께 생활하게 되며, 환희로 가득 찬 그들의 공동체 생활은 곳곳에서 이상적으로 묘사되고 있다.

> 그녀(스텔라)는 열두 명의 종업원이 부재하는 상황에서도 크고 조용한 식당에서 자신의 식판을 꺼내 걸어 들어갔으며, 아무도 말을 하지 않았으나, 코코아나 요구르트, 재스민과 같은 향기를 풍기며 ─ 이러한 향기는 누군가가 굉장히 기분 좋다는 의미 ─ 하나의 언어처럼 그 향기는 대화처럼 오가고 서로 섞이기도 하면서 나무로 만든 테이블과 벤치 위를 오갔다.
>
> She took her tray from the food line and walked into the refectory, large and quiet, twelve workers off duty, none speaking, gesturing and facing and flashing, pleasant odors of cocoa and yogurt and event jasmine ─ somebody was being very pleasant ─ mingled together and out of context at this distance, like words pulled out of a conversation and tossed together randomly, the discourse going on at the old wooden tables and benches(DC 423).

쉐바이츠 공동체의 삶은 초감각적이며 언어, 인종, 성차를 초월하는, 계층적이거나 차별적이지 않은 미래 사회의 대안적 가능성을 보여준다. 이렇듯 다윈 시리즈는 조화롭고 이상화된 모습의 쉐바 공동체를 통해 사회의 각종 모순과 적대가 해결되는 유토피아적 비전을 제시한다.

그들은 딤(deme)이라고 불리는 가족과 같은 개념의 소규모의 그룹을 형성하고 그 안에서 지도자가 없이 서로를 배려하며 언제나 옳은 방향으로 가고 있음을 느끼며(DC 260), 갈등 없이 어우러지며 침묵 속에서도 활기찬 담론을 주고받는다. 자연과 문명이, 인간과 비인간의 구분 없이 형성된 그들의 공동체에서는 어떠한 이기적 욕심과 배타적 시각도 나타나지 않는 모습에서 레비 R. 브라이언트(Levi R. Bryant)가 추구하는 "단일한 통치원리가 없는 기계들의 네트워크를 통한 무정부적인 존재론(an anarchic ontology derived from a network of machines without a single governing principle)"(Bryant, 2014: 116)을 문학적으로 재현한다. 이러한 쉐바이츠의 사유가 혐오의 대안이 되는 이유는 객체지향적 존재론과 개별성에 대한 믿음을 통해 인간 중심주의적 사유를 재고하고 맞설 수 있게 해주기 때문이다. 따라서, 다윈 시리즈가 혐오 사회의 대안으로 제시하는 포스트휴먼적 비전은 인간의 한계와 능력을 뛰어넘는 포스트휴먼이 아니다. 오히려 기존의 인간 중심주의와 인간 본질주의적 관점에서 강조되어 온 휴머니즘과 인간의 이성과 기술의 발전을 도모하는 트랜스휴머니즘을 비판적으로 바라보는 관점으로, 인간/비인간, 문명/자연, 정신/육체와 같은 이분법을 해체함으로써 인간이 타자와 관계 맺는 방식을 재정립하려는 시도를 함축한다. 이는 비판적 휴머니즘적 관점에서 포스트휴머니즘을 강조한 바 있는 로지 브라이도티(Rosi Braidotti)가 "우리는 존재론적 관계성으로 결속된, 체현되고 속해 있고 횡단적인 자아들(the embodied, embedded and transversal selves that we are, bonded by ontological relationality)"(Braidotti, 2019: 44~45)이라고 주장할 때, 우리가 물질적 세계와 인간 아닌 세계에 깊이 관련되어 있는 횡단적 존재임을 강조함으로써, 이분법적 차이나 차별을 거부하는 것에서 나타나며, 이러한 포스트휴머니즘의 핵심은 위계와 차별적 사유의 극복을 통해 혐오 없는 사회를 지향하는 것이다.

다윈 시리즈의 마지막 장에서 케이는 죽음을 맞이하고 그 죽음은 위와 같은 베어의 포스트휴머니즘 철학을 형상화하는 계기가 된다. 그녀는 쉐바이츠를 낳은 부모들이 그들과의 유전적 충돌로 병에 걸려 목숨을 잃는 것을 목격하면서 줄곧 자신의 죽음을 예견했기에, 죽음 앞에서도 태연함과 평온함을 유지한다. 그러한 케이의 마지막 순간을 통해 베어는 그녀의 죽음이 마지막이 아닌 더 큰 상호 작용과 네트워크의 일부이자 한 시작임을 보여준다.

> 우리는 죽고 우리의 세포는 죽지만 다른 어떤 것들은 이를 통해 자신의 삶을 구축해 나간다. 그 삶은 성장하고 변화하지만 그 모습은 우리에게 눈에 띄지 않는다. 모든 것은 그들만의 공헌과 기여를 하고 사라진다. 기억들은 사라지고 우리는 만들어진다. … 죽는다는 것은 그저 침묵에 빠지는 것이며, 잊히거나 사라지는 것은 아니다.
>
> We die and cells die that others may take a shape; the shape grows and changes, visible only to that caller; ultimately all must be chipped away, having made their contributions. The memories fall away. We are shaped. …
> To die, to fall silent, is not to be forgotten or lost(DC 455).

삶과 죽음, 그리고 재생이라는 영속적인 순환 속에서, 과거와 현재, 생물과 무생물과 같은 모든 차이는 무색해지지만 우리의 존재는 상호 유기적 연결성으로 인해 새생된다. 이를 승명이라도 하듯이, 미치는 케이의 임종의 순간 곁에서 "안녕, 이브"(DC 456)라며 마지막 인사를 한 후 잠이 들고, 그 꿈 속에서 미치는 "바위 산 위를 걸어 올라 눈밭 위에서 한 여인을 만난다"(DC 456). 이처럼 다윈 시리즈는 태초의 여인 이브와 케이를 동일시하고, 생사의 경계에 선 케이를 미치가 꿈속에서 다시 만나는 장면을 통해, 세계와 역사의 유기적 연결성과 순환성을 암시한다. 나아가 종말에서 구원을 찾는 묵시록의 미학을 통해 죽음 속에서 생명을 발견하고, 독자에게 더 큰 인식론적 확장의 계기를 선사함으로써 혐오를 극복하는 사유의 가능성을 제시한다.

5. 변증법적 미학을 통한 묵시록적 깨달음

혐오가 자아와 타자의 상상적 경계 짓기의 산물이라면 그 혐오에 대한 대안은 그러한 경계의 무화이다. 다윈 시리즈는 묵시록적 이미지와 비전을 통해 인식적 모호함을 전략적으로 차용함으로써 대립적 경계의 통합을 도모한다. 즉, 기독교적 알레고리를 통해 전개된 모순적 가치들, 즉 창조론/진화론, 휴머니즘/포스트휴머니즘, 선/악과 같은 구분들이 어느 한쪽의 승리나 폐기가 아닌 둘 사이의 긴장감을 유지한 채로 묵시록적 결말을 맞이한다. 그러나 그 묵시록적 결말이 의미하는 것은 미완의 완성이나 열린 결말이 아닌, 묵시록적 미학을 통해 독자들을 인식론적 깨달음의 상태로 초대하는 것으로, 작품에서는 분명한 결말이나 메시지가 드러나지 않지만, 그것이 이루어지는 장소는 독자의 내면이 된다. 구원의 약속과 미래의 비전이 부재하는 묵시록을 통해 독자는 인간의 현대적 위치와 책임에 대해 깨닫는다.

실제로, 묵시록은 깨달음을 의미하는 그리스어 아포칼립시스(Apocalypsis)에서 유래했으며, 신약 성서의 마지막인 "계시(Revelation)" 혹은 "요한계시록(the Apocalypse of John)"의 제목으로 차용되었다(Aveni, 2016: 40). 이후 성서를 연구하는 수많은 학자들조차도 "정작 무엇이 드러나고 무엇을 깨닫게 되었는지를 밝히느라 지난 2000년간 사람들은 골머리를 앓아왔다"(Lawrence, 1980: 59)고 말할 정도로 그 내용이나 형식에 있어서의 모호함은 정평이 나 있다. 그 모호함은 내용적으로는 묵시록이 인류의 종말과 구원이라는 모순된 가치를 동시에 예견하고 있기 때문이며 형식적으로는 신의 언어와 인간의 언어, 나아가 환상과 실재가 혼재하는 가운데 열린 결말로 이어지기 때문이다(Davis, 2016: 77). 실제로 아포칼립스라는 용어는 종말론(eschatology)과 오랜 세월 동일시되어 왔으며, 동시에 모든 기독교인들에게 믿는 자들의 구원(salvation)을 계시해 주는 것을 의미해 왔다(Gordon, 2009: 614). 오늘날 아포칼립스는 종교로부터 멀어져 보다 세속적 의미로 확장되어 나타나게 되었으며(Seed, 2000: 4), 종교적 아포칼립스의 언어와 이미지는 지속적으로 20세기의 욕망과 우려를 재현하는 것으로 쓰여 오면서(Dowling, 1987: 115), 하나의 장르로 자리 잡게 되었다(Ketterer, 1974: 38). 같은 맥락에서, 다윈 시리즈에서 나타나는 묵시록적 비전과 서사는 질병을 향하는 인간의 혐오가 기독교적 신화를 토대로 하고 있다는 사실을 나타내고, 나아가 그것이 또 다른 현대적 이데올로기인 과학주의에 의해서 도전받는 과정을 그리고 있다. 그 과정에서 인간의 혐오 감정이 종교적·경제적·정치적 이데올로기에 의해 작동한다는 것을 보임으로써 혐오 감정의 내재적 허구성을 드러내준다.

『다윈의 아이들』에서 나타나는 새로운 위기, 즉 새로운 형태의 변이 바이러스가 퍼지고 있다는 소식으로 인해 가해자 쉐바이츠와 피해자 인간이라는 이분법은 더욱 공고해지고, 쉐바이츠를 향한 혐오의 감정은 극에 달하면서, 사람들은 쉐바이츠들의 격리를 넘어서 모두를 "죽일 수 있는 허가"(DC 146)를 정부에 요청하기에 이른다. 그러는 가운데, 스텔라는 원인을 알 수 없는 열병에 시달리게 되고, 미치와 케이는 스텔라를 빼앗기지 않기 위해 사람들의 눈을 피해 도피 생활을 시작한다. 한편, 각계의 분석을 통해 쉐바이츠들의 열병은 그들이 변이 바이러스의 원천으로서가 아니라 서로 다른 유전자를 가진 인간들의 "세대 간의 생물학적 전쟁"(DC 171)의 결과로 바이러스가 옮겨진 경우임이 밝혀지면서 그 도덕적 이분법은 무너지게 된다. 각종 전염병과 재난을 이성의 발전을 통해 극복 가능한 것으로 치부하며 자연에 대한 인간의 지배를 공고히 해온 근대적 사유도 함께 흔들면서,『다윈의 아이들』에서 나타나는 묵시록의 미학적 모호함은 혐오를 작동하게 하는 이데올로기에 맞서기 위해 전통적 거대 서사의 위치와 경계를 해체하는 것이 필요하다는 믿음을 보여준다. 이는 전염병에 대한 진화이론적 해석이 힘을 얻을수록, 작품 내 긴장을 유지하던 모순적 가치들이 각각의 본질론적 견고함을 상실하게 만들고, 궁극적으로 선과 악, 혹은 가해자와 피해자와 같은 구분을 모호하게 한다.

이러한 묵시록적 미학을 구현하는 데 있어서 미치의 꿈은 중요한 역할을 한다. 미치는 인류학적으로 의미 있는 유적지에서 선사 시대의 유해를 발견하는데, 그들은 호모 에렉투스(Homo erectus)와 호모 사피엔스라는 서로 다른 종임에도 불구하고, 쉐바이츠들과 동일한 유전자적 특징을 보여준다. 이러한 발견을 한 후 미치는 꿈을 꾸는데, 미치의 꿈속에서 그들은 혐오가 아닌, 서로 다른 유전자적 차이를 초월하는 유대를 보여주며, 서로 보호하고 사랑하며 연대하는 모습으로 나타난다(DC 352). 이 꿈으로부터 미치는 쉐바 바이러스가 오랜 세월 인간의 유전자 속에 몇 세대를 걸쳐 내재되어 있다가 어떤 외부의 환경적 요인에 의해 활성화된다는 사실을 깨닫게 된다. 마침내 미치는 다른 인류학자들과 스텔라가 함께 있는 자리에서 선사 시대의 인류도 바로 우리처럼 서로 협동하고 사랑하던 "인간"(DC 442)이었음을 분명히 한다. 이러한 미치의 깨달음은 묵시록적 비전을 통해 종말과 구원을 아우르던 요한계시록의 내용적·형식적 차용을 통해 인간과 비인간, 선과 악의 구분을 모호하게 만듦으로써 혐오의 주체와 대상 간의 경계를 무너뜨린다.

마찬가지로, 쉐바에 대한 과학적 분석과 이론을 정립하고자 노력하던 케이는 초현실주의적 에피파니(epiphany)를 경험하는 것으로써 작품 내의 모순적 가치를 통합하고 인식적 화해의 장으로 나아간다. 케이는 스텔라를 빼앗기고 나서, 쉐바이츠들이 지니는 초감각적 능력을 자신이 발전시켜 나아가고 있음을 느끼다가, 급기야는 과학적으로 설명이 불가능한 초월적 경험을 하게 된다. 케이는 "무언가 커다란, 호숫가를 지나고, 숲속을 가르며, 그녀 주변의 모든 살아 있는 것들을 관통하는 어떤 유대가 형성되는 경험"(DC 156)을 하면서, 어떤 초월적 존재로부터 "어떤 판단도 어떤 처벌도 하지 말라"(DC 156)는 메시지를 받게 된다. 이는 전염병에 대해 그 가해자와 피해자를 혐오하거나 혹은 원인과 결과를 규명하기 위해 혈안이 되어 있던 상황에서 케이뿐 아니라 모든 인류에게 주는 메시지처럼 전달되어, 하나의 새로운 철학적 비전을 제시한다.

에피파니는 우리의 의식적 존재에 국한되는 경험이 아니며, 인류에게만 적용되는 개념도 아니다. 에피파니는 우리의 무의식, 그리고 우리의 면역체계를 비롯한 내면의 세계, 혹은 우리의 존재를 넘어서 산천과 바다를, 혹은 모든 생태계적 체계의 마인드를 아우르는 그런 것이다.

Epiphany is not limited to our conscious selves, or even to human beings. Imagine epiphany that touches our subconscious, our other internal minds — the immune system — or that reaches beyond us to touch a forest, or an ocean. ··· or the vast distributed "minds" of any ecological system(DC 458).

그녀의 이러한 깨달음은 묵시록적 현현과 같이 현실과 환상, 종말과 구원을 모호하게 흔적으로만 남기는 잔존의 미학을 구현한다. 자신의 초월적 경험을 고백하는 케이에게 많은 과학자들은 그것이 종교적인 것인지 과학적인 것인지, 나아가 과거 지향적인지 미래 지향적인지를 묻지만, 그녀는 관련 질문에 모두 회의적인 태도를 보임으로써, 어느 한쪽으로 치우치는 해석을 경계한다. 다만 그녀의 초월적 경험은 세상 모든 것으로 유기적으로 연결되어 있으며 상호 의존적이라는 사실을 통해, 브뤼노 라투르(Bruno Latour)적 철학을 상기시킨다. 라투르가 세상 모든 만물의 액턴트(actant)로서의 주체적 존재 가치를 강조했던 것과 같이, 이 시리즈를 통해 작가 베어는 인간과 비인간, 선과 악의 구분을 뛰어넘는 유기론적 네트워크 사상을 피력한다. 이를 통해 긴장 관계에 놓여 있던 종교적 창조주의 혹은 과학적 진화주의는 모두 유보되는데, 각각은 자연에 대한 인간의 우위 혹은 인간에 대한 자연의 결정론을 상정하기 때문이다. 결국, 라투르식 네트워크 내에서의 주체와 객체를 뛰어넘는 각각의 존재 가치와 영향력에 대한 설명을 베어의 작가관에 적용해 설명할 때, 신 중심의 혹은 인간 중심의 세계가 아닌, 신, 인간, 자연 및 모든 사물과 상호 작용하는 네트워크가 그가 그리고자 하는 큰 그림이라는 사실이 드러나고, 이러한 "바이러스와 인간 사이의 복잡하게 연결되어 있는 네트워크(complex, interconnected network of the virus and the human)
는 대안적인 반서구적 물환론의 인식론(alternate non-Western animistic epistemol-
ogies)을 요청한다(Ray, 2021: 29).

6. 나가며

전염병은 삶과 문학 작품에서 모두, 삶과 죽음, 종말과 구원, 종교와 과
학, 개인주의와 공동체주의와 같은 이분법적 사고를 촉발시키고 그 과정에
서 혐오의 감정은 모순적 상황에서의 인간의 공포와 불안을 대체한다. 다윈
시리즈 역시 단순히 종말론을 형상화하는 문학 작품이라는 사실을 넘어서
성경의 알레고리를 통해 현실의 갈등과 모순을 선명하게 드러내고 혐오가
작동되는 방식을 보여준다. 이러한 모순들이 통합되는 과정에서 묵시록의
모호함이 연상시키는 잔존의 미학이 주요한 역할을 한다. 이는 다윈 시리즈
가 단순한 종말에 관한 소설이 아닌 종말과 재림에 관한 이중적 차원을, 약
속과 나타남이 아닌 계시와 이미지화로 형상화함을 의미한다. 이처럼 다윈
시리즈에서 기독교적 알레고리는 전통적 이데올로기와 모순적 관계에 놓이
는 현대적 가치들을 병치시킴으로써, 독자들이 거대 서사에 대한 회의와 재
고를 하고, 새로운 인식적 패러다임을 경험하게 한다. 따라서, 알레고리적
변증법은 조화와 일치를 넘어서는 모순과 균열을 통해 지속적으로 표면적
서사를 분열시키고, 그 분열 자체를 전면화함으로써, 닫힌 결말과 완결된
구조보다는 외연적 사고와 성찰로 이어지는 열린 결말을 추구한다. 즉, 종
말론적 상황을 기독교적 묵시록의 알레고리를 통해 형상화함으로써, 종말
론 그 자체의 닫힌 결말이 아닌, 포스트 아포칼립스 소설이 제시하는 잔존
의 미학을 통해, 독자는 과거와 미래를, 그리고 과학과 신화를, 선과 악을
인간과 비인간을 가로지르는 유연적 사고를 기반으로 하는 세계관을 도출

한다.

그 세계관은 다윈 시리즈를 관통하는 모순되는 가치들이 변증법적으로 교차하는 곳에서 경험하는 인식론적 확장의 결과물이다. 다윈 시리즈를 끝내고 베어는 짧은 주의문(caveats)을 첨부하면서 자신의 작가관을 피력한다. 그는 이 작품을 통해 "다윈주의의 무작위성도 절대적 신적 존재의 섭리도 지지하지 않을 뿐 아니라 우리의 기원에 대해 원리주의나 창조주의를 받아들이지도 않는다"(DC 457)라고 말하면서, 다윈의 시리즈가 종교적으로만 해석되는 것을 경계한다. 나아가 그는 "다양한 신경망(neural networks)으로 이루어진 이 세상의 삶은 생존을 위해 그리고 자원을 확보하기 위해 서로 상호작용을 하면서 문제해결을 한다"(DC 457)라고 주장함으로써, 모든 생물과 무생물의 유기체적 상호 작용에 대한 라투르적 철학을 강조한다. 결국, 자연과 신을 이해하기 위해 우리가 갖춰야 할 덕목은 "겸손"(DC 458)이라는 작가의 마지막 메시지는, 전염병 그리고 전염병 서사를 통해 우리가 배워야 할 궁극적 가치가 인간 중심주의, 배타주의, 계층주의, 결정론과 같은 이데올로기에 대한 의심과 재고라는 사실을 시사하면서, 질병이 촉발한 혐오 현상에 대한 대안적 사유를 제시한다.

참고문헌

김종갑. 2017. 『혐오, 감정의 정치학』. 서울: 은행나무.

누스바움, 마샤(Martha Nussbaum). 2020. 『혐오와 수치심』. 조계원 옮김. 서울: 민음사.

솔닛, 리베카(Rebecca Solnit). 2012. 『이 폐허를 응시하라』. 정해영 옮김. 서울: 그린비.

정과리. 2014. 「감염병의 철학적 의미」. 『감염병과 인문학』. 서울: 도서출판 강.

커티스, 밸러리(Curtis Valerie). 2019. 『진화한 마음』. 전중환 옮김. 서울: 휴머니스트.

Auerbach, Erich. 1974. *Mimesis*. New Jersey: Princeton UP.

Aveni, Anthony. 2016. *Apocalyptic Anxiety*. Boulder: UP of Colorado.

Bear, Gregory Dale. 1999. *Darwin's Radio*. New York: Random House.

_____. 2003. *Darwin's Children*. London: Harper Collins Publishers.

Braidotti, Rosi. 2019. *Posthuman Knowledge*. Cambridge: Polity Press.

Bryant, Levi R. 2014. *Onto-cartography*. Edinburgh: Edinburgh University Press.

Chalker, William. 2006. *Science and Faith: Understanding Meaning, Method, and Truth*.
    Louisville: Westminster John Knox Press.

Collins, John J. 1979. "Apocalypse: The Morphology of a Genre." *Semeia*, Vol. 14, pp.
    1~13.

Davis, Alex. 2016. "Story without End: Perspective, Form, and Interpretation in John's
    Apocalypse." *Religion & Literature*, Vol. 48, No. 3, pp. 71~90.

Dowling, David. 1987. *Fictions of Nuclear Disaster*. Iowa City: U of Iowa P.

Foucault, Michel, Michel Senellart, Francois Ewald, and Alessandro Fontana. 2009.
    Security, Territory, Population: Lectures at the College De France, 1977-1978.
    London: Palgrave Macmillan.

Gordon, Keith. 2009. "The End of (the Other Side of) the World: Apocalyptic Belief in
    the Australian Political Structure." *Intersections*, Vol. 10, No. 1, pp. 609~645.

Haught, John F. 1995. *Science and Religion: From Conflict to Conversation*. New York:
    Paulist Press.

Herrick, James A. 2008. *Scientific Mythologies*. Downers Grove: InterVarsity P.

Kermode, Frank. 2000. *The Sense of an Ending: Studies in the Theory of Fiction*. New York: Oxford UP.

Ketterer, David. 1974. *New Worlds for Old*. Bloomington: Indiana UP.

Lawrence, David Herbert. 1980. *Apocalypse and the Writings on Revelation*. Mara Kalnins(ed). Cambridge: Cambridge UP.

Lee, Judith. 1996. "We are All Kin: Relatedness, Morality, and the Paradox of Human Immortality." George Slusser, Gary Westfahl, and Eric S. Rabkin(eds). *Immortal Engines: Life Extension and Immortality in Science Fiction and Fantasy*. Athens: U. of Georgia P., pp. 170~182.

Lévi-Strauss, Claude. 1995. *Myth and Meaning*. New York: Schocken Books.

Michaels, Walter Benn. 2000. "Political Science Fiction." *New Literary History*, Vol. 31, pp. 649~664.

Mirabile, Andrea. 2012. "Allegory, Pathos, and Irony: The Resistance to Benjamin in Paul De Man." *German Studies Review*, Vol. 35, No. 2, pp. 319~333.

Moylan, Tom. 1986. *Demand the Impossible: Science Fiction and the Utopian Imagination*. New York: Methuen.

Ray, Subhadeepta. 2021. "The Virality of Pandemics: Reassembling the Social in the anthropocene." *Society and Culture in South Asia*, Vol. 7, No. 1, pp. 16~31.

Robinson, Douglas. 2000. "Literature and Apocalyptic." Stephen Stein(ed). *The Encyclopedia of Apocalypticism: Volume 3. Apocalypticism in the Modern Period and the Contemporary Age*. New York: Continuum, pp. 360~391.

Seed, David. 2000. *Imagining Apocalypse*. London: Macmillan.

Waelbers, Katinka and Philipp Dorstewitz. 2014. "Ethics in Actor Networks, or: What Latour Could Learn from Darwin and Dewey." *Sci Eng Ethics*, Vol. 20, pp. 23~40.

Wilkens, Matthew. 2006. "Toward a Benjaminian Theory of Dialectical Allegory." *New Literary History*, Vol. 37, No. 2, pp. 285~298.

제8장

격리와 절멸의 '기묘한 나라', 한센병 요양소*

유수정

1. 한센병을 쓰다

'한센병 문학'은 넓게는 한센병 또는 한센인이 등장하는 소설을 지칭할 수 있고, 좁게는 한센인 당사자가 한센병을 소재로 쓴 소설로 제한된다. 전자는 폐결핵이나 암, HIV 감염 등 여타 다른 질병들이 소재로 쓰인 '질병 문학'의 한 부류로 분류할 수 있고, 이 경우에는 수전 손택(Susan Sontag)의 연구(손택, 2002)처럼 작품 속에 질병이 은유로 등장하는 일이 많다. 한편 일본과 한국, 타이완 등 구일본 제국과 그 식민지였던 국가에는 식민지기부터 그 이후까지 한센병 요양소가 있었고, 그곳에 한센인을 강제 격리했던 역사가 있다. 그런 이유로 이 지역 한센인 당사자가 쓴 문학은 특수성을 갖는다. 즉 요양소라는 한정된 공간에서 쓰인 '요양소 문학'은 일종의 '감방 문학'이기

---

* 이 글은 유수정, 「시마 히로시 소설에서 본 한센병 요양소 생활」, ≪일본문화 연구≫, 83집 (동아시아일본학회, 2022)을 개고한 것이다.

도 한 것이다. 또 한편으로 한센병 문학은 한센병이 갖는 특수성으로 인해 "일종의 특수한 세계의 기록문학"(中村武羅夫, 1936: 9)으로 규정되기도 한다.

한센병이란 나균에 의한 감염증으로 나균이 피부, 말초, 신경계, 상부 기도를 침범해 병적인 변화를 일으키는 만성 전염성 질환이다("서울대학교병원 N 의학정보"). 주요 증상은 손, 발, 얼굴 등의 지각 마비나 운동 마비가 일어나거나 눈썹, 머리카락 등이 탈락하고, 피부에 발진이 나타난다. 한센병에 걸렸다고 해서 바로 사망과 연결되는 것은 아니지만, 병이 진행되고 2차 상해로 인해 손발과 안면이 변형하는 등 예전에는 큰 신체적 변형과 후유증을 남기는 질병이었다. 피부에 염증을 일으키고 병변이 광범위하게 홍반으로 드러나기 때문에 겉으로 보기에도 굉장히 흉측해지며 손상된 피부에 신체 결락, 또 2차적인 세균 감염이 일어나 고약한 냄새를 풍기기까지 한다. 이러한 시각·후각적인 징후로 인해 단순한 질병 환자 이상으로 혐오의 대상이 되었다. 치명적인 병변과 함께 전염도가 매우 높을 것이라는 잘못된 인식, 그리고 1943년 미국에서 치료약 프로민(Promin)이 개발되기 이전에는 이렇다 할 치료법이 없는 만성 질환, 즉 '불치의 병'이었기 때문에 한센병균 감염자는 기피의 대상이 되었고, 인간적이지 못한 대우와 차별을 받았다. 문제는 이러한 한센병에 대한 차별과 혐오의 역사는 단순히 질병에 대한 공포나 혐오로 인한 것만이 아니라, 근대 이후 국가적 차원에서 구축된 질병 담론, 위생 담론, 의학·과학 담론의 결과로 시행된 정책들의 결과이기도 하다는 사실이다.

이 글에서는 한센병 당사자이자 한센병 운동가이자 소설가인 시마 히로시(島比呂志)의 단편 소설 「기묘한 나라(奇妙な国)」를 통해 근대 일본의 한센병 '격리 정책'과 한센병 요양소 생활에 대해 그가 제기한 문제들을 살펴보고자 한다.

2. 한센병 차별과 '정복'의 역사

한센병은 인류의 가장 오랜 질병 중 하나다. 성서에서도 불치의 병, 신의 심판, 병 중의 병으로 특별 취급되면서 환자는 부정한 존재로 차별의 대상이 되었다.[1] 중세에 가장 박해받던 사람들 중 하나였던 한센인들은 인간 거주지에서 내쫓겨 광야에서 들짐승과 같은 생활을 해야 했으며 재산은 몰수되었다. 공동체에서 추방된 한센인의 다수는 공동체 외부에 만들어진 수용소에 거주했다. 이 시설은 '병원'이라 불렸지만, 실제로는 치료를 위한 시설이 아닌 수용 시설이었다. 12세기에서 16세기 중반에 걸쳐 라틴-기독교 세계 전체에 약 2만 개의 수용소가 있었다고 추정된다(카렌, 2001: 132). 1321년 프랑스에서는 각지의 한센인이 유대인이나 무슬림과 음모를 꾸며 기독교 세계를 전복시키려 한다는 근거 없는 소문이 퍼지고, 한센인에 대한 대대적인 학살이 일어났다(긴즈부르그, 2020: 67~70).

푸코(Michel Foucault)는 저서 『광기의 역사』에서 16세기와 17세기에 유럽에서 한센병이 사라지면서 한센인으로 가득 찼던 나요양소(leprosarium)에 점차 광인들이 수용되기 시작했다고 주장했다. 푸코는 유럽에서 한센인에 대한 격리와 수용이 사라지고, 그 자리를 광인이 대체하는 과정을 통해서 근대의 이성이 어떻게 형성되었는지를 묘사했다. 그러나 푸코의 주장과 달리 19세기 서유럽을 제외한 북유럽과 남유럽, 동유럽에서 한센인은 여전히 존재했으며, 특히 북유럽의 노르웨이에서는 급증하는 한센인 문제는 심각한 공중 보건학적 문제로 등장했다. 나균을 발견한 한센(Gerhard Henrik Armauer Hansen, 1841~1912)이 노르웨이의 의학자라는 사실도 이와 무관하지 않다. 근대 이전 불치병으로 취급받고 육체뿐 아니라 영혼의 병으로 여겨지면서 현

---

1   구약 성서 「레위기」 13장에 다양한 피부병 증상에 관해 사제가 증상을 조사해 부정한 것인지 판단하고 격리하는 율법이 나온다.

대의 암 이상으로 공포의 대상이었던 한센병은 1873년 한센이 한센병을 일으키는 나균을 발견하면서 본격적으로 근대 의학의 영역으로 들어온다. 즉, 영혼과 관련 없는 세균성 질환임이 밝혀짐과 동시에 의학으로 정복되는 질병이 된 것이다. 중세적 질병에서 근대적 질병으로의 재구성이다. 그리고 이러한 재구성 속에서 한센인에 대한 국가와 사회의 대응도 변화했다(김재형, 2019: 44~45).

19세기 중엽까지 한센병의 병인론으로 유전설이 지지를 받고 있었다. 위에서 언급했듯이 1873년 한센이 나균을 발견하고, 1897년 10월에 베를린(Berlin)에서 열린 제1회 국제나병회의에서 한센병은 유전성 질환이 아니라 감염증이라는 사실이 확인되었다. 나균 발견자 한센은 이때 개회사에서 강제 격리의 필요성을 역설하며 "병에 걸린 인간은 이를 다른 사람들에게 전염시킬 권리는 없다", "나병의 치료는 현재로서는 조금도 효과가 없으므로 격리가 실질적인 방법으로 남아 있다"라고 명언했다. 이렇게 베를린 회의에서 한센병 환자 강제 격리가 예방의 최선책으로 확인되었고, 이 회의에 참여했던 기타자토 시바사부로,[2] 도이 게이조[3]는 일본에 이를 적용시켰고, 10년 후에 공포되는 법률 '나예방에 관한 건(癩予防ニ関スル件)'(1907)의 성립 배경이 된다. 당시에도 국제나병회의에서 "격리가 유일한 방법이 아니다", "나병요양소는 쾌적한 시설이어야 한다"는 의견이 있었으나 이러한 주장은 일본에서는 전혀 고려되지 않는다. 이후 1909년 노르웨이의 베르겐(Bergen)에서 열린 제2회 국제나병회의에서 '걸인 환자, 부랑 환자의 엄격한 격리'에

2　北里柴三郞(1853~1931). 의학자, 세균학자, 교육자, 실업가. '일본 세균학의 아버지'로 알려졌으며 페스트균을 발견하고 파상풍 치료법을 개발하는 등 감염증 의학 발전에 공헌한 것으로 평가된다.

3　土肥慶藏(1866~1931). 의학자. 일본에 서양 의학으로서의 피부과를 도입했다. 메이지(明治)기 한센병 치료법 총설을 썼으며 대풍자유(大風子油)의 효능을 평가했다. 이후 프로민 개발 이전까지 한센병 치료약의 주류를 이룬다.

대한 권고 이외에는 감염자가 임의적으로 승낙하는 생활 상태에서 격리법
이 적합하다고 결의되었다. 그러나 일본은 이 점을 적용하지 않고 열등함과
미개함의 상징이자 '문명국'의 '국치'인 환자 감추기를 고집했다. 1923년 프
랑스 스트라스부르(Strasbourg)에서 열린 제3회 국제나병회의에서는 가족과
가까운 곳을 기본으로 한 인도적인 격리가 조건으로 명기되었으나 이때 일
본은 절대 격리를 추진하면서 감염자를 가족과 떨어진 섬이나 산간 등의 요
양소로 보냈다. 이 회의에는 절대 격리 정책의 선봉이었던 전생(全生)병원장
미쓰다 겐스케⁴가 참가했다. 이윽고 1931년에는 '나예방법(癩予防法)'이 공포
되면서 절대 격리를 국책으로 확립했다(藤野豊, 2006: 11~12). 이후로는 일본의
한센병 정책은 국제 사회의 한센병 의료와 역방향으로 진행되었다. 미쓰다
가 절대 격리를 고집한 이유를 그가 참가했던 제3회 국제나병회의에서 찾
고 있다. 회의에서 인도 대표 로저(Leonard Rogers)가 일본의 한센인을 10만
명이라 보고했는데, 일본 이외에 한센인이 많은 나라로는 중국과 아시아·
아프리카의 식민지 정도였다. 이에 대해 미쓰다는 "혈통의 순결을 자랑하는
일본"이 "야만 미개의 토인"과 같은 수준이라고 굴욕을 느끼고 절대 격리를
강행하기에 이르렀다고 주장한다. 그뿐 아니라 미쓰다는 1915년부터 이미
한센인의 단종 수술을 실시하고 있었다. 이는 절대 격리가 단순히 '국치'이
기 때문에 눈앞에서 안 보이도록 하는 것만이 아니라 우생학의 관점에서 한
센병을 박멸하려 한 우생 정책의 일환이라 할 수 있다. 1938년 이집트 카이
로(Cairo)에서 열린 제4회 국제나병회의에서는 '합리적 퇴소'의 보증이 권고
되었으나 일본의 '나예방법'에 '합리적 퇴소'가 명기되는 일은 없었다. 파시

---

4   光田健輔(1876~1964). 병리학자, 피부과의. 일본의 첫 국립 한센병 요양소인 나가시마 애
     생원(長島愛生園)의 초대 원장을 역임했으며, 평생을 한센병 박멸에 바쳐 '구라(救癩)의 아
     버지'로 불린다. 문화 훈장 등을 받은 한편, 환자의 절대 격리 정책을 추진하고, '나예방법
     (癩予防法)' 제정, 무라현운동(無癩県運動), '나예방법(らい予防法)' 개정의 중심에서 일본의
     한센병 정책을 상징하는 인물이다.

즘 체제하에서 군부는 국민의 체력 강화를 강력히 요구했고, 국제적 상식은 통용되지 않았다.

그리고 전후, 1948년 쿠바 아바나(Havana)에서 개최된 제5회 국제나병회의에서는 요양소와 함께 외래 진료소의 필요성이 대두되었고, 1953년 스페인 마드리드(Madrid)에서 열린 제6회 국제나병회의에서는 "신약 요법에 의한 진보로 각국의 한센병 대책은 규정을 개정해야 한다고 권고"되었다. 이후 한센병에 관한 특별 규정을 두지 말고 차별법은 폐지해야 한다고 결의했다. 그러나 이러한 국제적 흐름과는 별개로 일본 국내에서는 강제 격리가 계속적으로 유지될 뿐만 아니라, 전후인 1953년에는 '우생보호법'[5]에 기반해 단종과 낙태가 강제되고, 재일 한국·조선인 한센인에게 차별적인 '나예방법(らい予防法)'으로 개정되었다. 그리고 이때 개정된 '나예방법'은 21세기를 목전에 둔 1996년에 이르러서야 폐지된다. 2001년에 일본 정부를 대상으로 손해 배상을 청구한 한센인들의 소송에 구마모토(熊本) 지방 법원은 한센병 격리 정책이 잘못되었다는 점을 인정하는 역사적인 판결을 내렸다. 같은 해 5월에 일본 정부 측은 공소를 단념하고 고이즈미 준이치로(小泉純一郎) 당시 수상이 사죄 회담을 발표했다. 이어서 식민지기 강제 격리된 한국의 한센인들도 2004년 일본 정부를 상대로 손해 배상을 끌어냈고, 이는 다시 2007년 한국 정부의 '한센인 피해사건의 진상규명 및 피해자 생활지원 등에 관한 법률' 제정으로 이어져 2012년부터 배상이 이루어지고 있으나 제한적이었고, 2017년에 강제 낙태와 단종에 대한 배상이 확정되었다.

이와 같은 판결에 이르는 일련의 과정을 통해 확인할 수 있는 사실은 첫

---

5   아시아태평양전쟁 중인 1940년에 제정된 '국민우생법'이 전후인 1948년에 '우생보호법'으로 개정되어 1996년까지 존속했다. 19세기 후반 프랜시스 골턴(Francis Galton)이 제창한 우생학은 20세기에 들어 세계적으로 확산해 국민 보호와 후손을 위한다는 명분하에 큰 지지를 얻었다. 우생보호법은 우생학적 단종 수술, 중절, 피임을 합법화한 법률이다.

째, 일본의 한센병 정책은 국가 주도의 한센병 차별 정책이었으며, 둘째 이러한 정책은 의학적 지식이나 국제적인 흐름과도 다른 방향이었고, 셋째 일본 제국의 식민지였던 조선뿐 아니라 해방 후의 한국도 일본의 한센병 정책의 자장 안에 있었다는 사실이다. 그리고 이러한 일본의 한센병 정책이 100여 년에 가까운 시간 동안 확립되고 지속되면서, 한센병과 한센인에 대한 차별과 혐오는 재생산되고 확고하게 되었던 것이다.

3. 일본 전후 한센인 인권 운동과 시마 히로시

근대 일본의 한센병 역사를 정리한 오타니 후지로(大谷藤郞)에 따르면 "일본의 나병 역사는 4기로 나눌 수 있다. 제1기는 발병한 환자가 가정이나 마을에서 쫓겨나 부랑하는 한편, 정부 대책은 부재하고 소수의 종교 자선가의 구제만 존재했던 메이지(明治) 초기 부랑 나병 시대, 제2기는 1907년에 법률 11호가 제정되면서 부랑 나환자 수용을 중심으로 한 약 25년간의 공립 요양소 시대, 제3기는 1931년 '나예방법'이 제정되면서 국립 요양소가 된 이후, 모든 나환자를 격리 수용하려고 한 시대, 제4기는 1953년 현행 '나예방법' 성립 이후의 시대"(大谷藤郞, 1996: 42~43)라고 4기로 나누고 있다. 그리고 이에 덧붙이자면 '나예방법'이 철폐된 1996년 이후를 제5기로 볼 수 있을 것이다. 제5기로 접어들고도 25년이 지난 현시점에서 1세기에 달하는 긴 시간 속에서 조성된 한센병과 한센인에 대한 차별과 혐오는 서서히 해소되고는 있지만 여전히 남아 있다. 일본 구마모토현에서 발생한 한센인 숙박 거부 사건(2003년 10월)이라든가 요양소 낙태아 표본이 잔존하고 있는 등이 그 흔적이다.

일본에서 '나예방법'이 제정되고 개정(개악)된 배경에는 장기간에 걸친 국가의 관여, 이를 뒷받침하는 정치·사회적 사정이 있었다. 그리고 '나예방법'

철폐는 1995년 9월, 규슈(九州)의 변호사연합회에 배달된 편지에서 출발한다. 그 편지에는 '나예방법' 폐지가 눈앞에 닥쳤지만 국가가 지금까지 실시해 온 한센인 격리 정책, 사실상 강제된 낙태·단종 등 '절멸 정책'에 대한 어떠한 총괄도 없이 애매한 채로 막을 내리려 한다는 우려가 적혀 있었다. 그리고 "단지 한 가지 마음에 걸리는 점은 인권과 가장 깊은 관계를 맺고 있는 법조계가 어떠한 견해도 발표하지 않고 방관의 자세를 일관한다는 것"(kyu-shugodolo, 2012)이라고 정면에서 변호사연합회의 책임을 물었다. 이 편지를 받은 변호사연합회는 한센병 요양 시설의 시찰과 인권 침해 실태 조사에 나서고 '나예방법' 폐지와 한센인의 인권 문제 등을 주제로 심포지엄을 개최해, '나예방법' 철폐 이후에도 계속 이어지는 한센인들의 국가 배상 청구 소송을 이끌어 간다. 이때 편지를 보낸 사람이 한센인 당사자이자 작가인 시마 히로시였다.

시마 히로시는 한센병 국가 배상 소송 명예 원고단장이자 일본의 전후를 대표하는 한센병 문학 작가로, 본명은 기시우에 가오루(岸上薫)이다. 그가 본명이 아니라 다른 이름으로 작품 활동을 한 것은 작가로서의 필명이 아니었다. 시마 히로시는 한센인으로서 세상에서 본인의 존재를 지우기 위한 가명이었다. 1918년 가가와(香川)현에서 태어나 1938년 구도쿄농림전문학교(현 도쿄농공대) 재학 중에 한센병 발병을 자각하고, 졸업 직후 결혼해 만주 수역 연구소(獸疫研究所)를 거쳐 모교 조교수가 되었으나 발증으로 1945년에 귀향했다. 고향에서 칩거 중에 일본동화협회에 들어갔고, 1947년 가가와의 요양소 오시마 청송원(大島青松園)에 입소하면서 '시마 히로시'라고 이름을 지어, 그 이름으로 동화를 발표해 작가로서 활동을 시작한다. 1년 뒤인 1948년 규슈의 가고시마(鹿児島)현 호시즈카 경애원(星塚敬愛園)으로 옮겼고, 1958년에는 동인잡지 《화산지대(火山地帯)》를 창간했다. 이후 「기묘한 나라」, 「바다 모래(海の砂)」, 「생존선언(生存宣言)」 등 소설과 평론을 통해 국가의 한센인 격리 정책을 강하게 비판했다. 1995년 규슈 변호사연합회에 인권 구

제 신청을 하고, 1996년 '나예방법'은 폐지되었다. 1998년에는 구마모토 지방 법원에 열두 명과 함께 국가 배상 소송 제1차 제소에 참가했고, 1999년 부인과 함께 실명을 공표하면서 호시즈카 경애원을 퇴소했다. 입소에서 사회 복귀까지 51년이라는 세월이 흘렀다. 2001년 마침내 국가 배상 소송에서 승소 판결을 얻어냈고, 2003년 3월 22일 84세의 나이로 세상을 떠났다. 『한센병문학전집(ハンセン病文学全集)』(皓星社, 2002) 제3권에는 일본 전후를 대표하는 또 한 명의 한센병 문학 작가 후유 도시유키(冬敏之, 1935~2002)와 함께 시마 히로시의 작품이 실려 있다. 「사과(林檎)」, 「기묘한 나라」(≪火山地帯≫, 6号, 1959), 「나가타 슌사쿠(永田俊作)」(≪愛生≫, 第10巻, 第11号, 1956.11), 「카로의 위치(カロの位置)」(≪愛生≫, 第5巻, 第2号, 1951.2), 「호만 중위(豊満中尉)」(≪多摩≫, 第36巻, 第2号, 1955.2), 「생존선언」, 「보석상자(玉手箱)」 등 일곱 편의 단편 소설과 한 편의 중편 소설 「바다 모래」(≪火山地帯≫, 63号, 1985.7)가 실려 있다.

시마 히로시가 가고시마현 가노야(鹿屋)시에 있는 호시즈카 경애원으로 들어간 당시 그곳에서는 문예 활동이 활발했다. 시, 소설, 수필, 단카(短歌), 하이쿠(俳句) 등을 많은 입소자들이 쓰고 있었다. 당시는 전국 13개 요양소에서 모두 문예 활동이 활발했는데 특히 도쿄의 다마 전생원(多摩全生園), 오카야마(岡山)의 나가시마 애생원(長島愛生園) 그리고 호시즈카 경애원 이 세 곳이 두각을 보였다. 전쟁이 끝난 직후라 많은 국민들이 문화에 굶주려 있었고 어떤 잡지건 날개 돋친 듯 팔리던 시대였다. 한센병 요양소도 예외는 아니었다(立石富生, 2019: 86).

이 시기에 한센병 요양소에서 문예 활동에 대한 열기가 높았던 이유를 다치이시 도미오(立石富生)는 다음의 세 가지로 들고 있다. 첫째, 요양소에 수용된 사람들의 연령이 아직 학업 중인 세대가 많아 지식에 대한 향학열이 있었다. 둘째, 오락거리가 없었던 시대에 요양소 밖으로는 나갈 수조차 없었기 때문에 원내에서 절망에 빠지지 않도록 삶의 목표를 발견할 필요가 있었고 가장 손쉬운 수단이 문예였다. 그 외에도 스포츠 활동에 매진하는 사람도 많았다. 셋째, 문학에는 편견과 차별이 없고 작품이 좋으면 사회에서 인정받을 수 있다는 희망이 있었다. 예를 들어 전전에 호조 다미오(北条民雄)가 가와바타 야스나리(川端康成)에게 발탁되어 문단 데뷔를 했고, 전후에도 나가시마 애생원의 미야지마 도시오(宮島俊夫)가 일류 문예지 ≪신조(新潮)≫에 작품을 발표했다(立石富生, 2019:86).

여기에 한 가지 더 유력한 이유를 붙이자면, 당시 일본에서 활발했던 서클의 활동과 서클지의 융성을 고려할 수 있다. 하영건의 논문(2020)을 참고로 해 정리하자면, 일본에서 전국적으로 서클 운동이 벌어졌던 1950년대 초중반의 서클은 직장이나 지역을 기반으로 모인 소수 인원이 전개하는 문화 운동의 기초 단위가 되었다. 서클은 전후 문화 운동의 중심축이면서 동시에 거점의 역할을 수행했을 뿐만 아니라, 그동안 주체성을 갖지 못했던 민중이 스스로 목소리를 내고 활동할 수 있는 '새로운 공간'이기도 했다.[6] 민중의 자발성, 주체성과 관련해 서클이 특히 주목받는 부분 중 하나는 서클지에서 가장 중요한 콘텐츠 중 하나였던 생활 기록이다. 생활 기록은 전후에 이르러 새롭게 각광받기 시작한 '기록'이라는 장르와 함께 지금까지 문학

---

6   오늘날 일반적으로 '서클'이라는 단어는 동아리나 모임, 클럽과 동의어로 사용되고 있으나, 본래 일본에서 '서클(кружо́к, 크루조크, circle)'이란 소련에서 돌아온 구라하라 고레히토(蔵原惟人)에 의해 소개된 좌익의 정치 용어였다. 1930년대 일본에서 공산당이 주도하는 예술 운동의 대중적 기초 단위로 조직되었던 서클들은 1934년 탄압에 의해 대외적으로는 한 번 자취를 감췄던 다분히 정치적인 조직 단위였다. 1945년 패전 경험 이후 부활한 서클은 전전의 그것과는 다른 방향으로 발전하게 되는데, 가장 큰 차이는 서클의 주체가 공산당과 같은 상부 조직에서 노동자를 비롯한 대중으로 바뀌었다는 점이다. 종전 직후 GHQ의 정책에 따라 일본 내 기업들에서 조직되기 시작한 노동조합을 기반으로 각지에서는 노동 운동을 주된 활동으로 삼는 서클이 부활했다. 전후 서클은 1940년대 후반부터 1950년대 초반에 걸쳐 일어난 레드 퍼지(red purge)에 의한 탄압을 겪으면서도 완전히 소멸하지 않고 지역, 직장, 학교, 마을 등 다양한 단위를 기반으로 살아남았다. 1950년대 중반에 이르러 각자 다른 방식과 형식을 지닌 서클들이 각양각색의 활동을 펼쳤는데, 이 시기를 '서클의 시대'라고 부를 만큼 그 양상이 전국에 걸쳐 폭발적이었다(하영건, 2020: 1~2).

의 주체가 되어본 적이 없는 일반 민중이 직접 썼다는 점에서 의의를 갖는다.[7] 또한 더 나아가 서클 운동의 전성기였던 1950년대뿐 아니라, 전전 익찬 운동에서 이어지는 전후 문화 운동의 비판점을 지적하거나, 재일 조선인, 원폭, 탄광 등을 이야기할 때 빼놓을 수 없는 전쟁과 식민지 문제에 대해 인식할 수 있는 계기를 마련했다(宇野田尚哉 外, 2016: 298). 바로 이러한 서클지의 융성, 그리고 쓰는 주체로 등장한 민중 또는 소외되어 왔던 소수자가 서클지의 '기록'을 통해 목소리를 내기 시작했고, 한센병 요양소의 문예지들도 이러한 맥락 속에 위치 지을 수 있을 것이다.[8]

다치이시 도미오가 들고 있는 한센병 요양소에서 문예 활동에 대한 열기가 높았던 세 가지 이유가 한센병과 한센병 요양소 생활 내부적인 이유라면, 필자가 덧붙이는 서클지 전성기라는 이유는 일본 사회의 미디어 환경, 그리고 사회 운동과 결부된 외부적인 요인이다. 실제로 시마 히로시가 공산당원이었거나 그와 관련된 활동을 했는지는 알 수 없으나, 그의 소설 「생존선언」에는 1952~1953년에 걸쳐 공산당 활동에 열중하고, 사회주의 경향이 강한 문예 서클지 발족인으로도 참가한 주인공의 경력이 나온다(島比呂志, 2002: 321~322).

패전 직후 여기저기서 만들어진 서클들은 한국 전쟁 이전까지는 일본 공산당의 지도를 받는 대규모 노동조합이 중심이었다면, 1950년 이후에는 연

---

7 이때 1950년대라는 시대적 배경이 대단히 중요한데, 사람들은 전쟁을 거쳐 점령기로 넘어오는 과정에서 검열 및 이념 간의 대립 등으로 점철된 미디어에 대해 회의감을 갖기 시작했다. 이것이 새로운 형태의 정보, 새로운 형태의 기록에 대한 추구로 이어졌고, 스스로의 손으로 직접 생활을 기록하는 행위를 통해 민중은 그때까지 가져본 적 없는 그들만의 주체적 공간을 획득하는 것이 가능해졌다. 鳥羽耕史, 『1950年代: 「記錄」の時代』(河出書房新社, 2010); 하영건(2020: 2).

8 한센병 요양소에서 발행하는 문예지들의 편집후기나 교류란을 살펴보면, 특히 1950년대를 중심으로 각 요양소 문예지들 간의 교류뿐 아니라 요양소 외부의 타서클지와의 교류도 활발했던 것으로 보인다. 이에 대해서는 추후 별도의 연구를 진행하고자 한다.

합국 최고사령부의 반공 정책과 레드 퍼지(red purge)의 영향으로 공산당의 정치적 입장과는 어느 정도 거리를 둔 지역 서클로 변모한다. 이러한 서클 운동과 서클지가 1950년대 전국에 8000개나 있었고 게이힌(京浜) 공업 지대의 도쿄 쪽을 일컫는 소위 '도쿄 남부'에서만 200여 개 정도의 서클이 있었다고 한다.

서클 운동은 '시'로서 출발했으나 차츰 '생활 기록'과 '합창 운동'으로도 확산되었고 이것은 다시 '시민운동'으로도 확장되어 새로운 전후 민주주의의 시민 의식을 실천하는 양상을 보이게 된다. 특히 1954년 미국의 비키니(Bikini)환초에서의 수폭 실험으로 일본의 원양 어선 다이고후쿠류마루(第五福龍丸)가 피폭되는 사건을 계기로 일본에서는 반핵 운동이 싹트게 되었다. 1950년대 서클 운동의 정점은 '원수폭(原水爆) 금지 운동'이었으며 서클들은 이 운동의 주체가 되었고, 나아가 일본 사회에 대한 '공공성의 토론장' 또는 '풀뿌리 미디어'로서의 역할을 했다. 이러한 흐름과 같이해 일본 전국의 한센병 요양소에서는 입소자들이 자발적으로 문예 동인지를 발행하고, 요양소 간의 네트워크를 만들어 동인지의 교류뿐 아니라 참여 작가들도 서로의 매체를 넘나들며 문제의식을 공유했다.

4. 격리와 절멸의 기묘한 나라

당신들은 면적 40헥타르에 인구 천여 명이라는 장난감 같은 작은 나라가 일본열도 안에 존재한다는 사실을 알고 있는가. (중략) 한 나라를 형성하는 이상, 엄연히 국경이 있고, 출입국관리령을 따르지 않으면 출입국할 수 없고, 헌법과 건국정신도 있어서 국민생활에 질서가 있음은 일반 국가와 다르지 않다. 단지 다른 점은 어떤 국가든, 즉 자본주의 국가든 사회주의국가든 모든 국가가 그 목표를 발전에 둔다는 데에 반해 이 나라에서는 멸망이야말로 국가 유일의 대이상이라

는 것이었다. 따라서 농업국이 식량생산에 힘을 쓰고 공업국이 기계 개량이 전
념하듯이 이 나라에서는 종교에 전력을 쏟는다. 좁은 국토에 실로 당당한 사원
과 교회가 솟아 있는 경관은 그야말로 죽음이 얼마나 영예롭고, 즐거운 구원의
세계로 통하는 것인가를 말하고 있다. 금색 찬란하게 빛나는 언덕 위 납골당의
아름다움은 멸망의 나라의 상징이라 해도 과언이 아닐 것이다(「기묘한 나라」,
231쪽 이하 번역 및 밑줄은 필자).[9]

소설 「기묘한 나라」는 이렇게 시작한다. 1959년 당시 시마 히로시가 주
재하고 있던, 가고시마 호시즈카 경애원의 동인 문예지 ≪화산지대≫ 6호에
발표되었고, 1980년에 출판된 동명의 단편 모음집에 수록되었다. 「기묘한
나라」는 '멸망이야말로 국가 유일의 대이상'인 나라의 이야기이다. 도입부
에서 이미 알 수 있듯이 텍스트 자체의 내용만으로는 비현실적인 설정의 소
설로 보인다. 마치 아쿠타가와 류노스케(芥川龍之介)의 소설 「갓파(河童)」에서
처럼 현실의 상황을 전부 거꾸로 설정해 놓은 풍자 같다. 그러나 이 소설의
배경을 한센병 요양소로 두고 다시 보면 과장 없는 현실이 된다. 현재 일본
전국에 국립 13개소와 사립 6개소로 총 19개가 있는 일본의 한센병 요양소
는 1950년대 피크기에는 전국에 총 1만 2000명가량의 입소자가 있었고,
2011년에는 2275명(≪読売新聞オンライン≫, 2021.5.17), 2022년에는 1000명 이
하가 되었다(≪毎日新聞≫, 2022.5.17). 현재 입소자들도 평균 연령 88세로 그야
말로 '멸망'이라는 국가 목표의 달성을 목전에 두고 있다(〈그림 8-1〉 참조).
　그렇다고 소설의 배경인 '기묘한 나라'가 한센병 요양소라는 분명한 명기
는 소설 어디에도 없다. 단지 이 '기묘한 나라'가 이렇게 세상과 분리되어 사
라지는 운명을 기다리고 있는 이유는 간단하게 '멸망의 균' 때문이라고 설명

9　본문 중 텍스트 인용은 『ハンセン病文学全集3 小説三』(皓星社, 2002)에 의한 것이다.

된다.

일본제국 정부는 이 나라 사람들이 갖고 있는 '멸망의 균'을 두려워하여 이 나라
사람들이 일본 국내에 침입하지 않을 것과 자손을 만들지 않기 위해 남자들의
정관을 자를 것을 조건으로 영구히 의식주와 의료를 보장한다는 약속을 했다
(「기묘한 나라」, 232쪽).

밑도 끝도 없는 '멸망의 균' 때문에 이 나라 사람들은 일본 제국에서 격리
되어 일본 국내에 '침입'할 수 없게 되고, 또 정관 수술로 자손을 만들지 않
도록 해 절멸의 '대이상'을 이룰 수 있도록 했다. 이에 대한 보상은 의식주와
의료의 보장이다. 이 '기묘한 나라' 국민들의 '대이상'은 결코 그들 스스로
목표로 한 것이 아니라 일본 제국에 강제된 것이다.

일본의 한센병 환자 격리 정책에 대해 전후 한센병 요양소를 대표하는 평
론가 시마다 히토시(島田等)는 "일정한 관리가 이루어지는 '격리'"조차 아닌,
완전한 "환자 버리기"(島田等, 1985: 8)라고 단죄했다. 시마다의 지적대로 일본
의 격리 정책은 종생 격리를 원칙으로 내세워왔다는 점에서 세계적으로도
특이한 예라는 사실은 이미 앞장에서 살펴보았다. 이 격리 정책의 기초가
되는 격리 근거법은 "요양할 길
이 없거나 구호자가 없는 자"를
대상으로 한 '나예방에 관한 건'
(1907)에서 "병독 전파의 우려가
있는 자"를 대상으로 한 '나예방
법'(1931)으로 발전한 1930년대
에 구축되었다. 이 시기부터 일
본 각지에서는 '조국 정화', '민족
정화'를 내걸고, 지역 공동체로

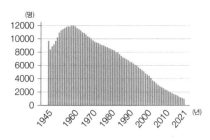

〈그림 8-1〉 국립 한센병 요양소 입소자 수

자료: ≪読売新聞オンライン≫(2021.5.17).

부터 한센병 환자를 몰아내려는 '무라현운동(無癩県運動)'이 시작되었다. 만주 사변 이후 15년간의 아시아태평양전쟁에 돌입하면서 일본은 전시 파시즘 체제가 강화되고, 우수한 병력을 장기에 걸쳐 유지·확보하기 위해 한센병 환자는 단 한 명도 사회에 남겨둘 수 없는 존재라는 인식이 정책적으로 구현되고, 또 일본 국민들에게 받아들여진 것이다. 이에 따라 강제 격리와 종생 격리가 더욱 철저하게 이루어졌다. 1936년에는 내무성에서 한센병 '20년 근절 계획'을 세우고, 20년 내로 일본에서 한센병 환자를 근절시키는 계획을 세웠다. 여기서 '근절'은 비한센병 환자들의 눈앞에서 한센병 환자를 없애는 것, 그들을 '영원히' 격리시키는 것이었다. 이와 함께 해당 환자와 가족의 고통과 피해는 심각한 참극을 일으켰다. 이러한 움직임의 절정은 1935년부터 시작되어 1936년에 본격화된 무라현운동이다(유수정, 2017: 245~250).

그렇다고 소설 속 '기묘한 나라'의 사람들이 처절한 고통 속에서 억압받으며 사는 모습으로 그려지지는 않는다. 소설 도입부의 '기묘한 나라'에 대한 소개가 끝나면 이어서 세 개의 에피소드가 이어진다. '제1화 양패 3년의 것(両劫三年のこと)'은 바둑을 두는 두 사람과 옆에서 지켜보는 한 사람, 그리고 이들을 바라보는 또 한 명의 관찰자의 이야기이다.

구경하는 사람을 구경하는 사람이야말로 가장 지루한 사람이다. 이런 생각을 하는 나야말로 가장 지루한 인간 중 한 명일지도 모른다고 아오키는 생각했다.

그는 아침밥을 배불리 먹고 속옷 바람으로 돼지처럼 살찐 몸을 뉘였지만 매일 밤 10시간에서 12시간은 자고 있는 그로서는 그리 쉽게 잠이 올 리가 없었다. 그래서 스가 노인과 다시로가 바둑을 두는 것을 무심코 바라봤다. 두 명은 흰 돌과 검은 돌을 뒀다가 흩트리기를 반복했다. (중략)

"안 그래? 이기고 지는 것은 문제가 아니지. 우리는 먹고 자는 시간 이외의 시간을 어떻게 때울 것인가가 중요하니까. 알겠나?"(「기묘한 나라」, 232쪽)

비쩍 마른 스가(須賀) 노인과 덩치 큰 다시로(田代)가 바둑을 두고, 옆에서 구경하는 이는 승천하는 용 문신이 있는 야스다(安田)이다. 건너편에서는 이전에 중학교 교사를 하던 아오키(青木)가 이들을 바라보고 있다. 이들은 '기묘한 나라'에 들어오기 전에는 각자가 전혀 다른 일을 하고 다른 세계에서 각자의 방식대로 살아왔을 것이다. 그렇지만 지금은 같이 모여 바둑을 두고, 구경하며 지극히 단조로운 시간을 보내고 있다. 이들의 생활은 단지 지루하다. 이 나라 사람들의 유일한 일은 "지루함에 견디는 것"(234쪽)이다. 매일 똑같은 바둑을 두고, 매일 똑같은 다툼을 하고, 매일 똑같은 대화를 하면서 지루함을 견딘다. '양패(両劫)'는 바둑 용어로 접전을 벌이고 있는 돌 사이에 나타나는 두 개의 패를 가리키며, 양패에 걸리면 자체로 패쓰기를 할 수 있어 무한 반복으로 이어갈 수 있다. 에피소드의 제목에 쓰인 '양패'는 스가와 다시로가 지금 두고 있는 바둑이 양패에 걸린 상황이기도 하면서 영원히 단조롭게 반복되는 이들의 생활을 비유하기도 한다. '양패 3년의 병(両劫三年のわずらい)'이라는 격언이 있는데, 양패에 걸리면 3년을 계속한다 해도 병밖에 생길 것이 없다는 말이다. 제목에서는 병(わずらい) 대신에 '것(こと)'을 써서, 이 자체가 결국은 '병'임을 굳이 말하지 않고 시사하고 있다.

영원히 이어지는 양패전에서 집이 더 많은 다시로는 바둑을 그만 끝내려고 하지만, 집이 더 적은 스가 노인은 무승부가 아니면 물러설 수 없다고 고집을 부린다. 여유로운 스가 노인에 비해 오히려 이기고 있는 다시로는 한계에 달한다. 이때 모두를 보고 있던 관찰자 아오키는 그를 '신 그 자체'라고 느낀다.

지루함을 완전히 잃은 사람은 이미 인간이 아니다. 지루함이란 자기 자신을 인식한다는 것, 즉 고독한 자신의 모습을 느끼고 있는 것이기 때문이다. 자신을 완전하게 대상에 투입해 나와 대상을 동화시킨 상태가 된다면 그것은 신 그 자체가 아닌가(「기묘한 나라」, 237쪽).

지루함을 버티며 살아가는 그들에게는 지루함이야말로 자기를 인식하는 방법이고 의미였다고 말한다. 그러나 다시로는 양패에 걸려 눈앞의 승리에 다다르지 못하고 계속되는 반복에 결국 그날 밤 자살을 한다. 그가 본 것은 끝나지 않는 바둑이 아니라, 희망 없이 되풀이되는 기묘한 나라에서의 생활의 무한 지옥이었던 것이다. '기묘한 나라'에서의 '신'은 죽음이다.

> 　그는 모기장을 빠져나가자 서둘러서 변소로 갔다. 그곳에는 다시로가 축 늘어져 매달려 있었다.
> 　"누군가 죽을 것 같은 예감은 들었는데, 그게 다시로일 거라고는 생각 못 했구먼. 이놈, 바둑의 은혜를 이렇게 엄청나게 갚다니."
> 　스가 노인은 감탄하며 중얼거렸다. 오랜 세월의 지루함을 던져 버리고 멸망이라는 국가 목적에 단숨에 뛰어 들어간 것은 영웅이기 때문에 가능한 행동이었다. 다시로는 이 나라의 용사로 성대한 장례가 치러질 것이다(「기묘한 나라」, 237~238쪽).

　이 나라에서는 삶에 대한 의지를 잃은 이를 '신 그 자체'로 보고 자살자는 영웅이 된다. 국가의 목적이 '멸망'이기 때문이다. 멸망을 목적으로 하루하루 지루하게 생명을 연장하고 있는 아이러니가 일상이고, 지루함이 자기 인식의 준거가 되는 이 나라는 '기묘'하다고밖에 형용할 수 없을 것이다.
　한센병 요양소에서의 자살을 다룬 시마 히로시의 또 다른 작품으로 태평양전쟁 참전 중 한센병이 발병한 남자의 이야기를 그린 「나가타 슌사쿠(永田俊作)」가 있다. 이야기는 나가타 슌사쿠의 죽음에서 시작해, 그의 과거에 대한 회상으로 진행된다.

> 　나가타 슌사쿠는 한 달 전 불가사의한 자살을 했다. 천여 명이 있는 나병 요양소에서는 어디를 가도 이 이야기뿐이었다. 나가타 슌사쿠는 왜 죽었을까. 사람들

은 애써 이유가 될 만한 것을 찾아내려 했지만, 그의 경우에는 마땅히 그럴 만한 이유를 찾을 수 없었다. 그의 죽음은 해명되지 않은 채 미궁에 빠졌다(「나가타 슌사쿠」, 251쪽. 이하 번역 및 밑줄은 필자).

「나가타 슌사쿠」는 일본에서 규모가 가장 큰 국립 한센병 요양소 나가시마 애생원의 동인 문예지 ≪애생(愛生)≫ 제10권 제11호(1956.11)에 발표되었다. 태평양전쟁에 참전한 나가타 슌사쿠는 전쟁 때 미얀마 전선에서 한센병이 발병해 야전 병원 밖 50m 떨어진 오두막의 격리 생활을 하다가 이를 못 견디고 도망치는데 그날 밤 야전 병원이 공습으로 전멸되고, 그도 전사자 명부에 이름이 오른다. 혼자 살아남은 그는 고향의 아내를 만나고자 하는 집념으로 사람을 죽이고 인육까지 먹으면서 살아남는다. 귀환(引揚, 히키아게) 후 한센병 요양소에서 치료를 받고, 고민 끝에 고향으로 간다. 그러나 고향에 돌아간 그가 목격한 것은 자신의 이름이 새겨진 묘비와 아내와 동침하는 동생의 모습이었다. 넋이 나가 요양소로 돌아온 그는 삶의 목적을 잃은 채 살아간다.

그의 '삶의 목적'은 이제 '도망가는' 행위로 바뀐 듯했다. 모순으로 보이지만 인간은 때때로 이런 모순된 심리로 지탱된다. (중략) 병의 비극에서 빠져나가려는 것, 병을 고치는 것이 '삶의 수단'일 수는 있어도 '삶의 목적'일 수는 없다. 그러나 '수단'을 '목적'으로 바꾸어서 그들은 살아가고 있다. 어찌 되었든 살아 있다는 것은 만만치 않은 일이다. (중략)
그의 누더기 군복은 어느새 줄무늬 바지에 새하얀 와이셔츠로 바뀌었다. 치료하러 가는 그의 눈에는 오랜만에 생기가 넘쳤다. 또 어느새 얼굴빛도 좋아졌다. 사람들과도 이야기를 잘할 수 있게 되었다. 이제 고독하지 않았다. 이전에 힘들어도 전우가 있었던 것처럼 이제는 많은 병우들이 생겼다(「나가타 슌사쿠」, 256쪽).

나가타 슌사쿠가 한센병 발병과 참혹한 전쟁터의 절망적인 상황에서도 살아남으려 했던 '목적'은 아내와의 재회였다. 그러나 희망적인 '삶의 목적'이 사라지고 이를 대체해서 '병으로부터 도망치는' 것을 '목적'으로, 즉 '수단을 목적으로 바꾸어서', 살아남기 위한 삶을 산다. 그렇게 하지 않으면 살아갈 수 없었다고도 할 수 있다. 이러한 도치된 삶은 그 어떤 '삶의 목적'도 허락되지 않은 대다수의 한센병 환자들 역시 크게 다르지 않았을 것이다. 그후 나가타 슌사쿠는 시력이 안 좋아져 요양소 내 다른 사람들보다 많은 은급(恩給)을 받으며 경제적인 여유를 누렸다. 손가락이 굽은 것 외에는 외양적인 증상이 없던 그는 새 양복과 구두를 맞추고는 수시로 밖으로 나가 유흥을 즐겼다. 그런 생활에도 실증을 느껴 요양소 내에서 결혼을 하고 고리대금업으로 그 나름의 풍요로운 생활을 유지했다. 그러나 나가타 슌사쿠의 삶은 신약 프로민이 나오면서 평온한 일상에 변화가 생긴다.

> 그러나 그는 피로를 느끼기 시작했다. 수년간 도망쳐온 병이 이제는 전혀 쫓아올 기미가 보이지 않았기 때문이다. 프로민이라는 신약이 그에게는 너무 잘 들었던 것이다. 그에게는 일진일퇴의 상태가 필요했다. 그의 마음속에는 만약 낫기라도 한다면 어쩌면 좋은가라는 걱정이 생겼다(「나가타 슌사쿠」, 258쪽).

'불치병'이었던 한센병에서 '도망치는 것'이 '삶의 목적'이었던 그에게 한센병 완치는 '삶의 목적'의 상실을 의미한다.

> 병에 대한 불안이 옅어진 요양소에는 그저 지루한 시간만이 남아 있었다. (중략) 그의 생활은 완전히 재미가 없었다. 그런 날들이 계속되던 어느 날 그는 의무과장의 호출로 오랜만에 의료실에 갔다.
> "나가타 씨 밖에 나가볼 마음은 없나요. 치유 퇴원입니다. 이제 병은 걱정하지 않아도 될 것 같습니다."

그는 의무과장의 말을 듣다가 정신이 점점 아득해졌다.

"생각해 보겠습니다."

"그래요. 정말로 축하합니다. 마음먹고 나가보세요."

그는 방으로 걸어가며 한 걸음 한 걸음 교수대에 오르는 기분이었다.

병의 불안이 없다는 사실은 이제 살아갈 이유가 아무것도 없다는 것이다. (중략)

병이 낫고도 요양소에 있다는 것은 목적 없는 삶이 아닌가(「나가타 슌사쿠」,

259쪽).

한센병 요양소 내에서의 '자살'에 대해서는 정확한 기록은 정리되어 있지

않다. 일본 국립 한센병 요양소 입소자를 대상으로 청취 조사해 2005년에

발표된 보고서(財団法人日弁連法務研究財団, 2005: 21)[10]에 따르면, 입소 전 한센병

이라고 알고 바로 자살이나 죽음을 생각한 사람이 613명 중 77명(12.6%) 있

었다. 입소 후에 "원내에서 자살 이야기를 들은 적이 있는가?"라는 질문에

42.3%가 "종종 있다", 48.4%가 "가끔 있다", "들은 적이 없다"는 9.3%였다.

"언제까지 자살에 관해 들었는가?" 하는 질문에는 "전전", "종전 직후", "최

근에는 없다"라는 답변부터 "2~3년 전", "2003년"이라는 답변도 있었다. 특

히 쇼와(昭和) 30년대(1955~1964)에 많았다는 답변이 많다. 「나가타 슌사쿠」

의 주인공이 자살한 시기와 같다. 한 인터뷰이는 "쇼와 30년대에는 빈번했

고, 이후는 가끔 있다. 상당히 최근에도 고령자가 자살했다. 나는 DDS의

부작용으로 우울증에 걸렸을 때 죽고 싶다고 생각했지만 실제로 자살하기

까지 행동은 못 했다(후략, 1952년 입소 남성)"라고 말했다(財団法人日弁連法務研究

財団, 2005: 121). 어쩌면 나가타 슌사쿠의 자살은 치료제의 부작용인 우울증

이었을지도 모른다. 그렇지만 과정이야 어쨌든 그가 느낀 좌절은 한센병이

---

10 해당 보고서는 한센병 환자를 강제 격리하고 사회적 편견을 조장한 국가의 책임을 묻기
    위해 피해자의 목소리를 일본변호사협회에서 청취 조사한 보고서이다.

완치되었다는 사실, 병의 불안이 없어졌다는 사실, 즉 '삶의 목적'이 거세된 강제 격리 요양소 생활에서 그에게 허용되었던 '한센병에서 도망'친다는 도치된 목적이 사라져버린 데에 있었다. 과연 한센병 치료약 개발에 성공해서 치료제가 보급된 것이 문제인가, 아니면 도치된 '삶의 목적'을 만들어 살아야 할 정도로 살아갈 의미를 찾는 것을 허락하지 않는 요양소 생활이 문제인가.

앞서 참고한 보고서는 '피해 실태 조사 보고' 개괄로 시작해, '제1부 국립 요양소 입소자를 대상으로 한 조사'로 들어가면 제일 먼저 입소 전 발병에 동반된 피해의 첫 항목으로 '자살'이 나온다. 그 외에도 '입소 시 체험', '가족에게 받은 피해', '치료 시 문제', '요양소 내 교육 문제', '환자 작업', '원내 결혼과 우생 정책', '외출 제한', '가족과의 관계', '퇴소 생활' 등에 대한 청취 조사 결과가 기술되어 있다. 중감방 격리나, 체벌, 폭력, 치사 등 비교적 강도가 강한 피해 사례는 적극적인 청취 조사 대상이 아니었던 것으로 보인다. 이를 통해 판단하자면 보고서에서 파악한 '피해 실태'에서 '자살'은 상당히 비중 있는 피해 사항이며, 한센병 환자 자신의 선택이라 할지라도 강제 격리와 사회적 편견에 의한 구조적인 피해로 국가 배상의 대상이 된다는 것을 의미한다. 시마 히로시가 작품에서 드러내는 문제도 바로 이 부분이다. 「기묘한 나라」에서는 바둑의 승부와 지루함, 「나가타 슌사쿠」에서는 '삶의 목적'의 상실이라는 지극히 개인적인 절망으로 한센병 환자들은 자살을 하지만, 그 뒤에는 삶의 즐거움도, 삶의 목적도 거세된 강제 격리 요양소 생활이 있다.

다시 「기묘한 나라」로 돌아가 두 번째 에피소드 '제2화 고구마님(お甘藷さま)'에서는 일본 제국이 전쟁에 돌입하면서 상황이 바뀐 '기묘한 나라'의 이야기이다. 일본 제국으로부터 지원이 끊기고 이 나라 사람들은 더 이상 일하지 않고는 의식주를 제공받을 수 없게 되었다. 이때 야스다, 아오키와 같은 방을 쓰던 기야마(城山)는 야산에 고구마를 재배해 사람들을 먹이고, 재

산을 늘려간다. 근면 성실하게 일한 기야마에게 사유 재산이 생기고, 먹고 살기 위한 공동 농원 작업과 전쟁과 공습에 대비한 방공호 작업이 의무가 된 '기묘한 나라'에서는 더 이상 '멸망'이라는 대이상이 의미가 없어진다. 사람들은 죽지 않기 위해 방공호를 파고, 살기 위해 식량을 재배한다. 한편으로 사유 재산이 권력이 되어 기야마는 '고구마님'의 힘으로 같은 주민들은 물론 관리자와의 관계도 역전시키며 그가 원하는 대로 행동한다.

세 번째 에피소드 '제3화 신들의 홍수(神々の洪水)'는 일본 제국의 무조건 항복 이후 완전히 달라진 '기묘한 나라'의 이야기이다. 일본 제국으로부터 이전보다 더 풍요로운 지원을 받으며 살게 된 이 나라 사람들은 이제 도망 다닐 필요도, 먹을 걱정을 할 필요도 없이 다시 지루한 시간을 보내게 될 줄 알았는데 실제로는 그렇지 않았다. 대신 끝에서 끝까지 걸어도 20분이 안 걸리는 이 나라에 자동차가 들어오고 오토바이가 들어왔다.

사람들은 '무엇을 위한' 목표를 상실했다. 이는 사는 보람이 없는 삶이었다. 그로 인해 스스로 불안해지고 그 불안에서 벗어나기 위해 전속력으로 달리기 시작한 것이다. 사람들에게 속도만이 '구원'이었고 '신'이었다. 이제는 언덕 위의 사원도 교회도 사람들에게는 불필요해졌다(「기묘한 나라」, 246~247쪽).

자동차나 오토바이의 속도 이외에도 프로 야구, 라디오나 TV 방송, 도박 등 이들의 불안을 가려줄 '구원'은 모두 '신'이 되어 '신들의 홍수'가 일어나고, 이는 세계의 다른 나라들과 다를 것이 없었다. '기묘한 나라'는 더 이상 그 존재 가치가 없어진 것이다. 그러나 세 개의 에피소드가 끝나고 이야기의 마지막에서 '기묘한 나라'의 '기묘함'이 극대화된다.

'기묘한 나라'는 지금 붕괴 직전에 있다. 주요 원인은 이 나라 사람들이 가지고 있는 '멸망의 균'이 과학의 진보로 퇴치 가능하게 되었기 때문이다. 즉, 신약의 출현이다. 따라서 일본 정부와 이 나라가 맺고 있는 안전보장조약도 존속 이유가 불안정해졌고, 개정론과 폐지론이 언론에 화제가 되었다는 사실은 일본의 여러분들도 잘 알고 계실 것이다. 그리고 이 나라 사람들은 가까운 미래에 일본 각지로 이산하거나 또는 부락의 형태로 일본에 복귀할 것이다. (중략) 그 결과 '기묘한 나라'는 이 지구상에서 모습을 지울 것이다(「기묘한 나라」, 250쪽).

효과가 뛰어난 신약의 발명은 불치의 병을 갖고 있는 사람들에게는 그 무엇보다 기쁜 소식이다. 그러나 '기묘한 나라'에서는 이것이 국가 붕괴의 이유가 된다. '멸망'이 국가 목표였으나 '멸망'에 이르지 못하고 '붕괴'해 '이산'하게 되는 '기묘한 나라'와 그 국민들에게 이는 기쁜 일인가, 불행인가. 상식선에서의 행복과 불행, 살아가는 목표, 삶과 죽음 등 이 모든 것이 전복되고 뒤틀린 이야기이지만, 이는 허구가 아니라 한센병 요양소에서의 현실이자 진실이 된다.

5. 한센병 요양소를 그린다는 것

시마 히로시는 한센병 운동의 오피니언 리더로 일본 한센병 사회사에 큰 족적을 남겼다. 한편으로는 한센병(당사자) 문학 작가로, 당사자가 아니면 알 수 없는 요양소의 생활과 한센인들의 마음을 담담하게, 때로는 냉소적이면서도 유머러스하게 그려내고 있다.

나가시마 애생원의 입소자이자 동인 문예지 ≪애생≫의 편집자였던 후타미 미치코(双見美智子, 1917~2007)는 미쓰다 겐스케, 초대 애생원장을 경애했다. "미쓰다 선생님 덕분에 길거리에서 죽지 않고 살아갈 수 있게 되었다"라는 인터뷰(天木リウ, 2005)를 남겼다. 후타미는 '나예방법(らい予防法)'의 종생 강제 격리 정책을 진심으로 지지했다. " '나예방법'이 없었으면, 일가족 모두

이산하거나 동반 자살하는 수밖에 없었다. 물론 강제 수용의 괴로움은 있다. 나는 딸과 헤어졌다. 그렇다 해도 내 가족은 무사할 수 있었다"라고 한다. 애생원에는 이렇게 후타미 씨 같은 미쓰다 원장 지지파가 과거에도 현재에도 절대다수를 차지한다. 정부의 정책을 내면화하고 국가와 일체화시킨 정체성이 '삶의 의미'가 되기도 한다. '수단'과 '목적'이 도치된 삶은 모순적일 수밖에 없다. 시마 히로시는 「기묘한 나라」에서 이러한 모순을 '기묘'하다고 표현한다. 마찬가지로 앞서 언급한 후타미 미치코와 같이 정책과 정체성, 국가와 자신의 삶의 가치를 도치시킨 다수의 입소자들도 '기묘'할 수밖에 없다.

전전의 한센병이 불치의 병이고 한센병 요양소가 한 번 들어가면 다시 나오기 어려운 절대 격리의 공간이었다면, 전후 한센병은 치료약이 있고, 요양소는 퇴원이 가능한 공간이었다. 그럼에도 불구하고 한센인들은 밖으로 나갈 수 없었다. 요양소의 안과 밖의 다른 환경은 물론, 강제된 요양소 생활에서 살아가기 위해 그들 '스스로' 찾아낸 '삶의 목적'은 기묘하게 뒤틀린 것들일 수밖에 없었다. 시마 히로시가 작품을 발표한 매체는 대부분이 한센병 요양소 내에서 주로 유통되는 동인지였다. 즉, 독자가 한센인이거나 그와 관계된 직업군의 사람들이라는 이야기이다. 시마 히로시는 자신과 같이 '격리와 절멸의 정책'에 문제의식을 갖고 있는 사람들뿐 아니라 후타미 미치코 같이 국가 정책을 내면화한 당사자들까지 끌어안고 한센병 당사자로 요양소에서 살아간다는 것은 무엇인가, 라는 질문을 던지고 있다. 그리고 지금, 여기에서, 우리가 그의 소설을 읽을 때는 한센인들이 '기묘한 나라'의 기묘한 존재로 남을 수밖에 없었던 상황을 다시 한 번 생각해 볼 필요가 있을 것이다.

참고문헌

긴즈부르그, 카를로(Carlo Ginzburg). 2020. 『밤의 역사: 악마의 잔치, 혹은 죽은 자들의 세계로의 여행에 관하여』. 김정하 옮김. 서울: 문학과지성사.

김재형. 2019. 「한센인의 격리제도와 낙인·차별에 관한 연구」. 서울대학교 대학원 박사학위 청구논문.

손택, 수전(Susan Sontag). 2002. 『은유로서의 질병』. 이재원 옮김. 서울: 이후.

유수정. 2017. 「마이너 신체성의 굴레: 사회파 추리소설 『모래그릇(砂の器)』에서 보는 한센 병」. 가천대학교 아시아문화연구소. ≪아시아문화연구≫, 45집, 246~250쪽.

카렌, 아노(Arno Karlen). 2001. 『전염병의 문화사』. 권복규 옮김. 서울: 사이언스북스.

하영건. 2020. 「1950년대 일본 잡지 『서클무라』에 나타난 서클 공동체의 공간과 언어」. 연세대학교 대학원 석사학위청구논문.

"서울대학교병원 N의학정보". http://www.snuh.org/health/nMedInfo/nView.do?category=DIS&medid=AA000004(검색일: 2022.4.15).

天木リウ. 2005. "あなたに会う日のために: 長島・愛生園での半世紀". 〈アワープラネットTV〉. http://blog.livedoor.jp/ourplanet_desk/archives/24941548.html(검색일: 2022.4.30).

宇野田尚哉 外. 2016. 『「サークルの時代」を読む: 戦後文化運動研究への招待』. 影書房.

大谷藤郎. 1996. 『らい予防法廃止の歴史: 愛は打ち克ち城壁崩れ陥ちぬ』. 勁草書房.

財団法人日弁連法務研究財団 ハンセン病問題に関する検証会議. 2005. 『ハンセン病問題に関する被害実態調査報告書』.

島田等. 1985. 『病棄て: 思想としての隔離』. ゆみる出版.

島比呂志. 2002. 「奇妙な国」, 「永田俊作」, 「生存宣言」. 『ハンセン病文学全集3 小説三』. 酷星社.

立石富生. 2019. 「講演録 島比呂志生誕100年講演会「島比呂志の生涯と文学」」. ≪国立ハンセン病資料館研究紀要≫, 6号(3月).

藤野豊. 2006. 『ハンセン病と戦後民主主義: なぜ隔離は強化されたのか』. 岩波書店.

中村武羅夫. 1936.1.25. 「胸に泊る作品(文芸時評【五】)」. ≪東京日日新聞≫(朝刊), p. 9.

≪読売新聞オンライン≫. 2021.5.17. "ハンセン病療養所の入所者, 10年で半減 … 国の「おわび」20

年・体制維持に課題". https://www.yomiuri.co.jp/national/20210516-OYT1T50188/ (검색일: 2022.4.15).

≪毎日新聞≫. 2022.5.17. "ハンセン病療養所の入所者1000人切る 初の3桁台 厚生省調査". https://mainichi.jp/articles/20220518/ddm/041/040/030000c(검색일: 2022.5.30).

kyushugodolo. 2012. "島比呂志さんをしのぶ". 九州合同法律事務所 블로그. http://blog.live-door.jp/kyushugodolo/archives/4535596.html(검색일: 2022.4.15).

제9장

일제 시기 부랑자(浮浪者)의 출현과 빈자 혐오*

예지숙

1. 들어가며

혐오를 역사적이고 사회적인 현상으로 볼 때 사회 구성 원리가 급변하는 일제 시기 전후의 양상은 매우 상이할 것이다. 식민지 근대성이 관통한 일제 시기와 해방 후 냉전하의 구체적인 양상 역시 다를 것이라 미루어 짐작할 수 있다.

빈곤은 인류의 역사와 함께 시작해 끝나겠지만 빈곤에 대한 관심과 개입은 역사적인 현상이다. 한국에서는 일제 시기에 빈민이 사회 문제로 떠오르면서 본격적으로 혐오의 대상이 되었다. 이들에 대한 혐오는 사회적 재생산을 돕는 사회 정책의 영향, 걸인 등의 유민을 관리하는 제도, 담론 상황에 영향을 받을 것이다. 일본식의 여러 제도의 도입과 상황의 변화는 빈민에 대

* 이 글은 예지숙, 「일제시기 조선에서 부랑자의 출현과 행정당국의 대책」, ≪사회와 역사≫, 107호(한국사회사학회, 2015)를 일부 포함하고 있다.

한 한국 사회의 인식을 서서히 바꾸어놓았다. 그리고 탈식민하 개발주의와 결합한 빈민 혐오는 형제복지원 사태, 선감학원 사태의 주요한 원인이 되었다.

이 연구는 일제 시기 부랑자의 출현과 빈민 혐오 현상의 관계를 다루려 한다. 부랑자는 일정한 주거나 직업이 없이 떠도는 존재로 사회의 최하층을 이루는 사람들로 특정한 성이나 직업, 인종, 연령 등으로 구분되지 않는 범주적 집단이다. 이들은 사회 안전에 큰 해가 되는 가난, 질병, 범죄를 표지로 한다. 한국 사회에서 이러한 부랑자는 역사적 존재로 20세기 초반에 등장했는데, 이 글은 부랑자와 인접한 존재인 걸인, 유민, 무뢰배 등과의 관계를 살펴보면서 한국 사회에서 빈민의 존재 양상을 역사적으로 설명하고자 한다.

부랑자 연구는 2000년 이후 한국 사학계에 등장한 '식민지 근대성'이라는 역사 인식하에서 수행되었다. 부랑자에 대한 주된 관심은 무엇보다 국가 권력의 작동에 있었다. 이러한 연구들은 제도와 정책을 추적해 식민 권력의 의지에 따라 이들이 어떻게 규정되고 구성되었는지 해명했다. 그리고 이를 통해 이들에 대한 인식이 권력관계 속에서 구성된 것임을 드러냈다(예지숙, 2014; 2015). 그러나 부랑자의 소수자성을 설명하기 위해서는 통치자의 일방적인 의지뿐 아니라 그것을 재생산하고 강화하는 사회의 역할에 대한 설명이 필요하다는 견지하에서 식민 사회의 인식에 대한 연구가 수행되었다(김재형, 2019). 그러나 정책과 제도, 담론에 대한 연구가 미처 해명하지 못하고 있는 부분이 존재한다. 이에 대해서는 일제 시기에 차별과 혐오의 대표적인 대상이었던 백정에 관한 연구들이 참고가 된다. 이 연구들은 노동자·농민이 백정들과 동질화되는 것을 받아들일 수 없는 어떤 정서가 있었으며, 여기에는 이들에 대한 혐오 감정이 담겨 있었다고 했다(장용경, 2017). '어떤 정서'나 '혐오 감정'을 본격적으로 분석한 연구가 산출되지 않고 일반론에 머문 경향이 있으나, 차별 현상을 설명하기 위해 정서적인 면이나 정동을 고려해야 한다는 점을 제기했다는 데 그 의의가 있다.

혐오에 대해서는 주로 문학 영역에서 많은 연구가 수행되고 있으며 최근 한국 사학계에서도 이에 대해 관심을 두고 있다. 이 연구에서 참고하고자 하는 혐오의 정의는 일문학자 이지형의 정리를 참고할 수 있을 것 같다. 그는 누스바움을 비롯한 여러 연구를 참조하면서 혐오에 대해 "주체와 대상의 분리가 전제되며, 영어의 disgust(혐오, 역겨움)에 기초해 싫음과 미움을 포괄하는 감정이자 정동(affect)"이라 정의했다. 또 그는 "혐오 양상에 주목해 혐오가 다수자와 소수자 사이, 소수자와 소수자 사이의 관계성을 구축하고 균열에 관여하는 방식"을 고찰할 것을 제안했다(이지형, 2021: 52).

이 글에서는 부랑자가 정의되고 구성되는 존재임에 주목해 한국 사회에서 부랑자가 주조되는 과정을 정책·제도와 사회적 대응을 통해 살펴보고, 가난함에 대한 반응의 변화를 설명하겠다. 또 식민지 조선의 부랑자가 제국 일본의 통치 영역인 대만과 내지 일본과 어떻게 다른지에 대해서도 시론적이나마 언급하고자 한다. 이 점을 부각하기 위해 선행 연구를 활용해 조선, 일본과 대만의 부랑자의 성격을 비교해 보도록 하겠다. 필자는 부랑자 단속 초기를 다룬 선행 연구에서 일제 통치 초기인 1910년대 부랑자 단속이 조선의 지배층에 대한 길들이기에 방점이 있었음을 지적했다. 이 글에서는 나아가 1920년대 후반 '빈곤 문제'의 등장에 따라 부랑자에 대한 당국의 대책을 살피고 빈곤에 사회적 인식의 변화를 설명하고자 한다.

2. 망국의 원흉 부랑자: 병합 초기 부랑자 단속의 특징

부랑자를 창출하고 규제하는 제도는 일본에 의해 조선과 대만에 이식되었다. 조선에서는 1912년 3월 25일 조선총독부령으로 발포된 경찰범처벌규칙의 1조 2항에 따라 부랑자를 단속했다. "일정한 거주 또는 생업 없이 제방을 배회하는 자를 처벌한다"라는 이 짧은 규칙에 입각해 경찰의 부랑자

단속은 시작되었다.[1]

부랑자 단속은 걸인이 많이 있을 법한 길거리나 공원뿐 아니라 기생집, 연극장, 여관에서도 행해졌다. 일본 내지의 단속처가 주로 부랑 노동자, 자유노동자나 도시 빈민들이 몰려 있는 공원이었음과 다른 부분이다. 경찰서에 끌려온 자들은 구대한제국의 관료, 무항산(無恒産)의 양반 청년, 이들에게 밀매음을 알선하며 먹고사는 무뢰배(無賴輩), 배고프고 갈 곳 없는 걸인 등이었다(예지숙, 2014). 특히 양반에게는 "시대의 변천함을 도모지 깨닫지 못하고 날마다 기생집으로 다니며 금 같은 세월을 허비"[2]한다는 비난이 쏟아졌다. 단속 과정에서 일정한 주거가 있는, 신분이 보장된 상류층 청년을 부랑자로 단속할 것인지 말지 여부에 대한 일선의 문의도 있었다.[3] 이러한 점에 주목해 선행 연구들은 경찰의 단속이 조선의 구지배층을 향한 것이라 설명했다(유선영, 2011; 예지숙, 2014).

통상적으로 근대 권력은 사회 방위적·치안적 관점에서 '배회하는 행위'를 범죄화해 걸인, 유랑 빈민을 단속한다. 하지만 조선에서 부랑자 단속은 일제 통치 초기의 정치적 불안을 해소하는 데 활용되었다. 조선총독부는 의병항쟁의 구심이자, 향촌 단위에서 여전히 지배력을 행사하고 있는 양반에 대한 대책을 강구하지 않을 수 없다. 조선총독부는 병합에 대한 양반 유생들의 반발을 무마하기 위해 전황의 '임시온사금'을 지급했으나 이들의 대부분은 총독 정치에 대해 비판적인 태도를 보이고 있었다(박찬승, 1992: 131~133). 이러한 상황에서 정치적 불안을 해소하려는 목적으로 조선총독부는 부랑자 단속을 활용했던 것이었다. ≪매일신보≫ 지면에 실려 있는 부랑자에 대한 논평이나 사설에서 양반, 상류층 청년자제를 부랑자로 지목하면서, 이들을

1　「경찰범처벌규칙」, ≪조선총독부관보≫, 제470호, 1912년 3월 25일 자.
2　「부랑자의 조사」, ≪매일신보≫, 1912년 12월 4일 자.
3　강원도, 「걸식부랑자 단속에 관한 건」, ≪강원도예규집≫(1924), 437쪽.

조선의 후진성의 증거이자 망국의 원인으로 비난했다. ≪매일신보≫ 지면에는 부랑자 단속의 과정이 세세히 보도되어 있다. 경찰서장이 기생집에서 검거해 온 대한제국의 관료와 양반을 훈계하는 장면과 상류층의 부랑자들이 유치장에서 노동 교화를 받는 장면이 생중계하듯이 보도되어 있다.[4] 이는 1910년대 ≪매일신보≫ 부랑자 기사의 특징이다. 이 신문은 1910년대 거의 유일한 한글 신문으로 조선총독부의 입장을 대변하고 조선인에 대한 계몽의 논조를 유지하고 있었다. 즉, 조선총독부는 부랑자에 대한 단속 기사를 조선의 상류층을 단속하고 조선인을 계몽하고자 했다.

그렇다면 일본과 대만의 부랑자는 어떠한 존재였을까? 일본에서는 1908년 '경찰범처벌령'를 통해 부랑자 단속에 나섰다.[5] 이 법령 이전에는 '非人걸식의 처치에 대한 포고'(1869), '걸식취체에 대한 심득서'(1872)를 통해 부랑자를 수산장(授産場)에 수용했었다. 러일 전쟁 이후 도시화 과정에서 최하층의 빈민인 부랑자들이 생겨났다. 일본에서는 이들을 노무자(勞務者), '걸식자', '부랑자', '야숙자(野宿者)'라 했는데, 이 중 부랑자는 노동 윤리상 문제를 일으킨다는 의미를 강조한 말이었다. 이들은 공원을 중심으로 자리 잡았고 도시의 경관으로 가시화되었다. 1910년대는 일본에 산업화가 한창 진행되고 있던 시기로 관료와 사회사업가 들은 단속 일변도의 부랑자 대책을 비판하고 경찰의 단속 혹은 수용 대상일 뿐이던 부랑자를 일본 자본주의의 전개를 담당할 새로운 존재로 창출하는 방법을 제기했다. 구체적으로 일정한 주거가 없이 떠도는 부랑자들을 정주시켜 노동 규율상 문제가 있는 부랑자를 건전한 노동자로 교화시키는 방법을 강구했다(永橋爲介, 1998). 자본주의 산업

---

4 「부랑자 청결 1회 완료」, ≪매일신보≫, 1914년 11월 20일 자
5 경찰범처벌령 중 부랑자 단속 조항은 1조 3호인데, "일정한 주거 또는 생업이 없이 제방을 배회하는 자 30일 미만의 구류에 처한다"이며, 걸식자에 대한 규정은 2조 1호에 "30일 미만의 구류나 20원 미만의 과료에 처한다"이다. 永橋爲介(1998: 433)에서 재인용.

화로 인한 사회 문제의 등장이라는 상황에 처하자 치안적 시각에서 벗어나 부랑자와 빈곤한 노동자를 분리해 보려는 시각으로 변화했으며 경찰의 단속 일변도 정책에서 서서히 사회 복지적인 방향으로 전환해 가고 있었던 것이었다.

한편 대만의 부랑자는 범죄의 요소를 가지고 있는 잠재적 범죄자이자 노동 기피자였다. 일본과 조선에서 부랑자 단속 규정이 경찰범처벌규칙에 있는 하나의 조항 정도로 있었던 데 반해 대만의 단속 규정은 '대만부랑자취체규칙(臺灣浮浪者取締規則)'이라는 '완결적인' 성격을 지닌 형태로 제정되었다. '대만부랑자취체규칙'은 5개의 조항으로 구성되어 있는데 거주가 불명확하거나 생업이 없어 공안과 풍속을 해하는 자들을 수용해 노동을 강제하는 내용으로 구성되어 있다(梁秋虹, 2014). 조선, 일본과 달리 '부랑자 수용소'를 건설해 강제 수용을 하는 강력한 규제책이 있었다. 다만 대만의 부랑자는 폭력적 성격을 지닌 존재로 한국의 부랑자 중 '무뢰배'와 비슷한 존재였던 것으로 보인다.

이처럼 조선 통치 초기인 1910년대 조선, 대만, 일본의 부랑자 단속의 양상과 이를 통해 구성된 부랑자의 상은 다소 상이했다. 조선총독부는 조선의 구지배층에게 압력을 가하고 길들이는 수단으로 부랑자 단속을 활용했고 이에 따라 조선의 부랑자에는 구지배층과 빈민, 무뢰한 등이 포함되었다. 그러나 산업화가 한창 진행 중이던 일본의 부랑자는 도시 빈민적 존재였고, 대만의 부랑자는 주로 폭력과 전과에 연루된 자들이었다.

3. 양반에서 도시 빈민으로: 1920년대 이후 부랑자 성격의 변화

조선이 일본 경제에 포섭되어 재편성되는 과정에서 상품 경제의 심화와 광범한 공업화가 진행되었으며 이는 사회 구조를 크게 변화시켰다. 1910년대 토지 조사 사업과 상품 경제화에 의해 농민층 분해가 급격히 진행된 결과 소작농은 증가하고 자소작농은 감소했으며 토지 경영 규모의 영세화가 진행되었다. 이 결과 농촌에서는 영세한 소작농이나 완전히 토지를 상실한 농업 노동자의 형태로 대규모의 과잉 인구가 형성되었다. 이러한 현상은 대공황기인 1931~1932년경에는 절정을 이루었다(호리 가즈오, 2008: 107~109). 일제 시기 빈민 생활사를 저술한 강만길은 일제 시기 도시의 노동 시장은 노동력 흡입의 결과가 아니라 농촌 내부에서 생산 수단을 잃고 노동자적 처지에 빠진 농민의 실업, 빈민화에 의한 '밀어내기식 이농'이라 평가했다(강만길, 1987: 11).

막대한 농촌 과잉 인구는 임노동자(머슴)로 고용되거나, 농촌 밖의 날품팔이 인부와 가내 사용인 등으로 바뀌었다(호리 가즈오, 2006: 111~113). 조선총독부는 1920년에 사회과를 신설하고 사회사업이라는 이름하에 사회 정책을 실시했으나, 민간 사회사업 기관에 하사금의 명목으로 보조금을 지급하고, 도시를 중심으로 빈민 구제 시설 몇 개 더 설치하는 것에 불과했다. 1920년대 중반 이후 농민층의 분해와 빈곤 문제가 심각해짐과 동시에 사회사업을 확대하고자 했으나 전반적으로 정신 개혁에 중점을 두는 사회 교화 사업의 비중이 컸다(예지숙, 2017).

앞서 근대 도시 빈민에 관한 본격적인 연구를 수행한 김경일은 조선에서 이농 현상이 본격화한 것은 1927~1928년경이라 했다. 1920년대 초반 《동아일보》 등지에는 걸인의 폭증을 보도하고 염려하는 기사가 있으나 수해나 한해와 같은 자연재해가 유민 발생의 주요한 원인이었다.[6] 그러나 쇼와(昭和) 공황과 대공황을 경유하면서 도시로 흘러들어와 빈민으로 구조화되

---

6 「참상 중의 5천여 사람들」, 《동아일보》, 1924년 6월 28일 자; 「시내에 걸인 격증」, 《동아일보》, 1924년 8월 28일 자; 「시내 걸인 천여 명, 작년보다 두 곱이나 늘어」, 《동아일보》, 1924년 9월 11일 자.

<표 9-1> 전국 걸식·부랑자 수(1927~1931, 1934)　　　　　　　　　　　　(단위: 명)

	경기	충북	충남	전북	전남	경북	경남	황해	평남	평북	강원	함남	함북
1927	2316	2141	3807	7062	3723	7471	6592	3316	1129	1275	6145	890	422
1928	2455	2714	4081	8377	3810	9364	7464	3432	1208	1377	6195	1015	488
1929	2615	2799	4315	9762	4062	11343	9036	3519	1282	1331	6322	1095	618
1930	2493	3023	4542	9463	4719	9124	9586	3795	1435	1331	6662	1306	725
1931	2395	2219	2219	9016	4406	7890	8653	3669	1419	1164	6349	2027	474
1934	-	-	-	11,778	7870	9823	10,698	-	-	-	-	-	-

자료: 조선총독부 사회과, 「전선 걸식수 조사」, ≪조선사회사업≫, 1931년 12월호; 조선총독부 사
　　회과, 「세궁민 부랑자 걸식 조사」, ≪조선사회사업≫, 1935년 6월호.

는 사례가 늘어났다(김경일, 1986: 211~212).

　일반적으로 식민지 조선에서 빈민의 증가라는 현상은 총독부의 조사를
통해서도 엿볼 수 있다. 총독부가 빈민에 대한 조사를 시작한 것은 1926년
이었다. <표 9-1>은 조선총독부 내무국 사회과에서 실시한 1927~1931년과
1934년의 빈민 조사를 정리한 것이다.

　1926년에 1만 명 정도의 부랑자 수가 어떤 이유로 1927년부터 5만 명 규
모로 증가했는지 정확한 설명은 확인하지 못했다. 또 1932년과 1933년에
대한 정확한 숫자를 알 수 없었다. 1934년은 4개도의 정보만을 취합할 수
있었다. 비록 부분적 자료이나 해당 연간에 전국적으로 5만 명을 훌쩍 상회
하는 규모의 유민이, 즉 부랑자가 통계에 집계되고 있음을 추정할 수 있다.
당대의 신문에서는 도시 빈민의 양상을 다음과 같이 진단했다.

　자유노동자라고 하면 몇 해 전까지 문자 그대로 자유노동을 하던 사람뿐으로 농
　한기를 이용하여 광희문 밖 혹은 동대문 밖 동서문 밖 시흥 등지에서 지게나 가
　지고 돈푼이나 벌어다 쓰려고 들어오는 사람들이었으나, 수년 내로 홍수같이 밀
　리는 실업자로 자유노동자가 밀려나와 지금에는 문밖 등지에서 농한기 등을 이
　용하여 들어오는 사람은 없어진 상태이다.···[7]

<표 9-2> 경성 인력 시장의 분포와 구직자 수(1927~1933)　　　　　　　　(단위: 명)

소재지	1927	1928	1931	1933	소재지	1927	1928	1931	1933
남미창정	35	30	52	60	조선신궁	15	20	32	35
봉래정	10	10	20	10	조선신문사 앞	15	10	20	20
남대문통	10	10	20	15	미창정시장		50	50	
태평통 2정목	10	5	10	30	서대문통		40	58	
세브란스병원 앞		5	15		경성역 앞	30	30	55	50
서소문정	18			45	고시정	15	15	25	25
화천정	5	10	22	15	강기정 부근	22	5	20	35
삼각지 부근	20	30	41	45	용산우편국	20	20	20	38
용산역 앞		10	30		욱정 2정목		20	50	
평전상점 앞		20	10		조선은행 앞	40	130	160	130
경성우편국	10			35	본정 전차 종점	10	10	30	40
북미창정	10			20	공회당 앞	1	5	30	15
화원정	30	100	130	100	대성당 앞		10	25	
인의동 전매국	60	120	140	110	광화문통	5	10	20	15
위생시험소 앞	10			30	적선동전차정류장	10			40
탑골공원	20	10	30	40	도청 부근		10	10	
낙원동 240 앞	5			20					

　　신문의 보도는 이전과 달라진 도시 빈민의 풍경을 그리고 있는데, 수년 전에는 일시적이고 계절적인 노동자가 일반적이었던 데 비해 '지금'은 수많은 사람이 도시로 밀려 들어와 항시적 실업자로 부유하는 빈민의 모습이 묘사되어 있다.

　　이들은 부랑자, 토막민으로 도시 공간에 축적되었는데 경성에서는 1920년대 후반에 용산과 남촌의 대로를 중심으로 30여 개의 인력 시장이 자연스럽게 생겨났고 거의 구조화되다시피 했다. 신문 자료를 통해 1927년, 1928

7　「막천석지(幕天席地)도 요셋일 호한열풍 目睫間(목첩간) 생활과 함께 거치러가는 심장」, ≪매일신보≫, 1931년 12월 6일 자.

년, 1931년, 1933년의 경성 인력 시장의 그 위치와 구직자 수를 파악할 수 있다.[8]

〈표 9-2〉를 보면 도시 중심부에 자연스럽게 인력 시장이 생겨나고 있었고 구직자가 일정하게 진을 치고 있었다. 부랑자, 걸인, 온갖 실업자들은 인력 시장을 중심으로 그야말로 '생활'을 하고 있었다. 1920년대 후반부터 '조선의 명물 걸식'이라는 말이 유행할 정도로 도시 빈민이 가시화, 구조화되고 있었다.

4. 단속, 조사, 수용: 대책의 변화

앞서 살펴본 바와 같이 조선총독부는 1926년부터 전국적으로 빈민을 조사하면서 부랑자에 대한 통계를 내기 시작했다. 부랑자에 대한 통계를 낸다는 것은 당국이 '부랑자는 어떠한 존재이다'라는 정의를 내렸다는 의미이다. 주목되는 것은 부랑자가 속해 있는 통계의 범주다. 당국은 '세민-궁민-부랑자 또는 걸식'이라고 구분해 항목을 만들었는데, 부랑자를 걸인과는 하나의 항목화함으로 행정 당국 측에서 식민지 조선의 부랑자를 빈민으로 정의했음을 확인할 수 있다. 또 조선총독부의 사회 정책 담당 부서인 내무국의 사회과에서 빈민 통계를 담당했는데, 이는 당국이 부랑자를 '사회사업'의 대상으로 취급하고 있었음을 의미한다.

한 가지 유의할 점은 조선총독부의 부랑자에 대한 조사의 성격이다. 총

---

8 「가속도 증수와 분포된 현상, 남촌과 용산 방면에 대부분 집합 장소는 대로」, ≪매일신보≫, 1931년 12월 6일 자;「별 따기보다 어려운 그날그날의 벌이」, ≪매일신보≫, 1933년 12월 7일 자. 다른 도시도 인력 시장이 형성되었으리라 예상되지만, 이 글에서는 우선 경성을 중심으로 정리해 보았다.

독부가 실시한 것은 단순 양적 조사로 이 시기 일본에서의 조사 통계가 '사회 조사적'인 성격을 지니고 있던 것과 확연히 다르다. 앞서 언급한 바와 같이 일본은 그간 단속 대상이었던 부랑자를 노동하는 빈민으로 재정의하면서 사회 정책의 대상으로 삼았다. 1920년대에는 사회 정책의 기초 자료를 얻기 위해서 여러 차례 사회 조사를 했다(橋本明, 1991: 222~224). 도쿄부 사회국에서 실시한 「부랑자에 관한 조사」(1922, 1929), 도쿄시 통계과에서 실시한 「부랑자에 관한 조사」(1926), 국세 조사 중 「부랑자조사」(1930, 1935)가 대표적이다. 통계과에서 조사를 참고하면 부랑자의 성별, 장소별 분포, 연령대와 혼인 여부, 노숙 형태, 건강 상태 등을 조사했다. 하지만 그 밀도의 차이에도 불구하고 조선총독부가 1920년대 이후 도시 빈곤 문제가 사회 문제화되자 부랑자와 걸인을 하나의 범주로 해 도시 빈민으로 정의했음은 분명하다.

다음으로 빈민 문제에 대한 조선총독부의 정책에 어떠한 변화가 있었는지 살펴보자. 빈민 문제가 사회 문제로 불거지기 이전인 1920년에 조선총독부는 '문화정치'의 일환으로 이미 사회사업을 시작한 바 있었다. 조선총독부는 1921년 7월 내무국 제2과를 사회과로 개편, '특설'하면서 '사회사업'이라는 명칭하 기존에 진행해 왔던 구제 사업을 확대했다. 1920년대의 사회사업은 3·1운동으로 인한 조선 민중의 약진에 대한 대응책이었다. 민족의 약진은 1920년대 초반 제국 일본의 전반적인 정책에 변동을 초래했으며, 식민주의자들은 무단 통치로 상징되는 무력을 위주로 한 통치 방식에 수정이 필요함을 깨닫게 되었다. 하지만 이들이 실시한 사회사업은 내지에서 불거진 사회 문제에 대한 대응책으로 조선의 당면한 현실과 조응하지 않았다. 총독부는 경성 등의 일부 도시에 시장, 전당포, 목욕탕, 이발소, 세탁장, 공설 주택, 인사 상담소, 직업소개소, 무료 숙박소 등을 '공설'로 설치했다. 이 중에 부랑자와 같은 유랑 빈민을 위한 시설로는 노동자 숙박소가 대표적이었다. 무료 숙박소의 부대시설로 간이식당이 있어 염가에 식사를 할 수 있도록 했다. 직업소개소도 구직 노동자를 위한 시설로 설립되었다. 이러한 시설들은 주로 지방 자치 단체, 종교 단체에서 운영하고 조선총독부의 보조금과 천황가의 하사금이 지급되었으며 총독부는 지도와 감독을 했다.

노동자 숙박소는 일제 시대 내 5~6개 정도가 운영되었으며 거의 1920~ 1923년 사이에 설립되었다. 경성부에는 일본 불교 종파인 정토종이 운영하던 화광교원이 설립한 것과 1929년 경성부가 운영하는 시설이 있었다. 이 외에 인천, 평양, 신의주, 부산에도 시설이 마련되었다. 노동자 숙박소는 '부랑군이 선호하는, 룸펜들의 안식처'라 불리기도 했으나 시설은 턱없이 부족했고 대부분은 빈집과 처마 밑 등에서 풍찬노숙을 할 수밖에 없었다.[9] 인사 상담소는 1920년 6월에 평양에 처음 설치되었으며 1920~1925년 사이 전국 주요 도시에 설치되었다. 이 시설은 결혼, 주택, 직업 알선 등 생활 상담을 업무로 했으나, 직업소개 비중이 컸고 1920년대 후반부터 직업소개소가 노무 관리 기능을 전담하게 되면서 인사 상담소는 전환되었다.[10]

이처럼 1920년대 초부터 경성, 평양 등 주요 도시에 빈민의 '경제 보호'를 목적으로 사회사업 시설이 만들어졌지만, 이들을 관리하기에 턱없이 부족했다. 1927년, 1928년 쇼와 공황을 거치면서 부랑자는 폭증했지만 이에 부응해 시설이 증가하지는 않았다. 전반적으로 조선총독부의 사회사업 시설은 제도적으로도 미흡했고 시설의 양과 밀도 면에서도 보잘것없었다. 이러한 상황에서 부랑자들은 조선의 명물이라는 비아냥거림을 들으며 경찰의 단속에 시달렸다. 단속 이후의 대책이란 시외 축출, 즉 일정한 경계 바깥으로 이들을 내쫓는 것이었다. 사회사업의 대상으로 포섭되기는 했지만 별다

---

9 「부랑자의 생활과 범죄」, ≪조선급만주≫, 1934년 1월호.
10 1930년대에 조선 공업화와 궁민 구제 사업의 추진으로 인해 노동력의 수급이 현안이 되면서 직업소개소는 노동력 수급 기관으로 기능했다. 1930년에 직업소개관은 경성에 세 개 (경성부직업소개소, 화광교원직업소개소, 경성구호회직업소개소), 대구, 부산, 평양, 신의주, 선천읍, 함흥, 청진, 인천에 한 개씩이 있었다. 경성의 규모가 가장 커서 전체의 60%를 차지했다. 이에 대해서는 홍순권(1999: 343) 참고.

른 초치가 취해지진 않는 정책의 사각지대에서 부랑자들은 경성의 미관을 해치고 위생을 위협하는 존재로 축적되고 있었다.

단속과 축출을 반복하는 와중에 부랑자에 대한 수용책이 새로운 대책으로 나타났다. 부랑자 수용은 1910년대부터 일부 지식인 엘리트에 의해 주장된 바 있었지만 실현되지 않았다.[11] 윤치호는 주로 불량자들을 거론하면서 낭비적이고 놀고먹는 청년자제들을 건전한 노동자로 만들 수 있도록 수용 시설을 건립하자고 했다. 그는 조선총독부가 조선인을 건전한 노동자로 만드는 데 과감한 시도를 하지 않는다며 비판했다.[12]

그런데 1920년 후반으로 가면서 부랑자와 걸인에 대한 '다른' 대책이 실질적으로 힘을 얻어가고 있었다. 신문과 잡지가 주도하는 빈민 담론에서 동정이나 연민과 함께 사회 위생과 혐오 감정이 드러나고 있었다. 이들은 도시 미관과 위생 차원에서 그리고 노동 윤리 차원에서 사회의 공공에 치명적인 자들로 성토되었다. "조선은행에 방황하는 걸인군은 경성에 발을 드러놓는 사람에게 가장 추악하고 심각한 인상을 주는 자"들로 이들에 대한 대책 마련이 촉구되었다.[13] 경찰력을 통해 시외로 축출하는 방법은 미봉책이며 근본적으로는 "일일이라도 일정한 장소에 수용하고 나타(懶惰) 걸인 된 자는 공장을 개설하여 육체를 움직여 미풍을 양성하게 해야 한다"[14]며 이들을 건전한 노동자로 만드는 위해 수용소를 만들어서 엄격한 규율로 통제해 이들에게 노동의 기쁨을 가르치는 것이 대안적인 방법이라 주장되었다. 과감한

---

11 1912년 부랑자가 단속되기 시작하고 그 이전 낭비적·소비 지향적인 젊은이들을 부랑자라 사회적으로 질타했을 때부터 부랑자들은 노동자의 타자로 위치 지워졌다. 예지숙(2014) 참고.

12 윤치호, 「1919년 8월 7일」, 『윤치호일기』 8권(국사편찬위원회, 1987); 북창생, 「부랑자교구책을 강구함」, 《반도시론》, 1918년 8월호.

13 「걸인구체책을 듣고」, 《동아일보》, 1926년 1월 28일 자.

14 「걸인구제문제」, 《매일신보》, 1928년 11월 22일 자.

재정과 행정적인 조치가 취해진 것은 아니지만 부랑자에 대한 대책은 변화하고 있었다. 즉, 단속하고 내쫓는 것에서 수용하는 국면으로 서서히 넘어가고 있었다. 부랑자를 수용하는 것이 대안으로 힘을 얻고 '관민협력'으로 시설이 설치되었다는 것은 이들에 대한 차별이 제도화되고 있음을 보여주는 것이라 생각된다(예지숙: 2017). 제도적인 변화와 맞물려서 도시 빈민에 대한 시선에도 일정한 변화가 감지되었다.

5. 동정과 혐오

자본주의의 진전과 함께 빈곤이 사회 문제화되는 양상이 식민지 조선에도 관철되면서 빈곤에 대한 인식과 이들을 대하는 태도에도 서서히 변화가 감지되었다. 그렇다면 조선 사회를 지배하고 있던 걸인에 대한 인식이나 태도는 어떠한 것이었을지 살펴보기 위해 멀리 조선 시대로 가보자.

부랑자는 조선 후기의 맥락에서 '유민(流民)'이다. 거리를 떠돌며 식량을 구걸하거나 부유하는 사람은 조선 시대의 문헌에 빈번하게 등장한다. 이들은 유민 이외에도 걸개(乞丐), 유개(流丐), 유개인(流丐人)이라는 명칭으로도 등장한다. 유민은 수재, 한해 등의 자연재해와 기근 그리고 전쟁 등이 일어났을 때 대규모로 발생하기 마련이다. 조선 후기는 물론이고 전근대 시대에는 자연재해가 항시적으로 발생했기 때문에, 떠돌아다니며 생계를 이어가는 사람들이 많았다.

조선 왕조는 유민을 정착시키기 위한 여러 제도를 갖추고 있었다. 상업의 발달이 미흡했고 중앙 집권적 관료제를 일찍이 정비한 조선 왕조는 국가가 민을 직접 구제하는 방식으로 유민 문제에 대응했다. 조정은 상시적으로 발생하는 위험에 대응하기 위해 진휼 제도를 정비했고, 유민을 정착시키기 위해 죽소(粥所) 등을 설치하는 구휼을 실시했다. 또 이들이 본고장으로 돌아갈 수 있도록 쇄환책을 시행했다. 유교적 민본주의, 보민(保民)이라는 통치 이념은 이러한 국가의 직접 구제의 기반이 되는 이념이었다(우드사이드, 2012). 즉, 농경 국가인 조선의 경우 체제 유지를 위해 국가가 민을 직접 구제해야 해야 했고 통치 사상이 이를 강제했던 것으로 풀이된다.

근대 사회에 들어서는 서서히 빈민에 대한 혐오가 두드러지게 되었다. 하지만 이것은 하루아침에 일어난 일은 아니었다. 특히 빈민의 참담한 모습은 식민 통치를 받는 조선인들에 조선총독부의 실정과 무능을 증명하는 것이었다. 다음의 ≪동아일보≫의 논평을 살펴보자.

> 근일 경성 시내에는 걸인이 많이 붙었으며 … 이는 금년의 농형이 아주 흉겸한데 따라 시골서 살 수 없는 사람이 밥을 구하야 모아드는 까닭이라 한다. 이 걸인은 인류사회가 원시적 공산 시대를 지나 재산의 사유제도가 생겨 오늘에 있으니 몇 천 년 동안 없는 때가 없었다. … 금년과 같은 수재의 충격이 심한 시절에 걸인의 수효가 많아지지 않기를 바랄 수 있으랴. … 천재를 당하여 이러한 비참한 현상을 보게 되니 어찌 통탄할 바 아닌가. <u>원래 정치는 민생의 행복을 도모하는 바이니 조선에도 정치가 있다하면 그 위정자가 어떠한 대책을 취하는지 우리는 주목하거니와 우리는 우리로서 그 가련한 동포를 위하야 동정과 의무로 구제의 도리를 구하여야 될 것이다</u>(밑줄은 필자).[15]

위의 사설은 현재 경성 시내를 떠도는 걸인은 천재를 당해 식량을 구하러 서울로 모여든 이재민이라 했다. 신문의 논평자는 "조선에도 정치가 있다면 위정자가 어떠한 대책을 취할는지"라며 별다른 조치를 취하지 않고 수수방관으로 일관할 뿐인 총독부를 맹렬하게 비판하고 있었다.[16] 조선인 민간 신

---

15 「걸인의 격증과 이에 대한 대책은 엇더한가」, ≪동아일보≫, 1924년 8월 29일 자.
16 「시내 걸인 천여 명, 작년보다 두 곱이나 늘어」, ≪동아일보≫, 1924년 9월 11일 자.

문을 중심으로 해 언론은 "위정자의 주의와 맹성을 촉구한다"[17]라고 하면서 "걸인이 많은 것은 낮은 정치의 현상"[18]이라는 입장을 연달아 발표했다. 이 처럼 걸인 문제는 총독부의 무능을 드러내고 민족의 공분을 분출하는 장이 되었다. 조선 사회는 거리에 부유하는 사람들을 '동포'라 호명했다. 여기에 는 '비참함, 가련함, 동정'과 같은 정동이 깔려 있었다. 이러한 감정은 1920 년대 조선을 휩쓸었던 기근 구제회 활동에서 잘 드러난다.

1924년의 한해나 1925년의 '을축년 대홍수'와 같은 재난은 총독부의 무 능을 폭로하는 데서 나아가 조선 사회를 동정의 공동체로 만들어내는 장이 되었다(손유경, 2008). 1920년대에 이재 의연금 모금은 조선 사회의 주요한 이벤트였다. 사상운동이 고조되고 농촌에서 소작 쟁의가 일어나는 등 계급 적 갈등이 고조되는 정세하에서 ≪동아일보≫, ≪조선일보≫ 등이 주도하 는 '프레스 캠페인(press campaign)'이 일어났다.[19] 한국인 언론은 조선총독부 의 무능과 잘못된 정책이 조선인을 가난하게 만들고 있으며 당면한 걸인 문 제의 근원이라고 비판했다. 즉, "조선에서 공업이 발달할 여지를 주지 아니 하는" 일본 위주의 '산업제일주의' 때문에 '조선인의 걸인화'가 초래되었다 고 비판했다.[20] 나아가 조선인의 생존권 문제에 대한 해답으로 '경제발전'을 제시하고 있었다(김윤희, 2015: 57).

그렇지만 조선인의 걸인화라 언급할 정도로 빈곤이 확대되면서 걸인에 대한 부정적인 표현을 담은 보도도 늘어났다. 그간 부정적인 보도가 없었던

---

17 「걸인구제에 대하여」, ≪동아일보≫, 1924년 12월 25일 자.
18 「걸인절멸책」, ≪동아일보≫, 1928년 12월 27일 자.
19 조선인들은 1921년부터 매년 수재 의연금을 모집했다. 1924년과 1925년 을축년 대홍수 때 에는 '조선기근구제회'라는 좌우를 망라한 조직을 결성했고 언론사는 그 중심에 있었다. 구 제회는 곧 해산되었지만 자연재해는 매년 찾아왔고 구제회의 결성과 활동도 매년 계속되 었다. 의연금을 모금하는 행위는 '근대적 네이션'의 형성이라는 맥락에서 설명할 수 있다.
20 ≪동아일보≫, 1928년 12월 27일 자, 같은 글.

것은 아니었다.[21] 특히 부정적인 보도는 조선총독부의 관변 신문인 ≪매일신보≫ 등 일본인 언론의 기사가 주류를 이루었다. 이 신문의 부랑자에 대한 논조는 일관된 바가 있었다.

구휼은 의뢰성을 조장하여 노동의 정신을 모르게 하며 오히려 이들을 게으르게 하는 것이므로, 노동의 신성함을 알도록 하게 위해 일정한 장소에 수용하고 공장을 개설하야 육체를 움직이는 미풍을 양성하여야 한다.[22]

구제에 대한 비판은 병합 초부터 줄기차게 이어졌다. 그런데 '조선의 명물 걸식'[23] 등의 부정적 표현이 더욱 눈에 띄고 한글 신문에도 특정 용어가 출현한 것은 색다른 일이다. 이는 자본주의 진전에 따란 사회 경제적인 요인이 영향을 준 것으로 보인다. 특히 이들을 '룸펜'이라 부르기 시작한 것이 인상적이다. 대략 1931년부터 여러 매체에서 걸인을 룸펜이라 했다.

토막이나마 가정을 가지고 있고 나머지는 부랑자로 가정을 가진 사람으로 벌이를 나왔다가가 임금이 많으나 적으나 자기를 찾는 사람이 있으면 뛸 듯이 좋아하여 일에 붙고 그나마 일터를 얻지 못하면 집에서 돌아오기를 기다리는 늙은이와 어린것들을 생각하야 밤에 늦도록 돌아가지를 못하고 거리로 헤매는 모양은 차마 볼 수가 없다 한다. 그리고 부랑자들은 대개가 노동숙박소이나 막걸릿집

---

21 "가운데에도 노변에 그 생을 (의)탁하야 1전 2전의 구걸로 그 누명을 유지하되 오히려 희락하야 그 수치 되는 줄을 아지 못하여"(「걸인 구제의 사업-전북유지의 신 시험」, ≪동아일보≫, 1921년 8월 29일 자).

22 「걸인 250명을 인치, 사지가 성한 자는 태형을 열대씩」, ≪매일신보≫, 1917년 1월 24일 자; 「사설: 행려걸인구제 기관의 필요」, ≪매일신보≫, 1927년 10월 19일 자; 「사설: 걸인구제문제」, ≪매일신보≫, 1928년 11월 22일 자.

23 「걸인구제문제」, ≪매일신보≫, 1928년 11월 22일 자.

등에 기거하야 벌이가 나면 술잔으로 그나마 적으며 호떡 한 개로 그날그날을 살아간다 한다. 날은 앞으로 무럭무럭 추워 가는데 거리의 룸펜 그들은 장차 어디로 갈 것인가.[24]

내용을 보면 '거리의 룸펜'은 걸인이며 부랑자이다. 잡지나 신문의 발간 주체를 막론하고 "룸펜걸인조사", "노동숙박소로 몰려드는 룸펜군"의 표현이 등장하고 있다.[25]

그렇다면 룸펜은 어떠한 뜻을 함의하고 있었을까? 1922년에 발행된 『현대신어석의(現代新語釋義)』에 룸펜 항목에는 "독일어, 본래의 누더기 폐물이라는 말인데 변하여 무직업자 또는 타락한(墮落漢)을 지칭"이라 되어 있다. 또 1948년 발행된 『사회과학대사전』에 '룸펜 프로레타리아트'라는 항목에서는 "자본주의의 사회의 빈민 부랑군으로 실업과 빈곤에 의해 타락하고 방탕해져 버린 사람으로 반동 세력들에게 이용당하는" 존재라 되어 있다. 1920년대에 이미 사용되고 있었지만 이 말이 빈곤과 결합해 쓰이지는 않았던 것으로 보인다. 그렇다면 1930년대에 부랑자와 결합해 쓰인 룸펜은 어떤 의미에서 사용되었는지 재조 일본인 사회사업가 후지이 쓰지로(藤井忠治郎)의

24 《매일신보》, 1931년 12월 6일 자.
25 《매일신보》, 1931년 2월 18일 자; 「인천거리의 룸펜 일소」, 《매일신보》, 1931년 8월 28일 자; 「룸펜걸인조사」, 《매일신보》, 1931년 9월 10일 자; 「노동숙박소로 몰려드는 룸펜군」, 《동아일보》, 1931년 11월 5일 자; 「룸펜의 유치장 지원, 무전취식하고」, 《동아일보》, 1932년 12월 17일 자; 「1년간 행려사망인 통계, 거리에 쓰러지는 사람들」, 《조선중앙일보》, 1932년 12월 31일 자; 「룸펜의 울음, 입옥 수단으로 절도, 밥과 잠 잘 곳을 차자서 신의주경찰에 자수」, 《조선중앙일보》, 1933년 1월 28일 자; 「〈룸펜〉의 무리」, 《동아일보》, 1933년 7월 23일 자; 「고해의 인생 가두에 방황하는 갈 곳 없는 4백인 고아 맹아 궁민 나병환자 등등 기아에 떠는 룸펜」, 《조선중앙일보》, 1933년 10월 5일 자; 「항도 군산부에 무직자 2천 걸식」, 《조선중앙일보》, 1935년 4월 13일 자; 「룸펜 60년에 철도 자살 미수」, 《조선중앙일보》, 1936년 8월 6일 자.

입을 통해 알아보자.

일정한 주거가 없고 생업이 없이 사방을 배회하는 자라는 애매한 의미를 쉽게 이해할 수 있게 하는 외래어로 룸펜이 있으며, 부랑이라는 말이 외부에서 그것을 본 것이라면 룸펜은 내부로부터 즉 부랑자의 정신을 설명하는 단어이다.[26]

후지이에 따르면 부랑자가 직업이나 거주, 즉 형식에 대한 정의라면 룸펜은 정신 상태를 명징하게 드러내는 말이었다. 즉, 부랑자와 룸펜은 결국 같은 존재를 지칭하는 용어였다.[27] 빈곤이 가중되면서 부랑자의 범죄 관련 기사도 증가하고 있었다. 1930년대에는 불량자, 범죄자로서 부랑자와 룸펜, 걸인이 보다 밀접해졌다.

한 가지 주목되는 것은 빈곤에 대한 거친 표현들이 ≪매일신보≫를 제외하고 재조 일본인 언론인 일본어로 된 신문에서 집중적으로 보인다는 점이다. 조선총독부의 기관지인 ≪경성일보≫, ≪조선시보≫, ≪조선신문≫, ≪부산일보≫ 등의 재조 일본인을 주요 독자로 한 일본어 신문에도 부랑자 관련 보도가 빈번하게 실렸다. 무엇보다 일본어 신문의 부랑자 기사에서 두드러지는 것은 "부랑자 사냥(浮浪者 狩り)"이라는 표현이다. ≪매일신보≫의 경우 사냥을 단속, 검거, 취체라 '번역' 수록한 것으로 보인다. ≪매일신보≫에서는 '취체'가 많이 쓰였는데 이는 법적·행정적 용어이다. 단속 또는 검거의 일본어로 한글 신문과 일본어 신문을 막론하고 가장 보편적으로 쓰였다. ≪동아일보≫에는 취체의 번역어라 할 수 있는 단속, 검거, 검속이 많이 사용되었다. 이에 반해 일본어 신문에서 가장 많이, 자주 보편적으로 사용한

---

26 후지이 쓰지로,「부랑자를 위한 일고찰」, ≪조선사회사업≫, 1941년 1월호.
27 용례를 좀 더 따져보자면 ≪동아일보≫를 중심으로 한 한글 신문에서는 부랑자=불량자라 하는 기사가 많았다.

용어는 '사냥'이었다. 두말할 필요 없이 '사냥하다(狩り)'는 말은 동물에 대해 사용하는 것이다. 다음으로 ≪경성일보≫ 기사를 통해서 사냥이 어떤 말들과 결합했는지 살펴보자(〈표 9-3〉).

1924년 9월 23일 기사에서는 "인천서 부랑자 사냥"이라 해 단속과 쥐체를 '사냥'이라 하고 있다. 1934년 9월 23일의 기사 제목은 "붐비는 경찰서 유치장, 부랑자 사냥으로 도시 청소"이다. 여기서 주목되는 점은 부랑자 단속으로 붐비는 경찰서 유치장을 돼지우리라고 표현한 것이다. 'ブタ箱', 즉 돼지우리는 경찰서 유치장을 이르는 속어이지만 사냥, 돼지, 청소의 연쇄가 주는 의미는 가볍지 않다. 위의 예와 같이 '狩り立てる'(사냥에서 몰이하다, 몰아대다)라는 말을 사용했다는 것은 이들을 사람이 아닌 존재로 취급했음을 말한다.

여기서 짚고 넘어가야 할 것은 일본어 신문에서 사용하고 있는 '부랑자 사냥'이라는 표현이 조선에서만 쓰였는가 하는 점이다. 이러한 표현은 조선 뿐 아니라 일본에서 부랑자를 단속할 때 보편적으로 쓰인 표현이다. 일본의 기록을 보면 '부랑자 사냥', '폭력단 사냥,' '사창(私娼) 사냥'(명치대정소화신문연구회, 1989) 등으로 말은 사회의 치안을 어지럽히고 풍속을 위배한 사람들에 대해 사용했다.

다음으로 눈에 띄는 표현은 '청결', '일소', '청소'이다. 좀 더 살펴보아야 하겠지만 이러한 기사는 한국어와 일본어 신문을 막론하고 사용된 듯하다. 이러한 표현은 일례로 "대구 시내의 부랑자 청결 유치장 대만원"[28]과 같이, 부랑자를 단속해서 도시는 청결해졌고 유치장은 대만원을 이루었다는 내용이다. 하지만 현재까지 확인한 바로는 ≪매일신보≫의 사용 빈도수가 두드러진다. 청결이나 사냥이라는 표현이 광범위하게 사용된 것으로 보아 언론은 부랑자를 동물이나 쓰레기로 취급하고 있던 것 같다. 즉, 사냥감인 동물

---

28 「부랑자 청결」, ≪중외일보≫, 1930년 6월 18일 자.

<표 9-3> ≪경성일보≫의 부랑자 단속 기사 제목

수록 날짜	기사 제목
1924년 9월 23일	인천경찰서에서 부랑자 사냥
1929년 4월 5일	봄철 도둑을 방지하기 위해 부랑자 사냥
1930년 6월 28일	부랑자를 사냥하여 직업을 준다
1934년 5월 13일	룸펜과 부랑자, 대구에서 75명 사냥
1934년 9월 23일	붐비는 돼지우리 부랑자 사냥으로 길거리 청소
1935년 7월 19일	부랑자 사냥으로 본정서에 80명

이든 청소해서 내버려야 하는 쓰레기이든 이들은 '인간'이 사는 곳에서 마땅히 사라져야 할 것들이었다.

이러한 표현이 한국 사회에서 등장하고 사용되었다는 것의 의미는 적지 않다. 조선 시대의 문헌에서 부정적인 것을 넘어서 멸시와 혐오를 보이는 이러한 용어를 사용된 바가 잘 확인되지 않는다. 또 일제 시기에 근대 사회의 전개에 따라 나타나는 유민에 대한 우범화와 질병화가 나타났지만, 한국어 신문의 경우 사냥이나 청결과 같은 극단적인 표현이 그다지 많이 사용되지 않았다. 이러한 표현은 일본어 신문에서 시작해 점차 광범위하게 보편적으로 사용된 것으로 보인다. 이를 통해 빈민에 대한 혐오가 서서히 한국 사회에 퍼져 나갔음을 짐작할 수 있다.

6. 나가며

지금까지 일제 시기를 배경으로 부랑자를 통해 빈곤 혐오에 대해 살펴보았다. 근대 권력은 근대적 사회 통제 제도를 도입하고 부랑자 단속 규칙을 만들어 부랑자를 단속하는데, 이 제도는 일본을 통해 조선에 이식되었다. 1910년대 조선에서 부랑자로 단속된 자들은 양반 등 구지배층과 부유한 청년, 사기·폭력 등에 연루되어 있는 무뢰배와 걸인 들로 계층적으로 다양했는데, 비슷한 시기 부랑자 단속 제도를 도입한 일본, 대만의 부랑자 단속 양상과 매우 상이했다. 1920년대 이후에는 빈민의 모습이 강하게 나타났으며 조선총독부는 이들을 경찰 치안의 대상에서 나아가 사회 정책의 영역에서 다루기도 했다.

3·1운동 후 문화 정치로 전환한 조선총독부는 1921년 사회과를 설치하면서 근대적 빈곤에 대한 예방책인 '사회사업'을 시작했고 미미했지만 도시 사회사업 시설을 설립했다. 1927년을 전후해 도시 빈민 문제가 본격화되면서 부랑자는 행정 당국, 즉 '사회' 관련 부서에 의해 조사되고 통계 처리되었으며 이 과정에서 경제적으로, 빈민으로 정의되었다. 식민 농정의 결과 농촌에서 밀려난 궁민은 도시 빈민으로 축적되었다. 구직 노동자와 부랑자는 거의 구분되지 않았고 도시의 중심가에 인력 시장이 '가시화'되는 등 부랑자는 사회 문제화되기에 이르렀다. 이 시기 빈민을 지칭하는 말로 '룸펜'이 등장했으며 부랑자, 걸인과 조합해 쓰였다.

부랑자들은 도시 경관을 해치고 치안에 위협이 되며 위생상 문제가 있는 자로 사회 방위적 시각에서 이들을 시설에 수용할 것이 힘을 얻었다.

부랑자에 대해 조선 재래의 태도는 국가의 구제를 기반으로 한 동정과 시혜였지만 근대 사회와 식민 권력의 등장과 함께 점차 다른 인식이 전파되었다. 식민 권력은 기본적으로 구제가 태민을 양성하는 불필요한 것이라 여겨왔다. 이러한 인식은 부랑자를 동물화, 비인간화하는 표현에도 반영되었고 이러한 식의 혐오 표현은 서서히 한국 사회에도 퍼져 나갔다.

참고문헌

≪강원도예규집≫.

≪경성일보≫.

≪동아일보≫.

≪매일신보≫.

≪부산일보≫.

≪조선신문≫.

≪조선중앙일보≫.

≪중앙일보≫.

≪반도시론≫.

≪조선급만주≫.

≪조선사회사업≫.

≪중외일보≫.

강만길. 1987. 『일제시대 빈민생활사연구』. 서울: 창작과 비평사.

김경일. 1986. 「일제하 도시 빈민층의 형성: 경성부의 이른바 토막민을 중심으로」. ≪사회와 역사≫, 13호, 203~257쪽.

김윤희. 2015. 「1920년대 경성부 사회사업의 빈민·주택조사의 정치성」. ≪사림≫, 54호, 33~63쪽.

김재형. 2019. 「'부랑 나환자' 문제를 둘러싼 조선총독부와 조선사회의 경쟁과 협력」. ≪민주주의와 인권≫, 19권, 1호, 123~162쪽.

명치대정소화신문연구회. 1989. 『신문집성소화편년사』. 도쿄: 신문자료출판.

박찬승. 1992. 『한국근대정치사상사연구』. 서울: 역사비평사.

예지숙. 2014. 「일제하 부랑자의 탄생과 그 특징: 1910년대를 중심으로」. ≪한국사연구≫, 164호, 29~58쪽.

_____. 2015. 「일제시기 부랑자의 출현과 행정당국의 대책」. ≪사회와 역사≫, 104호, 73~96쪽.

_____. 2017. 「조선총독부 사회사업정책의 전개와 특징(1910~1936)」. 서울대학교 박사학위

논문.

우드사이드, 알렉산더(Alexander Woodside). 2012. 『잃어버린 근대성들: 중국, 베트남, 한국 그리고 세계사의 위험성』. 민병희 옮김. 서울: 너머북스.

유선영. 2011. 「식민지의 스티그마 정치: 식민화 초기 부랑자 표상의 현실효과」. ≪사회와 역사≫, 89호, 41~83쪽.

윤치호. 1987. 『윤치호일기』 8권. 서울: 국사편찬위원회.

이석태. 1948. 『사회과학대사전』. 서울: 문우인서관.

이지형. 2021. 「일본 현대소설의 소수자성과 혐오」. ≪횡단인문학≫, 7호, 49~82쪽.

장용경 외. 2017. 『민중경험과 마이너리티』. 서울: 경인문화사.

정근식. 2013. 「차별 또는 배제의 정치와 소수자의 사회사 재구성」. ≪경제와 사회≫, 100호, 183~207쪽.

최록동 엮음. 2010. 『현대신어석의』. 서울: 선인.

호리 가즈오(堀和生). 2003. 『한국 근대의 공업화』. 주익종 옮김. 서울: 전통과 현대.

홍순권. 1999. 「일제시기 직업소개소의 운영과 노동력 동원 실태」. ≪한국민족운동사연구≫, 22집, 339~384쪽.

橋本明. 1990. 「精神障害者とホームレス問題: 1960年以前の東京における「細民」・「浮浪者」調査を中心」. ≪人文学報. 社会福祉学≫, 6, pp. 217~240.

藤井忠治郎. 1926. 『朝鮮無産階級の研究』. 帝國地方行政學會朝鮮本部.

永橋爲介. 1998. 「1910年代の都市大阪を事例とした「浮浪者」言說の構造」. ≪ランドスケープ研究≫, 61(5), pp. 433~438.

沈德汶. 2004. 「日治時期臺灣浮浪者取締制度研究」. 國立政治大學 碩士論文.

제**3**부

장애 혐오

제10장

아픈 몸들의 연결과 방언 발화의 의미*

강경애 소설 속 질병과 장애의 재현을 중심으로

구자연

1. 서론

이 연구는 강경애의 소설에 나타난 질병과 장애의 재현을 주로 살피되, 아픈 몸을 가진 인물들과 방언 화자 인물들의 관계에 주목함으로써 강경애 문학의 주변부성이 비장애 중심주의와 표준어 중심주의라는 정상성 이데올로기에 어떻게 균열을 내고자 했는지를 밝히는 것을 목표로 한다. 기존에 제출되었던 강경애 연구사의 경우에는 리얼리즘 문학으로서의 측면이나 페미니즘 문학의 관점에서 주로 수행되었다. 이에 강경애 문학의 전복성이 비단 계급과 젠더뿐 아니라 질병과 장애 그리고 방언을 통해 집약적으로 표출된 지방주의에 이르기까지 다양한 교차점들을 아우르고 있다는 점은 충분

* 이 글은 구자연, 「강경애 소설 속 질병·장애의 재현과 방언 발화의 의미: 『인간문제』, 「어둠」, 「동정」, 「지하촌」을 중심으로」, ≪춘원연구학보≫, 24호(춘원연구학회, 2022)를 수정·보완한 것이다.

히 주목되지 못했다.[1]

강경애의 소설에서 질병과 장애의 모티프는 이 글에서 주로 다루게 될 「어둠」, 「동정」, 「지하촌」 등에 고루 나타나 있을 뿐만 아니라,[2] 작가의 대표작으로 꼽히는 장편 소설 『인간문제』에서 주인공인 선비가 폐병으로 죽게 되는 결말 등을 통해서도 반복적으로 드러나 있다. 강경애가 19세에 형부에게 폭행을 당한 뒤 귓병을 얻어 청각 장애를 가지고 살아갔으며, 39세로 요절하던 시점에는 청력뿐 아니라 시력도 거의 상실한 상태였다는 사실 (이상경, 1999: 817~820 참조)은 강경애의 창작 과정이 작가 자신의 질병과 장애의 경험을 경유해 상호 의존성의 가치를 소설화해 나간 여정이었음을 추측케 한다. 백철의 아래의 회고에서도 역시 강경애가 후천적 청각 장애를 갖고 있었음이 언급되는데, 그렇다면 백철의 말마따나 강경애에게 "문학은 너무 과중한 짐"이었던 것일까? 백철의 입장에서 강경애의 문학에 대해 "어쩐지 일종의 불안이 느껴진" 것은 무엇으로부터 기인한 것일까?

---

1 '페미니즘 서사학(feminist narratology)' 방법론을 통해 "강경애의 여성적 글쓰기의 양상"이 "성적 모순, 계급 모순, 민족 모순의 세 모순"과 어떻게 연관되어 나타났는지를 규명한 김복순(2008: 315)의 연구나 "계급의식과 여성의식의 적극적인 결합"으로서 "사회주의 여성 서사"로 평가한 하상일(2006: 69 참조)의 연구 등을 통해 강경애 문학이 중층적 억압들을 주밀하게 그려냈다는 분석들이 제출되어 왔으나, 이 글에서는 질병과 장애로 인한 몸에 대한 억압이 어떻게 표준어와 방언이라는 언어 간의 위계를 전복하며 길항해 나타나는지에 집중해 강경애 문학을 재독하려 한다.

2 서정자는 강경애의 작품 가운데 『어머니와 딸』, 『인간문제』, 「소금」을 페미니스트 성장 소설이자 자기 발견 서사로 고평하면서 이들 작품에 그려진 "자기 발견 체험은 여성을 둘러싸고 있는 억압에 대하여 정신적 파멸(「어둠」), 자살(「동정」), 무기력(「지하촌」)으로 떨어지는 대신 동료 여성의 지원과 신뢰와 파괴적 상황에 저항한다는 데 그 의의가 있다"라고 서술한 바 있다(서정자, 2001: 40~41 참조). 그러나 이 글에서 필자는 강경애의 「어둠」, 「동정」, 「지하촌」 역시 등장인물들의 질병이나 장애에 주목해 재독해하고 아픈 몸들을 연결하는 방언의 발화 양상을 살펴봄으로써 저항성을 충분히 읽어낼 수 있다고 본다.

그러나 그 切迫한 家庭의 형편과 그리 健康치 못한 體質을 생각할 때에 姜氏의 文學에 對해선 어쩐지 一種의 不安이 늦겨진다. 그 우에 다시 姜氏는 後天的 이었으나 귀가 어리어서 聽覺이 不充分하다는 이야기를 듯고 있기 때문에 氏의 文學生涯가 더욱 同情되고 悲慘해 뵌다 氏에게 있어 文學은 너무 過重한 짐이 아닐까?(백철, 1938. 5: 67)

결론부터 말하자면, 청각 장애가 있었다고 해서 강경애에게 있어 문학이 "과중한 짐"이었던 것 같지는 않다. 몸의 특정 부분의 손상이 언제나 그 몸을 가진 인간의 역량을 제한하는 것은 아님을 강경애는 작품 속에서도 그려낸 바 있다. 「지하촌」의 큰년이는 시각 장애를 갖고 있지만 능숙하게 집안 일을 해내는 인물로 묘사되며, 큰년이가 한 빨래는 희다 못해 햇빛같이 빛난다고 서술된 대목은 그 예가 될 수 있을 것이다. 오히려 중앙 문단의 유력한 평론가이자 기자였던 백철의 입장에서 감지한 "불안"의 실체는 강경애 문학이 출발한 주변부라는 위치성과 아픈 몸으로 살아가는 사람만이 확보할 수 있는 독특한 시좌(視座)가 주류 문단의 재현 방식과는 어긋나는 지점들을 내포하고 있었기 때문일 가능성이 높다. 장애학 연구자이자 장애인 운동 활동가인 김도현(2019: 11 참조)이 『장애학의 도전』에서 지적했듯 "보는 자리 (position of view)" 즉, 시좌가 달라지면 풍경 자체가 달라진다. 식민지 조선의 경성 중심의 주류 문단에서 멀찌삼치 떨어진 채 질병과 장애를 가지고 간도에서 살아갔던 강경애의 앉은 자리에서 볼 수 있던 풍경은 중심부의 시좌가 확보해 주는 시야보다 필경 더 넓었을 것이다.[3] 그로 인해 강경애는, 장애

---

3 김도현은 "관점(point of view)"과 "시좌(position of view)"라는 용어가 모두 영어로 per-spective를 가리키지만, 전자는 "관찰의 대상과 주체라는 양자의 관계에 초점을 맞춘" 것이라면, 후자의 경우 "어떤 시공간에서 주체가 자리한 위치와 관련된다"고 설명하면서 "중심의 시좌가 확보해주는 시야는 변방의 시좌가 확보해주는 시야보다 좁을 수밖에 없"다고 역설한다(김도현, 2019: 10~11 참조).

여성의 삶을 불쌍하거나 "悲慘"하기까지 한 것으로 평한 백철의 견해와 같은 세간의 혐오적 시선을 논박하는 대항 표현(counter speech)으로서(겔버, 2019: 11 참조) 자신의 소설 속에 새로운 장애 재현들을 기입했던 것이다.

한편, 강경애의 거의 모든 작품에 신체적·정신적 손상을 지닌 인물들이 등장하는데도 불구하고, 강경애 문학 연구에 있어서 질병·장애학적 관점[4]을 주된 프리즘으로 삼은 것은 소략한 실정이다. 몸 담론을 중심으로 강경애의 『인간문제』를 독해한 이경(2010)의 연구가 질병의 재현을 음식의 메타포와 연관 지어 수행된 바 있으나, 『인간문제』한 작품만을 연구의 대상으로 삼고 있을 뿐 아니라 장애 재현은 다루고 있지 않다는 점에서 질병과 장애를 모두 아우르는 이 글의 연구 범위와는 다소 다른 측면이 있다. 이광수, 나도향 소설에서 결핵의 낭만화가 이루어진 반면, 채만식과 강경애의 소설에서는 결핵을 탈낭만화시킴으로써 식민지 조선의 가난한 현실을 드러내고자 했다는 점을 밝힌 허병식(2015)의 연구 역시 『인간문제』의 선비가 폐병으로 죽는 결말만을 간략하게 다루고 있어, 강경애의 다른 작품들에 나타난 질병과 장애의 재현을 살펴보는 작업은 여전히 필요하다고 판단된다.

질병·장애학적 관점에서 수행된 다른 작가들에 대한 논의 중에는 1980년대 소설에 나타난 노동자의 질병에 대해 섹슈얼리티의 관점에서 탐구한 손유경(2017)의 논문과 계용묵의 소설을 장애학 이론들을 경유해 분석한 유서현(2020)의 논문 등이 있다. 2022년에 제출된 연구로는 5·18을 서사화한 소설들을 중심으로 다양한 작품들에 나타난 장애 인물의 형상화 양상을 검토한 이지훈(2022)의 연구가 있는데, 이는 극심한 손상을 입은 장애 인물들을 통해 5·18의 비극성을 문학적으로 증언한 것으로 분석해 온 기존의 독

---

4 이 글에서는 김은정의 "장애와 질병의 엄격한 구분을 비판적으로 보는 관점"에 깊이 공감하며 "질병을 장애와 연결"해 사유함으로써 "건강과 정상성에 함께 도전"하는 작업을 수행하고자 한다(김은정, 2022: 11 참조).

법을 넘어 비장애 중심주의의 인식 틀 자체를 심문하고 새로운 장애 재현의
윤리를 제시하는 소설들을 의미화한 연구로서 큰 의의를 갖는다. 이 연구들
에서 제출된 논의를 주요한 참조점으로 삼되, 이 글의 경우에는 강경애의
소설 속의 질병과 장애의 재현만이 아니라 방언의 재현까지도 함께 살펴보
고자 한다.

　이 논문에서 주된 연구 대상으로 삼고 있는 텍스트는 강경애의 장편 소설
『인간문제』(《동아일보》, 1934.8.1~12.22)와 단편 소설 「어둠」(《여성》, 1937.1~2),
「동정」(《청년조선》, 1934.10) 및 「지하촌」(《조선일보》, 1936.3.12~4.3)이다. 이
작품들이 발표된 1934년부터 1937년의 시기는 1933년 《한글마춤법통일
안》이 발표되고, 1936년 《사정한 조선어표준말모음》이 간행⁵되어 근대
문어의 규범이 확립된 시점과도 맞물려 있다.⁶ 김도경(2012: 340)은 이 시기에
"서울 중심의 표준어 즉 경어를 강조하며 이를 중심으로 조선어를 정돈하려
는 경향"이 뚜렷하게 나타나 표준어와 방언 간의 위계질서가 형성되었다고
지적한 바 있다. 이와 같은 맥락을 염두해 볼 때, 방언의 문학적 활용이라는
관점에서 강경애의 소설을 주목할 필요성이 요청되는 이유는 단지 그녀가
작품 속에서 방언을 풍성하게 활용하고 있기 때문만은 아니다. 강경애 소설
에서 방언의 문학적 활용은 표준어와 방언 간의 위계를 전도하고 있다는 점
에서 주목을 요하는 것이다. 강경애 소설 속에서 표준어 화자 인물은 주로

5　조선어학회에서 1935년 1월에 '조선어 표준어 사정위원회'를 만든 뒤 73명의 위원들이 수
　차례의 독회(讀會)를 거쳐 1936년에는 9547개의 단어로 이루어진 《사정한 조선어표준말
　모음》을 간행했으며, 이때부터 단어 차원에서나마 표준어가 공식적 지위를 얻게 되었다
　(정승철, 2013: 265 참조).
6　"강경애가 작품활동 후반기부터 시달린 지병이 수필 「藥水」 등을 미루어 보아 이미 1934
　년부터 발병한 것으로 짐작된다"라는 김정화(2000: 170)의 서술로부터 알 수 있듯이 이 글
　에서 다루려는 네 작품이 창작되고 발표된 시기는 작가의 지병이 발병해 그녀가 아픈 몸
　으로 살아가야 했던 시점과 맞물려 있다.

지식인이나 부르주아 인물로서, 하층민의 삶과 생활의 고통을 공감하지 못한다는 한계를 노정한다. 이처럼 지식인의 한계 또는 계급의 차이로 인한 연대 불가능성을 나타내는 표준어 화자 인물은 『인간문제』의 '신철',「그녀자」의 '마리아'와「어둠」의 '의사' 그리고「동정」의 '나' 등의 인물로 형상화된다.

그간 방언 화자 인물들과 질병이나 장애를 가진 인물들이 소설 속에서 악한 인물 또는 우스꽝스러운 인물로 그려져옴으로써 재차 소설을 통해 타자화되고 마는 문학적 관행이 존재했다는 점을 고려했을 때,[7] 강경애의 소설 속에서 이들이 형상화되는 방식이 기존의 방식을 전도시키는 방향으로 수행되었다는 점은 큰 의의를 갖는다. 이상규는 "방언을 타자화하여 희극화의 대상으로 또는 열등화의 대상으로 치부"하는 표준어 중심주의를 비판하며 "국어와 방언의 차이는 언어 영역의 문제가 아니라 정치 영역에 속하는 것"이 되었다고 역설한 바 있다. " '방언'은 억압을 받은 하나의 언어이며, '국어'는 정치적으로 성공한 하나의 방언일 뿐"이라는 것이다(이상규, 2007: 6~7 참조).

위의 관점을 의식하며 강경애의 장편 소설 『인간문제』와 단편 소설「어둠」,「지하촌」 그리고「동정」을 재독해할 때, 강경애가 소설 창작을 통해 수행하고자 했던 문제 제기에는 비장애 중심주의와 표준어 중심주의에 대한 비판 의식이 포함되어 있었음을 알 수 있다. 비장애 중심주의(ableism)는 "사회의 모든 제도나 규범, 일상의 실천이 보통 장애가 없다고 생각되는 몸 상태만을 '정상'이라고 여기는 지배적 태도"로서 "통계적으로 평균에 가까운 사람의 몸 상태"만을 정상적인 것으로 간주하고 그에 부합하지 않는 질병이

---

7 김도경은 현진건의 「희생화」와 이광수의 「혈서」를 분석하면서 한국 문학에 나타난 "방언은 표준어가 중심이 되는 언어의 위계 속에서 우스운 것, 야릇한 것, 순박한 것 등 특정한 이미지로 표상"되어 왔고 "사투리에 부여된 이러한 이미지는 여러 작품을 통해 반복 재생산되면서 고착"되어 왔다는 비판적인 관점을 제시한 바 있다(김도경, 2012: 355 참조).

나 장애를 가진 몸은 비정상적인 것으로 범주화해 치료나 교정을 받아야 할 대상으로 여기는 태도를 일컫는다.[8] 표준어 중심주의란 일제 강점기를 거치면서 표준어를 제정하는 과정에서 방언을 열등하고 교정되어야 할 대상으로 삼고, 서울말을 중심으로 성립된 표준어만을 바람직한 것으로 간주하기 시작한 태도를 말한다. 작가의 이러한 문제의식을 주밀하게 추적하기 위해서 이 글에서는 강경애의 소설들이 최초로 발표되었던 지면을 분석 대상으로 삼으려 한다. 『강경애 전집』의 경우 자료의 방대함과 충실성에 비해 지문에 나오는 방언 표현은 원칙적으로 표준어로 바꾸어 표기하는 방식을 취하고 있기 때문이다.[9]

2. 질병·장애의 전사(前史)로서의 노동하는 몸

노동하는 몸은 필연적으로 질병이나 장애에 노출되기 쉽다. 아토 퀘이슨 (Ato Quayson) 역시 "현대 서구에서는 척수 부상이나 작업현장과 관련한 갖가지 손상 같은 비선천성 장애들은 자본주의 내에서의 생산관계로부터 발생"한다고 지적하면서 "특정 부상이나 손상들은, 예를 들자면, 사무실에서 근무하는 사람들보다는 공장 노동자나 공사 현장 인부들이 더 잘 당하게 된다"라고 서술한 바 있다(퀘이슨, 2016: 38). 강경애 역시 유사한 문제의식을 갖고 있었는데, 이는 작가의 대표작으로 꼽히는 『인간문제』에 잘 드러나 있다.

8　비장애 중심주의에 대한 개념 정의는 김원영의 인터뷰 내용을 참고했다(김도연, 2021: 18~19 참조).

9　이상경은 『강경애 전집』의 「일러두기」란에서 "6.지문은 표준말을 기준삼되 표준말에 없는 방언이나 속어는 그대로 살렸다. / 7.대화에 나오는 방언이나 속어는 살리되 표기법에 맞도록 하였다"라고 함으로써 표준어 표기를 기본으로 삼는 전집 편찬 방향에 대해 제시하고 있다(강경애, 1999: 7).

인천의 대동방적공장에서 밤낮없이 일하던 선비는 폐병에 걸려 피를 토하고 쓰러져 죽는 결말을 맞게 된다. 선비를 사모했던 '첫째'는 주검이 된 선비를 마주하고 절규하며 소설은 끝이 난다. 선비는 폐병에 걸린 뒤 대동방적공장에서 해고된다. 개구멍조차 없는 높은 담벼락으로 둘러싸여 있던 대동방적공장의 기숙사에서 선비는 병을 얻은 뒤에야 해고되고 추방됨으로써 나올 수 있었다. 빌 휴스(Bill Hughes)는 근대 이후 장애인의 역사가 "망각·배제·감금의 역사"였다고 분석하면서 "장애인의 〔사회구성원 자격의〕 '무효화(invalidation)'"가 이루어져왔다고 주장했다(휴스, 2017: 105 참조). "망가진 몸이나 결함이 있는 정신의 소유자"는 "제거되든지 폐기처분되는 것이 그 운명"이었다는 빌 휴스의 설명(휴스, 2017: 104 참조)은 폐결핵에 걸린 선비가 처했던 운명에도 여지없이 적용된다.

그렇다면, 폐결핵에 걸리지 않았다면 선비는 공장 감독의 말대로 목돈을 모아 건강한 상태로 3년 뒤 공장에서 나갈 수 있었을까? 얼마 안 되는 임금에서 식비를 비롯한 비용들을 제하고 하다못해 구둣값까지 부풀려 공제해 고생에 비해 박봉인 상황을 차치하고서라도 24시간 돌아가는 방적 공장의 기계를 다루기 때문에 한시라도 집중력을 잃는 때에는 여공들은 다치거나 죽을 수도 있는 위험한 환경에 노출되어 있었다. 선비 역시 새벽에 밤을 새워 일을 하다가 폐병으로 인해 집중력을 잃고 한 손이 가마 물 속에 빠져 큰 화상을 입는다. 흥미로운 점은, 화상을 입은 선비에게 고치 통을 들고 오던 남직공이 "어대 몹시 다앗수?"라고 방언을 구사하며 묻자 선비가 "무엇인가 호소하고 싶은 충동"을 느끼는 대목이다.[10,11] 직접 순수 의문형의 종결 어미 가운데 '-수'는 경흥 지역에서 주로 사용되는 육진 방언(한진건, 2003: 200 참조)

---

10 강경애, 『인간문제』(118), 《동아일보》, 1934년 12월 20일 자.
11 작중에서 선비는 조실부모한 뒤 덕호의 딸인 옥점과 달리 자신에게는 선비가 아프지는 않은지 물어줄 사람 하나 없음을 한탄한 바 있다.

으로, 강경애의 소설에서 아픈 몸에 대한 공감과 상호 의존의 정동이 생산되는 장면에서는 이처럼 주로 방언 화자가 등장한다. 이에 대해서는 4절에서 보다 심도 있게 다루고자 한다.

『인간문제』에서 선비의 죽음뿐 아니라, 선비의 아버지의 죽음과 이서방의 장애 역시도 노동의 과정과 밀접히 연관되어 있다. 평생을 지주인 덕호의 지시에 따르며 노동력을 제공해 온 선비의 아버지는 밀린 빚들을 대신 독촉해 받아 오라는 덕호의 명령을 제대로 수행하지 못했다는 이유로 덕호가 던진 산판에 맞아 앓다 죽고 만다. 첫째와 함께 살고 있는 이서방 역시 "어려서부터 남의 집에 살며 별별 모욕을 받다 못해서 이 다리까지도 부러"져 나무다리를 짚고 다니는 인물이다. 「지하촌」의 '사나히'라는 인물의 장애 역시 공장에서 다리가 기계에 물려 뭉텅하게 잘리고 만 데서 기인한 것이다.

샹탈 자케(Chantal Jaquet)는 노동하는 몸에 대해 설명하면서 "반복된 몸짓은 몸에게 신분증을 제공할 정도로, 지워지지 않는 방식으로 몸 안에 기입"되며 "때때로 인간은 그의 얼굴보다 그의 손에 의해 더 확실하게 알려진다"라고 지적했는데(자케, 2021: 322), 이는 『인간문제』에서 선비의 손을 통해 잘 드러난다. 선비는 아름다운 용모와 달리 거칠고 투박한 손을 갖고 있다. 이는 어릴 때부터 평생 덕호의 집에서 갖은 가사 노동에 시달렸기 때문인데, 신철도 거친 선비의 손을 보고 믿지 못하며, 공장의 다른 여공들 역시 선비의 눈이나 코가 고운 것에 비해 손의 생김새가 흉하고 무섭다며 수군댄다. 공장에서 일하면서 선비의 손을 포함한 여공들의 손들은 아래 인용문에서와 같이 "죽은 손가락"들처럼 변해 간다.

> 선비이마에 땀을 씻으며, 그의 손까락을 다시 보았다. 빨가케 익은 손등! 물에부풀어서 허여케된 다섯 손까락! 산손등에 죽은 손까락이 달린것 같앗다. 그는 전신에 소름이 오싹끼치며, 이공장안에 죽은 손까락이 얼마든지 싸인 것을 그는 깨달앗다.[12]

물론, 장애의 전사(前史)로서 몸의 손상을 읽어내는 작업이 자칫 '사회적 장애 모델(social model of disability)' 진영에서 오랫동안 장애와 몸 사이의 관계를 분리하고자 했던 노력을 오히려 약화시켜 버리는 효과를 낳을 위험이 있다는 점은 문제적이다(반스·올리버·바턴, 2017: 104~106 참조). 그럼에도 강경애 소설에서 노동하는 몸들을 엄습하는 질병과 장애에 대해 읽어내는 작업이 의미 있는 이유는, 소설 속 인물의 질병이나 장애가 주로 하층 계급의 인물들이 육체노동을 하는 과정에서 초래된다는 불편한 진실을 드러냄으로써 궁극적으로 독자로 하여금 혐오나 낙인의 대상이 되어왔던 질병이나 장애의 전사(前史)를 이해하고 공감할 수 있게 해준다는 점에 있다. 바스티안 베르브너(Bastian Berbner)는 사람들의 편견이나 혐오의 태도를 바꾸기 위해서 "그 사람에게 틀렸다고 말하는 것은 아무런 도움이 되지 않"는다고 단언하면서(베르브너, 2021: 293) 혐오의 대상이 되는 사람과 "접촉"함으로써 직접 그들의 삶을 이해할 기회를 가지도록 하는 것이 오히려 혐오를 떠받치고 있는 확신을 누그러뜨리는 계기가 된다고 설명한 바 있다(베르브너, 2021: 261~292 참조).

강경애의 소설에서 지식인 인물들의 연약하지만 완전무결한 신체는 쉽게 질병이나 장애로 이어지지 않는다. 실제로 『인간문제』의 서사는 선비와 첫째의 노동하는 몸을 신철이나 옥점의 몸과 대조하면서 직조된다. 덕호의 딸 옥점은 아프다고 집으로 편지를 보내 덕호와 그의 아내의 걱정을 사지만 정작 집에 돌아온 옥점은 매우 건강한 상태다. 신철 역시 인천의 노동 현장에서 일을 하기에는 너무나도 "무능력하고 연약한 육체"를 갖고 있음에도 노동의 과정에서 신체적 손상을 입기 전에 전향을 함으로써 노동 현장을 탈피해 버린다.

강경애의 초기작 「그녀자」(≪삼천리≫, 4권, 9호(1932.9))의 주인공 마리아 역

---

12 강경애, 『인간문제』(117), ≪동아일보≫, 1934년 12월 19일 자.

시 여성 지식인 인물로서 간도 용정의 외촌에 위치한 '얼두거우(二頭溝)' 예수교 부인 청년회로부터 강연에 초청받아 오게 된 인물로 표준어를 구사[13]하며, 이는 두드러지게 강조되고 있는 그녀의 신체의 이상화된 형상과 궤를 같이해 그려진다. 마리아는 스스로 "나는 조선의최고 학부를 맛치엿스며 더구나 조선에서듬은 女流作家이고 게다가 어엽분 미모의 主人公이다"라고 자부하며, 농민들에 대해서는 "제일 못난것"이고 "구할내야 구할수업는 그런 불상한 인간들"로 한껏 무시하는 마음을 갖고 있다.[14] 신체의 완전무결성을 표상하는 '마리아'라는 인물은 작중에서 간도의 농민들의 아픔에 공감하기는커녕 그들과 전혀 유대 관계를 형성하지 못한다.[15] 결국, 마리아의 정상적이다 못해 이상화되어 오히려 기이하게 느껴지는 신체를 보면서 오히려 청중이었던 농민들은 죽어간 자신의 누이들과 딸들을 떠올리며 분노하고 저항하게 된다.

이처럼 '서울 중심의/ 표준어를 구사하는/ 지식인의/ 완전한 신체'에 대해 작가가 견지하고 있던 비판적 태도는 『인간문제』에서 유신철을 비롯한 남성 지식인 인물들의 위선적이고 한심한 행태를 통해서도 잘 드러나 있다.

그리고 차라리 저러고 있을 바에는 시굴집으로 나려가서 안해가 하는농사일이나마 뒷배를 보아 주엇으면 조흐련만 그고생을 하면서도그래도 이서울구석에 붙어 잇으랴는 그들의 심리가 생각사록 웃읍고도 맹낭하엿다.

그들의 유일의 희망은 어떤 자본가를 붙잡아 가지고 무슨 잡지나 신문사나 경영

---

13 강경애의 대표작으로 꼽히는 장편소설 『인간문제』에서도 부르주아 지식인 인물인 신철의 말투 역시 표준어에 기반하고 있는데 이는 "지식인의 자기 한계"를 드러내주는 장치로 기능한다(김남석, 2008: 116 참조).

14 강경애, 「그녀자」, ≪삼천리≫, 4권, 9호(1932.9), 97~100쪽.

15 "자긔는 닭에 무리에 봉이한마리석긴 듯하고 혹인종에 백인종이 석긴듯한 늣김이엿다." 강경애, 같은 글, 99쪽.

해볼까 하는 그런 심산이었다. 어쩌면 민중의 지도자가 되는 동시에 그들의 일홈을 적으나마 전선적으로 휘날리는 데는 반드시 중앙에 안자가지고 그런 잡지나 신문사를 경영하는 데서만이 가능한 것으로 인정하는 모양이다. 저러케 배고플 때에는 아무말이 없다가도 배만부르고 나면 어느 신문이 어떻구 어느 잡지가 어떻구 시비를 가려가며 비평을 하군하엿다. <u>한참 떠들 때에 보면 모두가 일류 논객이엇다.</u>

<u>신철이는 이러한 봉건적 영웅심리에서 나온 야욕과 가면을 몇겹씩 쓰고 회색적 행동을 하고 안은 그야말로 고리타분하고 얄미운 소뿌루조아지의 근성을 철저히 버려야 할 것을 일포나 기호를 바라볼 때마다 절실히 느끼군하엿다.</u> 그러나 자신도 역시 그들의 근성을 어딘가 모르게 끼고 다니는 것을 오늘 일을 미루어 생각하면 뚜렷이 들어난다.[16]

이러한 강경애의 문제의식은 "1930년대 중반을 넘어서면서 프로문학이 쇠퇴하고 문단주의로 흐르는 서울 중심 문단에 대한 비판으로 표출되"기도 했는데(이상경, 1997: 69) 안수길의 회고에 따르면, 간도에 살면서 한 번씩 서울과 장연을 오고 갔던 강경애가 1936년과 1937년 사이에 서울에 다녀온 뒤 이렇게 말했다고 한다. "서울에 있는 문인들은 통 공부를 아니 한다는 것, 성실성이 없다는 것, 그래서 문인들을 만나 그 비성실성을 지적하여 항의했다는 이야기를 하였고, 역시 좋은 작품을 쓸려면 지방에서 성실하게 실력을 기르는 편이 낫다"[17]라고 역설했다는 것이다.

---

16 강경애, 『인간문제』(81), 《동아일보》, 1934년 11월 9일 자.
17 안수길, 「강경애씨를 추억함」, 《국도신문》, 1949년 11월 24일 자. 이상경(1997: 69)에서 재인용.

3. 아프거나 미친 여성 인물들

북한계 미국인 예술가 요한나 헤드바(Johanna Hedva)는 "아픈 여자 이론"이라는 글에서 "아픈 여자"를 공공 영역에서 비가시화되어 온 모든 아프고 차별받는 존재들이 연대할 수 있는 거점이자 반자본주의적 저항의 주체로 내세우는 선언을 한 바 있다.[18] 이때 헤드바가 "여자"라는 용어를 사용한 이유에 대해 이는 "전략적인 선택"이었다고 설명하면서 "비록 "여성"의 정체성이 여러 사람들(특히 유색 인종 여성과 트랜스젠더/논바이너리/젠더플루이드)을 지우고 배제하지만, 여전히 여성이라는 단어는 보호받지 못하는 사람들, 부차적인 사람들, 억압받는 사람들, 해당 사항이 없는 사람들, 아닌 사람들, 부족한 사람들을 대표하기 때문에" 자신의 이론을 "아픈 여자 이론"이라 부르기로 했다고 하는 대목은 시사하는 바가 크다.[19]

샌드라 길버트(Sandra Gilbert)와 수전 구바(Susan Gubar) 역시 『다락방의 미친 여자』에서 서구 여성 작가들의 작품들에서 공통적으로 나타나는 문학적 전통으로 "감금과 탈출의 이미지, 미친 분신이 온순한 자아의 반사회적인 대리인으로서 기능하였던 환상들, 얼어붙은 풍경과 불길에 싸인 실내에서 구현되는 불편한 육체의 은유들"이 "질병의 묘사와 함께" 반복되고 있음을 역설한 바 있다(길버트·구바, 2009: 10 참조). 특히 이들은 『제인 에어』를 새롭게 읽어내면서 "제인이 직면한 가장 중요한 사람은 로체스터가 아니라 그의 미친 아내 버사이며, 제인과 버사의 마주침이 이 책의 핵심 대결이며 만남"이라고 해석했다(길버트·구바, 2009: 579). '다락방의 미친 여자'의 대표적인 사례로 여겨져 온 버사 메이슨을 제인 에어의 분신으로 파악해 서사의 주변부가

18 　요한나 헤드바, "아픈 여자 이론", 허지우 옮김, https://off-magazine.net/TRANSLATE/hedva.html(접속일: 2022.3.18).
19 　헤드바, 같은 글.

아닌 중심으로 길어 올리려는 이들의 시도는 "그래 나 아프고 미친년이다, 어쩔래!"라는 요한나 헤드바의 선언과도 연결되며, 강경애 문학 속 아프거나 미친 여성 인물들을 경유해 다양한 방식으로 발화되고 있다. 그러한 예로서, 이 장에서는 「어둠」의 영실의 정신 분열증에 대한 분석과 「동정」의 두 아픈 여성 인물에 대한 분석을 수행하고자 한다.

「어둠」의 주인공 영실은 간도 지방의 한 병원에서 근무하고 있는 간호사다. 공산주의자였던 오빠가 처형을 당한 기사를 신문으로 접한 뒤 영실은 충격에 빠지고, 늙은 어머니에게 이 소식을 어떻게 알려야 좋을지 고민하게 된다. 영실은 먼저 떠나보낸 오빠를 애도할 기회를 갖지 못하고 쉴 틈 없이 병원에서 간호 업무를 수행하고 있다. 애도를 완료하지 못한 영실은 실성하고 만다. 그녀는 맹장 수술을 하는 의사가 환자가 아닌 영실의 오빠를 향해 수술 메스를 겨누고 있는 것 같은 환상을 보고 의사에게 달려든다. 사랑하는 가족을 잃은 영실의 슬픔은 분노로 바뀌어 의사에게 분출되는 것이다.

흥미로운 점은, 이 소설의 경우 지문 부분에도 함경북도 방언이 나타나 있는 것[20]과 달리, 의사만이 유독 표준어로 대화체를 구사하고 있다는 점이다. 아래 인용문에서 의사의 질문인 "웨 대답이 없어?"는 표준어에 기반한 문장으로 볼 수 있는데, '왜'를 가리키는 함북 북부 지역 방언은 '어때, 어띠, 어때서' 등이기 때문이다(최명옥 외, 2002: 174 참조). 의사는 영실의 아픔에 전혀 공감하지 못하고 있는 인물일 뿐 아니라, 영실에게 실연의 아픔을 준 장본인이기도 하며, 처음 간도에 와 병원을 열었을 때의 순수함과 열정을 이제는 모두 잃어버린 인물이다. 작가는 간호사인 영실의 시선으로 의사인 남성 인물의 비윤리성을 비판적으로 그려냄으로써 "장애와 질병이 없는 상태

---

20 "이길우에 오빠의신발자죽이어딘가 남아있을 것같다"(강경애, 1937: 28)에서 "자죽"은 '자국'의 학성, 길주, 명천, 경성, 회령, 무산 지역에서 사용되는 함북 방언이다(김태균, 1986: 416 참조).

가 있는 것보다 바람직하다는 전제"(김은정, 2022: 12)를 완벽하게 뒤집어버린다. 이 작품의 배경이 근대 의료 체계를 표상하는 병원이라는 점 역시 "장애와 질병의 낙인이 초역사적으로 존재해 왔던 것이 아니라 치유에 대한 근대적 접근을 통해 만들어졌다"는 김은정(2022: 12)의 통찰을 상기하도록 한다.

> 의사는 성큼 일어나더니 도다나곁으로가서 담숙담숙 싸아논「알콜십뿌」를 집어 손을 닦고있다.
> 「점심 먹었어?」
> 이물음에 영실의 보풀락한 눈등은 찌어질듯히 팽팽하여젔다.
> 「웨 대답이 없어?」
> 말끝에 씩웃는다. 그의 말버릇이 그렇건만 지금에 있어서는 자신의 처지를비웃는 웃음 같았다. 더참을수 없는 분이 왈칵 내밀치므로 눈을 쏘아 보았다.
> 포마드를 발라넘긴 머리카락은 보기싫게 흔들 그리고 검어틱틱한 눈에 거만함이 숭굴숭굴 얽히었다. 의사는 그의 시선을 피하야 열심으로 손끝만보고 부비친다. 전날에 고상해 보이든 그의 인격은 어디로 갔는지 흔적도 찾을수없고, 머리에서 발끝에까지 야비함이 즈르르 흘러나린다 저런 사나히에게 귀한 처녀를 빼았기었나, 보다도 오빠만을 고히 생각든 누이의 맑은 맘을 송두리채 빼았기었나 하니 자신의 어리석음이 기막히게 분하여진다. 그만 달려가서 저 사나히를푹푹 찔러죽이고싶다.[21]

영실은 과거에 의사를 긍정적인 인물로 착각하고 연애 관계를 맺었던 점을 후회하며, "머리에서 발끝에까지 야비함"으로 무장한 이 인물에게 달려가 "푹푹 찔러죽이고싶다"라는 극단적인 생각에 사로잡히게 된다. 반면, 이

---

21 강경애, 「어둠」, ≪여성≫, 2권, 1호(1937.1), 29~30쪽.

작품에서 의사와 대비되는 인물로 소사인 김서방이 등장하는데, 김서방이라는 인물과 영실은 "이병원에서 가장 오랜 년조를 가진" 사이일 뿐 아니라 "가장 가난한 처지에서 헤매이는" 사이다. 그리하여 김서방은 영실의 "오빠의 죽음에 대하여도 누구보다도 리해가 깊은 것"으로 그려지고 있다.

의사인가 싶어 획근 돌아보니 소사인 김서방이 바쁘게 올라온다. 울어서 부은 눈을 아모에게도 보이기 싫어서 머리를 돌렸다. 한참후에 무심히 머리를 돌리니 그의 옆에 김서방이 우뚝섰지 않느냐, 그는와락 반가운맘이 들어 벌떡 일어났다.

「편지왔소」

김서방은 멋이 들어앉아 쭉펴지 못하는 그의 굵단손으로 반백이나 되는 머리를 어색하게 슬슬 어루만지며 참아 영실이를 바라보지 못하고섰다.

「아니유」

「오늘은 꼭 편지가 와얄텐데 어쩌나!」

그는 애처러히 김서방을 보았다. 입을 중긋중긋하든 김서방은 눈을 뻔쩍떠서 마주본다. 해상 벙글그리든 그눈에 웃음이 간곳없고 슬픈빛이 뚝뚝 흘러나린다. 영실이는 저도 알았구나하자 눈물이 핑그르르 돌아 떨어진다 그는 흐르는 눈물을 싫으려고도 아니하고 눈을 점점더 크게떠서 김서방을 보았다.

얼굴은 캄캄하게 어리우나 왼편으로 깨울히 내려온 힌수염끝이 영실의 눈에 가득히 꽂히는듯하였다.

「너무 너무 그렁말수」

김서방은 발끝을 굽어보고 이렇게말하였다. 김서방!하고 힘끝 부르렀으나 목이 메어 나가지않았다.

이병원에서 가장 오랜 년조를 가진 김서방과 자신, 가장 가난한 처지에서 헤매이는 김서방과 자기, 그래서 의사와 자기새이[22]도 아는것 같고 역시 오빠의 죽음에 대하여도 누구보다도 리해가 깊은것을 깨다른것이다.[23]

〈표 10-1〉 작중 방언 화자와 표준어 화자의 공감 능력의 차이 및 도덕적 위계의 전도

	구사하는 언어	작품 속 실제 사례	영실에 대한 공감의 정도
김서방	함북 방언	- 「편지왔소」[24] - 「너무 너무 그렁말수」	깊이 공감하고 돕고자 함
의사	서울말 (표준어)	- 「점심 먹었어?」 - 「웨 대답이 없어?」	전혀 공감하지 못하고, 비웃 는 듯한 태도를 보임

영실이 오빠의 죽음으로 받은 충격과 상실감과 슬픔에 대해 다른 병원 구
성원들은 형식적 위로에 그치거나 무심한 데 반해 김서방은 "너무 너무 그
렁말수"라는 방언으로 위로를 건넨다. 이때 주목할 점은, 「어둠」에서 인물
들에 따라 구사하는 언어가 서로 상이하며, 이러한 차이들은 일종의 위계질
서를 형성하는 양상으로 배치되어 있다는 사실이다. 들뢰즈(Gilles Deleuze)와
가타리(Felix Guattari)는 "복수 언어를 동시에 사용하면서 상이한 언어들을 넘
나드는, 하나의 동일한 그룹에서 작용하는 언어 활동의 기능에 대한 연구"
는 "언어가 정보를 주고받는 것이라는" 기능적 측면을 넘어서 "언어 활동의
위계적 및 명령적(imperatif) 체계를 명령의(ordre) 전달로서, 권력의 행사 내지
그런 행사에 대한 저항"으로 파악할 수 있도록 해준다고 역설한 바 있다(들
뢰즈·가타리, 2001: 60 참조). 〈표 10-1〉에서 명확하게 간파할 수 있듯, 강경애
는 「어둠」에서 방언 화자인 '김서방'에게 표준어 화자인 '의사'에 비해 도덕
적으로 우월한 지위를 부여함으로써 표준어-방언 간에 형성되고 있던 위계
질서를 전도시키는 소설적 재현으로 나아갔던 것이다.
　한편, 작품 후반부에서 실성하고 만 영실이 의사를 공격하는 장면에서 의

22　'새이'는 '사이'를 뜻하는 길주, 경성 지역에서 쓰이는 함북 방언이다(김태균, 1986: 285 참조).

23　강경애, 「어둠」, ≪여성≫, 2권, 1호(1937.1), 30쪽.

24　함북 북부 지역어에서 의문법 어미 '-오'도 'ㄹ' 이외의 자음 뒤에서는 '-소'로 나타난다(최명
　　옥 외, 2002: 149 참조).

사가 영실을 바닥으로 내동댕이쳐버린 뒤 조수들을 시켜 끌어내지만, 이를 목격한 김서방은 영실을 받아 업고 격리 병실에 가두는 대신 밖으로 달려나간다. 마치 영실의 오빠가 어린 시절 눈 오던 추운 겨울날 영실을 업고 달렸던 것과 같이 김서방은 영실을 업은 채 어두운 밖으로 나가며 소설은 마무리되는 것이다.

환자에게서 툭튀어오르는 오빠!순간 그비명이오빠의 음성같아 그는 깜짝 놀랐다. 다음순간에 착각이플 알았으나 가슴이 뛰고 왼몸이부루루 떨린다 그래서 그는얼른이방을나가리라하고 한발거름옴기었을때 겨욱질이 옭하고내달린다 그는 입술을 꼭물었다 목이 찢어지는듯하더니 코로주먹같은무엇이 칵내달리며 아뜩하여진다 그순간의눈에 번듯빛났다

그칼이 오빠를 향하야살대같이날아오는것을 보았다

『아이머니!저놈이 사람을 죽여!』

영실이는 눈을 뒤집고 나는듯이 의사에게로 달려드니, 의사는 어결에 주춤물러서다가발길로 탁차버렸다 영실이는세멘바닥에 자빠졌으나 단숨에 일어나 달려든다 입술과 코이터저 왼얼골은 피투성이가 되어버렸다.

『이놈이놈! 오빠를 죽여. 아구 오빠 오빠호호호 저놈.”

간담이 서늘하게 부르짖는다 방안은 그제서야 영실이가 미친 것을 알았다 조수는 달려들어영실의 손을 낚어쳤다.

『김서방! 이 미친년 끌어내!』

의사는 발을 구르며 호통하였다 밖에서 수술환를 담아내려고 들것을 준비하든 김서방은 너머나 큰 소리에 놀라 들것을 든 채 황황히 달려오려다가, 조수들에게 끌리어나오는 영실이를 보고 고만 딱서버렸다

『미쳤어 저리 내가 내가.』

조수하나이 급급히 소리치고 나서 영실이를 김서방에게 맡겨버리고 수술실문을 요란스레히 닫아버린다

김서방은 어쩔 줄을 몰라 영실이를 뒤집어없었다. 그는 김서방을 쥐어뜯고 몸부림쳤다.

『이놈 오빠아구 아구 어머니 양말만 깁지말고 빨리 나와요 하하하 저놈이!』

김서방은 격리병실로 뛰다가 몇호실로 가란 말인고 아뜩하야 생각나지 않았다 이번엔웃층병실로 뛰어오며생각하니 역시아뜩하였다. 그만다시 수술실문앞으로 오다가 그도 모르게 치밀어오는 감정에 그만 충충밖으로 뛰어나왔다 밖은 어둡다(강경애, 1937.2: 30).

여기서 중요한 사실은, 영실이 끝내 정신 질환을 얻었음에도 붙잡혀 감금당하지 않고 세상 밖으로 뛰쳐나왔다는 점이다. 작가는 비록 세상은 어둡지만, 영실은 분노의 에너지를 저항의 자원으로 삼아 병원 밖으로, 세상 속으로 탈주해 나가는 결말을 그려냈다. 들뢰즈와 가타리는 소수적이지 않은 혁명적 문학은 없다고 말했다(들뢰즈·가타리, 2001: 67 참조). "언어 활동의 다수적 기능을 만족시키는 것, 국가의 언어, 공식적 언어로서 복무하는" "오직 하나의 꿈"을 꾸는 대신 "소수화를 창조하는" "반대의 꿈을 꾸자"는 들뢰즈·가타리(2001: 68~69 참조)의 제안을 경유할 때, 강경애가 「어둠」을 통해 정신 분열을 일으킨 여성 인물의 탈주를 그려내면서 그에게 공감하며 연대하는 방언 화자 인물을 함께 소설화한 것이야말로 표준어 또는 정상적인 몸이라는 "오직 하나의 꿈"을 꾸는 대신 "소수화를 창조하는" "반대의 꿈"을 꿈으로써 혁명적 문학을 창작하려 했던 작가의 의도였음을 가늠할 수 있게 된다. 그리고 강경애의 이러한 의도는 혐오의 대상이 되어온 '미친 여자'를 분노의 주체로 변모시키는 양상으로 소설화되었다는 점에서 큰 의의를 갖는다.

「동정」에 나타난 두 여성 인물 역시 몸의 손상 및 질병을 가진 인물들이라는 점에서 유사한 맥락에서 독해해 볼 필요가 있다. 이 작품은 용정의 해란 강변의 우물가에서 알게 된 '산월'이라는 여성과 화자인 '나'의 관계에서 출발한다. 내가 얼굴에 멍이 든 여인[25]인 '산월'에게 "아니 어디 다으셨나요.

웨 그볼이 그리 되섰우"(강경애, 1934b: 118)라고 물음으로써 둘의 관계는 개시
되는데, '산월'이 스스로 "매음부"임을 밝히면서 '나'는 "환멸"과 동정심을 가
지게 된다.

「날 어떻게 보아요… 말하자면 부인같아요. 남의 어멈같아요. 혹은 술집계집
이나이런것들같아요?」
나는 그를말그럼히 보면서
「글세……부인이겠지……?」
어틴가모르게 그의 전체에서 화류게의냄새가 나는듯 나는문득 깨달았습니다.
그러고 다시보니 그의 버들닢같이 곱게지운 눈섭이 새삼스럽게 내눈에 거치었
읍니다. 나는 갑작이 환멸에 가까움을느끼는 동시에 그가 한칭더 불상하게 보
였읍니다.
「그래 뭐요?」
「흥! 매소부 매음부 아시지요!」
그의 입은 비쭉하면서 비웃음을 가득띠웠읍니다. 나는 갑작이 뭐라고 할말을잊
으며 멍하니 바라보았읍니다
「그렇게 더러운 계집이라요. 이담부터조심하서요」
「누가 되고 싶어되는가. 다 환경이 그리맨들었지요.」(강경애, 1934b: 119~120)

이 둘은 같은 여성이지만 퍽 다른 상황에 처해 있다. 남성과의 관계 역시
'나'는 좋은 유대 관계를 맺고 있는 남편을 둔 반면,[26] '산월'은 자신을 매음부

---

25 "그는 웬일인지 얼굴이 푸석푸석 부은듯 했으며 바른볼에는 퍼렇게 피진자죽이뚜렸하였
습니다"(강경애, 1934b: 118 참조). 여기서 '자죽'은 '자국'의 방언.
26 "사내들이 사람같애요. 모두 개새끼같이밖에는 내눈언 않보여요. 그저 그것 밖에야 뭘아
라요"라는 여인의 말에, "나는 얼핏 나의 남편을 생각하며 싫은 생각이 들었읍니다만은 지
금 그의처지로써는 사내들을 이렇게 저주하지않고는 못견딜것을 나는 깨달았습니다"라고

로 팔아버린 아버지나 "단지"까지 해가며 정성을 쏟았지만 떠나버린 사내로 인해 남자는 모두 "개새끼"라고 여긴다. "나는 그가 어째서 이렇게 비관하는지를 꼭알고 싶었으며 그가 끝없이 가엾어 보였습니다"(강경애, 1934b: 118)라고 하지만, 그러나 이러한 작중 화자의 동정은 한계를 가진 것이다. "나는 내 몸의 병을 말하기 싫고해서 그저 그의 말대로 시인해버렸습니다"(강경애, 1934b: 118)라는 대목에서 알 수 있듯이, 작중 화자는 자신의 질병에 대해서는 상대방에게 철저히 숨기고 있기 때문이다.

> 나는 어디까지든지 그가 불상하였읍니다. 그가보통유녀와같지않고 어덴가모르게 침착하믈 가졌으며, 남자에게 꺾이지 않을듯한 그의 성격이 나로하여금 그러한맘을 일어나게하는것이었읍니다.
> 「내가 열여들살에 어떤 사나히를 교제해갖이고 그사나히에게 나의 온갖 힘과정성은 다들였어요. 부끄러운 말이지만 이손보세요. 단지까지 했더랍니다.」(강경애, 1934b: 121)

이 작품에서 '나'는 질병을 갖고 있다는 점에서, '산월'은 사랑했던 사람을 위해 스스로 손가락을 잘라 몸의 손상을 갖고 있다는 점에서 불완전한 몸을 갖고 살아가는 인물들이다. 물론, 작중에서 화자가 '산월'을 불쌍히 여긴 것은 그녀의 손가락의 손상 때문이라기보다는 그녀가 "매음부"라는 낙인 때문이다. 어빙 고프먼(Erving Goffman)은 낙인찍힌 사람의 경우를 "불명예자(the discredited)"와 "잠재불명예자(the discreditable)"로 나누고 전자는 "자신의 차이점을 이미 상대방이 알고 있으며 그 자리에서 바로 드러난다고 생각"하는 경우이고, 후자는 "상대방이 차이점을 아직 모르며 즉각적으로 감지하지 못

한 부분을 통해 두 여성 인물 간의 격차를 엿볼 수 있다(강경애, 1934b: 121 참조).

한다고 가정"하는 경우라고 설명한 바 있는데, '산월'의 스티그마는 "불명예자"로서의 것(손가락의 손상)과 "잠재불명예자"의 것(매음부라는 출신 성분) 양자에 모두 걸쳐 있는 것으로 볼 수 있다(고프먼, 2018: 17 참조).

이 작품의 결말부에서 '산월'은 포주로부터 폭행을 당하고 피투성이가 된 채 '나'를 찾아오지만 자신의 고통을 이해받을 수 없음에 좌절해 끝내 스스로 목숨을 끊는다. 『인간문제』에서 '선비'가 한평생 노동만 하다가 병에 걸려 고되었던 생을 마감했던 것처럼, 작가는 섣불리 아픈 몸을 가진 여성들이 이해받을 수 있는 유토피아적 상황을 그려내지 않는다. 어쩌면 작가는 여성의 질병과 장애가 온전히 이해받고 고통과 슬픔이 흘러 유대를 형성하는 것은 불가능에 가까운 일이라고 생각하고 있었을지도 모른다. 그럼에도 서사에서 주변화되거나 축출되어 오곤 했던 아프거나 미친 여자들의 고통을 강경애는 자신의 소설 속에 선명하게 기록하려 했다. 눈에 불을 번뜩이며 "이 세상은 언제 망할까요. 그저대포로 모두 쾅쾅놔 부렸으면…"(강경애, 1934b: 121)이라고 말하던 '산월'이 우물에 몸을 던져 자살하는 결말은, 그녀가 자신의 존엄성을 지키기 위해 자기 결정권을 행사하는 최후의 선택이었던 것으로 독해되어야 한다.[27] 결국, 강경애의 소설 속 주인공들은 언제나 '제인 에어'가 아닌 "다락방의 미친 여자", '버사 메이슨'였던 것이며[28] 강경애의 문학 세계는 작가 자신의 질병과 장애의 경험을 경유해 '아픈 여성'으

---

27 백종륜은 1990년대 이남희 소설의 희망론에 대해 논하면서 "신자유주의 체제 아내에서 "생존"은 기실 "느린 죽음"에 지나지 않는다'라는 로런 버랜트(Lauren Berlant)와 자스비르 K. 푸아(Jasbir K. Puar)의 견해를 경유해 이러한 극한 상황에서 "인간이 자신의 존엄성을 지킬 수 있는 방식이란 스스로 "죽음"을 선택함으로써 자기 결정권을 행사하는 길뿐"이라고 지적한 바 있다(백종륜, 2020: 87 참조).

28 도미니카 태생의 진 리스(Jean Rhys)는 1966년에 버사 메이슨을 주인공으로 삼아 샬럿 브론테(Charlotte Bronte)의 소설 『제인 에어』(1847)의 다시 쓰기로서 『광막한 사르가소 바다』를 발표하기도 했다(리스, 2008).

로서의 정체성과 거기에 배태된 변혁의 에너지를 소설화해 나간 여정이었음을 알 수 있다.

4. 혐오를 재생산하지 않는 장애 재현과 방언 발화의 의미

조한진희(2022: 17~18 참조)는 "회복될 수 없는 아픈 몸으로 산 지 오래"라고 밝히며, "질병세계의 언어가 절박했던 나머지 사회에 말걸기를 시도했던 과정"으로서 질병에 관한 칼럼을 연재하고 강의를 하고 모임을 만들어 시민연극 〈아파도 미안하지 않습니다〉를 제작하고 책을 출간하는 등의 일련의 과정들을 거치면서 두 가지를 중요하게 염두했다고 밝힌 바 있다. 하나는 고립되어 있던 "아픈 몸들의 연결"이었고, 다른 하나는 "아픈 몸들의 마이크를 확장하는 것"이라고 했다(조한진희, 2022: 18 참조). 강경애 역시 "회복될 수 없는 아픈 몸으로 산 지 오래"였고, 자신의 소설을 통해 "아픈 몸들의 연결"을 도모했으며, 다양한 아픈 몸들의 소설화를 통해 "아픈 몸들의 마이크를 확장"하려고 했다.

소설 「지하촌」의 배경이 되는 마을은 '불구성'이 만연한 세계다. 주인공인 칠성이는 네 살 때 홍역을 앓은 뒤 돈이 없어 치료를 받지 못해 다리에 후천적 손상을 입은 인물이며, 칠성이가 연모하는 큰년이라는 소녀 역시 후천적으로 시력을 상실한 상태다. 아래 인용문에 나타난 "웨 이 동네 녀인들은 그런 병신만을 나흘까 하니 어쩐지 이상하엿다"라는 칠성이의 독백에서 알 수 있듯이, 이 동네는 장애를 가진 사람들로 가득 차 있다.

큰년이 가튼 그런 게집애를 나앗나또눈면 것을… 그는 희하고 웃음이 터젓다. 그웃음이입가에서 살아지기도전에 <u>웨 이 동네 녀인들은 그런 병신만을 나흘까 하니 어쩐지 이상하엿다.</u> 하기야 큰년이가 어디 나면서부터 눈멀엇다니 위선

나도 네 살때에 홍역을 하고 난담에 경풍이라는 병에 걸리어 이런 병신이 되엇다는데 하자 어머니가 항상 외우든 말이 생각되엇다.[29]

그 이유를 깨닫지 못하고 있던 칠성이에게 각성의 계기로 작용하는 것은 칠성이 동냥을 하다 길에서 만난 '사나히'와의 대화였다. 칠성이는 동냥에 나섰던 집에서 개에 물려 쫓겨난 뒤 길에서 마주친 남자를 보고 "자기와가튼 불구자인 거지라는것을 즉석에서 알"고도 "눈결에 사나히의 뭉퉁한 다리를보고 못본것처럼 하"고, 자신에게 옷도 내어주고 밥도 내어주는 그에게 "어머니를 대한것처럼 어딘가 모르게 의지하고 십흔 생각과 밋는 맘"을 갖게 된다.

① 머리를넘석하야 내다보는 사나히는 얼른 보아 사오십되엇겟고 <u>자기와가튼 불구자인 거지라는것을 즉석에서 알앗다.</u> 사나히는 쭝깃이 웃는다. (중략)
『그옷때메 칩겟수. 위선 내옷을 입고 버서서 말리우』
사나히는 그의봇다리를 뒤적뒤적하더니
『자입소. 이리오우』[30]

②『웨이러구 섯수. 자 입으시우』
『아아니유』
칠성이는 성큼 물러서서 양복저고리를 보앗다. 난생전 입어 보지못한 그옷 앞에 어쩐지 가슴까지 두군거린다.
『허! 그친구 고집대단한데 그럼 이리와 안기나 해유』
사나히는 그의 손을 끌고 거적 자리로 와서 안치운다 <u>눈결에 사나히의 뭉퉁한 다리를보고 못본것처럼 하엿다.</u>[31]

29 강경애, 「지하촌」(7), ≪조선일보≫, 1936년 3월 20일 자.
30 강경애, 「지하촌」(14), ≪조선일보≫, 1936년 3월 29일 자.

③ 사나히는 따라 일어난다.

『아 집이 잇수?…가보우』

칠성이는 머리를 드니 사나히가 곁혜와서 밀집모를 잘씨워주고 빙그시 웃는다. 어머니를 대한것처럼 어딘가 모르게 의지하고 십흔 생각과 밋는 맘이 들엇다.

『잘가우…세월 조흐면 또 맛나지…』

대답 대신으로 그는 마주 웃어보이고걸엇다. 한참이나 오다가 돌아보니 사나히 는 우둑허니 서잇다. 주먹으로 눈을닥고 보고 또 보앗다.[32]

수전 웬델(Susan Wendell)은 어빙 고프먼의 『스티그마』에서의 논의를 비판 하면서, "고프먼은 다르다고 구분되는 사람들끼리 가진 연대의식"의 의미를 간과했을 뿐 아니라, "대부분의 피낙인자는 피낙인집단의 구성원으로서 하 위문화를 가지고 있고, 그 안에서의 가치체계에 따라 외부의 낙인은 무의미 해지거나 약해진다"는 사실을 제대로 짚어내지 못했다고 주장했다(웬델, 2013: 121 참조). 그러나 고프먼(2009: 40) 역시 "동일한 낙인을 공유한 동류인(the own)들" 간에는 "자신의 경험을 통해 그러한 특정 낙인을 갖고 사는 게 어떤 것인지 잘 알기 때문에, 어떤 사람은 그에게 처세술을 가르쳐주기도 하고, 낙인자가 여타 정상인과 마찬가지로 한 인격체로 받아들여질 때 느낄 수 있 는 위안과 정신적 지지를 받기 위해 뒤로 물러나 쉴 수 있는 피난처를 제공 한다"고 설명한 바 있다. 결국 웬델과 고프먼 모두 피낙인자들 간의 연대의 가능성에 대해 어느 정도 낙관적으로 서술하고 있으며, 강경애의 「지하촌」 에서 위의 인용문 ①~③에 나타난 칠성이와 사나히 사이에 주고받는 대화 의 장면은 이를 매우 섬세하게 그려내고 있다.

특히 '사나히'가 칠성이에게 자신의 옷을 벗어주고 밥을 나눠 주는 대목

---

31 강경애, 「지하촌」(14), ≪조선일보≫, 1936년 3월 29일 자.
32 강경애, 「지하촌」(16), ≪조선일보≫, 1936년 4월 2일 자.

은 "보편적 돌봄"의 이상과 "상호의존성(interdependency)"의 가치를 상기시킨다.[33] 이때 "그옷때메 칩겟수. 위선 내옷을 입고 버서서 말리우", "자입소. 이리오우", "아 집이 잇수?…가보우" 등 '사나히'가 구사하는 어투를 살펴보면, '사나히' 역시 명백한 방언 화자임을 알 수 있다. '사나히'가 방언을 구사하고 있는 것과는 달리, 칠성이가 '사나히'를 만나기 전 동냥을 하러 갔던 집에서 사나운 개를 동원해 칠성이를 쫓아버렸던 고용인은 표준어에 가까운 어투를 보인다. 이는 작가가 「어둠」의 김서방과 의사를 방언 화자와 표준어 화자로 대조적 인물로 설정하고 표준어-방언의 위계질서를 뒤집어 재현했던 것과도 연결된다. 결국, 강경애는 「지하촌」의 '사나히'를 방언 화자이자 장애를 가진 인물로 그려내면서 주인공 칠성이의 각성을 촉발하고 일종의 연대 의식까지 성취해 낸다는 점에서 '비장애인/장애인', '표준어/방언'이라는 이항 대립 구조의 위계질서에 재차 도전하고 있는 것이다.

이혜령은 한국 근대 문학의 형성 과정에서 묘사를 통한 소설의 리얼리즘 제고라는 목표를 달성하기 위해 방언이 활용된 양상에 대해 다음과 같이 문제를 제기한 바 있다.[34] 방언이 "타자의 표상으로 간주되고" 한국 근대 소설에서 하층민과 여성이 방언 화자로 재현될 때 묘사의 대상으로만 전락하게 되어 "보여지기(to-be-looked-ness)" 상태에 머무르게 되며 결과적으로는 "언어 바깥의 존재"가 되어온 경향이 있다는 것이다(이혜령, 2007a: 76 참조; 2007b: 18~19 참조). 이러한 경향이 문제적인 이유는, 한국 문학 속의 이러한 재현 방식이 혐오를 재생산하는 데에 복무해 왔다는 점이다. 방언을 사용하는 인물이

---

33 더 케어 컬렉티브(2021: 17, 40 참조)는 "돌봄이 삶의 모든 수준에서 우선시되고 중심에 놓이는 사회적 이상"을 담은 "보편적 돌봄(universal care)" 모델을 제시하면서 이는 우리가 서로의 "상호의존성(interdependency)을 인지하고 포용"할 때 비로소 가능해진다고 역설한 바 있다.

34 이혜령은 이러한 다소 역설적인 현상에 대해 "표준어는 끊임없이 방언을 통해서만이 그 실정성을 보증받을 수 있"기 때문이라고 설명한 바 있다(이혜령, 2007a: 74~75, 81 참조).

나 장애를 가진 인물이 소설 속에서 모자란 인물 또는 악당으로 그려짐으로써 혐오와 낙인의 문법을 그대로 답습하는 경우, 그러한 텍스트를 읽는 독자를 통해 "혐오의 사회적 확장"을 야기할 우려가 있다. 마사 누스바움(Martha Nussbaum)은 『혐오와 수치심』에서 "왜 비장애자가 장애자에게 혐오나 반감을 느끼는가"라는 질문에 답하면서 이때의 혐오란 "사회적으로 구성"된 것으로서 "혐오의 사회적 확장"을 의미한다고 설명했다(누스바움, 2015: 175 참조). 이러한 문제 제기들을 염두해 볼 때, 강경애가 「지하촌」에서 칠성이라는 장애를 가진 인물이 동네 아이들의 놀림과 괴롭힘을 당하는 장면을 그려내면서도 동시에 '사나히'나 큰년이와 같은 또 다른 장애인 인물들과 맺어나가는 연결의 장면들을 서사의 중심축에 배치하고 각성의 주요 계기로 소설화한 점은, 혐오를 재생산하지 않는 장애와 방언의 재현 방식이었다는 점에서 고평할 만하다. 이는 「지하촌」에서 작가가 칠성이 어머니의 입을 빌려 큰년이를 칭찬하며 시각 장애를 가졌을 뿐 못 하는 게 없으며, 눈 뜬 사람보다 낫다고까지 평하는 것으로도 드러난다. 다리에 후천적 손상을 입은 칠성이를 놀리기 위해 그의 걸음걸이를 흉내 내는 동네 아이들을 먹을 것을 구하려 눈 뒤집혀 다니는 원숭이 무리와 같다고 비유한 대목에서 짐작할 수 있듯, 작가는 장애에 대한 혐오적 시선에 조목조목 반박하며 되받아친다. 이는 캐서린 겔버(Katharine Gelber)가 제안했던 "말대꾸(speaking back)"의 전략으로, "스스로의 대항 표현(counter speech)을 통해 대응함으로써, 피해자들은 혐오 표현에 담긴 메시지들을 논박할 수 있으며 동시에 자신들을 무력화하고 침묵시키는 혐오 표현의 영향들을 극복"할 수 있게 된다는 것이다(겔버, 2019: 11).

한편, 「동정」에서 '나'라는 인물이 구사하는 언어의 변화 역시 주목할 필요가 있다. '산월'의 슬픔과 고통에 대해 완전히 공감할 수 없는 '나'는 폭행을 피해 도망쳐 나온 '산월'을 외면하는 아래 인용문의 대목에서는 표준어에 보다 가까운 종결 어미를 사용하며 대화를 수행해 나간다(㉮, ㉯).

「형님 난 나갈래!」

그의 눈은 빛났읍니다. 나는 전날 어떻게든지 기회만봐서 도망이라도하면 내 여비 같은 것은 담당해주마던 기억이 얼핏떠오르며 저가 여비를 구하라왔구나! 하며 버쩍 싫은 생각이 들었읍니다. 남편도 눈이 둥글해서 그를 처다보았읍니다.

㉮「가기는 어딜 간단말야 갑작이」

나는 불숙 이런말을 하였읍니다. 그리고 어제 수해구제음악회에서 三원을 기부하였는데, 또돈쓸일이 나지않는가?그러랴면 이달에살기가 좀어려울터인데 필시 이달엔 저금은 못하지하는 속궁리가 뒤를이어 내달았읍니다. 그는 언제까지나 잠잠이 않았읍니다. 그러나 그의 얼굴빛은 시시로달라지는것을 나는 보았읍니다.

㉯「가두 말야 가는 목적지를 정하고, 나와도 며칠전부터 의론이 있어야지, 그러구 여기일도 연마큼 치워놓구가야지, 그러다가 붙들리면 어쩔래? 그렇지않어?」

나는 전에 그보고 한말이 있으니 이렇게 어물어물 말하는수 밖에 없었읍니다. 그는 나를 흘금 처다보구나서 얼핏일었읍니다.

그는 아무말 없이 튀어나갔읍니다. 나는 어쩐지 불쾌하믈 느끼면서도시언하였습니다(강경애, 1934b: 122).

다음 날, '산월'이 우물에 빠져 자살한 것을 알고 난 뒤 '나'는 그제야 "목을 놓아 울"며 '산월'의 죽음의 원인은 자신에게 있다고 시인하게 된다. '나'는 '산월'이 죽은 후에야 육진 방언 화자로 돌아온다. 직접 순수 긍정을 나타내는 종결 어미인 '-우'는 회령 지역과 온성 지역에서 주로 쓰이는 육진 방언으로 ㉰와 ㉱는 표준어에 가까운 ㉮, ㉯와는 달리 명백히 종결 어미 '-우'를 사용하고 있다(한진건, 2003: 175 참조).

「물길러 가지마라요. 사람이 빠저서…… 아이 저거 여뿌장한……아니……웨 …… 함께 다니던 그이말요. 그이가 죽었어요!」

나는 그순간 아찔하였읍니다. 그러고온몸에 무서움이 홀신끼칩니다. 나는 두말

없이 돌아서서 황황히 돌아왔읍니다. 정신없이 우리집까지온 나는

㉰「아이……산월이가 죽었다우 여보!」

남편도 벌떡 일어났읍니다.

「뭐야? 산월이가 어디서?」

나는 무섭던김에 왈칵 남편에게 매어달리며

㉱「산월이가 죽었대우! 불상해!」

하고 나는 목을 놓아 울었읍니다. 그러고 그가 그렇게 속히 죽게된 원인은 내가 말노나마 동정을 해서 죽었는지?안해서 죽었는지?어느 한가지에 있으리라고 나는 얼핏느꼈읍니다(강경애, 1934b: 123).

그렇다면, 「지하촌」의 '사나히'와 「동정」의 '나'는 어떤 차이를 갖기에 전자는 '칠성이'로 하여금 마치 자신의 부모처럼 가깝게 느끼게 했던 반면, 후자는 '산월'을 죽음으로 내몰고 말았을까. '사나히'는 자신이 장애를 입게 된 경위를 칠성이에게 들려주며 비장애인이었다면 가지기 어려웠을 고통에 대한 상호 인식과 감응으로 나아가지만, 「동정」의 '나'는 자신이 아프다는 사실을 '산월'에게 알리지 않는다. 아픈 몸들이 상호 연결되기 위해서는 먼저 자신의 몸의 손상을 타인에게 이야기함으로써 청자로 하여금 "고통을 겪는 이이 이야기에 자기 스스로를 내어놓고 상대방이 무엇을 겪고 있는지 인식"(프랭크, 2013: 21)하도록 하는 과정이 필요하다. 아서 프랭크(Arthur Frank)는 이러한 말하기와 듣기의 과정을 통해 "다른 이야기"들이 생산될 수 있으며 궁극적으로 이 세계가 "빠르게는 아닐지라도 필연적으로, 변화"하게 된다고 설명한 바 있다(프랭크, 2013: 21 참조).

비록 「동정」에서 '나'는 자신의 고통을 말하지 않음으로써 '산월'과의 연대를 성취하는 데에는 실패했지만, 작가 강경애는 자신의 소설들을 통해 부단히 "고통에 대한 목격을 담고 있는 이야기하기"에 천착했으며 "자기 자신의 고통을 말하는 것"으로서의 소설 쓰기가 "청자"인 독자들에게 가닿기를,

그리하여 더 많은 사람들이 혐오나 배제 대신 타인의 고통에 공감하고 연결될 수 있기를 바랐던 것으로 보인다(프랭크, 2013: 21 참조). 요컨대 강경애 문학이 직조해 내려 했던 "다른 이야기"는 몸의 차원을 넘어 언어의 차원으로까지 확장되어, 비장애 중심주의에 균열을 내는 것에 그치지 않고 표준어 중심주의에 도전하는 재현 문법을 만들어냈던 것이다.

5. 결론

강경애의 소설들 속에 빈번하게 등장하는 질병 또는 장애의 재현에 주목하며 출발한 이 연구를 통해, 필자는 아픈 몸을 가진 인물들이 서사를 추동해 나가는 과정에서 이들과 긴밀한 관계를 맺는 인물들이 주로 방언 화자라는 사실을 발견할 수 있었다. 강경애의 소설에서 어떤 몸을 가진 인물들을 어떻게 그려내는지의 문제는, 어떤 말을 구사하는 인물들을 어떻게 형상화하는지의 문제와 긴밀하게 연동되어 있다. 강경애는 모어인 황해도 방언이나 간도 이주 이후 습득한 함북 방언을 단순히 그 지역 인물들의 특성을 살리기 위해 혹은 향토성 제고의 측면에서 활용한 것이 아니었다. 일반적으로 소설에서 방언이 향토성이나 해학을 드러내는 장치로 활용됨으로써 소수자를 더 타자화시키고 대상화시키고 마는 것으로 귀결된 것과 달리, 강경애 소설에 나타난 방언은 강경애의 질병과 장애에 대한 진보적 관점과 긴밀하게 길항하면서 일관되게 나타나고 있다.

요컨대 강경애의 소설 속의 부정적인 인물들은 주로 표준어 화자로서 지식인의 한계를 보여주거나, 부르주아의 계급적 한계를 나타내는 것과는 달리, 자신이 처한 어려운 상황에도 불구하고 더 어려운 상황의 타인을 돕는 인물들은 주로 방언 화자로 그려지고 있다. 그녀의 소설 속 상호 연대와 돌봄의 장면에 어김없이 방언 화자가 등장한다는 사실은 우연이 아니다. 방언을 통한 소설에서의 묘사가 하층민이나 여성 인물을 타자화시키는 방식으로 수행되어 왔던 일반적 경향과 달리, 강경애의 소설 속에서 형상화되고 있는 하층민과 여성 인물은 간도 지역에서 통용되었던 육진 방언 화자 혹은 황해도 방언 화자로서 그려지면서도 아픈 몸들을 연결하며 상호 의존성의 가치를 주제화하는 긍정적 인물로 그려지고 있다는 점에서 큰 의의를 갖는다. 이렇듯 강경애는 자신의 문학 세계를 구축함에 있어서 방언과 표준어 사이에 성립된 위계적 관계를 전도시켰다. 이는 카프(KAPF) 해체 이후 서울 중심의 문단이 상대적으로 와해되어 갔던 것과 달리, 만주 사변 이후 어려워지고 있던 간도의 상황에도 불구하고 강경애의 경우에는 함북 방언과 황해도 방언을 소설에 기입함으로써 자신이 놓인 장소성을 드러내는 방식으로 작가 고유의 문학적 투쟁을 계속해 나갔던 것과도 무관하지 않다.

이 글에서 방언학적 관점과 질병장애학적 관점이라는 언뜻 무관해 보이는 두 관점을 함께 강경애 소설의 분석의 틀로 가져온 것은, 방언과 질병·장애에 관한 문학 작품 속의 재현 방식이 모두 차별과 편견을 심화시키는 방향으로 이루어져 온 경향에 대한 비판 의식에서 출발했다. 이졸데 카림(Isolde Charim)은 "정상성은 배제의 역학이자 제외의 역학"이라고 정확하게 규정하면서 "'정상성'을 정의하는 일이야말로 가장 거대한 사회 권력"이라고 지적한 바 있다(카림, 2019l 12 참조). 강경애 소설에서 질병이나 장애를 가진 인물들과 방언 화자인 인물들이 희화화되거나 타자화되지 않는 양상으로 그려진 점은, 작가가 비장애 중심주의와 표준어 중심주의가 "거대한 사회 권력"이 되어 그 기준에 부합하지 않는 자들을 "배제"해 온 역사에 대한 작가의 문제의식이 반영된 것이다. 이 글에서는 아픈 몸을 가지고 방언을 구사하며 살아온 작가 강경애의 소설을 질병과 장애라는 프리즘과 방언이라는 프리즘을 함께 놓고 재독해 보는 과정을 통해, 강경애 문학의 보다 "의미 있는 색깔"들을 발견해 보고자 했다.[35]

아래 인용문은 강경애가 김경재를 만났을 당시 직접 했던 이야기라고 한다.

『내가 평양 崇義女高에서 기숙사 사감을 내여 쪼츠려고 스트라이키를 하고 퇴학 당하고 그 후는 서울의 同德女學校에 다니다가 중도에 퇴학하고 고향인 長淵으로 갓지요. 우리 집의 후면은 樹林이 무성한 산인데 거긔에서 들니여 오는 매암이 소리가 엇지도 군슬푸든지요. 나는 나무 밋헤 안저서 매암이 소래를 드르면서 초목과 금수가 제각기 독특한 빗(色)을 발하고 음성을 내이는대 나도 나의 독 특한 개성을 발휘하야 나의 존재를 빗내여야갓다 하고 거듭거듭 결심햇지요. 그래서 나는 소설로… 이럿케 생각햇지요.』(김경재, 1932)

"초목과 금수가 제각기 독특한 빗(色)을 발하고 음성을 내이"듯이 자신은 소설로써 "나의 독특한 개성을 발휘하야 나의 존재를 빗내여야갓다고 거듭 거듭 결심햇"다는 강경애의 문학관을 고려해 볼 때, 강경애 소설에 나타난 방언들을 획일적으로 표준어로 바꾸어 읽히도록 하는 것이 강경애 문학 고 유의 빛과 음성을 가리는 일이 되지는 않을지 하는 아쉬움이 남는다. 강경 애를 비롯한 대부분의 작가들의 전집 출간이 일반적으로 표준어 표기를 따 르는 것을 원칙으로 삼아 출판되고 있다는 현실은 재고할 지점이 있다고 판 단된다. 또한 학제 간의 교류가 적어 국문학 연구 분야에서 국어학적 관점 들이 소략되어 온 경향에 대해서 역시 향후 개선될 지점이 있다고 본다. 더 나아가, 이 글에서 살펴본 강경애 소설에 나타난 질병·장애 및 방언의 재현 양상에 대한 탐구가 혐오의 시대를 건너 타인과 연결될 수 있는 가능성을 모색하는 하나의 실마리가 되기를 기대한다.

---

35 아토 퀘이슨은 자신이 문학에서의 장애 재현(representation)에 대해 관심을 갖게 된 직접 적인 첫 번째 계기를 설명하면서, 자신이 탈식민주의 문학 강의를 위해 준비한 텍스트들 대부분에 장애를 지닌 인물이 포함되어 있다는 사실을 알게 되고 난 뒤 "처음에는 장애를 지닌 것으로 보이지 않던 인물들이 장애라는 프리즘(prism)을 통해 다시 읽자, 갑자기 더 의미 있는 색깔을 띠었다"라고 밝힌 바 있다(퀘이슨, 2016: 27 참조).

참고문헌

강경애. 1932. 「그녀자」. ≪삼천리≫, 4권, 9호.

_____. 1934a. 『인간문제』. ≪동아일보≫.

_____. 1934b. 「동정」. ≪청년조선≫, 창간호.

_____. 1936. 「지하촌」. ≪조선일보≫.

_____. 1937. 「어둠」. ≪여성≫, 2권, 1~2호.

_____. 1999. 『강경애 전집』. 이상경 엮음. 서울: 소명출판.

겔버, 캐서린(Katharine Gelber). 2019. 『말대꾸: 표현의 자유 VS 혐오 표현』. 유민석 옮김.
　　성남: 에디투스.

고프먼, 어빙(Erving Goffman). 2018. 『스티그마』. 윤선길·정기현 옮김. 오산: 한신대학교
　　출판부.

길버트(Sandra Gilbert)·구바(Susan Gubar). 2009. 『다락방의 미친 여자』. 박오복 옮김. 서
　　울: 이후.

김경재. 1932.7. 「最近의 北滿情勢, 動亂의 間島에서(續)」. ≪삼천리≫, 4권, 8호.

김남석. 2008. 「강경애 소설의 남성상 연구:『인간문제』를 중심으로」. 한국문학이론과 비평
　　학회. ≪한국문학이론과 비평≫, 38호, 103~127쪽.

김도경. 2012. 「표준어의 이념과 '사투리'의 탄생: 1920년대 문학에서 표준어와 방언의 문제」.
　　≪어문학≫, 117호, 339~359쪽.

김도연. 2021.3. 「기술은 인간을 구원할 수 있을까: 김원영 변호사」. 참여연대. ≪참여사회≫,
　　283호.

김도현. 2019. 『장애학의 도전: 변방의 자리에서 다른 세계를 상상하다』. 파주: 오월의 봄.

김복순. 2008. 「강경애의 '프로-여성적 플롯'의 특징」. ≪한국현대문학연구≫, 25호, 311~
　　343쪽.

김은정. 2022. 『치유라는 이름의 폭력: 근현대 한국에서 장애·젠더·성의 재활과 정치』. 강진
　　경·강진영 옮김. 서울: 후마니타스.

김정화. 2000. 『강경애 연구』. 서울: 범학사.

김태균. 1986. 『함북방언사전』. 서울: 경기대학교출판국.

나드·다리아·박목우·안희제·쟤·홍수영. 2022.『아픈 몸, 무대에 서다』. 파주: 오월의 봄.

누스바움, 마사(Martha C. Nussbaum). 2015.『혐오와 수치심: 인간다움을 파괴하는 감정들』. 조계원 옮김. 서울: 민음사.

더 케어 컬렉티브(The Care Collective). 2021.『돌봄 선언: 상호의존의 정치학』. 정소영 옮김. 서울: 니케북스.

들뢰즈(Gilles Deleuze)·가타리(Felix Guattari). 2001.『카프카: 소수적인 문학을 위하여』. 이진경 옮김. 서울: 동문선.

리스, 진(Jean Rhys). 2008.『광막한 사르가소 바다』. 윤정길 옮김. 서울: 펭귄클래식코리아.

반스(Colin Barnes)·올리버(Michael Oliver)·바턴(Len Barton) 엮음.『장애학의 오늘을 말하다: 차별에 맞서 장애 담론이 걸어온 길』. 김도현 옮김. 서울: 그린비.

배상미. 2021.「교차하는 계층질서가 만들어내는 '무지한 스승'의 급진적 서사: 강경애의『인간문제』」.≪여성문학연구≫, 54호, 215~241쪽.

백종륜. 2020.「1990년대 이남희 소설의 희망론: 생태주의와 퀴어/페미니즘의 교차점을 모색하기」.≪한국현대문학연구≫, 62호, 67~105쪽.

백철, 1938.5.「女流作家 姜敬愛 論」.≪女性≫, 3권, 5호.

베르브너, 바스티안(Bastian Berbner). 2021.『혐오 없는 삶』. 이승희 옮김. 서울: 판미동.

서정자. 2001.『한국 여성소설과 비평』. 서울: 푸른사상.

손유경. 2017.「일하는 사람의 '아플' 권리: 1980년대 소설에 나타난 노동자의 질병과 섹슈얼리티」.≪상허학보≫, 50호, 223~249쪽.

웬델, 수전(Susan Wendell). 2013.『거부당한 몸: 장애와 질병에 대한 여성주의 철학』. 강진영·김은정·황지성 옮김. 서울: 그린비.

유서현. 2020.「계용묵 문학에 나타난 장애인식 연구」.≪한국현대문학연구≫, 62호, 9~37쪽.

이경. 2010.「강경애의『인간문제』연구: 병과 음식의 메타포를 통한 몸 읽기」.≪여성문학연구≫, 23호, 173~202쪽.

이상경. 1997.『강경애: 문학에서의 성과 계급』. 서울: 건국대학교출판부.

이상규. 2007.『방언의 미학』. 파주: 살림.

이지훈. 2022.「한국 5·18소설의 장애 재현 연구」. 서울대학교 대학원 석사학위논문.

이혜령. 2007a.「조선어·방언의 표상들: 한국근대소설, 그 언어의 인종주의에 대하여」.≪사이間SAI≫, 2호, 65~92쪽.

_____. 2007b.『한국소설과 골상학적 타자들』. 서울: 소명출판.

자케, 샹탈(Chantal Jaquet). 2021. 『몸: 하나이고 여럿인 세계에 관하여』. 정지은·김종갑 옮김. 서울: 그린비.

정승철. 2013. 『한국의 방언과 방언학』. 파주: 태학사.

정예인. 2022. 「신상옥·최은희의 북한영화 다시 읽기: 〈소금〉(1985) 속 방언과 문화어 재현 문제를 중심으로」. ≪대중서사연구≫, 28권, 1호, 149~184쪽.

조한진희. 2022. 「기획의 말: 몸 둘 곳 없는 이들의 이야기: 시민연극 〈아파도 미안하지 않습니다〉가 세상에 나오기까지」. 나드·다리아·박목우·안희제·재·홍수영. 『아픈 몸, 무대에 서다』. 파주: 오월의 봄.

최명옥·곽충구·배주채·전학석. 2002. 『함북 북부지역어 연구』. 서울: 태학사.

카림, 이졸데(Isolde Charim). 2019. 『나와 타자들』. 이승희 옮김. 서울: 민음사.

쿼이슨, 아토(Ato Quayson). 2016. 『미학적 불안감: 장애와 재현의 위기』. 손홍일 옮김. 서울: 한국장애인재단·디오네.

프랭크, 아서(Arthur Frank). 2013. 『몸의 증언: 상처 입은 스토리텔러를 통해 생각하는 질병의 윤리학』. 최은경 옮김. 서울: 갈무리.

하상일. 2006. 「사회주의적 여성주의와 여성 서사의 실현」. 김인환 외 엮음. 『강경애 탄생 100주년 기념 남·북 공동 논문집: 강경애, 시대와 문학』. 서울: 랜덤하우스, 47~70쪽.

한진건. 2003. 『륙진방언연구』. 서울: 역락.

허병식. 2015. 「폐병쟁이들의 근대: 한국 근대문학에 나타난 결핵의 표상」. ≪한국학연구≫, 36호, 631~662쪽.

헤드바, 요한나(Johanna Hedva). "아픈 여자 이론". 허지우 옮김. https://off-magazine.net/TRANSLATE/hedva.html(접속일: 2022.3.18).

휴스, 빌(Bill Hughes). 2017. 「장애와 몸」. 콜린 반스·마이클 올리버·렌 바턴 엮음. 『장애학의 오늘을 말하다: 차별에 맞서 장애 담론이 걸어온 길』. 김도현 옮김. 서울: 그린비, 104~135쪽.

제11장

정신질환자의 범죄에 대한 혐오

박지선

1. 서론

정신건강증진 및 정신질환자 복지서비스 지원에 관한 법률 제3조 제1항에 따르면, 정신질환자는 "망상, 환각, 사고나 기분의 장애 등으로 인하여 독립적으로 일상생활을 영위하는 데 중대한 제약이 있는 사람"을 일컫는다. 정신보건법 제2조 제1항에서 "모든 정신질환자는 정신질환이 있다는 이유로 부당한 차별대우를 받지 아니한다"라고 명시하고 있음에도 불구하고, 많은 사람이 정신질환자에 대해 폭력적이라는 등의 편견을 갖고 혐오를 표시하며 부당한 대우를 하는 등 차별하기도 한다(이민화·서미경, 2019). 이러한 대표적인 편견으로 정신질환은 치료 및 회복이 어려우며 재발률이 높고 위험하다는 인식을 들 수 있는데, 사람들은 정신질환자를 두려워하는 감정과 함께 사회생활을 제한해야 한다는 등 차별 행동을 드러내기도 한다(문난영·김석선·길민지, 2018). 이처럼 정신질환자에 대한 혐오가 높은 사회에서 정신질환자들은 낙인을 경험하며, 사회적 편견이 두려워 보호와 치료를 제대로 받지 못하고, 정신질환자에 대한 공격과 차별로 인해 삶의 질이 저하되고 사회 구성원으로서 기능하고 살아가는 데 어려움을 갖게 된다(김경희·김계하, 2013; 송정희, 2019; Corrigan, Morris, Michaels, Rafacz, and Rüsch, 2012; Rüsch, Angermeyer, and Corrigan, 2005).

사람들이 정신질환자에 대한 두려움을 갖게 되는 데 있어 언론 보도가 그 주요한 요인 중 하나로 언급되어 왔다(백혜진·조혜진·김정현, 2017). 사람들이 범죄에 대해 갖는 사회적 인식은 미디어에서 범죄자를 묘사하는 방식 등을 포함한 언론 보도에 의해 적지 않은 영향을 받는다(양영유·이완수, 2020). 특히 정신질환자와 범죄의 연관성에 있어 대중 매체의 보도 양식이 정신질환자에 대한 두려움을 양산하는 데 기여하고 있다는 점이 지적되어 왔다(조수영·김정민, 2010). 예를 들어 특정한 범죄 사건의 발생 원인으로 범죄자의 정신질환을 지목하는 행태나, 기사의 제목이나 내용에 조현병 등 특정한 정신질환 진단 등을 강조해 강력 범죄와 정신질환의 연관성을 부각하는 언론 보도는, 사람들로 하여금 정신질환자들의 위험성에 대한 과장된 인식으로 이어져 정신질환자들의 직업적·경제적 고립을 심화시키는 데 기여할 수 있다(황규리·이성규, 2019).

조현병 환자가 실제로 폭력성을 드러내는 경우는 소수에 불과하고, 정신질환자의 범죄 위험성이 비정신질환자보다 더 높다는 근거는 없으며, 정신질환자의 범죄율은 비정신질환자에 비해 더 낮거나 크게 차이가 없다(서동우, 2003; 황성동, 1993). 더불어, 정신질환이 있는 범죄자라도 정신질환의 증상 자체가 범죄 행동의 직접적 원인이 되는 경우는 드물다(Peterson, Skeem, Kennealy, Bray, and Zvonkovic, 2014). 그러나 사람들은 정신질환자가 대부분 충동적으로 범죄를 저지른다든가 예측 가능성이 낮기 때문에 더 위험하다는 등 범죄와의 연관성을 과장해 지각하고, 정신질환자에 의한 범죄가 최근 들어 증가하는 것으로 인식하는 경향이 있다(박지선, 2015). 실제 범죄 통계를 보면, 살인 범죄자 중에서 정신장애(범행 당시의 정신 상태가 정신이상이나 정신박약, 혹은 기타 정신장애에 해당)가 있는 경우는 2017년에는 7.9%, 2018년에는 6.9%, 2019년에는 6.3%, 2020년에는 6.2%인 것으로 보고되어 오히려 감소 추세인 것으로 드러났다(경찰청, 2021). 그런데 사람들은 살인 범죄자 중 평균 25.2%가 정신질환자일 것으로 추정하는 등 정신질환자에 의한 범죄 비율을 과잉되게 인식하고 있는 것으로 드러났다(박지선, 2016).

정신질환자의 범죄에 대한 인식과 혐오, 또한 이에 영향을 미치는 사회인구학적 요인과 심리사회적 요인에 관한 연구는 여전히 미흡한 실정이다. 그런데 정신질환자에 대한 혐오와 정신질환과 범죄의 연관성에 대한 왜곡된 지각은 정신질환의 치료 및 회복을 저해하고 정신질환자의 사회 적응을 막는 요인이 될 수 있다는 점에서 간과할 수 없는 문제이다(Corrigan et al., 2012). 이 연구는 정신질환자의 범죄에 대한 혐오 인식을 조사하고, 성별과 연령에 따른 인식의 차이가 있는지 살펴보며, 심리사회적 요인 중에서도 사회 지배 지향성과 권위주의에 따라 정신질환자의 범죄에 대한 인식이 달라지는지 알아보고자 했다.

먼저 사회 지배 지향성은 사회 체계가 여러 집단의 계층적·위계적 구조로 형성되어 있으며, 이러한 사회적 집단 간의 불평등이 정당하다고 생각하고 이를 선호하는 정도를 일컫는다(Ho, Sidanius, Pratto, Levin, Thomsen, Kteily, and Sheehy-Skeffington, 2012). 사회 지배 지향성이 강할수록 사회적 집단들이 서로 가치가 다르다고 생각하며 권력과 지위에 있어 집단에 따라 차이가 있는 것이 정당하다고 생각하고, 사회 위계적 질서에서 하위에 속한다고 생각하는 집단의 구성원들에 대해 편견을 드러내며 차별 행동을 보이는 경향이 있다(Pratto, Liu, Levin, Sidanius, Shih, Bachrach, and Hegarty, 2000). 특히 사회 지배 지향성이 강할수록 정신질환자들에 대해서도 부정적인 태도를 보이며(Bizer, Hart, and Jekogian, 2012), 조현병 환자에 대해서도 더욱 위험하다고 지각하는 등 사회적 낙인과 관련이 높은 것으로 드러났다(Lampropoulos and Apostolidis, 2018).

권위주의는 사회 규범에 복종하고 기존의 관습을 따르는 데 충실하며 보수적이고, 인습적이지 않거나 외집단에 속하는 사람들에게는 적대적인 특성을 보이는 성격을 지칭한다(Akrami and Ekehammar, 2006). 권위주의 성격이 강한 사람들은 외부 집단에 대해 공격적이고 부정적인 태도를 보이며, 소수 집단에 대해 사회적 거리감을 더 크게 느끼고 편견과 혐오를 보이는 경향이 두드러진다(이상신, 2015; 하정희, 2015). 권위주의 성격은 범죄에 대해 엄격하고 범죄자 처벌에 있어 보다 무거운 판단을 내리는 경향이 있다(Gerber and Jackson, 2016). 특히 권위주의가 강할수록 정신질환자는 격리해야 안전하다는 등의 편견과 차별적 태도가 두드러지는 것으로 나타났다(김경희·김계하, 2013).

특히 우울증이나 치매 등 여러 유형 중에서 범죄 위험성이 가장 높다고 인식하는 등 사회적 편견이 가장 심한 정신질환은 조현병인 것으로 드러났다(박지선, 2015). 따라서, 이 연구에서는 살인 범죄자의 조현병 여부와 피해자와의 관계에 따라 사건에 대한 사람들의 판단이 달라지는지 알아보고, 정신질환자의 폭력성과 범죄 성향, 범죄율 등에 대한 인식을 조사하며, 정신질환자의 범죄율 판단에 사회 지배 지향성과 권위주의가 미치는 영향을 살펴보았다. 보다 구체적으로, 먼저 살인 범죄자의 조현병 여부와 피해자와의 관계에 따라 사건 발생에 범죄자의 타고난 특성과 범죄자를 둘러싼 상황이 미친 영향, 범죄의 고의성과 범죄자에 대한 처벌의 정도에 대한 인식에 대해 알아보았다. 더불어, 정신질환자의 폭력성과 범죄 성향에 대한 인식을 살펴보고, 국내 살인 범죄자 중 정신질환자의 비율에 대한 추정을 조사하며, 사회 지배 지향성과 권위주의 성격이 각각 정신질환자의 범죄율 인식에 미치는 영향을 알아보았다. 이를 통해 정신질환자의 범죄에 대한 사람들의 혐오에 대해 살펴보고, 이에 영향을 미치는 사회인구학적·심리사회적 요인을 밝혀, 궁극적으로 정신질환자들에 대한 낙인을 없애고 편견을 감소시키며 차별을 방지하기 위한 방안을 수립하는 데 기여하고자 했다.

2. 방법

1) 연구 대상

이 연구는 21세부터 59세 사이의 성인 남녀 총 160명(남녀 각각 80명)을 대상으로 온라인으로 실시되었다. 연구 참여자들의 평균 연령은 39.83(SD=10.99)이었다. 남성의 연령 평균은 40.05(SD=11.04), 여성의 연령 평균은 39.61세(SD=10.99)로, 연령에 있어서의 성차는 유의하지 않았다(t(158)=.251, n.s.).

연구 참여자 각각은 총 네 가지 실험 조건, 즉 2(살인 범죄자 조현병 전력 여부: 있음 대 없음)×2(피해자와의 관계: 처음 본 사이 대 가족 관계) 중 하나에 무선 할당되어 해당 조건에 맞는 사건 내용을 읽었다. 연구 참여자들에게 주어진 사건 내용은 국내에서 발생한 살인 사건에 대한 판결문을 바탕으로 해 재구성된 것으로, 다음과 같다.

피고인(40대 남성)은 수원의 한 식당에서 저녁에 술을 먹던 중, "건너편 자리에서"(혹은 "함께") 술을 먹던 피해자(40대 남성)가 시끄럽게 떠들자 자신을 무시한다고 생각해 피해자에게 화를 내기 시작했다. 그러던 중 피고인은 가방에 가지고 있던 칼을 꺼내어 피해자의 배를 두 차례 찔렀다. 피해자는 이에 놀라 식당 밖으로 도망쳤으나, 과다 출혈로 인해 결국 그날 밤 사망했다. 피고인은 "피해자와 서로 모르는 관계로, 그날 처음 본 사이였다"(혹은 "피해자의 동생으로, 사건 당시 같은 집에서 함께 살고 있던 중이었다"). 피고인은 과거 "조현병(정신분열증) 진단을 받았으며, 치료를 위해 약물을 복용한 적이 있으며 입원하여 치료를 받았던 전력도 있는 것으로 드러났다"(혹은 "정신질환을 앓은 적이 전혀 없으며, 병에 대한 치료를 받았던 전력도 없는 것으로 드러났다").

2) 연구 절차

(1) 조작 점검

연구 참여자가 각각의 실험 조건에 따라 사건 내용에서 조작한 내용을 정확히 이해했는지 두 개의 문항을 통해 점검했다. 먼저 피고인의 정신병력 유무와 진단명을 "앞의 내용에서 피고인은 정신병력이 있습니까? 있다면 진단명은 무엇입니까?"의 문항을 통해 연구 참여자들이 정확히 알고 있는지 점검했다. 연구 참여자들은 해당 문항에 대해 "없음", "우울증", "치매", "조현병" 중 하나로 응답했다. 또한 피고인과 피해자의 관계를 연구 참여자들이 정확히 알고 있는지에 대해 "앞의 내용에서 피고인과 피해자의 관계는 어떻게 됩니까?"의 문항을 통해 파악했다. 연구 참여자들은 해당 문항에 대해 "처음 본 사이", "친구", "이웃", "가족" 중 하나로 응답했다. 총 네 개의 실험 조건에 대해 위 두 문항에 각각 모두 정확한 대답을 한 경우만이 분석에 포함되었다.

(2) 사건에 대한 판단

살인 사건에 대한 연구 참여자들의 판단을 7점 리커트 척도에 각각 응답하게 했다. 먼저 사건 발생에 피고인의 타고난 특성의 영향은 "이 사건 발생에 피고인이 타고난 특성이 얼마나 영향을 미쳤다고 생각하십니까?"라는 문항을 사용했고, 연구 참여자들은 이에 대해 7점 척도(1: 전혀 영향이 없다, 7: 상당한 영향을 미쳤다) 중 하나로 응답했다. 다음으로 사건 발생에 피고인의 상황이 미친 영향은 "이 사건 발생에 피고인을 둘러싼 상황이 얼마나 영향을 미쳤다고 생각하십니까?"라는 문항을 사용했고, 연구 참여자들은 이에 대해 역시 7점 척도(1: 전혀 영향이 없다, 7: 상당한 영향을 미쳤다) 중 하나로 응답했다. 피고인의 고의성에 대해 "이 사건에서 피고인이 얼마나 고의적으로 범죄를 저질렀다고 생각하십니까?"라는 문항을 사용했고, 연구 참여자들은 이

에 대해 7점 척도(1: 전혀 고의적이지 않다, 7: 상당히 고의적이다) 중 하나로 응답했
다. 피고인에 대한 처벌의 정도는 "이 사건의 피고인이 어떠한 처벌을 받아
야 한다고 생각하십니까?"라는 문항을 사용했고, 연구 참여자들은 이에 대
해 역시 7점 척도(1: 최대한 가벼운 처벌, 7: 최대한 무거운 처벌) 중 하나로 응답했다.

(3) 정신질환자의 범죄에 대한 인식

정신질환자의 범죄에 대한 연구 참여자들의 인식을 다음 문항들을 통해
측정했다. 먼저 정신질환자의 폭력성에 대해 "정신질환자 대부분은 심각한
폭력성을 보인다"라는 문항을 사용했고, 연구 참여자들은 이에 대해 7점 척
도(1: 전혀 동의하지 않는다, 7: 전적으로 동의한다)로 응답했다. 다음으로 정신질환
자의 범죄 성향에 대해 "정신질환자의 범죄 성향은 일반인보다 높다"라는
문항을 사용했고, 연구 참여자들은 역시 위의 7점 척도(1: 전혀 동의하지 않는다,
7: 전적으로 동의한다)로 응답했다. 정신질환자의 범죄율에 대한 인식은 "정신
질환자의 실제 범죄율은 일반인보다 높다"로 역시 위의 7점 척도로 측정했
다. 마지막으로 살인 범죄자 중 정신질환자의 비율은 "국내에서 한 해 동안
살인을 저지른 범죄자 중 정신질환자의 비율이 몇 %를 차지한다고 생각하
는가?"라는 문항으로 측정했고, 연구 참여자들은 이에 대해 0~100% 사이로
응답했다.

(4) 사회 지배 지향성

사회 지배 지향성을 측정하기 위해 Social Dominance Orientation(SDO₆;
Pratto, Sidanius, and Levin, 2006)을 번역해 사용했다. 이 척도는 총 16개의 문항
으로 이루어져 있으며(예: 어떤 집단의 사람들은 다른 집단의 사람들보다 더 가치가 있
다, 열등한 집단은 나서지 말고 가만히 있어야 한다 등), 각각의 문항에 대해 7점 리커
트 척도로 응답한다(1: 전혀 동의하지 않는다, 7: 전적으로 동의한다). 총 16개 문항
중 9~16번에 해당하는 문항을 역코딩한 후(예: 모든 집단은 인생에서 동등한 기회

를 부여받아야 한다, 어떤 특정한 한 집단이 사회를 지배해서는 안 된다 등), 16개 문항에 대한 응답의 평균을 내어 분석에 사용했다. 이 연구에서 SDO$_6$의 신뢰도 (Cronbach's α)는 .746이다.

(5) 권위주의 성격

연구 참여자들의 권위주의 성격의 정도를 권위주의 성격 척도(민경환, 1989) 로 측정했다. 해당 척도는 총 35문항으로 이루어져 있는데, 인습주의나 권위주의적 복종, 권력과 강인함에 대한 믿음 등을 측정한다(Adorno, Frenkel-Brenswik, Levinson, and Sanford, 2019). 각각의 문항에 5점 리커트 척도(1: 전혀 그렇지 않다, 5: 매우 그렇다)상에서 연구 참여자들이 동의하는 정도를 표시하게 했고, 총 35개 문항에 대한 응답의 평균을 내어 분석에 사용했다. 이 연구에서 권위주의 성격의 신뢰도(Cronbach's α)는 .920이다.

3) 분석 방법

SPSS 25.0과 PROCESS macro 3.5 버전을 사용해 통계 분석을 실시했다. 먼저 피고인의 조현병 전력 여부 및 피해자와의 관계에 따라 사건 판단이 달라지는지 알아보기 위해 독립 표본 t-test를 실시했다. 더불어, 피고인의 조현병 여부와 피해자와의 관계가 사건 판단에 영향을 미치는지 조사하기 위해 연구 참여자의 성별과 연령의 영향을 모두 통제하고 이원 분산 분석을 실시했다. 주요 변인 간 상관관계를 피어슨 상관 분석으로 조사했으며, 독립 변인인 조현병 여부와 피고인-피해자 간의 관계가 종속 변인인 피고인 처벌에 미치는 영향에 있어 범죄 고의성 지각의 매개 효과를 살펴보기 위해 PROCESS macro(Hayes, 2017)를 이용해 매개 분석을 실시했다.

다음으로, 연구 참여자들의 정신질환자의 범죄에 대한 인식과 사회 지배 지향성, 권위주의의 정도를 기술 통계로 살펴보았다. 더불어, 정신질환자의 범죄에 대한 인식에 있어서의 성차를 독립 표본 t-test로 살펴보았고, 주요 변인 간 상관관계를 피어슨 상관 분석으로 조사했다. 종속 변인인 정신질환자의 범죄율을 판단하는 데 있어 독립 변인인 사회 지배 지향성과 권위주의가 미치는 영향을 정신질환자의 폭력성과 범죄 성향에 대한 인식이 각각 매개하는지 알아보기 위해 역시 PROCESS macro model 3.5로 매개 분석을 실시했다.

3. 결과

먼저, 피고인의 조현병 전력 여부 및 피해자와의 관계에 따라 살인 사건에 대한 판단이 달라지는지 살펴보기 위해 독립 표본 t-test를 실시했다(〈표 11-1〉 참조). 그 결과, 피고인이 조현병 전력이 없을 때보다 있을 때 살인 사건 발생에 피고인의 타고난 특성이 미친 영향이 더 크다고 평가했으며($t(158)$ =2.67, $p<.01$), 처벌은 상대적으로 더 낮게 받아야 한다고 판단했다($t(158)=$ -2.09, $p<.05$). 피고인이 피해자와 가족 관계일 때보다 처음 본 사이일 때 살인 사건 발생에 피고인의 타고난 특성이 미친 영향이 더 크다고 평가했으며 ($t(158)=3.31$, $p<.01$), 고의성은 더 높다고 지각되었고($t(158)=4.34$, $p<.001$), 처벌도 더 무겁게 받아야 한다고 판단했다($t(158)=2.30$, $p<.05$). 살인 사건 발생에 피고인을 둘러싼 상황이 미친 영향에 대한 판단에서는 피고인의 조현병 여부와 피해자와의 관계에 따른 차이가 나타나지 않았으며, 피고인의 조현병 여부에 따라 범행의 고의성 지각에 있어서의 차이는 존재하지 않았다.

이번에는 피고인의 조현병 여부와 피해자와의 관계가 사건 판단에 영향을 미치는지 조사하기 위해 이원 분산 분석을 실시했다(〈표 11-2〉 참조). 이때, 연구 참여자의 성별과 연령의 영향은 모두 통제했다. 그 결과, 첫째, 살인 사건 발생에 피고인의 타고난 특성이 미친 영향에 대해 피고인의 조현병 여

〈표 11-1〉 피고인의 조현병 여부와 피해자와의 관계에 따른 살인 사건 판단에서의 차이

변인				M (SD)	t	df
피고인의 타고난 특성	조현병		전력 있음	5.48 (1.37)	2.674**	158
			전력 없음	4.80 (1.79)		
	피해자와의 관계		처음 본 사이	5.55 (1.43)	3.305**	158
			가족 관계	4.73 (1.71)		
피고인을 둘러싼 상황	조현병		전력 있음	4.70 (1.39)	1.772	158
			전력 없음	4.25 (1.79)		
	피해자와의 관계		처음 본 사이	4.56 (1.61)	.683	158
			가족 관계	4.39 (1.63)		
고의성	조현병		전력 있음	5.00 (1.46)	.103	158
			전력 없음	4.98 (1.62)		
	피해자와의 관계		처음 본 사이	5.49 (1.44)	4.337***	158
			가족 관계	4.49 (1.48)		
피고인 처벌	조현병		전력 있음	6.25 (.879)	-2.09*	158
			전력 없음	6.51 (.693)		
	피해자와의 관계		처음 본 사이	6.53 (.616)	2.304*	158
			가족 관계	6.24 (.931)		

주: * $p < .05$, ** $p < .01$, *** $p < .001$.

부와 피해자와의 관계의 주효과가 유의했고, 상호 작용 효과는 유의하지 않았다. 즉, 피고인이 조현병 전력이 없을 때보다 있을 때, 피고인이 피해자와 가족 관계일 때보다 처음 본 사이일 때 살인 사건에 피고인의 타고난 특성이 미친 영향이 더 크다고 평가했다. 이때 연구 참여자의 연령 효과가 유의했는데, 나이가 많을수록 살인 사건에 피고인의 타고난 특성이 미친 영향이 더 크다고 평가했다. 둘째, 살인 사건 발생에 피고인을 둘러싼 상황이 미친 영향에 대한 판단에서는 피고인의 조현병 여부와 피해자와의 관계의 주효과 모두 유의하지 않았다. 다만 성별의 효과가 유의했는데, 연구 참여자가 여성보다 남성일 때 살인 사건에 피고인을 둘러싼 상황이 미친 영향이 더 크다고 평가했다. 셋째, 피고인의 범행에 대한 고의성 지각에 있어 피해자

〈표 11-2〉 조현병 여부와 피해자와의 관계에 따른 사건 판단

변인	독립 변인	SS	df	MS	F
피고인의 타고난 특성	조현병 (a)	17.584	1	17.584	7.547*
	가-피해자 관계 (b)	26.110	1	26.110	11.206**
	a × b	1.229	1	1.229	.528
	(성별)	3.952	1	3.952	1.696
	(연령)	11.255	1	11.255	4.831*
피고인을 둘러싼 상황	조현병 (a)	7.932	1	7.932	3.112
	가-피해자 관계 (b)	1.135	1	1.135	.445
	a × b	.226	1	.226	.089
	(성별)	11.915	1	11.915	4.674*
	(연령)	1.685	1	1.685	.661
고의성	조현병 (a)	.049	1	.049	.023
	가-피해자 관계 (b)	41.098	1	41.098	19.573***
	a × b	.903	1	.903	.430
	(성별)	3.818	1	3.818	1.818
	(연령)	8.092	1	8.092	3.854
피고인 처벌	조현병 (a)	2.734	1	2.734	4.419*
	가-피해자 관계 (b)	3.335	1	3.335	5.390*
	a × b	.006	1	.006	.010
	(성별)	.300	1	.300	.485
	(연령)	.079	1	.079	.128

주: * $p < .05$, ** $p < .01$, *** $p < .001$.

와의 관계의 주효과만이 유의했는데, 피고인이 피해자와 처음 본 사이일 때 가족 관계일 때보다 범행의 고의성이 더 높다고 지각했다. 넷째, 피고인 처벌에 있어 피고인의 조현병 여부와 피해자와의 관계의 주효과가 모두 유의했고, 상호 작용 효과는 유의하지 않았다. 즉, 피고인이 조현병 전력이 있을 때보다 없을 때, 피고인이 피해자와 가족 관계일 때보다 처음 본 사이일 때 처벌을 더 무겁게 해야 한다고 평가했다.

이 연구의 주요 변인을 대상으로 상관 분석을 실시한 결과는 〈표 11-3〉

<표 11-3> 피고인의 조현병 여부 및 피해자와의 관계, 사건에 대한 판단 간 상관관계

	1	2	3	4	5	6
1. 조현병 여부	1					
2. 피해자와의 관계	.000	1				
3. 피고인의 타고난 특성	.208***	-.254**	1			
4. 피고인을 둘러싼 상황	.140	.054	.329***	1		
5. 고의성	.008	-.326**	.285**	.088	1	
6. 피고인 처벌	-.165*	-.180*	.104	-.053	.265***	1

주: * $p<.05$, ** $p<.01$, *** $p<.001$.

에 제시되어 있다. 먼저, 피고인이 조현병 전력이 없을 때보다 있을 때 사건 발생에 피고인의 타고난 특성이 미친 영향이 더 크다고 평가했고($r=.21$, $p<$ .001), 처벌은 더 낮게 평가했다($r=-.17$, $p<.05$). 피고인이 피해자와 서로 모르는 사이일 때보다 가족 관계일 때 사건 발생에 피고인의 타고난 특성이 미친 영향이 더 적다고 평가했고($r=-.25$, $p<.01$), 범행의 고의성도 더 적다고 평가했으며($r=-.33$, $p<.01$), 처벌도 더 낮아야 한다고 평가했다($r=-.18$, $p<.05$).

한편, 사건 발생에 피고인의 타고난 특성이 미친 영향이 더 크다고 평가될수록 피고인을 둘러싼 상황의 영향도 크다고 평가했고($r=.33$, $p<.001$), 범행의 고의성도 더 높다고 평가했다($r=.29$, $p<.01$). 더불어, 범행의 고의성이 높다고 지각할수록 피고인을 더 무겁게 처벌해야 한다고 평가했다($r=.27$, $p<$ .001).

위의 변인 간 상관관계를 살펴보았을 때, 종속 변인인 피고인 처벌에 범행의 고의성 지각이 영향을 미치며, 독립 변인 중 피고인-피해자 관계만이 고의성 지각과 유의한 상관을 보였다. 이에 매개 변인인 범행의 고의성 지각이 독립 변인인 피고인-피해자 간의 관계와 종속 변인인 피고인 처벌 사이에서 영향을 미치는지 확인하기 위해 PROCESS macro(Hayes, 2017)를 이용해 매개 분석을 실시했다(<표 11-4>, <그림 11-1> 참조).

〈표 11-4〉 피해자와의 관계가 피고인 처벌 판단에 미치는 영향에서 고의성 지각의 매개 효과

경로	b	SE	LLCI	ULCI
총효과				
피해자와의 관계 → 피고인 처벌	-.0958	.04	-.1780	-.0137
직접효과				
피해자와의 관계 → 피고인 처벌	-.0559	.04	-.1409	.0291
간접효과				
피해자와의 관계 → 고의성 지각 → 피고인 처벌	-.0399	.02	-.0836	-.0106

〈그림 11-1〉 피해자와의 관계가 피고인 처벌 판단에 미치는 영향에서 고의성 지각의 매개 효과

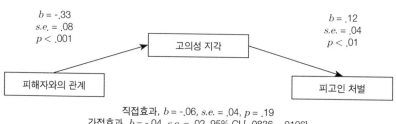

b = -.33
s.e. = .08
p < .001

b = .12
s.e. = .04
p < .01

고의성 지각

피해자와의 관계

피고인 처벌

직접효과, b = -.06, s.e. = .04, p = .19
간접효과, b = -.04, s.e. = .02, 95% CI [-.0836, -.0106]

우선, 피고인과 피해자의 관계가 피고인 처벌에 미치는 총효과가 유의했으며, 매개 변인인 고의성 지각에 미치는 영향 또한 유의했다(b=-.33, p<.001). 다음으로 범행 고의성 지각이 피고인 처벌에 미치는 직접효과 또한 마찬가지로 유의했다(b=.12, p<.01). 마지막으로 모형에 범행 고의성 지각을 투입하자 피고인-피해자 간의 관계가 더 이상 피고인에 대한 처벌을 유의하게 예측하지 못하므로, 고의성 지각이 피고인-피해자 간의 관계와 피고인 처벌 사이를 완전 매개하는 것으로 확인되었다.

다음으로, 연구 참여자들의 정신질환자의 범죄에 대한 인식과 사회 지배 지향성, 권위주의의 기술 통계가 〈표 11-5〉에 제시되어 있다.

우선 정신질환자 대부분은 심각한 폭력성을 보인다는 문항에 사람들은 대체로 동의했으며(M=4.66, SD=1.65), 이는 7점 척도의 중간값인 4보다 유의

〈표 11-5〉 정신질환자의 범죄에 대한 인식, 사회 지배 지향성 및 권위주의 기술 통계

변인	N	M	SD
정신질환자 대부분은 심각한 폭력성을 보인다	160	4.66	1.65
정신질환자의 범죄 성향은 일반인보다 높다	160	4.68	1.66
정신질환자의 실제 범죄율은 일반인보다 높다	160	4.43	1.63
국내 살인 범죄자 중 정신질환자의 비율(%)	160	30.53	23.55
사회 지배 지향성	160	4.19	.68
권위주의	160	2.81	.55

하게 높은 값으로 나타났다($t(159)=5.02$, $p<.001$). 정신질환자의 범죄 성향이
일반인보다 높다는 데에도 동의를 표시했는데($M=4.68$, $SD=1.66$), 이 역시 7
점 척도의 중간값인 4보다 유의하게 높았다($t(159)=5.19$, $p<.001$). 정신질환자
의 실제 범죄율 또한 일반인보다 높다고 평가했으며($M=4.43$, $SD=1.63$), 역시 7
점 척도의 중간값인 4보다 유의하게 높았다($t(159)=3.35$, $p<.01$). 한편, 국내 살
인 범죄자 가운데 정신질환자의 비율을 0~100% 사이로 표시하게 한 결과,
평균이 30.5%($SD=23.55$)로 살인 범죄자 약 세 명 중 한 명이 정신질환자일
것으로 생각하는 결과를 보였다. 연구 참여자들의 사회 지배 지향성 평균은
4.19, 표준 편차는 .68이었으며, 권위주의의 평균은 2.81, 표준 편차는 .55
이었다.

정신질환자의 범죄에 대한 인식에 있어 성차가 있는지 살펴보기 위해 독
립 표본 t-test를 실시했다(〈표 11-6〉 참조). 그 결과, 정신질환자들의 폭력성과
범죄 성향, 범죄율에 대한 인식에서는 성별에 따른 차이가 나타나지 않았
다. 그런데 국내 살인 범죄자 가운데 정신질환자의 비율에 있어서 성차가
유의했는데($t(158)=-2.36$, $p<.05$), 남성은 국내 살인 범죄자 중 정신질환자의
비율이 평균적으로 약 4분의 1일 것이라고 추정한 것에 비해, 여성은 약 3
분의 1로 추정해 훨씬 높은 비율을 보였다. 연구 참여자들의 사회 지배 지
향성과 권위주의에 있어서는 성별에 따른 차이가 유의하지 않았다.

〈표 11-6〉 정신질환자의 범죄에 대한 인식, 사회 지배 지향성 및 권위주의의 성차

범죄에 대한 인식	성별	M (SD)	t	df
정신질환자 대부분은 심각한 폭력성을 보인다	남성	4.60 (1.58)	-.430	158
	여성	4.71 (1.73)		
정신질환자의 범죄 성향은 일반인보다 높다	남성	4.61 (1.64)	-.522	158
	여성	4.75 (1.69)		
정신질환자의 실제 범죄율은 일반인보다 높다	남성	4.40 (1.60)	-.242	158
	여성	4.46 (1.66)		
국내 살인 범죄자 중 정신질환자의 비율(%)	남성	26.20 (20.11)	-2.359*	158
	여성	34.86 (25.96)		
사회 지배 지향성	남성	4.27 (.68)	1.452	158
	여성	4.11 (.67)		
권위주의	남성	2.83 (.57)	.495	158
	여성	2.79 (.53)		

주: * $p < .05$.

주요 변인을 대상으로 상관 분석을 실시한 결과가 〈표 11-7〉에 제시되어 있다. 먼저, 여성이 남성보다 국내 살인 범죄자 중 정신질환자의 비율을 높게 추정했다($r = -.18$, $p < .05$). 연구 참여자의 나이가 많을수록 정신질환자의 대부분이 심각한 폭력성을 보인다는 데 동의했으나($r = .18$, $p < .05$), 국내 살인 범죄자 중 정신질환자의 비율은 더 낮게 추정했다($r = -.23$, $p < .01$). 정신질환자들의 폭력성과 범죄 성향, 범죄율, 국내 살인 범죄자 가운데 정신질환자의 비율 간에는 모두 서로 정적 상관이 유의했다. 사회 지배 지향성이 높을수록 정신질환자들의 폭력성과 범죄 성향, 범죄율, 국내 살인 범죄자 가운데 정신질환자의 비율을 높게 평가했으며, 권위주의도 마찬가지의 결과를 보였다.

이번에는 정신질환자의 범죄율을 판단하는 데 있어 사회 지배 지향성과 권위주의가 미치는 영향을 정신질환자의 폭력성과 범죄 성향에 대한 인식이 매개하는지 살펴보았다. 우선 독립 변인인 사회 지배 지향성과 관련해, 매개 변인인 정신질환자의 폭력성 인식과 범죄 성향 인식이 각각 종속 변인

〈표 11-7〉 주요 변인 간 상관관계

	1	2	3	4	5	6	7
1. 연구 참여자 성별	1						
2. 연구 참여자 연령	.020	1					
3. 정신질환자 대부분은 심각한 폭력성을 보인다	-.034	.178*	1				
4. 정신질환자의 범죄 성향은 일반인보다 높다	-.042	.084	.691***	1			
5. 정신질환자의 실제 범죄율은 일반인보다 높다	-.019	.031	.666***	.877***	1		
6. 국내 살인 범죄자 중 정신질환자의 비율(%)	-.184*	-.234**	.307***	.382***	.424***	1	
7. 사회 지배 지향성	.115	.096	.381***	.256**	.293***	.291***	1
8. 권위주의	.039	.000	.410***	.357***	.405***	.262**	.542***

주: $*p<.05$, $**p<.01$, $***p<.001$.

인 정신질환자의 범죄율 사이에서 영향을 미치는지 확인하기 위해 PROCESS macro model 3.5를 이용해 매개 분석을 실시했다.

먼저 정신질환자의 폭력성 인식이 사회 지배 지향성과 정신질환자의 범죄율 인식 간 관계를 매개하는지 알아보았다. 이때 폭력성 인식에 연령이 유의한 영향을 미치므로, 분석에서 연구 참여자 연령을 통제 변인으로 설정했다.

그 결과, 정신질환자의 폭력성 인식의 매개 효과가 유의했다(〈표 11-8〉, 〈그림 11-2〉 참조). 구체적으로 살펴보면, 사회 지배 지향성이 정신질환자의 범죄율 인식에 미치는 총효과가 유의했고($b=.71$, $t(157)=3.82$, $p<.001$), 폭력성 인식에 미치는 영향 역시 유의했다($b=.89$, $t(157)=5.01$, $p<.001$). 다시 말해서 사회 지배 지향성이 강할수록 정신질환자의 범죄율이 일반인보다 높다고 생각하며, 정신질환자의 대부분이 심각한 폭력성을 보인다고 생각하는 것을 의미한다. 정신질환자의 폭력성 인식이 정신질환자의 범죄율 인식에 미치는 직

〈표 11-8〉 사회 지배 지향성과 정신질환자의 범죄율 인식의 관계에서 폭력성 인식의 매개 효과

경로	b	SE	LLCI	ULCI
총효과 사회 지배 지향성 → 정신질환자의 범죄율	.7054	.1846	.3405	1.0700
직접효과 사회 지배 지향성 → 정신질환자의 범죄율	.1188	.1542	-.1858	.4235
간접효과 사회 지배 지향성 → 폭력성 인식 → 정신질환자의 범죄율	.5866	.1167	.3607	.8195

〈그림 11-2〉 사회 지배 지향성과 정신질환자의 범죄율의 관계에서 폭력성 인식의 매개 효과

$b = .89$
$s.e. = .18$
$p < .001$

$b = .65$
$s.e. = .06$
$p < .001$

폭력성 인식

사회 지배 지향성

정신질환자의 범죄율

직접효과, $b = .12$, $s.e. = .15$, $p = .44$
간접효과, $b = .59$, $s.e. = .12$, 95% CI [.3607, .8195]

접효과도 유의했는데(b=.65, t(156)=10.24, p<.001), 이는 정신질환자의 대부분
이 심한 폭력성을 보인다고 생각할수록 정신질환자의 범죄율이 일반인보
다 높다고 생각한다는 것을 뜻한다. 사회 지배 지향성과 정신질환자의 범죄
율 인식 사이에 매개 변인으로 폭력성 인식을 투입하자, 정신질환자의 범죄
율 인식에 대한 사회 지배 지향성의 직접효과가 더 이상 유의하지 않으므로
(b=.12, t(157)=.77, n.s.), 사회 지배 지향성과 정신질환자의 범죄율 인식 사이
관계를 정신질환자의 폭력성 인식이 완전 매개했다. 이는 사회 지배 지향성
이 정신질환자의 범죄율 인식에 미치는 영향이 직접적인 것이 아닌, 사회
지배 지향성이 강할수록 정신질환자의 대부분이 심각한 폭력성을 보인다고
생각하고, 정신질환자의 대부분이 심각한 폭력성을 보인다고 생각할수록
정신질환자의 범죄율이 일반인보다 높다고 생각한다는 것을 뜻한다.

이번에는 정신질환자의 범죄 성향 인식이 사회 지배 지향성과 정신질환자의 범죄율 인식 간 관계를 매개하는지 알아보았다. 그 결과, 사회 지배 지향성에 따른 정신질환자의 범죄율 인식을 범죄 성향 인식이 완전 매개했다(〈표 11-9〉, 〈그림 11-3〉 참조).

구체적으로 살펴보면, 사회 지배 지향성이 정신질환자의 범죄율 인식에 미치는 총효과가 유의했고(b=.71, t(158)=3.85, p⟨.001), 범죄 성향 인식에 미치는 영향 역시 유의했다(b=.63, t(158)=3.32, p⟨.01). 다시 말해서 사회 지배 지향성이 강할수록 정신질환자의 범죄율이 일반인보다 높다고 생각하며, 정신질환자의 범죄 성향이 일반인보다 높다고 생각하는 것을 의미한다. 정신질환자의 범죄 성향 인식이 정신질환자의 범죄율 인식에 미치는 직접효과도 유의했는데(b=.84, t(157)=21.87, p⟨.001), 이는 정신질환자의 범죄 성향이 일반인보다 높다고 생각할수록 정신질환자의 범죄율 또한 일반인보다 높다고 생각한다는 것을 뜻한다. 사회 지배 지향성과 정신질환자의 범죄율 인식 사이에 매개 변인으로 범죄 성향 인식을 투입하자, 정신질환자의 범죄율 인식에 대한 사회 지배 지향성의 직접효과가 더 이상 유의하지 않으므로(b=.18, t(158)=1.88, n.s.), 사회 지배 지향성과 정신질환자의 범죄율 인식 사이 관계를 정신질환자의 범죄 성향 인식이 완전 매개했다. 이는 사회 지배 지향성이 정신질환자의 범죄율 인식에 미치는 영향이 직접적인 것이 아니라, 사회 지배 지향성이 강할수록 정신질환자의 범죄 성향이 일반인보다 높다고 생각하고, 정신질환자의 범죄 성향이 일반인보다 높다고 생각할수록 정신질환자의 범죄율 또한 일반인에 비해 높다고 생각한다는 것을 뜻한다.

한편, 독립 변인인 사회 지배 지향성과 관련해, 또 다른 종속 변인인 살인 범죄자 중 정신질환자의 비율에 대한 정신질환자의 폭력성 인식과 범죄 성향 인식의 완전 매개 효과는 나타나지 않았다.

이번에는 또 다른 독립 변인인 권위주의와 관련해, 매개 변인인 정신질환자의 폭력성 인식과 범죄 성향 인식이 각각 종속 변인인 살인 범죄자 중 정

〈표 11-9〉 사회 지배 지향성과 정신질환자의 범죄율 인식의 관계에서 범죄 성향 인식의 매개 효과

경로	b	SE	LLCI	ULCI
총효과 사회 지배 지향성 → 정신질환자의 범죄율	.7060	.1831	.3443	1.0677
직접효과 사회 지배 지향성 → 정신질환자의 범죄율	.1779	.0945	-.0087	.3645
간접효과 사회 지배 지향성 → 범죄 성향 인식 → 정신질환자의 범죄율	.5281	.1535	.2280	.8390

〈그림 11-3〉 사회 지배 지향성과 정신질환자의 범죄율 추정과의 관계에서 범죄 성향 인식의 매 개 효과

직접효과, $b = .18$, $s.e. = .09$, $p = .06$
간접효과, $b = .53$, $s.e. = .15$, 95% CI [.2280, .8390]

신질환자의 비율 사이에서 영향을 미치는지 살펴보기 위해 PROCESS macro model 3.5를 이용해 매개 분석을 실시했다. 이때 살인 범죄자 중 정신질환 자의 비율 추정에 연구 참여자의 성별 및 연령이 유의한 영향을 미치므로, 분석에서 성별과 연령을 통제 변인으로 설정했다.

먼저 정신질환자의 폭력성 인식이 권위주의와 살인 범죄자 중 정신질환 자의 비율 추정 간 관계를 매개하는지 알아보았다(〈표 11-10〉, 〈그림 11-4〉 참 조). 그 결과, 정신질환자의 폭력성 인식이 권위주의와 살인 범죄자 중 정신 질환자의 비율 추정 사이의 관계를 완전 매개했다. 먼저, 권위주의가 살인 범죄자 중 정신질환자의 비율 추정에 미치는 총효과(b=11.63, t(156)=3.67, p< .001)와 매개 변인인 폭력성 인식에 미치는 효과(b=1.24, t(156)=5.76, p<.001)가 유의했다. 이는 권위주의가 강할수록 살인 범죄자 중 정신질환자의 비율을

⟨표 11-10⟩ 권위주의와 살인 범죄자 중 정신질환자의 비율 추정의 관계에서 폭력성 인식의 매
개 효과

경로	b	SE	LLCI	ULCI
총효과 권위주의 → 살인 범죄자 중 정신질환자의 비율	11.63	3.17	5.3708	17.8913
직접효과 권위주의 → 살인 범죄자 중 정신질환자의 비율	6.48	3.36	-.1578	13.1117
간접효과 권위주의 → 폭력성 인식 → 살인 범죄자 중 정신 질환자의 비율	5.15	1.55	2.4387	8.5052

⟨그림 11-4⟩ 권위주의와 살인 범죄자 중 정신질환자의 비율 추정의 관계에서 폭력성 인식의 매
개 효과

직접효과, $b = 6.48$, $s.e. = 3.36$, $p = .06$
간접효과, $b = 5.15$, $s.e. = 1.55$, 95% CI [2.4387, 8.5052]

높게 추정하는 것과 함께, 정신질환자 대부분이 심각한 폭력성을 보인다는
인식이 강하다는 것을 의미한다. 매개 변인이 종속 변인에 미치는 직접효과
를 살펴본 결과, 폭력성 인식이 정신질환자의 비율 추정에 미치는 영향 역
시 유의했다($b=4.13$, $t(155)=3.66$, $p<.001$). 마지막으로 모형에 폭력성 인식을 투
입하자 권위주의가 더 이상 살인 범죄자 중 정신질환자의 비율 추정을 유의
하게 예측하지 못하므로($b=6.48$, $t(156)=1.93$, n.s.), 폭력성 인식이 권위주의와
살인 범죄자 중 정신질환자의 비율 추정 간 관계를 완전 매개함을 알 수 있
다. 즉, 권위주의가 직접적으로 살인 범죄자 중 정신질환자의 비율 추정에
영향을 미치기보다는, 권위주의가 강할수록 정신질환자 대부분이 심각한

폭력성을 보인다고 생각하고, 정신질환자 대부분이 심각한 폭력성을 보인다고 생각할수록 살인 범죄자 중 정신질환자의 비율 추정을 높게 하는 식의 효과를 보였다.

다음으로, 권위주의가 살인 범죄자 중 정신질환자의 비율 추정에 미치는 영향에서 정신질환자의 범죄 성향 인식의 매개 효과를 검증했다(〈표 11-11〉, 〈그림 11-5〉 참조). 그 결과 정신질환자의 범죄 성향 인식이 권위주의와 살인 범죄자 중 정신질환자의 비율 추정 사이의 관계를 완전 매개했다. 먼저, 권위주의가 살인 범죄자 중 정신질환자의 비율 추정에 미치는 총효과(b=11.63, t(156)=3.67, p<.001)와 매개 변인인 범죄 성향 인식에 미치는 효과(b=1.09, t(156)=4.83, p<.001)가 유의했다. 이는 권위주의가 강할수록 살인 범죄자 중 정신질환자의 비율을 높게 추정하는 것과 함께, 정신질환자의 범죄 성향이 일반인보다 높다는 인식이 강하다는 것을 의미한다. 매개 변인이 종속 변인에 미치는 직접효과를 살펴본 결과, 범죄 성향 인식이 정신질환자의 비율 추정에 미치는 영향 역시 유의했다(b=4.88, t(155)=4.63, p<.001). 마지막으로 모형에 범죄 성향 인식을 투입하자 권위주의가 더 이상 살인 범죄자 중 정신질환자의 비율 추정을 유의하게 예측하지 못하므로(b=6.29, t(156)=1.97, n.s.), 범죄 성향 인식이 권위주의와 살인 범죄자 중 정신질환자의 비율 추정 간 관계를 완전 매개함을 알 수 있다. 즉, 권위주의가 직접적으로 살인 범죄자 중 정신질환자의 비율 추정에 영향을 미치기보다는, 권위주의가 강할수록 정신질환자의 범죄 성향이 일반인보다 높다고 생각하고, 정신질환자의 범죄 성향이 일반인보다 높다고 생각할수록 살인 범죄자 중 정신질환자의 비율 추정을 높게 하는 식의 효과를 보였다.

한편, 또 다른 종속 변인인 정신질환자의 범죄율에 대한 정신질환자의 폭력성 인식과 범죄 성향 인식의 완전 매개 효과는 나타나지 않았다.

〈표 11-11〉 권위주의와 살인 범죄자 중 정신질환자의 비율 추정의 관계에서 범죄 성향 인식의 매개 효과

경로	b	SE	LLCI	ULCI
총효과 권위주의 → 살인 범죄자 중 정신질환자의 비율	11.63	3.17	5.3708	17.8913
직접효과 권위주의 → 살인 범죄자 중 정신질환자의 비율	6.29	3.19	-.0119	12.6106
간접효과 권위주의 → 범죄 성향 인식 → 살인 범죄자 중 정신질환자의 비율	5.33	1.63	2.3906	8.7504

〈그림 11-5〉 권위주의와 살인 범죄자 중 정신질환자의 비율 추정의 관계에서 범죄 성향 인식의 매개 효과

$b = 1.09$
$s.e. = .23$
$p < .001$

$b = 4.88$
$s.e. = 1.05$
$p < .001$

범죄 성향 인식

권위주의

정신질환자의 비율

직접효과, $b = 6.29$, $s.e. = 3.19$, $p = .05$
간접효과, $b = 5.33$, $s.e. = 1.63$, 95% CI [2.3906, 8.7504]

4. 논의 및 결론

1) 연구 결과 요약

이 연구 결과, 우선 피고인이 조현병 전력이 없을 때보다 있을 때 살인 사건 발생에 피고인의 타고난 특성이 미친 영향이 더 크다고 평가했으며, 처벌은 상대적으로 더 낮게 받아야 한다고 판단했다. 또한 피고인이 피해자와 가족 관계일 때보다 처음 본 사이일 때 살인 사건 발생에 피고인의 타고난 특성이 미친 영향이 더 크며 고의성이 더 높다고 지각되었고, 처벌도 더 무

겁게 받아야 한다고 판단했다. 더불어 연구 참여자의 나이가 많을수록 살인 사건 발생에 피고인의 타고난 특성이 미친 영향이 더 크다고 평가했으며, 연구 참여자가 여성보다 남성일 때 살인 사건 발생에 피고인을 둘러싼 상황이 미친 영향이 더 크다고 평가했다. 한편, 범행의 고의성 지각이 피고인-피해자 간의 관계와 피고인 처벌 사이를 완전 매개했다. 즉, 피고인이 피해자와 가족 관계일 때보다 처음 본 사이일 때 범행의 고의성이 더 높다고 지각하고, 범행의 고의성이 높다고 지각할수록 피고인을 더 무겁게 처벌해야 한다고 평가했다.

정신질환자의 범죄에 대한 인식을 조사한 결과, 정신질환자 대부분은 심각한 폭력성을 보인다는 데 연구 참여자들이 대체로 동의했으며, 정신질환자의 범죄 성향이 일반인보다 높다는 데에도 동의했다. 정신질환자의 실제 범죄율 또한 일반인보다 높다는 데 동의를 표시했으며, 국내 살인 범죄자 가운데 정신질환자의 비율 추정이 평균 30.5%에 달해 살인 범죄자 약 세 명 중 한 명이 정신질환자일 것으로 생각했다. 한편, 정신질환자들의 폭력성과 범죄 성향, 범죄율에 대한 인식에서는 성차가 나타나지 않았다. 그런데, 여성이 남성보다 국내 살인 범죄자 중 정신질환자의 비율을 높게 추정했다. 국내 살인 범죄자 중 정신질환자의 비율이 평균적으로 약 4분의 1일 것이라고 추정한 남성에 비해, 여성은 약 3분의 1로 추정해 훨씬 높은 비율을 보였다. 연구 참여자 나이가 많을수록 정신질환자의 대부분이 심각한 폭력성을 보인다는 데 동의했으나, 국내 살인 범죄자 중 정신질환자의 비율은 더 낮게 추정했다. 더불어, 사회 지배 지향성과 권위주의 성격이 강할수록 정신질환자들의 폭력성과 범죄 성향, 범죄율, 국내 살인 범죄자 가운데 정신질환자의 비율을 높게 평가했다.

사회 지배 지향성과 정신질환자의 범죄율 인식 사이 관계를 정신질환자의 폭력성 인식이 완전 매개했다. 즉, 사회 지배 지향성이 강할수록 정신질환자의 대부분이 심각한 폭력성을 보인다고 생각하고, 정신질환자의 대부분이 심각한 폭력성을 보인다고 생각할수록 정신질환자의 범죄율이 일반인보다 높다고 생각했다. 또한 사회 지배 지향성과 정신질환자의 범죄율 인식 사이 관계를 정신질환자의 범죄 성향 인식이 완전 매개했다. 즉, 사회 지배 지향성이 강할수록 정신질환자의 범죄 성향이 일반인보다 높다고 생각하고, 정신질환자의 범죄 성향이 일반인보다 높다고 생각할수록 정신질환자의 범죄율 또한 일반인에 비해 높다고 생각했다.

더불어, 권위주의와 살인 범죄자 중 정신질환자의 비율 추정 간 관계를 정신질환자의 폭력성 인식이 완전 매개했다. 즉, 권위주의가 강할수록 정신질환자 대부분이 심각한 폭력성을 보인다고 생각하고, 정신질환자 대부분이 심각한 폭력성을 보인다고 생각할수록 살인 범죄자 중 정신질환자의 비율 추정을 높게 했다. 또한 범죄 성향 인식이 권위주의와 살인 범죄자 중 정신질환자의 비율 추정 간 관계를 완전 매개했다. 즉, 권위주의가 강할수록 정신질환자의 범죄 성향이 일반인보다 높다고 생각하고, 정신질환자의 범죄 성향이 일반인보다 높다고 생각할수록 살인 범죄자 중 정신질환자의 비율 추정을 높게 했다.

2) 정신질환자에 대한 인식과 혐오

피고인이 조현병 전력이 있을 때 살인 사건 발생에 피고인의 타고난 특성이 미친 영향이 더 크다고 평가했으며, 처벌은 상대적으로 더 낮게 받아야 한다고 판단했다. 이는 조현병 전력이 있는 피고인에 대해서는 그렇지 않은 피고인보다 처벌에 있어서는 더 관대한 경향을 나타내지만, 살인 사건 발생에 타고난 특성의 영향이 크다고 평가한 것은 조현병 전력이 있는 사람들에 대한 환경이나 치료의 역할과 개선 가능성을 낮게 인식하는 위험 신호로도 볼 수 있는 여지가 있으므로 주의를 요한다.

한편, 정신질환자의 범죄 관련 인식을 조사한 결과, 연구 참여자들은 정신질환자 대부분이 심각한 폭력성을 보이며, 정신질환자의 범죄 성향이 일반인보다 높다는 데 대체로 동의를 표시했다. 특히 정신질환자의 실제 범죄율이 일반인보다 높으며 국내 살인 범죄자 가운데 약 세 명 중 한 명이 정신질환자일 것으로 생각했다. 이는 실제 범죄 통계에서 살인 범죄자 중 정신장애가 있는 경우가 약 6.2%인 결과(경찰청, 2021)보다 약 네 배 이상 높은 수치로, 사람들이 정신질환과 범죄의 연관성을 과장해 지각하고, 정신질환자에 의한 범죄 비율을 과대 추정하는 현실을 단적으로 드러낸다. 정신질환자에 대한 이러한 두려움과 혐오로 인해 정신질환자들이 낙인을 경험하고 적절한 보호와 치료를 받지 못할 위험이 있으며, 편견에 기인한 차별로 인해 사회 구성원으로서의 삶의 질이 저하되는 것을 방지하기 위해(송정희, 2019; Rüsch et al., 2005), 정신질환자와 범죄의 연관성에 대한 현실을 제대로 알리고 정신질환자에 대한 왜곡된 두려움과 편견을 바로잡기 위한 실질적인 노력이 시급히 요구된다.

특히 정신질환자들의 폭력성과 범죄 성향, 범죄율 등에 관한 인식에 사회 지배 지향성과 권위주의 성격이 영향을 미쳤다. 즉, 사회 지배 지향성과 권위주의 성격이 강할수록 정신질환자의 대부분이 심각한 폭력성을 보인다고 생각하고, 정신질환자의 범죄 성향이 일반인보다 높다고 생각하며, 범죄율을 높게 추정했다. 이는 집단에 대한 편견 및 차별 행동과 관련이 높은 것으로 나타난 사회 지배 지향성이 높을수록 정신질환자에 대해서도 부정적 태도를 보인다는 선행 연구와 일맥상통하는 결과이다(Bizer et al., 2012; Pratto et al., 2000). 또한, 권위주의 성격이 강할수록 외집단에 부정적 태도를 나타내며 소수 집단에 혐오를 보이고, 특히 정신질환자에 대한 편견과 차별적 태도가 두드러지는 것으로 나타난 선행 연구와도 일치하는 결과이다(김경희·김계하, 2013; 하정희, 2015).

더불어, 정신질환자의 범죄율 인식에 있어 사회 지배 지향성과 권위주의가 미치는 영향을 정신질환자의 폭력성과 범죄 성향에 대한 인식이 완전 매개했다. 이 결과는 정신질환자의 범죄율을 과대 추정하는 것은 정신질환자의 폭력성과 범죄 성향에 대한 과장된 두려움이 그 원인이라는 것을 보여준다. 선행 연구 결과들은 정신질환자의 범죄 위험성이 비정신질환자보다 더 높다는 근거가 없고, 정신질환자의 범죄율이 비정신질환자에 비해 더 낮거나 크게 차이가 없다고 보고하고 있다(서동우, 2003; 황성동, 1993). 따라서, 정신질환자의 범죄에 대한 인식을 바로잡는 데 개인의 심리사회적 요인인 사회지배 지향성과 권위주의 그 자체의 영향도 중요하지만, 정신질환자의 폭력성과 범죄 성향에 대한 편견을 바로잡는 노력이 선행되어야 한다는 것을 이 연구 결과는 시사하고 있다.

정신질환자에 대한 편견을 감소하고 혐오를 줄이기 위해 정신질환자와의 실질적인 접촉을 늘려 편견을 해소할 기회를 갖는 교육의 필요성이 제기된다(김경희·김계하, 2013). 실제로, 정신질환자와 접촉할 기회를 갖는 것은 정신질환자에 대한 편향된 인식을 개선하는 데 효과가 있는 것으로 나타났다(Corrigan et al., 2012).

또한 정신질환자에 대한 두려움을 양산하는 데 언론 보도가 미치는 영향에 대한 선행 연구를 고려할 때(백혜진 외, 2017). 범죄의 원인이 정신질환 그 자체인 것처럼 보도하는 등 정신질환자에 대한 편견을 강화시키는 언론 매체의 보도에 대한 지속적인 모니터링의 필요성이 강조된다(황규리·이성규, 2019). 이러한 모니터링을 통해, 정신질환자들의 위험성에 대한 과장된 언론 보도가 정신질환자에 대한 두려움으로 이어져 정신질환자들의 사회적 고립이 심화되고 정신질환자들을 향한 차별 행동을 하는 것을 방지하도록 힘써야 할 것이다(문난영 외, 2018; 황규리·이성규, 2019).

참고문헌

경찰청. 2021. 『2020 범죄통계』. 서울: 경찰청.

김경희·김계하. 2013. 「정신질환자에 대한 교사의 태도 및 차별과 편견 원인」. ≪정신간호학회지≫, 22권, 2호, 97~106쪽.

문난영·김석선·길민지. 2018. 「정신질환자에 대한 차별행동에 미치는 영향요인」. ≪보건사회연구≫, 38권, 3호, 161~187쪽.

민경환. 1989. 「권위주의 성격과 사회적 편견: 대학생집단을 중심으로」. ≪한국심리학회지: 사회 및 성격≫, 4권, 2호, 146~168쪽.

박지선. 2015. 「정신질환자들의 범죄위험성에 대한 사람들의 태도」. ≪대한조현병학회지≫, 18권, 1호, 16~21쪽.

_____. 2016. 「공식 통계와 비교해 본 정신질환 범죄자에 대한 인식」. ≪대한조현병학회지≫, 19권, 1호, 25~31쪽.

백혜진·조혜진·김정현. 2017. 「정신질환의 낙인과 귀인에 대한 언론 보도 분석」. ≪한국언론학보≫, 61권, 4호, 7~43쪽.

서동우. 2003. 「정신질환자 범죄 예방과 정신질환자의 생산적 삶을 위한 치료보호대책」. ≪보건복지포럼≫, 82호(8월), 77~87쪽.

송정희. 2019. 「간호대학생의 공감능력과 정신질환자에 대한 편견 및 차별행동과의 관계」. ≪산업융합연구≫, 17권, 2호, 63~70쪽.

양영유·이완수. 2020. 「한국 언론의 범죄보도 무엇이 문제인가?: 사건기자와 범죄뉴스 모니터 집단 심층인터뷰를 통해」. ≪한국언론정보학보≫, 104권, 44~83쪽.

이민화·서미경. 2019. 「정신장애인의 자기낙인이 자아존중감에 미치는 영향: 정당성인식과 집단동일시의 조절효과」. ≪정신건강과 사회복지≫, 47권, 1호, 147~172쪽.

이상신. 2015. 「소수집단에 대한 사회적 인식 결정요인 연구: 우파권위주의 성격과 사회적 거리감」. ≪다문화사회연구≫, 8권, 2호, 39~68쪽.

조수영·김정민. 2010. 「정신건강 및 정신질환에 대한 지상파 TV 뉴스 분석」. ≪한국언론학보≫, 54권, 5호, 181~204쪽.

하정희. 2015. 「권위주의 성격 및 무조건적 자기수용과 다문화태도와의 관계」. ≪다문화교

육연구≫, 8권, 3호, 133~151쪽.

황규리·이성규. 2019. 「조현병 관련 언론보도에 관한 내용분석」. ≪한국사회복지교육≫, 48
집, 63~92쪽.

황성동. 1993. 「정신질환과 범죄와의 관련성에 관한 연구-정신질환자들과 일반인들과의 범
죄율 비교분석」. ≪한국사회복지학≫, 21권, 221~242쪽.

Adorno, T., E. Frenkel-Brenswik, D. J. Levinson, and R. N. Sanford. 2019. *The
authoritarian personality*. London: Verso Books.

Akrami, N. and B. Ekehammar. 2006. "Right-wing authoritarianism and social domin-
ance orientation: Their roots in Big-Five personality factors and facets." *Journal of
Individual Differences*, Vol. 27, pp. 117~126.

Bizer, G. Y., J. Hart, and A. M. Jekogian. 2012. "Belief in a just world and social
dominance orientation: Evidence for a mediational pathway predicting negative
attitudes and discrimination against individuals with mental illness." *Personality
and individual differences*, Vol. 52, No. 3, pp. 428~432.

Corrigan, P. W., S. B. Morris, P. J. Michaels, J. D. Rafacz, and N. Rüsch. 2012.
"Challenging the public stigma of mental illness: a meta-analysis of outcome
studies." *Psychiatric services*, Vol. 63, No. 10, pp. 963~973.

Gerber, M. M. and J. Jackson. 2016. "Authority and punishment: On the ideological
basis of punitive attitudes towards criminals." *Psychiatry, Psychology and Law*,
Vol. 23, No. 1, pp. 113~134.

Hayes, A. F. 2017. *Introduction to mediation, moderation, and conditional process
analysis: A regression-based approach*. New York : The Guilford Press.

Ho, A. K., J. Sidanius, F. Pratto, S. Levin, L. Thomsen, N. Kteily, and J. Sheehy-
Skeffington. 2012. "Social dominance orientation: Revisiting the structure and
function of a variable predicting social and political attitudes." *Personality and
Social Psychology Bulletin*, Vol. 38, No. 5, pp. 583~606.

Lampropoulos, D. and T. Apostolidis. 2018. "Social dominance orientation and
discrimination against people with schizophrenia: Evidence of medicalization and
dangerousness beliefs as legitimizing myths." *The Spanish journal of psychology*,

Vol. 21.

Peterson, J. K., J. Skeem, P. Kennealy, B. Bray, and A. Zvonkovic. 2014. "How often and how consistently do symptoms directly precede criminal behavior among offenders with mental illness?" *Law and human behavior*, Vol. 38, No. 5, p. 439.

Pratto, F., J. H. Liu, S. Levin, J. Sidanius, M. Shih, H. Bachrach, and P. Hegarty. 2000. "Social dominance orientation and the legitimization of inequality across cultures." *Journal of cross-cultural psychology*, Vol. 31, No. 3, pp. 369~409.

Pratto, F., J. Sidanius, and S. Levin. 2006. "Social dominance theory and the dynamics of intergroup relations: Taking stock and looking forward." *European review of social psychology*, Vol. 17, No. 1, pp. 271~320.

Rüsch, N., M. C. Angermeyer, and P. W. Corrigan. 2005. "Mental illness stigma: Concepts, consequences, and initiatives to reduce stigma." *European psychiatry*, Vol. 20, No. 8, pp. 529~539.

제**12**장

포스트휴먼의 장애*

이재준

1. 손상된 신체, 그리고 보충 기술

손상된 신체를 가진 사람들에게 불편하지 않은 일상을 위해서는 프로스
테시스(prosthesis) 혹은 보충 기술이 불가피한 것으로 여겨진다. 그리고 이러
한 불가피성이 장애에 대한 사회적 관심과 복지 정책의 확대에 힘입어 관련
기술의 연구 개발을 부추겨왔다. 특히 인간 신체의 구조와 기능을 모방하는
로봇과학기술은 손상된 신체를 보충하는 기술로 선호되고 있다. 2016년 국
제 대회인 사이배슬론(cybathlon)이 개최되었을 때, 많은 사람의 이목을 끌었
던 것도 아마 이러한 이유 때문일 것이다. 1970년대 일본에서 휴머노이드
로봇이 처음 본격적으로 연구되었을 때, 그 연구를 주도한 인물들은 보충
기술을 연구하는 의공학 연구자였다. 그 당시 두 다리로 움직이는 기계의

---

* 이 글은 이재준, 「사이배슬론에서 포스트휴먼 장애의 특성」, ≪인문과학연구≫, 74권(강
  원대학교 인문과학연구소, 2022)을 개고한 것이다.

이동성을 실험했고, 먼 미래에 화석 연료가 고갈될 때를 대비해서 '이족 보행 로봇(bipedal walking robot)'을 이상적인 이미지로 삼으려 했다. 그러나 그 먼 미래인 오늘날 자율 주행차가 이족 보행 로봇을 대체하고 있다. 그러고 보면, 유사 계보에 있는 자율 주행차와 로봇에게서 '기계의 자율성'이 쟁점이 된 것은 우연이 아니다(이재준, 2019: 46).

그런데 사이배슬론이 제시하고 있는 고도화된 보충 기술들은 단지 장애인의 이동과 움직임에서 어떤 자유만을 주지 않는다. 기술의 고도화는 궁극적으로는 자율적인 기계를 예상하게 하는데, 반면 기계의 자율성은 오히려 그것을 사용하는 장애인의 자율성을 점차 위협할 것이라는 우려를 낳는다. 물론 이러한 위협과 불안이 보충 기술 자체의 고도화를 제약하지는 못할 것이라는 예측도 가능하다. 그것은 그 나름의 자본 생산을 고려할 수 있을 만한 의료 보건 산업의 일부이기 때문이다.

그런데 이런 복잡한 상황에서 우리는 보충 기술인 감각 인터페이스, 외골격 로봇, 인공 팔과 다리 등이 과연 장애인의 자율성을 침해한다고 말할 수 있을까? 의료와 연구 현장, 그리고 일상에서 재활을 고려하는 많은 전문가는 보충 기술이 장애인의 자율성을 침해한다고 말한다. 이러한 생각과 주장은 일면 타당하지만, 그 이면에는 장애의 의과학 지식이 강조해 온 '자율성 윤리'가 배경으로 작용하는 것처럼 보인다. 의학적으로 장애를 이해하려는 입장은 치료와 재활, 그리고 보건 정책에서 영향력이 크다. 반면 장애를 사회적 구성물로 보려는 입장은 신체 손상보다는 장애의 사회적 함의를 강조해 왔으며, 의학이 정상성을 기준으로 삼아 장애를 고착화하고 '할 수 없음'을 사회에 내재화한다고 비판한다. 이러한 양분화된 입장을 극복하려는 제 3의 관점은 '손상된 신체'에 주목해서 신체의 물질성과 그것에 분리될 수 없는 담론적·사회적 양상을 설명하려 한다.

이 글은 세 번째 입장을 따라, 신체가 손상된 사람에게서 장애의 의미를 고착시키는 '할 수 있음/할 수 없음'의 논리에서 벗어나, 장애를 손상된 신체에 불가피하게 연결된 타자들의 문제, 즉 인간-비인간의 관계 문제로 설명하고자 한다. 그리고 보충 기계를 이러한 관계의 일원에 포함함으로써, 손상된 신체와 비인간 타자의 연결로부터 장애인을 탈인간으로서 이해하려는 시각을 옹호하고자 한다.

이를 위해서 아래에서는 가장 눈에 띄는 사례인 사이배슬론을 개략적으로 소개하고, 그것과 유사하다고 오해받는 패럴림픽(paralympics)과 비교한다. 사이배슬론은 신체 손상을 긍정하며 동시에 기술적 보충으로 부정하려는 이중성을 가진 것으로 드러난다. 사이배슬론의 이러한 이중성은 장애 상황에서 신체 손상과 그것에 의한 변형에 주목하게 한다. 전통적으로 신체 손상은 의과학 지식의 대상으로서 포섭되어 왔고, 의과학 지식이 지향하는 생명 의료 윤리의 자율성에 영향을 받아왔다. 재활 의학을 배경으로 한 사이배슬론은 의학 지식을 매개로 생명 정치를 신체가 손상된 사람들과 보충 기술에서 재현한다. 따라서 사이배슬론도 보충 기술이 개입한 손상된 신체의 자율성을 쟁점화한다. 하지만 이것은 신체의 기능에 집중하는 특수한 자율성이다. 나아가 이 논의는 손상된 신체에 개입하는 비인간 타자들을 해명하기 위해, 사이배슬론에서의 특수한 자율성이 은폐하거나 억압하는 주요 요소 개념들을 비판적으로 살펴본다. 이를 통해서 손상된 신체의 변형성과 타율성, 혹은 상호 의존성을 가시화할 것이다.

무엇보다도 사이배슬론에서는 신체가 손상된 참가자들이 기술로 보충됨으로써 인간과 비인간의 상호 의존성을 실현하고 있는데, 그들은 개체화 과정을 거치면서 포스트휴먼적인 변형을 성취하는 것으로 이해된다. 포스트휴먼의 장애에 대한 이 논의는 비록 매끈한 통로는 아닐지라도 장애의 정체성 정치에서 벗어날 수 있는 좁은 통로나마 예시하고자 한다.

2. 사이배슬론과 구별되는 패럴림픽의 기계적 도핑

사이배슬론(cybathlon)은 '기계와 유기체 사이의 상호 소통'을 과학적으로 설명하려는 '사이버네틱스(cybernetics)'와 운동 경기를 뜻하는 '애슬레틱스(athletics)'의 합성어이다. 사이배슬론은 2016년 스위스 연방공과대학(ETH Zurich)에서 감각 운동계(sensory-motor systems)와 재활 의공학을 연구하는 로버트 리너(Robert Riener)를 중심으로 조직된 국제 경기로 4년마다 개최된다. 이 대회는 주로 사고에 의해서나 혹은 선천적으로 척수가 손상되어 신체가 마비된 장애인을 위한 첨단 보충 기술을 경쟁한다(《조선일보》, 2020.11.15).[1]

사이배슬론은 총 여덟 가지 경쟁 부문을 포함한다. 2016년과 2020년에는 여섯 가지 부문에서 경쟁이 이루어졌지만, 2024년 대회부터 두 개 부문이 추가될 예정이다. 인공 다리 경기(LEG: Leg Prosthesis Race), 인공 팔 경기(ARM: Arm Prosthesis Race), 기능적 전기자극 자전거 경기(FES: Functional Electrical Stimulation Bike Race), 자동 휠체어 경기(WHL: Wheelchair Race), 외골격 로봇 경기(EXO: Exoskeleton Race) 두뇌-컴퓨터 인터페이스 경기(BCI: Brain-Computer Interface Race)의 여섯 개 종목에 더해서 중증 시각장애인을 위한 시각 보조 기술 경기(VIS: Vision Assistance Race), 중증 신체 장애인을 위한 보조 로봇 경기(ROB: Assistance Robot Race)가 새롭게 추가되었다.[2]

겉으로 드러나는 양상으로, 사이배슬론은 패럴림픽처럼 장애인들의 신체

---

[1] 어떤 경우에는 사이배슬론을 사이보그와 애슬론의 합성어라고도 하는데, 상식적인 수준에서는 이러한 주장이 타당해 보인다. 그러나 이 글에서 이 문제가 중요한 것은 아니다. 사이배슬론 첫 번째 대회에서 전 세계 25개국 56개 팀이 참여했고, 2020년 두 번째 대회에는 총 60개 팀이 참여했다. 의료용 로봇과학기술 개발에 주목하고 있는 우리나라는 첫 번째 대회에서 착용형 로봇 부분의 동메달에 이어 두 번째 대회에서도 금메달과 동메달을 획득했고, 기능적 전기자극 자전거 부분에서 5위를 차지했다.

[2] https://cybathlon.ethz.ch/en/cybathlon/disciplines(검색일: 2022.8.7).

기능과 능력을 경쟁하는 경기처럼 보인다. 그러나 로버트 리너는 사이배슬론이 패럴림픽과 다르다고 주장한다(Riener, 2016: 1). 사이배슬론은 인간 신체 자체의 능력을 고도화하고 이것을 경쟁하는 것이 아니라, 보충 기술과 이 기술이 생산한 기계 장치들을 장애인이 얼마나 편하고 안전하게 잘 다룰 수 있는지를 경쟁하는 대회이기 때문이다. 사이배슬론에서는 보충 기술의 경쟁이 더 큰 관심사이다.

패럴림픽은 사이배슬론과 다른 지향점을 가진다. 원래 재활을 목표로 삼았던 패럴림픽은 1960년에 이르러 올림픽 경기와 그 이념에 병행해(para) 개최되면서 오늘날의 모습으로 자리를 잡았다(Brittan, 2018: 131).[3] 패럴림픽이 보편적으로 추구하는 가치는 용기, 결단, 영감, 평등이다. 그 경기는 신체가 손상된 사람들의 능력을 최대한으로 끌어올려 그들이 공정하게 경쟁하게 하고, 궁극적으로는 차이를 바탕으로 한 포용과 평등을 실현하려 한다.[4] 패럴림픽의 가치는 인간 신체의 능력 향상에 대한 올림픽의 가치를 공유한다. 그리고 그 때문에 신체 능력을 무한히 높이려는 과도한 경쟁이 결국 올림픽과 마찬가지로 패럴림픽에서도 공정성에 대한 갖가지 시비와 비판을 낳고 있다. 올림픽과 병행한 존재 규정을 가지는 패럴림픽은 건강한 신체의 고도화된 능력을 경쟁한다는 점에서 유사하다. 전문가들은 패럴림픽의 이런 경향이 엘리트 체육을 지향한 나머지, 장애와 신체 능력의 고도화 사이에서 심각한 긴장을 촉발한다고 비판한다(Purder and Howe, 2011: 192).

신체 건강의 이미지가 신체 능력의 고도화와 마찬가지로 여겨지는 올림픽, 그리고 그것과 병행한 패럴림픽에서 건강함은 상대적인 개념으로 사용되는 듯하다. 경기에 나선 선수들 사이에서 이 건강은 첨단 스포츠 의학과

---

3   의학자 루트비히 구트만(Ludwig Guttmann)이 제2차 세계대전 이후 신체가 손상된 군인의 재활을 돕기 위해 시작한 장애인 운동 경기가 패럴림픽의 모태이다.

4   https://www.paralympic.org/ipc/who-we-are(검색일: 2022.8.7).

기술로 향상된 신체의 기능과 능력에 따라 결정되는 상대적인 개념처럼 보이기 때문이다. 결국 신체를 바탕으로 한 무한 경쟁과 이를 위한 신체의 무한 증강은 '공정성'에 의해 제약된다. 흥미롭게도, 그 공정성을 위해서 요구된 무한 증강의 제약은 선수들의 건강을 위해 정당성을 부여받는다. 신체 건강을 위해서는 신체 증강에 한계를 둬야 한다는 논리가 힘을 얻는 것이다. 요컨대 인간 신체의 자연성, 즉 자연적인 신체성을 초월하는 증강은 제약되어야 한다. 이것이 패럴림픽에서는 다른 방식으로 구현된다. 예를 들어 패럴림픽 선수에게도 육상은 '달린다'라는 신체 기능의 경쟁이다. 그 선수에게 손상된 신체에 대한 보충이 허용된다고 하더라도 신체의 자연성은 보충을 제약하는 기준이 된다.

신체의 자연성과 신체의 인공성 사이의 이러한 딜레마를 보여주는 것이 바로 도핑이다. 엘리트주의 경쟁의 효과인 도핑은 원래 개념상 약물에 의한 신체 증강이다. 그렇지만 그것은 약물만이 아니라 착용 장비에도 적용된다. 신체 기능과 능력을 과도하게 향상하는 특정 약물들이 인간 신체에 유해하다는 건강상의 이유로 올림픽과 패럴림픽은 검사를 통해 도핑을 금지한다. 그렇지만 현실에서 도핑은 크고 작은 경기에서 여전히 다양하게 변주되어 나타나고 있다.

신체의 자연성과 신체의 인공성 사이의 이 딜레마는 손상된 신체와 온전한 신체가 서로 충돌하는 사건에서 극명하게 나타났다. 남아프리카공화국 육상 선수 피스토리어스(Oscar Pistorius)의 올림픽 출전 금지 사건이 그것이다(≪경향신문≫, 2011.8.21). 어린 시절 '비골 무형성증(fibular hemimelia)'으로 두 다리를 절단한 피스토리어스는 패럴림픽 육상 부문에서 뛰어난 성적을 거두었다. 그리고 놀라운 성공에 힘입어 2007년 올림픽에도 참가할 수 있는 기회를 얻었다. 그러나 국제육상경기연맹은 스프링이나 바퀴처럼 육상 경기에 이득을 주는 기술 장치의 사용을 금지한 규정[144조 2(e)]에 따라 반도핑을 이유로 출전 자격을 보류했다. 바로 피스토리어스가 착용한 인공 장치 때문이었다. 그 장치가 인간 신체의 자연성을 초월해서 공정하지 않은 증강을 선수에게 부여한다고 본 것이다. '플렉스 풋'이라고 불리는 피스토리어스의 인공 다리는 치타의 뒷다리를 모사해서 탄소 섬유로 제작된 의족이었다. 요컨대 인간의 다리 구조나 소재와 완전히 다른 그 인공 다리가 특정 인공 약물로 신체 기능과 능력을 향상하는 것과 유사하다는 주장이었다. 국제 스포츠중재법원은 피스토리어스의 몸과 의족의 관계를 비장애인 선수의 몸과 비교할 때 의족에 의한 신체 능력의 향상을 과학적으로 증명할 수 없다고 판결해 연맹의 결정을 무효로 만들었다. 그리고 피스토리어스는 비장애인과 경쟁할 수 있는 자격을 얻었다. 장애인 경기에서 의심받지 않았던 피스토리어스의 신체 보충은 비장애인과의 경기에서는 의심받았다(Burkett and McNamee, 2011: 150).[5]

장애인 차별로 비화되어 전 세계에서 논란을 일으켰던 이 사건에서, 손상된 신체를 보충한 장치가 그 문제의 원인이었다. 그에게는 비록 손상되었다 해도 자연적인 신체가 있는데, 그의 의족 장치가 신체의 자연성을 훼손하고 또 정상성의 기준마저 위협했다는 것이다. 그런데 여기서 조금만 더 깊이 들여다보면, 그 사건에서 우리는 약물로든 기계로든 변형되지 않은 '온전한 인간'의 이미지야말로 공정한 경쟁의 근거로 작동하고 있는 것을 알 수 있다. 정상성은 넘침과 모자람의 양쪽으로 작동하는 놀리운 기준이다. 패럴림픽과 올림픽에서 건강이라는 말은 정상/비정상의 구별 논리를 감추고 있다. 정상성 논리의 우산 아래에서 차이와 포용을 주장하는 패럴림픽에 참가한

---

5 오스카 피스토리어스의 사례에서는 자연적인 신체와 그렇지 않은 인공적인 신체를 구별하는 것 자체가 쟁점이었다. 그리고 과학기술 지식이 그 구별을 결정했다. 결국 공정한 경쟁이 동등한 신체 능력 조건에서 이루어지지 못했다는 이유로 사회적 형평성 문제로 비화되었다. 그리고 손상된 신체를 보충함으로써 자연적 신체를 초월하는 능력 증강이 사회적 혐오로 이어졌다. 물론 다양한 문화적 상상에서 기술적 보충으로 초월적인 능력을 지니게 된 장애인이 영웅으로 묘사되는 상황에 대해서는 또 다른 논의가 필요하다.

선수들은 끊임없이 온전하고 건강하고 뛰어난 신체의 이미지에 억압되고 있는지 모른다.

결국 사이배슬론과 구별되는 패럴림픽의 특징을 정리해 보면 이렇다. 올림픽은 신체 능력의 인공적인 증강이 공정한 경쟁을 침해한다고 주장하면서 건강한 신체의 이미지를 금지의 근거로 활용하고 있다. 이러한 올림픽의 특성에 따라 패럴림픽은 손상된 신체의 보충, 즉 신체의 인공적인 능력 증강을 지지하지만, 역시 신체의 자연성을 기준으로 삼아 조건부로 인공적인 보충을 용인한다. 두 가지 모두 신체의 자연성을 근거로 도핑에 반대하는데, 거기엔 정상성의 논리가 작동하고 있다.

3. 사이배슬론에서 손상된 신체의 기계적 보충

이와 달리 사이배슬론은 인공적인 신체 증강을 긍정하면서 '도핑의 무한한 확장'을 향해 가는 것처럼 보인다. 무엇보다도 사이배슬론에서는 손상된 신체의 구조 및 기능을 보충하는 (넓은 의미로는 사이버네틱스의) 첨단 기술이 중심에 위치한다. 그래서 마치 신체가 손상된 사람들이 대회를 주도하는 것처럼 보이지만 사실상 그 주도권은 그들의 신체 기능을 보충하는 첨단 기술과 그 연구 개발 환경, 그리고 개발자, 후원사, 심지어 이것들 모두가 연결된 플랫폼에 있다. 아래 인용된 리너의 주장은 사이배슬론의 목표에서 과학기술이 얼마나 중요한지를 분명히 보여준다(Riener, 2016: 4).

사이배슬론은 장애인이나 신체적 결함을 가진 사람들, 연구 개발 체계, 자금 지원 기관, 그리고 공공의 교류를 장려하는 플랫폼을 제공하고자 한다. 이렇게 해서, 사이배슬론은 장애인이나 신체적 결함을 가진 사람들의 일상을 원활하게 해주고 또한 [그들이] 더 자립할 수 있는 토대를 마련해 줄 유용한 기술 개발을 촉진하려는 목표를 가진다. 장기적으로, 이렇게 개발된 장치는 일상의 모든 활동에 적합하고 기능적인 것이 될 것이다(번역은 필자).

위 인용문에서 사이배슬론의 주요 목표는 세 가지로 요약된다. 첫째로 장애인, 의료계, 대학 연구소, 의료 기업 등과 같은 사이배슬론 주체들이 서로 소통할 수 있는 플랫폼을 구축하는 것, 둘째로 그 플랫폼에서 첨단 보충 기술의 개발을 촉진하는 것, 마지막으로 장애인의 자립적인 일상생활을 제공하는 것이다. 여기서 과학기술 자체가 목표들을 관통한다. 다음으로 강조된 것은 해당 과학기술 플랫폼의 정치경제학이고, 마지막이 장애인의 자립이다.

그런데 패럴림픽과 구별되는 사이배슬론의 특징을 확인하기 위해서 '장애인의 원활한 일상생활을 위한 자립'이라는 마지막 목표는 중요하다. 무엇보다도 일상생활이라는 표현은 엘리트주의 스포츠 경쟁에 만연한 신체 능력 자체의 고도화라는 강박에서 벗어난다. 사이배슬론은 그런 경쟁과는 다른 길을 간다. 그러면서도 사이배슬론 역시 무언가를 경쟁하는 대회이다. 그것은 신체 자체의 고도화된 능력을 경쟁하는 것이 아니라 보충 기술 자체의 고도화된 성능을 경쟁한다.

사이배슬론의 이런 특징은 '신체의 자연성'을 패럴림픽과 다른 방식으로 재현한다. 사이배슬론은 신체 손상(개념적으로는 절단, amputation)을 수용하고 그것의 보충을 긍정하는 것에서 출발한다. 이것만으로는 신체의 정상성을 추구하지 않는 것처럼 보인다. 또한 사이배슬론에서 이루어지는 기술적 보충은 손상된 신체의 구조와 외양보다는 그것의 기능과 능력으로 향한다. 물론 이것이 치타의 다리를 의족으로 사용하는 사례에서처럼 변형된 신체와 이종적인 횡단을 긍정하게 하는 주요 이유가 된다. 그리고 다시 그 기술적 보충은 '일상생활에서' 잡을 수 있는 기능, 일어설 수 있는 기능, 걷고 달릴 수 있는 기능을 구현한다. 마지막으로 사이배슬론에서는 이것들이 경쟁한다. 그래서 장애인은 신체가 손상되었어도 사물을 잡을 수 있고, 일어설 수 있고, 걷거나 달릴 수 있는 사람이 된다. 손상된 신체에 기계 장치를 매개로 인공적인 증강이 실현된다. 그러는 사이 이러한 증강을 위해 기계 장치가 다시 인간 신체의 자연성을 재현한다. 그리고 만일 신체가 손상된 사람들이 일상에서 더 자유로운 활동 기회를 누릴 수 있도록 더 첨단화된 기술을 경쟁한다면, 특이점에 도달하는 순간 손상된 신체의 자연성이 초월되어, 더 잘 잡고, 더 잘 일어서고, 더 잘 걷거나 달리는 신체가 등장하게 될 것이다. 이는 뒤에서 기계의 자율성과 관련해서 다시 언급하겠지만, 인간 신체의 자연성에는 환상적이지만 불안한 이미지이기도 하다. 어쨌든 사이배슬론은 보충 기술과 기계 들에 '인간 신체의 자연성'을 기입하고 이것을 다시 손상된 신체에 투사한다.

그런데 장애의 여타 의료 모델과 마찬가지로 사이배슬론에서도 결핍을 해소하고 더 나은 삶의 이미지를 실현한다는 보충 기술의 정치를 지지해 주는 현실 논리는 재활 의학의 지식이다(Riener, 2016: 2). 사이배슬론의 기술적 보충은 '재활'로 상징되는 치료와 회복을 재현한다. 재활 의학은 신경계 손상, 근골격계 손상, 그리고 암 등 기타 질병에 의한 신체 손상을 지닌 사람을 치료하고 교정하려는 여러 분야의 전문가들에 의해 구축된 의과학 지식과 기술 영역이다. 그것은 환자의 기능적 상태를 개선하려는 목표로 행해지는 전문 의료 행위를 포함한다. 전문적인 재활은 치료를 기반으로 하며, 나아가 응용 형태로 일상화된다(Caplan, Callahan, and Haas, 1987: 3; 그리처·알루크, 2019: 196; Weiss, Weiss, and Pobre, 2010: 6). 사이배슬론에서의 보충 기술이 수용하는 재활 역시 치료와 일상생활이다. 그리고 이 후자가 사이배슬론의 세 번째 목표와 부합한다. 보충 기술을 경쟁하는 사이배슬론에서 신체 손상은 일상생활의 불편을 극복하기 위한 기술을 개발을 위해서는 긍정되지만, 재활 의학의 지식에 따라서는 치료와 회복을 위해 다른 한편으로 부정되는 것이다. 그래서 결국 사이배슬론에서는 재활되어야 할 온전한 인간 신체의 이미지가 손상된 신체의 기능과 능력을 보충한 기술들로 내재화된다. 구체적으로 보면, 사이배슬론에서 인간 신체의 자연성을 재현하는 보충 기술은 손상된 신체의 기능을 먼저 재현하고 다시 이것을 첨단 기술과 장치 들로 재현한다. 그리고 손상된 신체의 기능은 과학기술의 유능함, 즉 기계의 고도화로 보충되고 증강된다. 결국 이를 통해 마음대로 움직일 수 있는 신체의 자율성이 가시화된다. 그런데 여기서 독특한 것은 이러한 자율성이 신체를 소유하고 있는 인간이 자기 소유물을 자유롭게 처분할 수 있는 능력과 권리를 보장받는 것처럼 재사유된다는 점과, 궁극적으로는 다시금 이 능력과 권리가 신체의 기능을 대리하는 보충 기계들로 투사된다는 점이다. 그래서 마침내 이 보충 기계들은 매우 잘 제어되거나, 통제되거나, 지배되어야 하는 것으로 그 존재가 규정된다. 신체의 자율성을 지지하는 이러한 독특한 내재화에 대해서는 아래 절에서 '파일럿'이라는 개념과 함께 다시 논의할 것이다. 어쨌든 잘 알려진 것처럼 자율적으로 기능하는 신체 특성은 신체 손상을 장애로 규정하는 능력주의의 근거 중 하나이다.

그러므로 재활 의학 지식을 배경으로 삼는 사이배슬론에서 신체 기능의 이런 자율성은 생명 의료 윤리의 자율성, 즉 환자에게서 의사 결정의 자유와 권리가 근거하고 있는 근대적 인간상을 반복하고 있는 것처럼 보인다. 다시 말해서 사이배슬론에서 긍정되고 부정된 신체 손상의 이중성은 기술적으로 보충되는데, 그 보충 기술은 인간 신체 기능의 자연성 내지는 원본성을 지향하면서 그것을 기능적으로 고도화한다. 그래서 손상된 신체의 보충은 고도화된 기계에 적극적으로 의존하게 된다. 그러나 사이배슬론은 인간의 자율성과 그것에 의존하는 신체의 자율성에 근거해서, 보충 기계를 하나의 도구처럼 작동시킬 수 있는 능력과 권리가 누구에게 있는지를 되묻는다. 즉, 보충 기계의 주인이 누구인지를 분명하게 확인한다. 결국 사이배슬론은 보충 기술로 변형된 인간에게서 인간적 자율성을 정당화하고 있는데, 이러한 자율성이 가시화될 때마다 인간과 보충 기계 사이의 상호 의존적 관계는 은폐된다. 이것은 하나의 딜레마이다.

이제 아래에서는 재활 의학을 포함한 생명 의료 윤리의 자율성을 설명하고 사이배슬론에서 그것에 포획된 신체의 자율성 문제를 해명한다. 이를 통해서 자기 생명에 대한 의사 결정 능력과 권리가 사이배슬론에서는 보충 기술에 대한 지배 능력과 권리로 재구성되고 있음을 밝힌다.

4. 재활 담론에서의 자율성

재활은 라틴어 어원 '레하비타레(rehabitare)'에 따라 '원래대로의 복구'를 뜻하며, 의료에서 그것은 치료를 통해 건강한 신체로 복귀하는 것, 즉 회복을 위한 의과학기술의 적용이다. 재활 의료의 목표는 환자 개인에 대한 치료, 회복, 자립이다. 그리고 여기서 자립은 궁극적으로 의료의 도움 없이 '스스로 활동함'을 뜻한다. 이것이 사이배슬론이 추구하는 '장애인의 자립적인 일상생활'이라는 목표의 중요한 배경이다. 특히 사이배슬론에서 '자립'은 타인의 도움 없는 신체 동작의 능숙함, 즉 신체를 마음대로 움직일 수 있는 자유처럼 해석된다. 그런데 이러한 신체(기능, 동작)의 자유에 대한 정당화는 재활 의학이 추구하는 생명 의료 윤리에서의 자율성을 배경으로 한다(Blackmer, 2000: 51).

흔히 의료 윤리의 현실에서 환자의 자율성은 치료 과정에서 의사가 환자의 동의(consent)를 구하는 것과 관련되는데, 동의를 통해서 환자의 자율적 선택을 보장하는 권리이다. 그것은 누구에게 어떤 치료를 받을지 말지를 결정하는 의사 결정권이다. 윤리학자 톰 비첨(Tom L. Beauchamp)과 제임스 칠드리스(James F. Childress)는 생명 의료 윤리의 핵심 원리 중 하나로 자율성을 손에 꼽는다. 그리고 그 자율성에 자발성(voluntariness)이라는 개념을 덧붙인다. 자발성은 환자가 자신에게 주어진 정보를 이해하고 자발적으로 의사를 결정할 수 있는지 없는지의 문제를 결정한다. 그래서 자발성의 정도는 의료 전문가가 자신의 환자에 대해서 의사 결정에 지배적으로 개입할 수 있는 여지를 만들어준다(비첨·칠드리스, 2017: 237). 또한 이러한 자율성은 연명 치료의 거부나 존엄사, 비자발적인 입원, 혹은 의사와 가족의 온정주의적인 간섭 같은 의료 갈등을 해소하는 현실적 기준으로 받아들여지기도 한다. 윤리적으로든 법적으로든 의료 현장에서 문제가 발생할 수 있다는 것은, 자율성이 매우 논쟁적인 개념이라는 사실을 말해준다.

그런데 조금 더 자세히 들여다보면, 이러한 자율성 개념은 치료와 관련해서 환자가 보장받아야 할 의사 결정의 자유로 설명되고 있는데, 여기서 이러한 자유를 근거 짓는 것이 다름 아니라 이성 능력이다. 그리고 그런 능력에 따른 삶을 무한히 긍정하는 것이 근대적 인간상의 핵심이다. 원래 고대 그리스 말 '아우토스'(autos, 즉 자기)와 '노모스'(nomos, 즉 지배, 통치, 법)에서 유래한 자율성은 독립적인 도시 국가의 자기 지배 또는 자기 통치를 의미하다가, 근대 이후로 개인을 규정하는 중요 개념이 되었다(비첨·칠드리스, 2017: 178). 그것은 이성적 존재로서 독립된 주체를 규정하는 근대 인간상과 한 몸이 되었다.

근대인 존 스튜어트 밀(John Stuart Mill)의 입장에서는 개인의 자유로운 선택을 존중하는 것이야말로 자율성을 존중하는 것이다. 그래서 한 개인이 자신의 충분한 지식에 따라, 타인에게 해를 주지 않는 한에서, 행위를 판단하고 결정한다면, 이는 그 개인의 자율성이 존중되는 것이다(밀, 2005: 35). 그리고 또 다른 근대인 이마누엘 칸트(Immanuel Kant)는 자신의 도덕 철학에서 자율성을 근대적 인간상의 핵심으로 규정한다. 그는 인과성에 따르는 자연법칙의 세계와 그것에서 초월해 있는 세계를 구별한다. 초월 세계는 '물자체(Ding an sich)'의 세계로서 자연법칙과 유비적인 관계에 있는 법칙을 원리로 한다. 칸트는 인과성에서 벗어나 스스로 판단하고 행위할 수 있는 인간성, 즉 자기 입법성 내지는 자기에게 스스로 규칙을 부여하는 자율적 의지에서 그 법칙을 추론한다. 그래서 그는 이 법칙이 "순수이성의 사실로서 주어져 있고, 우리는 그것을 선험적으로 인식하며 절대적으로 확신한다"(KpV, A 81)

고 말한다(칸트, 2002: 115). 이것이 도덕적 판단의 준거가 된다. 그는 또한 "네 의지의 준칙이 항상 동시에 보편적인 입법의 원칙으로서 타당할 수 있도록 행위"(KpV, A 54)하는 인격이야말로 자연적인 욕구에서 벗어나 자기 자신에게 행위 법칙을 부여하는 자율의 힘에 따라 행위하기에, 이러한 인간성을 존엄하다고 여겼다(KpV, A 155~156; 칸트, 2002: 91, 171~172). 결국 근대인들의 사고로부터 공리주의와 이성주의는 판단과 행위를 결정할 자유의 근거로 이성적인 능력을 전제한다.

그런 점에서 비첨과 칠드리스가 제시한 생명 의료 윤리에서의 자율성은 마치 근대성의 산물인 개인, 특히 그/그녀의 의사 결정 능력에 근거한 권리처럼 보인다. 그리고 그들의 정교하게 체계화된 생명 의료 윤리에서 말하는 환자와 장애인의 자율성은 타인의 통제와 개입에서 벗어난, 그리고 제대로 된 선택을 가로막는 허위 정보에서 벗어난, 자기 지배와 자기 규율이라는 의미를 지닌다.

더 나아가 그들은 물질적으로 타인에게 통제되거나, 자기 욕구와 계획에 따라 행동할 능력이 없는 사람을 자율성이 없는 사람이라고 지적하면서, 거의 모든 자율성 이론이 자유(통제 영향에서의 독립)와 행위 능력(agency: 의지적인 행동 역량)이라는 두 가지 필요조건을 전제한다고 주장한다(비첨·칠드리스, 2017: 178). 이러한 윤리적 관점에 따른다면, 환자/장애인의 자율성을 보장한다는 것은 그/그녀 개인에게서 이성적으로 판단할 수 있는 능력을 필요조건으로 해서 자기의 능력을 발휘하게 하는 것, 즉 '할 수 있음'을 보장해 주는 것이다. 이와 반대로 통제되지 않는 판단이나 속박된 행위 등은 타율성을 특징 지으며, 자율성의 결손이나 그것을 위협하는 대립 항으로 제시된다. 타율성은 타자에 대한 상호 의존을 마치 하나의 종속으로 보게 만들며 나아가 자율적인 인간상에 의해 마땅히 그리고 온전히 부정되어야 할 것으로 여겨진다.

5. 사이배슬론에서 기계로 보충된 신체의 자율성

근대적인 인간주의에서 자율성은 이성적인 개인의 판단과 행위의 토대이다. 생명 의료 윤리에서도 신체 손상의 양상과 정도에 따라 가변적일지라도 환자나 장애인에게서 역시 그들의 판단과 행위의 토대이다. 다만 가변성에 대처하는 장치로 자발성 개념이 제시된다. 이것과 더불어 윤리적 관점 전반을 관통하면서 강조된 것이 바로 능력 개념, 즉 판단할 수 있음, 행위할 수 있음이다. 그리고 여지없이, 이 능력주의는 '할 수 없음', 즉 '장애'를 자기의 대립 항으로 만든다.

그런데 앞서 논의했듯이, 사이배슬론은 이와 반대로 개인 신체의 '할 수 없음'을 긍정하고 거기서 시작한다. 사이배슬론 대회는 참가자의 신체 손상과 그것을 보조하려는 기술(보충 기계)에 의존하는 상황(타율성)을 긍정한다. 그러면서도 다른 한편에서는 장애인의 자립이라는 목표를 위해 특히 '마음대로 움직일 수 있는 신체 기능의 자율성'을 강조한다. 이 자율성에서는 특별한 정체성 정치가 작동하는데, 신체가 손상된 사람이 스스로 의사 결정을 할 수 있다는 것을 뜻하면서 동시에 그 능력은 자기 신체로, 그리고 마침내는 손상된 신체를 보충하는 기술과 장치로 투사되기 때문이다. 이것이 사이배슬론에서 경기에 참여한 장애인을 '파일럿'이라고 부르는 가장 중요한 배경이다(Riener, 2016: 2). 그래서 신체가 손상된 참가자들을 사이배슬론 대회가 '파일럿'이라고 호명할 때마다, 그들의 원리적인 자율성은 현실적인 타율성과 충돌한다.

그렇지만 사이배슬론이 '파일럿'이라는 말을 사용한 것은 그 말의 의미를 매우 잘 간파한 것 같다. 이는 사이버네틱스의 그리스 어원이 지시하는 뜻, 즉 뛰어난 조타수 혹은 통치자라는 '퀴베르네테스(kybernetes)'의 의미를 '파일럿'이라는 말이 잘 반영하고 있기 때문이다. 따라서 신체가 손상된 사람들은 보충 기계를 잘 조종함으로써 자기 신체의 기능과 능력의 주인이자 또한 도구로 사용된 기계의 주인으로서 자율성을 실현하는 것으로 여겨진다. 이로써 사이배슬론은 신체가 손상된 인간의 기계 타자에 대한 제어라는 권력관계를 매끈하게 실현한다.[6]

이와 관련해서 사이배슬론에서 나타나는 자율성 쟁점을 논한 강미량 등의 글은 주목할 만하다. 이들은 사이배슬론에서 특히 장애인의 보행을 보충하는 외골격 로봇에 주목하고, 여기서 이 기계를 착용한 장애인의 자율성을 '기계적 자율성', '신체적 자율성', '사회적 자율성'으로 구분해서 분석한다(강미량·신희선·전치형, 2021: 108). '기계적 자율성'은 자율적으로 판단하고 행동하는 기계의 특성을 의미한다. 또한 소위 자율적 기계 내지는 기계의 자율성 쟁점을 포괄한다. 이러한 기계적 자율성은 보행하는 장애인을 기계가 지배하게 되는 것과 같은 부정적 영향을 줄 수 있다는 견해에 따라 비판된다. 그리고 로봇과학기술의 초기에 매우 중요했던 기계역학의 자유도(DOF: Degree of Freedom)와 비교되는 자율도(degrees of autonomy)에 따라 로봇의 자율성이 더 강력히 제어될 수 있어야 한다는 주장을 지지한다. '신체적 자율성'은 신체가 손상된 인간에게서 움직일 수 있는 능력, 인간의 자기 운동성이다. 그것은 "마비된 몸이 직립하고 관절과 근육을 움직일 수 있게 되면서 획득하는 자율성"으로(강미량·신희선·전치형, 2021: 114), 마음대로 신체를 제어할 수 있는 능력을 뜻한다. 이들의 논의에서는 보행이 신체 자체의 의학적 손상 문제가 아니라 사회적일 수 있다는 점이 강조된다. 마지막으로 '사회적 자율성'은 도움이 필요한 생활에서 벗어나 독립적인 생활로 옮겨가는 것, 즉 자립을 의미한다. 이들의 논의에 따르면 장애인이 사회적으로 의존적인 것은, 다시 말해서 "장애인이 타인에 의존하는 것은 알맞은 기술이 없어서가 아니

---

6   그러나 사실상 사이버네틱스는 단순히 인간이 기계를 잘 조종할 수 있다는 의미로 끝나지 않는다. 이는 무엇보다도 사이배슬론의 기술들이 피드백의 순환을 통해 인간 주체와 기계 타자 사이에서 발생하는 '제2질서' 내지는 어떤 혼종 효과를 실현하고 있기 때문이다.

라 장애인이 타인에게 의존할 수밖에 없도록 사회가 구성됐기 때문"이다(강미량·신희선·전치형, 2021: 116). 그러나 아래에서 다시 언급하겠지만, 이러한 의존성은 신체 손상이라는 사실에 따른 것이며 부정되기 어려운 것이기도 하다. 그리고 이들은 궁극적으로 이 세 가지 자율성이 각각 별도로 옹호되어야 할 것이 아니라, '장애, 기술, 환경의 상호 구성'이라는 구성된 자율성 개념이 중요하다는 점을 지적한다. 나아가 이를 통해 재활 치료 현장과 일상생활에 개입하는 다양한 주체들과 그들 사이의 관계를 긍정하면서 장애인에게서 보충 기술의 현실성을 설명한다.

이러한 강미량 등의 논의에서는 매우 중요한 논거로 사이버네틱스가 짧게 언급된다. 즉, 사이버네틱스가 인간과 기계 사이의 관계에 대한 이론이라는 점이 지적되는데, 이것은 사이버네틱스의 영토에 사는 장애인, 즉 여기서는 외골격 로봇을 착용하고 경기에 나간 장애인을 통해서 개체/개인이 아니라 사이배슬론과 같은 사건에 연루된 주체들의 관계가 중요하다는 사실을 보여준다. 그리고 또한 행위자 연결망 이론에 따른다 해도 이는 충분히 가능한 논의로 보인다.

강미량 등의 논의에서 긍정적인 점은 기계와 인간의 불가피한 접속이 '장애'라는 이질성과 차별의 영토에서 설명되고, 재활과 의료 산업 현장에서 저항 없이 수용할 수 있는 논점들도 제안되고 있다는 것이다. 또한 이들의 논의에서는 장애가 개인의 신체 문제로 환원되지 않고, 관계의 문제로 설명되고 있는데, 비록 모호하기는 하지만, 이를 통해서 우리는 장애를 신체적인 문제이면서 동시에 사회적인 문제이자, 기술의 문제로 바라볼 수 있게 된다.

물론 이런 장점들에도 불구하고, 몇 가지 비판적 논점들이 있다. 무엇보다도 논의에서는 비록 이들이 장애 담론 바깥에서 논의를 전개하려고 하지만, 사실상 신체가 어떻게 사회적인가의 문제를 해명하기 위해 소위 장애의 의료적 모델과 사회적 모델을 동시에 제시하고 있으며, 그 장애 모델들이 이분된 채로 남아 있는 듯 보인다. 요컨대 손상된 신체를 보충하는 기술들이 매우 잘 설명되고 있는 것에 반해서, 손상된 신체와 그 보충 기계가 구체적으로 어떻게 사회적인지가 모호하게 남아 있는 것은 아쉽다. 손상된 신체의 실재가 부정될 수 없고, 이를 토대로 이것이 어떻게 사회적인 것, 혹은 언어적인 것, 기술적인 것과 얽히는지에 대한 보완이 필요해 보인다.

다른 한편 장애와 그 보충 기술을 설명하기 위한 핵심적인 가치로 자율성 개념만을 가져가는 것의 부담이 있을 수 있다. 무엇보다도 신체가 손상된 사람과 그 보충 기술의 존재론적 특징은 타자에 대한 그 신체의 불가피한 의존성이다. 자율성의 관점에서 바라본다면 이것은 분명히 타율성에 불과한 것일지 모른다. 하지만 위에서 논의한 것처럼 사이배슬론에서는 장애인의 옹호되어야 할 자율성과 현실의 불가피한 타율성 사이에 팽팽한 긴장이 은폐되어 있다. 아래에서는 신체 변형, 상호 의존성, 개체화 등의 개념들, 관계 존재론, 포스트휴먼에 관한 사고 등을 통해 이런 비판적 논점들을 해명해 본다.

6. 손상된 신체와 변형된 신체

잘 알려진 바대로 지난 수십 년간 장애 담론은 의료 모델과 사회 모델(혹은 사회구성주의)로 양분되어 전개되었다. 그리고 최근 이에 대한 비판적 논의들이 등장하고 있다(스미스, 2020: 37; 김도현, 2020: 204). 의료 모델은 장애를 개인의 손상된 신체에 대한 치료, 회복, 재활의 대상으로 본다. 손상된 신체의 구조, 기능, 능력이 의과학 지식이 제시하는 기준에 부합하는 정도에 따라 장애의 여부와 정도가 결정된다. 이로 인해서 장애는 그 지식이 부여하는 정상성이나 표준에 따라 사회적인 열등이나 차별로 범주화될 수 있는 위험이 있다. 마이클 올리버(Michael Oliver)가 '장애의 개인적 비극(personal tragedy of disability)'을 불러온다고 비판했던 이러한 장애 담론은 손상된 신체의 책임을 사회가 아니라 개인에게만 전가하는 방식으로 '할 수 없음'을 장애인 개인과 사회에 내재화한다(Oliver and Barnes, 2012: 53). 그것은 신체가 손상될 때 발생하는 물질적인 손해와 사회적 차별을 개인주의와 재활 의학의 이데올로기에 연결하는 것이다(Barnes, 2005: 75).

이러한 비판에 따라 장애의 사회 모델은 질병과 사고가 신체적 손상을 일으키지만, 장애를 만드는 것은 손상된 신체가 아니라 사회라고 주장한다. 근본적으로 이 입장은 손상과 장애의 분리를 전제로 한다. 요컨대 손상은 의과학 지식이 규정하는 신체의 이상을 말하지만, 그것이 장애로 이어질지 아닐지는 미결정이다. 반면 장애는 신체가 손상된 사람에게 부과되는 다양한 사회적·경제적·정치적 규정과 제약을 말한다(스미스, 2020: 45). 신체가 손상된 사람은 경제적·사회적·정치적으로 주변화됨으로써 장애화(disablization)되는 것이다. 예를 들어 사회는 자본주의 노동 시스템의 요구에 부응하지 못하는 신체를 배제하고 평가 절하하며, 도시 계획마저도 비장애인의 필요와 능력을 우선시함으로써 장애인의 이동성을 제한하는 방향으로 설계된다(Imrie and Wells, 1993: 224). 따라서 장애는 노동 시스템의 문제이고, 도시 계획의 문제인 하나의 사회적 구성물이다. 이에 따라 장애의 사회 모델은 장애 인권 운동에 중요한 배경이 되었다.

그러나 톰 셰익스피어(Tom Shakespeare)에 따르면, 손상과 구분된 장애가 사회적 변화를 통해 제거될 수 있다는 주장은 장애인에게서 신체 손상의 역할을 위축시키는 결과를 낳는다(셰익스피어, 2020: 94). 즉, 사회 모델은 장애를 사회적 구성물로만 여기기 때문에, '장애-없는-세상(barrier-free world)'이나 유니버설 디자인과 같은 이상적 사회 제도를 통해 장애가 극복될 수 있다고 주장한다는 것이다. 그러나 신체 손상은 단지 허상이나 말뿐인 것이 아니며, 신체가 손상된 사람에 대한 사회적 차별은 바로 이 손상에 부착된 불이익의 잔재가 만드는 것이다.

또한 이러한 이상적인 제도들과 마찬가지로, 손상된 신체를 보충하는 장치로 외골격 로봇을 사용함으로써 신체의 자연성이 훼손된 부분을 보충하려는 것은 신체가 손상되지 않은 사람이 자기 신체의 자연성을 하나의 한계로 보고서 로봇을 사용해서 그것을 넘어서려는 것과는 다르다. 이는 신체가 손상되지 않은 사람에게 그 기술은 충분조건이며 그것이 사용되지 않을 수도 있지만, 신체가 손상된 사람에게 보충 기술은 불가피한 것으로 받아들여지기 때문이다. 셰익스피어에 따르면 사회 모델은 "장애가 정상화될 수 있다"고 주장하지만, 오히려 양자는 평등하지 않다. 그는 이러한 비판을 통해 장애 담론의 세 번째 길을 모색한다. 그는 페미니즘에서 정치적 존재로서 장애인 개인, 푸코(Michel Foucault)에게서 장애의 의료 모델을 작동시키는 생명 정치, 포스트 구조주의로부터 장애인 정체성 정치의 해체, 물질과 담론의 복합체로서의 손상과 장애에 대한 논의를 이끌어낸다(셰익스피어, 2020: 105). 무엇보다도 신체가 손상된 사람들은 의사, 돌봄에 참여하는 사람 들, 보충 장치들, 환경 등과 관계를 맺는다. 그 과정에서 손상된 신체는 권력관계의 장치들에 따라 훈육되고 주체화된다. 또한 그 신체는 주변의 타자들과 상호 작용하는 과정에 참여하며 '변형된 존재'가 된다. 톰 셰익스피어의 주장에서 분명한 것은 신체가 손상된 사람들이 근대 인간과는 다른 새로운 인간에 대한 표상처럼 보인다는 점이다.

그런데 여기서 변형된 신체는 단지 물질적인 변형만을 의미하지 않는다. 신체가 손상된 어떤 사람이 장애라는 의미에 자신을 묶어놓을 때마다 장애는 그/그녀에게서 사회적으로 구성된다. 다시 말해서 그러한 신체의 특정한 양상이 항상 특정한 의과학 지식에 연결되고, 그러한 지식은 권력관계의 규범화된 절차를 통과하면서 그 개인에게서 장애를 사회적으로 생산한다. 결국 권력관계의 가시적이고 담론적인 장치들이 그 절차에 개입하고 손상된 신체의 양상은 '할 수 없음', 즉 장애라는 형식으로 사회에 내재화된다.

이미 푸코는 콜레주 드 프랑스에서 행한 한 강의에서, 주체화는 권력관계를 통과하면서 신체의 미시적인 양상들로 실현되고 익숙하고 순응적인 신체가 생산됨으로써 사회적으로 적합한 개인이 등장한다고 지적했다(푸코, 2014: 93~94). 그런데 그가 말하는 주체화란 다른 한편으로는 탈주체화의 과정이기도 하다. 그래서 신체에 대한 권력 장치들의 지속적인 개입은 사회적으로 적합한 신체들을 하나의 '장애'로서 생산하지만, 동시에 그 신체는 변형된 신체, 나아가 신체-횡단된(trans-corporeal) 존재로 재생산된다. 이러한 신체 변형의 정치는 도나 해러웨이(Donna Haraway)의 급진적인 개념들에서 잘 드러난다. 해러웨이의 사이보그는 신체 변형을 허구나 상상이 아니라 유기체와 기계 사이에서 이루어지는 실재로 정의한다(Haraway, 1990: 191). 나아가 변형된 신체에서는 인간과 동물, 유기체와 기계, 물리적인 것과 비물리적인 것 사이의 불안정이 정상/비정상, 주체/타자 사이의 경계를 무너뜨리면서 혼종을 생산한다(해러웨이, 2007: 412). 이러한 변형과 혼종은 존재의 가변성, 유동성, 비결정성을 긍정한다. 동시에 그것은 순수성과 정상성, 실체성에 저항한다. 따라서 손상된 신체를 변형된 신체로 탈주체화하는 것은 '할 수 없음'에 저항하면서, 또한 그 신체가 타자들과 상호 작용할 때 성취한 변형과 '다르게 함'을 긍정하는 것으로 볼 수 있다. 다시 말해서 '손상된 신체'는 '변형된 신체'로서 '할 수 없음의 정치'에 저항하고, '다르게 함의 정치'를 주장한다는 것을 말한다.

그러므로 여기서 우리는 손상된 신체와 기술적 보충을 하나의 변형된 신체로서 이해할 수 있는 지점에 이르게 된다. 그리고 이것으로부터 우리는 '사이배슬론의 부담', 즉 손상된 신체의 보충에서 자연적 신체의 완전함이나 비장애 중심주의가 내재화되어 나타난 '제어'의 부담에서 벗어날 수 있다. 앞선 논의에서처럼 사이배슬론은 장애인의 자율성, 특히 손상된 신체의 기술적 보충에 대한 인간적 제어와 장애인의 자율성을 동일 선상에서 사고한다. '파일럿'(보충 장치들을 뛰어나게 조종할 수 있는 조종사)이라는 용어는 자율성에 대한 전통적인 사고를 재현한다. 나아가 장애에 대한 효과적인 치료나 재활에 장애인의 안전이 문제시되면서, '파일럿'은 사이배슬론과 그것에 참여하는 행위자들의 네트워크 안에서 정당화되고, 현실성을 갖게 된다. 결국 '파일럿'은 신체가 손상된 사람의 자율성을 옹호하는 상징적인 '안전장치'가 되어버린다.

그러나 안전장치의 이러한 작동에는 어떤 내적 충돌 지점들이 있다. 보충 기술로 변형된 신체는 불가피하게 수용한 타자와의 관계(타율성)를 부정하지 못하는데, 무엇보다도 이 타율성은 결핍과 장애의 이미지로 훈육된 신체가 욕망하는 자율성 이데올로기와 충돌한다. 더군다나 이 자율성은 점차 가시화되고 있는 '기계의 자율성', 즉 자율적인 인지 능력을 지닌 지능적 기계들에 의해 위협을 받는다. 이는 보충 장치를 더 잘 조종할 수 있기 위해서 그 장치가 더욱 지능적인 것이 되고 또 신체 자체와 더 잘 접속(coupling)되어야 한다는 과학기술의 어떤 현실적 요청과 맞물려 있다. (물론 다가올 미래의 상황이긴 하지만) 바로 이 '기계의 자율성'이 신체가 손상된 사람을 더는 파일럿이라 부르기 어렵게 만들 수 있다. 이 요청이 신체가 손상된 사람의 자율성과 안전을 위해 포기될 수 있을지는 미지수이다.

결국 강미량 등의 글에서 언급되었던 것처럼, 최근 기술 동향에서 장애인의 안전을 위해 보충 기계의 자율성을 제약하는 기술적 통제가 필요하다는 주장은(강미량·신희선·전치형, 2021: 128) 가까운 미래에는 힘을 잃게 될 것으로 보인다. 그리고 그 주장은 어쩌면 "손상된 신체를 보충하는 기계는 안전상 더욱 지능적인 것이 되어서는 안 된다"라는 말처럼 모순적으로 들릴지 모른다. 이와 달리 손상된 신체와 보충 기계가 더 잘 협력할 수 있어야 한다고 주장하는 것이 오히려 '기계의 자율성'을 해석할 때 더 현실적으로 읽히는데, 이러한 해석은 비인간 기계와 신체가 손상된 사람 사이의 관계 존재론을 지지할 것이다.

7. 포스트휴먼의 장애

사이배슬론에서 '파일럿' 개념이 도달할 수밖에 없는 이상한 결론, 즉 '잘 조종될 수 없어야 한다'라는 것은 어쩌면 손상된 신체를 보충하는 기술을 단순히 '할 수 없음'을 보완할 도구 정도로만 이해한 데서 나온 주장일 수 있다. 플라톤이 말[馬]의 덕(arete), 칼의 덕을 언급했을 때, 도구의 덕이란 사용자를 가르치거나 영향을 주는 것이 아닌 그저 자기의 존재론적 상황, 즉 그 용도에 맞게 잘 쓸 수 있으면 된다는 뜻이었다. 도구가 지능적일 이유가 없었다. 이런 생각은 도구주의를 옹호해 왔다. 그러나 이와 달리 우리가 도구를 사용한다는 것은 그것에 경험적으로 익숙해진다는 것을 의미하고, 또한 우리가 그것에 적응한다는 것이고, 나아가 그것에 의해 변형된다는 것을 뜻한다(데리다, 2015: 240).[7] 그리고 이 변형은 상호 영향을 미치는 존재들의 관계를 사고하게 한다.

이것은 타자와의 상호 작용이 생산하는 어떤 존재의 생산적인 변형을 긍정하는 자기 생산(autopoiesis) 개념에 의해 옹호된다(이재준, 2020: 110). 프랜시스코 바렐라(Francisco Varela)와 움베르토 마투라나(Humberto Maturana)는 예를 들어 어떤 살아 운동하는 존재, 즉 세포와 그것이 상호 작용하는 환경을 동시에 주목한다. 이 동시성이 환경을 상대적인 것으로 만든다. 다시 말해서 환경은 또 다른 유기체이거나 여타의 비유기체 타자들일 것인데, 환경이 유기체 세포일 경우 그 세포는 자기의 환경인 다른 유기체의 환경이 될 것이다. 주체와 환경은 그저 상대적이다. 여기서 중요한 것은 개체로서 살아 있기 위해서는 타자와의 관계, 그리고 그것에 의한 개체 내적 변화가 필연적

---

7 인류학자 앙드레 르루와구랑(André Leroi-Gourhan)은 진화 과정에서 도구가 손에 기입된다는 것을 주장했는데, 훗날 데리다(Jacques Derrida)는 그를 인용하며 오히려 기록 기술 (technique de consignation)이 보편적 인간을 생산했다고 논한다.

이라는 사실이다. 요컨대 상호 작용에 의한 관계는 개체 상태의 전후를 다르게 변형시킨다. 살아 있는 개체는 자신을 유지하려 애쓰는 변형된/변형되는 개체이며, 그것의 세계는 타자와의 관계를 내포한 구성물이다(아감벤, 2010: 38).[8] 만일 이들의 주장을 신체가 손상된 사람과 보충 기계 사이의 관계에 적용한다면 양자는 하나의 개별 시스템으로서 어떤 방식으로든 서로에게 영향을 미치는 존재로 이해될 수 있을 것이다. 물론 신체 보충 기계는 단순한 의족이나 의수로부터 복잡한 시스템에 이르기까지 다양할 수 있다. 이러한 다양성이 상호 작용 양상에서 각기 다르다고 해도, 근본적으로 상호 영향에 의한 변형을 부정할 수는 없다.

그런데 바렐라·마투라나의 논의는 통찰력 넘치는 것이기는 하지만, 개체를 주체 혹은 자아로서 규정하려는 근대성의 강한 경향에서 벗어나지 못하는 약점이 있다. 이는 자기 생산하는 존재가 궁극적으로 자기 정체성을 근거로 해서만 존재하는 하나의 개체로 정의되기 때문이다. 당연히 그러한 개체는 타자에 대한 의존성을 최소화하고 항상 자신의 상태를 유지하는 시스템으로 여겨질 것이다(Maturana and Varela, 1980: 77). 이에 따를 경우, 신체가 손상된 사람은 항상 정체성의 원래 이미지, 적어도 신체의 자연성을 결핍한 사람, 즉 장애인이라는 정체성에서 벗어나지 못할 것이다.

질베르 시몽동(Gilbert Simondon)은 이들과 조금 다른 주장을 한다. 무엇보다도 그는 환경과 상호 작용하는 개체를 개체가 아니라 '개체화'로 설명한다(시몽동, 2017: 41). 개체 중심적 사유는 나눌 수 없는 것(the in-divided), 실체화된 어떤 개별자를 토대로 존재를 이해한다. 반면 개체화 이론은 개체화를 개체 이전의 문제로 보며, 개체는 개체화의 효과로 규정한다. 말하자면 타

---

8   이들의 생각은 생태학자인 폰 윅스퀼(Jakob von Uexküll)의 움벨트(Umwelt) 개념과 계보학을 이루는데, 조르조 아감벤(Giorgio Agamben)은 이러한 세계의 발생을 인간에게 적용해 '열림'이라고 말한다.

자와 상호 작용하는 개체는 개체화의 잠재성, 즉 다름이 실현된 존재이다. 개체는 개체화 없이는 존재하지 않는다. 따라서 개체는 항상 개체화하며, 그것은 그래서 변화와 생성 과정에 있다. 개체는 다른 개체들(환경)과 만나서로 영향을 미침으로써 새로운 존재로 개체화되는 것이다. 개체가 되는 것은 그것을 이루는 관계일 뿐이다(시몽동, 2017: 91). 개체화 이론에 따라 손상된 신체를 바라보면, 손상된 신체는 다른 신체들과 마찬가지로 어떤 방식으로든 타자와의 (비록 불행하기는 하지만) 상호 작용으로 나타난 변형된 신체로 해석될 것이다. 따라서 신체가 손상된 사람은 '할 수 없음'이라는 장애 정체성에 고착된 것이 아니라, 다른 타자와의 관계를 통해서 '다르게 행동하는' 개체로 이해된다. 나아가 주체화/탈주체화라고 부를 수 있을 만한 이 과정을 장애인과 보충 기계에 적용하면 양자의 상호 작용은 인간과 비인간의 관계, 그리고 그것의 결과인 혼종에 의해 생성된 새로운 인간으로 이해될 수 있다. 마투라나와 바렐라, 그리고 시몽동은 변형된 신체, 생성되는 인간, 주체화와 탈주체화의 관계 존재론에 대한 관점을 열어준다.

그리고 이것은 나이절 스리프트(Nigel Thrift)가 근대의 삶을 비판하면서 관계의 우연성을 '삶의 상황적 상호의존성(situated interdependence of life)'으로 해석한 것에 상응한다. 그에 따르면 결국 신체는 상호 의존성의 풍경(landscape)을 가로지른다(Thrift, 1996: 8~10). 같은 맥락에서 질 밸런타인(Gill Valentine)도 신체가 다양하게 관계 맺는 타자들, 그리고 신체들과 타자들이 상호 작용해서 생성하는 사회적 지리학(geographies)에 주목한다(밸런타인, 2014: 59). 신체는 그야말로 사회적 관계와 이해의 연결망 위에서 체화된 일순간이다. 그것은 경계가 분명하게 분리되어 개체로 존재하는 어떤 실체가 아니라, 관계적인 '것들(things)'이다. 신체는 다양한 사회관계의 복합성에 따라 구성되는 상호작용의 산물이다.

나아가 신체의 활동과 그것의 환경(타자) 사이의 관계에 대한 경험적 사실은 장애와 질병을 어느 정도 연장선에 논의할 수 있는 여지를 만들어준다.

패멀라 모스(Pamela Moss)와 이자벨 딕(Isabel Dyck)은 신체가 손상된 사람과 만성 질환을 앓고 있는 사람 모두가 물리적 환경에 대해 겪는 무기력한 신체 경험을 공유한다고 말한다(Moss and Dyck, 1996: 744; Dyck, 2002: 55S). 더욱이 이러한 경험적 사실은 건강과 질병, 그리고 장애와 비장애에 대한 의과학 지식의 범주들이 유동적이라는 것을 의미한다(Butler and Parr, 1999: 8). 손상된 신체에 대한 맥락적이고 유동적인 조건이 그러한 신체의 물질성을 사회적 구성으로 정당화하는 것이다.

그래서 댄 구들리(Dan Goodely) 등은 장애라는 기표가 사실상 근대적 인간 신체에 착종된 인간주의의 죽음을 알리는 문화적 인공물일 뿐이라고 말한다. 급진적인 사유의 흐름 속에서, 그들은 손상된 신체가 '할 수 있음'/'할 수 없음'의 이분적 프레임에서 벗어나야 한다고 주장하며, 자립과 자율성이라는 인간주의 가치에 의해 엄격하게 틀 지어지지 않는 삶의 방식이 긍정되어야 한다고 말한다(Goodley, Lawthom, and Cole, 2014: 349). 그들의 사고는 장애가 타자들과의 상호 의존적인 연결(interdependent connection)을 요구한다는 불가피함을 장애에 관한 포스트휴먼 이해와 연결시키고 있다. 물론 이러한 타자의 가족 구성에는 다른 인간들, 기술들, 비인간들, 의사소통 흐름들, 사람들, 사람 아닌(non-peopled) 네트워크 등이 포함될 것이다(Roets and Braidotti, 2012: 175).

결국 로지 브라이도티(Rosi Braidotti)가 주장하듯, 손상된 신체가 "몸을 가진 확장된 관계적 자아"로 변형될 때(브라이도티, 2015: 119), 사이배슬론에 참가한 '파일럿'은 타자인 비인간 기계를 유능하게 제어함으로써 자율적인 존재가 될 수 있다는 존재론적 부담에서 해방될 수 있다. 그리고 이렇게 될 때, 신체가 손상된 사람들은 비인간 기계와 상호 작용해서 기계-되기를 감행하는 관계적 존재가 되고, 또한 근대적 인간상에서 벗어날 수 있게 된다. 강미량 등이 논의한 자율 보행체로서 비인간 기계를 고려해 보면, '보행'이라는 사건은 궁극적으로 인간 신체와 불가피하게 연결된 기계의 관계성으로 이해될 수 있다. 거기서 손상은 장애가 아니라 변형으로 이해되고 이 변형은 오직 타자와의 상호 의존적 관계에서 설명된다. 이러한 상호 의존성은 개인주의적인 이성을 근거로 규정된 자율성의 윤리에 의해 억압되었던 인간이 방면될 때의 특성일 것이다. 나아가 이러한 해석과 더불어, 브뤼노 라투르(Bruno Latour)의 행위자 연결망 또한 손상된 신체에 접속한 외골격 로봇이 이루는 관계 존재론으로 이해될 수 있을 것이다. 이 행위자 연결망에서는 실체화된 존재가 아니라 가변적으로 생성되는 존재가 긍정될 것이다. 그러므로 이제 다양한 행위자들의 연결을 통해 구성된 장애인의 자율성보다는, 그 자율성이 은폐하고 억압했던 상호 의존성에 주목함으로써 우리는 신체가 손상된 사람과 그 보충 기계 들 사이의 또 다른 관계 존재론적 윤리를 조망할 수 있게 될 것이다.

8. '어려운 문제'

다소 급진적인 관점을 표명한 것일 수 있지만, 이상의 논의는 손상된 신체와 그 보충 기술을 신체 변형과 관계 존재론의 관점으로 설명하려 했다. 관계 존재론은 장애를 인간-인간의 사회적 구성물로 보려는 관점을 넘어 손상된 신체, 불가피하게 의존할 수밖에 없는 타자들, 특히 기계 장치와 같은 비인간들과의 관계를 이해할 수 있게 해준다. 그것은 근대적 인간상, 이성 능력의 소유자로서 판단과 행위에서 자율성을 옹호하려는 장애 담론의 관점들을 비판적으로 볼 수 있게 해준다.

그러나 무엇보다도 장애를 논한다는 것은 '어려운 문제'이다. 논의는 항상 차별에 내몰리고 신체가 손상된 것만으로도 혐오의 대상이 되는 사회적 소수자로 향하기 때문이다. 또한 '손상된 신체의 독특한 고통'을 경험하지 못한 사람에게 그 고통은 영원히 알려질 수 없는 어둠으로 남아 있기 때문이다. 다만 우리 앞에 있는 것은 손상으로 변형된 신체가 있다는 사실이며, 이 신체가 다양한 존재들과 연결되어 있다는 사실이다. 그리고 고통의 정동적인 영향은 그러한 손상의 실존을 우리가 알아볼 수 있게 충분히 자극한다.

참고문헌

강미량·신희선·전치형. 2021. 「자율보행체(自律步行體) 인간과 로봇이 함께 생성하고 분배하는 자율성에 대하여」. ≪과학기술학연구≫, 21권, 3호, 98~138쪽.

그리처(Glenn Gritzer)·알루크(Arnold Arluke). 2019. 『재활의 역사: 의료 노동분업의 정치경제학, 1890-1980』. 전인표 옮김. 서울: 그린비.

김도현. 2020. 『장애학의 도전』. 파주: 오월의 봄.

데리다, 자크(Jacques Derrida). 2015. 『그라마톨로지』. 김성도 옮김. 서울: 민음사.

밀, 존 스튜어트(John Stuart Mill). 2005. 『자유론』. 서병훈 옮김. 서울: 책세상.

밸런타인, 질(Gill Valentine). 2014. 『공간에 비친 사회, 사회를 읽는 공간』. 박경환 옮김. 파주: 한울.

브라이도티, 로지(Rosi Braidotti). 2015. 『포스트휴먼』. 이경란 옮김. 파주: 아카넷.

비첨(Tom Beauchamp)·칠드리스(James Childress). 2017. 『생명의료윤리의 원칙들』. 박찬구·최경석·김수정·인선호·조선우·추정완 옮김. 서울: 부크크.

셰익스피어, 톰(Tom Shakespeare). 2020. 『장애학의 쟁점』. 이지수 옮김. 서울: 학지사.

스미스, 스티븐(Steven Smith). 2020. 「사회정의와 장애」. 크리스트야나 크리스티안센 외. 『장애, 철학을 논하다』. 김도현 옮김. 서울: 그린비, 36~67쪽.

시몽동, 질베르(Gilbert Simondon). 2017. 『형태와 정보 개념에 비추어 본 개체화』. 황수영 옮김. 서울: 그린비.

이재준. 2019. 「과학기술 시각주의에서 비인간의 재현: 1970년대 미국과 일본의 로봇 연구를 중심으로」. ≪인문과학논총≫, 40권, 4호, 43~71쪽.

_____. 2020. 「행동하는 지능, 관계하는 기계 그리고 로봇」. ≪횡단인문학≫, 5호, 107~126쪽.

칸트, 임마누엘(Immanuel Kant). 2002. 『실천이성비판』. 백종현 옮김. 파주: 아카넷.

푸코, 미셸(Michel Foucault). 2014. 『정신의학의 권력: 콜레주 드 프랑스 강의 1973-74년』. 심세광·전혜리 옮김. 서울: 난장.

해러웨이, 도나(Donna Haraway). 2007. 「인종: 흡혈귀 문화의 일반 기증자들」. 『겸손한 목격자』. 민경숙 옮김. 서울: 갈무리, 409~494쪽.

≪경향신문≫. 2011.8.21. "피스토리우스 "내가 빠른 건 의족 아닌 훈련의 결과"".

≪조선일보≫. 2020.11.15. "로봇 옷 입으면 한국이 최강… '사이배슬론' 세계대회서 1-3위".

https://cybathlon.ethz.ch/en/cybathlon/disciplines(검색일: 2022.8.7).

https://www.paralympic.org/ipc/who-we-are(검색일: 2022.8.7).

Barnes, Colin. 2005. "The Social Model of Disability: A Sociological Phenomenon
Ignored by Sociologists?" in Tom Shakespeare(ed.). *Disability Reader: Social
Science Perspectives*. London·New York: Continuum, pp. 65~78.

Blackmer, Jeff. 2000. "Ethical Issues in Rehabilitation Medicine." *Scandinavian Journal
of Rehabilitation Medicine*, Vol. 3, No. 2, pp. 51~55.

Brittan, Ian. 2018. "Key Points in the History and Development of the Paralympic
Games." in Ian Brittain and Aaron Beacom(eds.). *The Palgrave Handbook of
Paralympic Studies*. London: Palgrave Macmillan, pp. 125~149.

Burkett, Brendan, Mike McNamee, and Wolfgang Potthast. 2011. "Shifting boundaries
in sports technology and disability: equal rights or unfair advantage in the case of
Oscar Pistorius?" *Disability & Society*, Vol. 26, No. 5, pp. 143~154.

Butler, Ruth and Hester Parr. 1999. "New geographies of illness, impairment and
disability." in Ruth Butler and Hester Parr(eds.), *Mind and Body Spaces: Geog-
raphies Of Illness, Impairment And Disability*. London: Taylor & Francis, pp.
1~23.

Caplan, Arthur L., Daniel Callahan, and Janet Haas. 1987. "Special Supplement: Ethical
& Policy Issues in Rehabilitation Medicine." *The Hastings Center Report*, Vol. 17,
No. 4, pp. 1~20.

Dyck, Isabel. 2002. "Beyond the clinic: Restructuring the environment in chronic illness
experience." *The Occupation, Participation and Health*, Vol. 22, pp. 52S~60S.

Goodley, Dan, Rebecca Lawthom, and Katherine Runswick Cole. 2014. "Posthuman
disability studies." *Subjectivity*, Vol. 7, Iss. 4, pp. 342~361.

Haraway, Donna. 1990. "A manifesto for cyborgs: Science, technology, and socialist
feminism in the 1980s." in Linda J. Nicholson(ed.). *Feminism/Postmodernism*.
New York: Routledge, pp. 190~233.

Imrie, Rob and Peter Wells. 1993. "Disablism, planning, and the built environment."

Environment and Planning C: Government and Policy, Vol. 11, pp. 213~231.

Maturana, Umberto and Francisco Varela. 1980. *Autopoiesis and Cognition: The Realization of the Living*. Boston: D. Reidel Pub. co.

Moss, Pamela and Isabel Dyck. 1996. "Inquiry into Environment and Body: women, work, and chronic illness." *Environment and Planning I, Society and Space*, Vol. 14, pp. 737~753.

Oliver, Michael and Colin Barnes. 2012. *The New Politics of Disablement*. London: Palgrave Macmillan.

Purdue, David and P. David Howe. 2011. "See the sport, not the disability: exploring the Paralympic paradox." *Qualitative Research in Sport, Exercise and Health*, Vol. 4, No. 2, pp. 189~205.

Riener, Robert. 2016. "The Cybathlon promotes the development of assistive technology for people with physical disabilities." *Journal of NeuroEngineering and Rehabilitation*, Vol. 13, No. 1, pp. 1~4.

Roets, Griets and Rosi Braidotti. 2012. "Nomadology and subjectivity: Deleuze, Guattari and critical disability studies." in Dan Goodley, Bill Hughes and Lennard Davis (eds.). *Disability and Social Theory. New Developments and Directions*. London: Palgrave Macmillan, pp. 161~178.

Thrift, Nigel. 1996. *Spatial Formations*. London: Sage Publication.

Weiss, Lyn, Jay Weiss, and Thomas Pobre. 2010. *Oxford American handbook of physical medicine & rehabilitation*. New York: Oxford University Press.

지은이(가나다순)

강미영

숙명여자대학교 인문학연구소 HK교수. 영문학 전공으로 성, 인종, 연령, 장애로 인한 소수자성에 관심을 가지고 연구하고 있다. 대표 업적으로는 「노인혐오의 인문학적 분석과 대응」(2022), 「혐오와 문학」(2022), 「장애혐오와 미디어」(2022)가 있다.

공병혜

조선대학교 의과대학 간호학과 교수. 독일에서 칸트 미학을 전공했으며 주요 연구 분야는 돌봄의 철학, 의철학, 간호 윤리, 생명 의료 윤리, 응용 현상학 등이다. 대표 저서는 『돌봄의 철학과 미학적 실천』, 『탄생철학과 생명윤리』, 『칸트-판단력 비판』, 『간호윤리』, 『AI 시대, 행복해질 공기』(공저), 『생명윤리』(공저), 『칸트와 윤리학』(공저), 『칸트와 미학』(공저), 『생명, 인간의 경계를 묻다』(공저) 등이 있고, 역서로는 『가다머 고통에 대해 말하다』, 『탄생철학: 죽음의 철학을 넘어서』, 『돌봄과 치유의 철학』, 『미학입문』, 『쉽게 읽는 쇼펜하우어: 의지와 표상으로서의 세계』 등이 있다.

구자연

서울대학교 법학과를 졸업한 뒤 서울대학교 국어국문학과에서 석사 학위를 취득하고 박사 과정을 수료했다. 「채만식 소설에 나타난 근대여성주체와 모성의 문제」라는 주제로 석사 학위 논문을 썼고, 주요 논문으로 「1930년대 소설에 나타난 유모(乳母)의 재현 양상」(2021), 「강경애 소설 속 질병·장애의 재현과 방언 발화의 의미」(2022), 「반사경으로 역사 쓰기: 최정희 장편소설 『그와 그들의 연인(1956)』과 『인간사(1964)』를 중심으로」(2022) 등이 있다. 여성의 몸과 관련된 쟁점들에 주목하면서 한국 문학을 연구하고 있으며, 생태주의 문학 연구 및 문학 법리학적 연구 역시 이어나가려 한다.

박승억

숙명여자대학교 기초교양학부 교수. 현상학 및 학문 이론 전공. 현상학적 방법론과 사회적 갈등 양상에 대해 연구하고 있다. 대표 업적은 「혐오의 이중성에 대한 현상학적 분석」(2021), 「다양성 사회의 갈등 양상에 관한 현상학적 성찰」(2019), 『가치 전쟁』(2020) 등이 있다.

박지선

숙명여자대학교 사회심리학과 교수. 범죄 심리 전공으로 살인, 성범죄, 데이트 폭력, 아동 학대 등 범죄에 영향을 미치는 심리사회적 요인과, 범죄 사건을 바라보는 사람들의 시선과 혐오에 관한 심리학적 기제에 관한 연구를 해오고 있다. 대표 업적으로는 「범죄심리학」(2019), 『지선씨네마인드』(2022) 등이 있다.

예지숙

숙명여자대학교 인문학연구소 HK연구교수. 한국 근현대사 전공으로 18세기 후반에서 20세기 한국사에 나타난 구휼과 사회 복지에 관심을 두고 연구하고 있다. 대표 업적으로 「일제시기 행려병인 제도의 형성과 전개」(2021), 「일제시기 사회사업 외곽단체의 설립과 활동」(2021) 등이 있다.

유수정

숙명여자대학교 인문학연구소 HK연구교수. 일본 근현대 문학, 만주국 문학, 식민지 문학을 연구해 왔으며, 최근에는 문학 속 신체 담론으로 관심을 넓혀 노인·질병·장애와 혐오의 문제를 중심으로 연구하고 있다. 주요 저서로 『일본대중문화의 이해』(공저, 2015), 『근대 동아시아 담론의 역설과 굴절』(공저, 2011) 등이 있고, 주요 논문으로 「'공해의 원점'에서 보는 질병 혐오」(2022), 「초고령사회 SF적 상상력의 구현: 애니메이션 〈노인Z〉에서 보는 노인과 개호로봇」(2021), 「푸른 눈의 '일본인': 기타무라 겐지로의 아동문학 『솔베이지의 노래』에 나타난 만주 귀환 서사」(2018) 등이 있으며, 역서로는 『만주국 속의 동아시아 문학』(공역, 2018), 『〈식민지〉 일본어문학론』(공역, 2010) 등이 있다.

이재준

숙명여자대학교 인문학연구소 HK조교수. 철학과 미학 전공으로 포스트휴머니즘과 신유물론의 시각에서 인간과 비인간의 존재론적 관계성, 다양한 몸들에서 정신-물질적 혼종, 과학기술적 대상들의 미학-정치적 배치 등에 관해 연구해 왔다. 인간으로부터 비인간에 이르는 혐오의 양상, 혐오 정동의 물질적-기계적 표출을 설명하는 데 관심을 기울이고 있다. 대표 업적으로는 「혐오의 정동」(2021), 「단단한 생명 혹은 흐르는 물질」(2021), 「과학기술 시각주의에서 비인간의 재현」(2019)이 있다.

이지형

숙명여자대학교 일본학과 교수. 일본 근현대 문학 전공으로 질병, 장애, 성적 지향, 노화 등에 기인한 차별 및 혐오와 마이너리티 간 공감과 연대 문제에 관심을 가지고 연구하고 있다. 대표 업적으로는 「일본 현대소설의 소수자성과 혐오: 노인과 LGBT」(2021), 『과잉과 결핍의 신체: 일본문학 속 젠더, 한센병, 그로테스크』(2019), 『일본 전후문학과 마이너리티문학의 단층』(공저, 2018)이 있다.

이행미

숙명여자대학교 인문학연구소 HK연구교수. 한국 근현대 소설 전공으로, 한국 문학에 나타난 가족 및 가족법, 문학에 나타난 소수자 재현과 윤리 등에 관심을 두고 연구하고 있다. 대표 업적으로는 「『무정』에 나타난 근대법과 '정(情)'의 의미: 총독부 통치체제와 이광수의 법의식의 길항을 중심으로」(2018), 「전혜린의 젠더의식과 실천적 글쓰기」(2019), 「코로나 이후의 소설과 혐오의 임계」(2020)가 있다.

정현규

숙명여자대학교 독일언어문화학과 교수. 독일 근현대 문학과 영화에 관심을 가지고 연구하고 있으며, 최근에는 다양한 경계에서 벌어지는 경계 현상을 고찰하고 있다. 대표 업적으로는 『소년 퇴를레스의 혼란』(2021), 『릴케의 이집트 여행』(2015), 『젊은 베르터의 고통』(2010) 등의 역서가 있으며, 「난민의 공간과 비장소: 안나 제거스의 『통과비자』를 중심으로」(2021), 「세기말의 인간학과 이종(異種)들: 프랑크 베데킨트의 '룰루-비극'과 프리츠 랑의 〈메트로폴리스〉에 나타난 동물성과 기계성」(2020) 등의 대표 논문이 있다.

하홍규

숙명여자대학교 인문학연구소 HK연구교수. 사회이론과 종교사회학이 주 전공 분야이며, 현재 문화사회학, 감정사회학을 바탕으로 혐오 연구에 전념하고 있다. 주요 저서로 『피터 버거』(2019), 『감정의 세계, 정치』(공저, 2018), 『공간에 대한 사회인문학적 이해』(공저, 2017), 『현대사회학 이론: 패러다임적 구도와 전환』(공저, 2013) 등이 있으며, 주요 논문으로 「냄새와 혐오」(2021), 「탈사회적 사회의 종교: 자기만의 신, 신으로서의 개인」(2021), 「종교 갈등과 감정 정치」(2021) 등이 있다. 주요 역서로 『혐오의 해부』(2022), 『사회과학의 방법론: 사회적 설명의 다양성』(2021), 『종교와 테러리즘』(2020), 『모바일 장의 발자취』(2019), 『실재의 사회적 구성』(2014)이 있다.

한울아카데미 2422
숙명여자대학교 인문학연구소 HK + 사업단 학술연구총서 07

상처 입은 몸
노인, 질병, 장애와 혐오 담론들

ⓒ 이지형·강미영·유수정, 2023

기　획 ｜ 이지형·강미영·유수정
지은이 ｜ 강미영·공병혜·구자연·박승억·박지선·예지숙·
　　　　　유수정·이재준·이지형·이행미·정현규·하홍규
펴낸이 ｜ 김종수
펴낸곳 ｜ 한울엠플러스(주)
편집책임 ｜ 조인순
편　집 ｜ 김우영

초판 1쇄 인쇄 ｜ 2023년 3월 10일
초판 1쇄 발행 ｜ 2023년 3월 31일

주소 ｜ 10881 경기도 파주시 광인사길 153 한울시소빌딩 3층
전화 ｜ 031-955-0655
팩스 ｜ 031-955-0656
홈페이지 ｜ www.hanulmplus.kr
등록번호 ｜ 제406-2015-000143호

Printed in Korea.
ISBN 978-89-460-7423-1 93330

※ 이 저서는 2020년 대한민국 교육부와 한국연구재단의 지원을 받아 수행된 연구임
　(NRF-2020S1A6A3A03063902).